기독교문서선교회 (Christian Literature Center: 약칭 CLC)는 1941년 영국 콜체스터에서 켄 아담스에 의해 시작되었으며 국제 본부는 미국 필라델피아에 있습니다. 국제 CLC는 59개 나라에서 180개의 본부를 두고, 약 650여 명의 선교사들이 이동 도서차량 40대를 이용하여 문서 보급에 힘쓰고 있으며 이메일 주문을 통해 130여 국으로 책을 공급하고 있습니다. 한국 CLC는 청교도적 복음주의 신학과 신앙 서적을 출판하는 문서선교기관으로서, 한 영혼이라도 구원되길 소망하면서 주님이 오시는 그날까지 최선을 다할 것입니다.

데이비드 플랫(David Platt) 목사
맥클레인성경교회, 『래디컬』, 『커운터 컬처』, 『레디컬 투게더』 저자

나는 그날 밤을 결코 잊지 못할 것이다.

나는 강단 앞뒤를 오가며 설교하는 초대 설교자에게 주목하며, 예배당 앞쪽에 앉아 있었다. 그는 우리 지역에서 인기 있는 강사였기에, 많은 사람이 그가 무슨 말을 하는지 듣고자 모였다. 내가 무언가 잘못되어 가고 있다는 사실을 짐작하게 된 단서는 그가 "오늘밤 성경을 깜빡 두고 왔습니다"라고 말을 시작할 때부터였다.

하지만 그것이 그를 방해하지는 못했다. 그는 하나님께서 자신을 통해 우리에게 주실 말씀이 무엇인지를 알기 위해 며칠을 기도했다고 설명했다. 그는 동네를 산책한 것, 커피숍에 앉아 있었던 것, 그리고 공부에 파묻혔던 이야기들을 했다. 그는 유쾌하고 재치 있고 매력적이며 청중을 즐겁게 했다.

결론에 이르렀을 때, 그가 한 말은 정확히 다음과 같다.

"하나님께서 내가 하기를 원하시는 것을 알아내기 위해서 내가 할 수 있는 모든 노력을 했습니다. 하지만 내 머리에 떠오른 것이 없었습니다. 이것이 아마도 의미하는 바는 하나님께서 오늘밤 우리에게 하실 말씀이 없는 것 같습니다."

이 말을 남긴 채, 그는 기도한 후 설교단을 내려왔다.

그곳에 나는 아연실색한 채, 성경책을 내 손에 들고 앉아 있었다.

오늘밤 하나님께서 우리에게 하실 말씀이 없다고?

바로 그곳에 나는 확실하고도 절대적인 하나님의 말씀인 66권의 책을 손에 쥐고 있는데, 이 사람은 하나님께서 우리에게 하실 말씀이 없다고?

나는 마음속으로 그에게 이렇게 말하고 있었다.

"이 성경책 어느 부분이라도 그저 펼쳐 보라고!

레위기라도 전혀 상관없어!

그러면 당신은 하나님의 말씀을 얻게 될 거야. 동네를 산책하는 시간을 절약하고, 모카커피 값을 절약하라고. 그저 성경책을 읽어보라고.

그러면 하나님께서 우리에게 무언가 말씀해 주실 거야!"

나는 이 경험에 감사한다. 왜냐하면, 이 경험이 내 마음과 머리에 영원히 지워지지 않는 낙인을 남겼기 때문이다. 내 인생과 교회에 하나님의 말씀이 없는 일은 결단코 없을 것이다. 항상 당신과 나는 언제나 그 힘과 권위, 분명함과 능력을 지닌 하나님의 계시 말씀을 듣게 될 것이다. 우리는 하나님의 말씀을 만들어 낼 필요가 없다. 우리는 그저 하나님께서 우리에게 주신 그 말씀을 신뢰하기만 하면 된다.

이것이 바로 강해설교의 전부이다. 하나님의 말씀을 신뢰하여 하나님의 사람들에게 하나님의 일을 달성하는 것 말이다. 설교자이자 교사로서, 우리는 창조적이고, 혁신적이며, 독특하며, 특이할 필요가 없다. 우리는 단지 충실하게만 하면 된다. 하나님의 말씀을 연구하는 데 충실하고, 말씀의 하나님을 아는 데 충실하며, 그 말씀을 세상 가운데 선포하는 데 충실하기만 하면 된다.

이런 이유로, 나는 대니얼 에이킨(Daniel Akin), 빌 커티스(Bill Curtis)와 스테판 러미지(Stephen Rummage)에게 감사한다. 당신 손에 들고 있는 『매력적인 강해설교』(*Engaging Exposition*)에서 이들은 강해설교에 대한 확고한 신학적 근간들을 밝혀 주고, 강해설교에 매우 유용한 실제적 교훈들을 제공하고 있다. 신뢰할 만한 해석학과 적실한 설교학을 결합하여서, 이들은 설교 메시지의 준비에서부터 전달에 이르기까지 설교자들과 교사들을 안내한다.

이 책 페이지에 담겨 있는 이들의 글들은 당신을 성경 페이지로 인도할 것이며, 그곳에서 당신의 마음속 보화이자 전 인류에게 전해야 할, 마르지 않는 진리의 원천들을 발견하게 될 것이다. 결국, 내 기도의 바람이 이것이다.

당신은 절대로, 결단코, 다시는 하나님께서 영감 하시고, 그리스도 중심적이며, 성령의 능력을 지니고 있고, 삶을 변화시키는 말씀, 하나님의 영광을 위해서 모든 남녀에게 전파해야 할 이 말씀이 없이 설교단에 서게 되는 당신 자신을 볼 수 없게 되는 것이다.

조니 헌트(Johnny Hunt) 목사
제일침례교회, 우드스톡, 조지아

본문을 읽고 난 후 읽은 것에 대한 설명을 하는 것이 강해적 설교가 지닌 기술들 중의 하나이다. 이 책은 성경적 설교를 기계적, 기술적, 그리고 실제적으로 적용하도록 당신에게 큰 도움을 줄 것이다.

O. S. 호킨스(O. S. Hawkins) 대표
가이드스톤 재무 재정 주 행정관, 달라스, 텍사스

설교학의 고전이 나왔다! 이 책은 이제껏 보아 온 설교 관련 책들 가운데 가장 이해하기 쉽고, 사용자에게 친절하고, 쉽게 적용되어 있는 최고 중 하나이다. 이 책은 단순히 이론적인 전문 용어가 아닌, 자신의 연구와 설교 가운데 얻은 개인적 경험들의 핵심을 짚고 있다. 모든 설교자들은 그들을 기꺼이 섬기기 원하는 대니얼 에이킨(Daniel Akin), 빌 커티스(Bill Curtis,)와 스테판 러미지(Stephen Rummage)로부터 설교에 관한 시간을 초월한 진리를 거두게 될 것이다. 읽고, 수확하라!!

마크 드리스콜(Mark Driscoll) 목사
마스힐교회, Acts 29 처치 플랜팅 네트워크 리써전스

이 책은 성경을 가르치고 설교하기를 원하는 사람들을 위한 엄청난 선물이다. 이 책은 모든 이슈들을 명확히, 간략하게, 도전적인 방법으로 다룬다.

토니 메리다(Tony Merida) 교수
사우스이스턴침례신학교 설교학, 웨이크 포리스트, 노스캐롤라이나,
『설교다운 설교』(Faithful Preaching) 저자

여기의 유능한 저자들은 목사들, 학생들, 다른 기독교인들에게 말씀 사역을 위한 탁월한 책을 제공하려고 한 팀을 이루었다. 참신하고 멋지게 보이려는 점을 강조하는 오늘날의 풍조 속에서, '하나님의 말씀'을 충실하게 전하는 우리의 실제적 사명을 상기시키는 이 책을 읽는 것은 마음을 시원하게 한다.

빌 커티스(Bill Curtis)는 강해를 위해 꼭 필요한 해석의 원리들을 강조하는 해석학에 대한 통

찰력을 보여 주는 섹션을 제공한다. 대니얼 에이킨(Daniel Akin)은 왕이신 예수를 높여드리는 실제 강해설교문을 발전시키는 데 실행 가능하고 효과적인 방법을 보여 준다. 스테판 러미지(Stephen Rummage)는 우리에게 설교전달에 관련된 매우 중요한 것들을 상기시킨다.

부디 하나님께서 이 책을 사용하셔서 하나님의 말씀을 그리스도 중심적이며 매력적으로 선포하려는 믿음의 군사들을 분발케 하시기를!

존 비사그노(Dr. John Bisagno) 명예목사
제이침례교회, 휴스턴, 텍사스

내가 읽었던 설교에 관련된 최고의 책이다. 이 책은 강력하다. 이 책은 실용적이다. 그리고 이 책은 핵심을 찌른다.

오, 만약 내가 50년 전에 이 책을 읽을 수 있었더라면!

데이비드 도커리(David S. Dockery) 총장
유니온대학교, 잭슨, 테네시

이처럼 잘 구성된 책을 통해 독자들은 성경적 강해와 설교 전달 기술에 관한 뛰어난 가르침을 찾을 수 있을 것이다. 또한, 독자들은 성경 본문을 해석, 이해, 적용하는 어려운 작업에 많은 도움을 얻을 수 있을 것이다. 절실히 필요했던 이 책의 저자들은 이처럼 포괄적이고 상당한 자료들을 사용하여 폭넓은 주제에 대해 훌륭한 통찰과 지혜뿐만 아니라, 오랜 경험들도 제공하고 있다. 나는 이 책이 다음 세대의 신학생들, 목사들, 교사들에게 능력을 부여하는 길잡이 역할을 할 것이라고 확신한다.

제임스 메리트(James Merritt) 목사
십자가푸앵트교회, 덜루스, 조지아

강해설교는 오늘날 교회 문화 안에서 잃어버린 기술이 되어가고 있다. 이 책은 마음을 이끌고, 고무시키며, 활기를 주는 성경적 강해를 실행하기 위한 가치 있는 초청이다. 이 책은 백방으로 노력한 결과이다. 이 책은 '말씀을 전하라'는 바울의 명령에 대한 설득력 있는 강해이다.

러셀 무어(Russell D. Moore) 학장
서든침례신학교, 루이빌, 켄터키

설교에 대한 많은 책이 너무 건조하고, 지루하고, 적실하지 않아 설교자들의 가슴 속에 있는 불에 물을 끼얹고 있다. 그러나 이 책은 아니다. 이 책을 읽으면서, 양가의 감정을 느꼈다. 나는 이 책을 놓고 싶지 않았다. 하지만 동시에 이 책을 던져 버리고 설교하고 싶은 마음에 사로잡혔다. 당신이 이 책을 읽는다면, 실제적인 조언, 현명한 지도, 내면을 불태울 흥분을 발견하게 될 것이다.

알버트 몰러(R. Albert Mohlet Jr.) 총장
서든침례신학교, 루이빌, 켄터키

진정한 성경적 설교의 부재는 많은 교회를 죽이고 있고, 성숙하지 못하고 굶주린 기독교인 세대를 만들어 내고 있다. 이러한 이유로 나는 대니얼 에이킨(Daniel Akin), 빌 커티스(Bill Curtis), 스테판 러미지(Stephen Rummage)가 이 책을 출간한 것을 환영한다. 이들은 성경적 강해에 헌신했고, 강해설교에 대한 그들의 실용적인 가이드는 성경적 설교를 추구하는 모든 사람에게 환영을 받게 될 것이다.

이 책은 말씀을 전하는 책임을 가진 사람들에게서 그 진가를 인정받을 것이다. 설교자들은 이 세 명의 타고난 설교자들로부터 뛰어난 영감, 바른 조언, 확실한 도움을 얻을 것이다. 이 책의 페이지에는 풍부한 강해의 지혜가 들어 있다.

페이지 페터슨(Paige Patterson) 총장
사우스웨스턴침례신학교, 포트워스, 텍사스

강해설교에 대한 또 하나의 책?

그렇다. 그러나 이 책에서 대니얼 에이킨(Daniel Akin), 빌 커티스(Bill Curtis), 스테판 러미지(Stephen Rummage)는 대충 말하지 않고 강해설교의 중요한 측면들을 아우른다. 이 책은 현대의 설교자로 하여금 본문이 쓰인 페이지에서 삶으로 뛰어 오르게 하면서 저자가 의도한 진리에 머무르게 할 수 있는 새롭고 도전적인 접근이다.

잭 그래함(Jack Graham) 목사
프레스톤우드침례교회, 플래노, 텍사스

성경에 대한 강해는 교회의 핵심 사명이다. 불행히도 강해설교는 때로 구식으로 혹은 삶과는 단절된 것으로 보인다. 그래서 나는 이 책이 보여 주는 매력적이고, 재미있고, 적실하며, 삶을 변화시키는 진정한 설교에 대한 집중에 감사를 표한다.

데이비드 알랜(David Allen) 교수
사우스웨스턴침례신학교 설교학, 포트워스, 텍사스

이 책에서는 세 명의 유능한 설교자들이 성경 해석, 설교 준비, 설교 전달이라는 때로는 힘든 미로로 한 걸음 한 걸음씩 우리를 인도하여 데려간다. 설교 경험의 차이와는 상관없이, 목회자들은 강해설교에 관하여 신학적으로 바르고, 명쾌하게 쓰이고, 실제적으로 적용할 수 있는 방식을 제공하는 이 책을 통해 유익을 얻을 것이다.
읽고 당신 자신의 설교 안에서 결실을 맺으라.

그렉 헤이슬러(Greg Heisler) 교수
사우스이스턴침례신학교 설교학, 웨이크 포리스트, 노스캐롤라이나

설교자로 소명을 받고 어디에서 시작하기를 원하는가?
이 책을 읽는 것으로 출발선을 삼으라!
대니얼 에이킨(Daniel Akin), 빌 커티스(Bill Curtis), 스테판 러미지(Stephen Rummage)가 한 책 안에서 설교에 관한 포괄적인 시야를 제공하고 있다. 이 책은 담대하고, 매력적이며, 성경적인 다음 설교자들을 일으킬 것이다.

릭 홀랜드(Rick Holland) 목사
미션로드성경교회, 마스터스신학교 목회학박사과정 디렉터, 캔사스시티, 캔사스

설교자의 마음에는 매주 주일마다 설교단에 올라서야 끝나게 되는 모래시계, 똑딱이는 카운트다운 타이머가 있다. 설교를 만들어야 하는 압박감은 항상 더 나은 주해 과정과 설교 전달을 다듬는 방법을 찾도록 하는 일종의 절박함을 만들어낸다. 이 책의 저자들은 배우고, 성장하고, 설교 과정을 더 향상시키기 원하는 강해설교자들에게 절대적으로 필요한 자료를 만들

어냈다. 이 책의 백과사전적 범위는 학생들에게는 입문서로, 경험 있는 설교자들에게는 새로운 활력을 제공하는 역할을 할 것이다. 설교학적 이슈들에 대한 그 넓이는 필적할 만한 것이 없다.

마크 호웰(Mark Howell) 목사
휴스턴노스웨스트침례교회, 휴스턴, 텍사스

성경 본문의 충분성에서부터 그 본문의 목소리를 되살리는 능숙함까지, 이 책은 강해설교에 많이 필요했던 관점을 제공한다. 대니얼 에이킨(Daniel Akin), 빌 커티스(Bill Curtis), 스테판 러미지(Stephen Rummage)는 역동적인 설교란 성경을 적실하게 만드는 것이 아니라고 보여 준다. 오히려 그들은 역동적 설교란 사람들에게 성경이 이미 얼마나 적실한지를 보여 주는 것이라고 설명한다. 이 책은 강해설교의 바람직한 준비와 열정적인 전달 사이의 아름다운 균형을 강조한다. 더불어 이 책은 설교에서 무엇을 말하는가가 가장 중요한 것임을 드러내며, 동시에 설교자가 그것을 어떻게 말하는가가 지금처럼 중요한 적도 없었다는 사실을 밝히고 있다.

제리 바인스(Jerry Vines) 명예목사
퍼스트침례교회, 잭슨빌, 플로리다, 제리바인즈목회연구소 회장

대니얼 에이킨(Daniel Akin), 빌 커티스(Bill Curtis), 스테판 러미지(Stephen Rummage)는 왜 그리고 어떻게 매력적인 강해설교를 할 수 있을지 알려 주고 있다. 현명한 설교자들은 이들로부터 자신들의 설교 준비에 어떻게 강해를 '끌어들이도록' 하는 방법과 그리고 실제 설교 강단에서 자신들의 강해설교가 사람들을 '끌어들이도록' 방법을 배우는 사람들이다.

다린 패트릭(Darrin Patrick) 목사
더저니교회, 세인트루이스, 미주리

우리는 목사들이 그들의 청중과 의견을 나누고, 대화하고, 강의하는 시대에 살고 있다. 극히 소수만이 성경으로부터, 그 성경 본문에 순종함으로 얻게 된 목소리를 가지고, 본문의 핵심 메시지를 가지고 와서 설교한다. 여기에 목사들이 복음을 설교하고 살아가도록 돕는 책이 있다. 마침내 21세기를 위한 설교에 대한 책이 나왔다.
형제들이여, 읽고 마음에 담으라.

웨인 맥딜(Wayne McDill) 명예교수
사우스이스턴침례신학교 설교학, 웨이크 포레스트, 노스캐롤라이나

이 책은 그 제목인 "매력적인 강해설교"에 걸맞은 책이다. 대니얼 에이킨(Daniel Akin), 빌 커티스(Bill Curtis), 스테판 러미지(Stephen Rummage)는 성경 본문을 진지하게 연구하고 동시에 현대 청중과 연결시키기를 원하는 설교자를 위한 세부적이고 실제적인 가이드를 제공하고 있다. 이 책은 저자들 각자가 하나씩 쓴 3부로 구성되어 있다.

빌 커티스(Bill Curtis)가 쓴 제1부는 성경 본문 해석을 위한 기본 원리들을 다룬다.

대니얼 에이킨(Daniel Akin)이 쓴 제2부는 본문의 아이디어와 구조를 발견하는 것과 그것에 따른 설교를 구성하는 법을 다룬다.

스테판 러미지(Stephen Rummage)가 쓴 제3부는 특별히 설교에 적용할 기본적인 스피치 커뮤니케이션 원리들을 제공하면서 설교 전달에 대한 매우 중요한 영역을 설명한다.

이런 내용은 우리가 설교 준비를 위한 책에서 충분히 예상되는 것으로 들리지만, 이 책의 근원적인 확신이 이 책의 가장 큰 강점이다. 저자들은 설교가 강해여야만 하고 그것이 21세기 청중과 연결되어야 한다는 강한 확신을 지니고 있다. 동시에 그들이 쓴 내용은 그 적실성에 있어서 시대를 초월한다. 설교자들과 학생들은 『매력적인 강해설교』(Engaging Exposition)가 지닌 주의 깊은 연구로부터 매우 큰 유익을 얻을 것이다.

마이클 두두잇(Michael Duduit) 학장
앤더슨대학교 기독교학과, 『프리칭 매거진』(Preaching Magazine) 책임 편집인

오늘날 교회에서 충실하고 효과적인 강해설교보다 필요한 것은 없다. 이 책은 매우 탁월한 책으로, 목사들을 하나님의 말씀에 대한 진정한 강해설교자가 되는 데 필요한 도구들을 갖추도록 할 것이다. 해석의 중요한 임무로부터 전달의 순간까지, 이 책은 21세기 회중들에게 연결할 성경 메시지를 다듬어 제시하는 전체 과정에 독자와 함께 동행할 것이다. 이 책은 어떤 설교자의 책장에서도 충분히 자리를 차지할 만하다.

매력적인 강해설교

Engaging Exposition
Written by Daniel L. Akin, William J. Curtis, and Stephen N. Rummage
Translated by Ho Kwon, Daehyeok Kim, Dokyun Lim

Copyright © 2011 by Daniel L. Akin, William J. Curtis, and Stephen N. Rummage
Originally published in English under the title
Engaging Exposition
by B&H Publishing Group,
One LifeWay Plaza, Nashville, TN 37234, U.S.A.
This Korean edition published by arrangement with B&H Publishing Group through Mosaic Rights Management.
All rights reserved.
Korean Edition Copyright © 2019 by Christian Literature Center, Seoul, Republic of Korea.

매력적인 강해설교

2019년 3월 30일 초판 발행

지은이	대니얼 에이킨, 빌 J. 커티스, 스테판 러미지
옮긴이	권 호, 김대혁, 임도균
편집	변길용
디자인	박인미, 전지혜
펴낸곳	(사)기독교문서선교회
등록	제16-25호(1980.1.18)
주소	서울특별시 서초구 방배로 68
전화	02-586-8761~3(본사) 031-942-8761(영업부)
팩스	02-523-0131(본사) 031-942-8763(영업부)
이메일	clckor@gmail.com
홈페이지	www.clcbook.com
송금계좌	기업은행 073-000308-04-020 (사)기독교문서선교회

ISBN 978-89-341-1953-1(93230)

이 도서의 국립중앙도서관 출판예정도서목록(CIP)은 서지정보유통지원시스템 홈페이지 (http://seoji.nl.go.kr)와 국가자료공동목록시스템(http://www.nl.go.kr/kolisnet)에서 이용하실 수 있습니다. (CIP제어번호: CIP2019007292)

이 한국어판 저작권은 Mosaic Rights Management를 통해 B&H Publishing Group과 독점 계약한 (사)기독교문서선교회가 소유합니다. 신저작권법에 의하여 한국 내에서 보호를 받는 저작물이므로 무단 전재와 무단 복제를 금합니다.

대니얼 에이킨
빌 커티스
스테판 러미지

지음

매력적인
강해설교

권 호
김대혁
임도균

옮김

CLC

목차

추천사	데이비드 플랫(David Platt) 외	
저자 서문	대니얼 에이킨(Daniel Akin)	14
역자 서문	임도균	20

제1부 빌 커티스(Bill Curtis)   22

제1장	발견의 여정	23
제2장	성경 해석학의 기원	31
제3장	본문 안에 저자가 의도한 의미	44
제4장	해석학의 기본 원리들	58
제5장	저자의 커뮤니케이션 방식 발견하기-산문	82
제6장	저자의 커뮤니케이션 방식 발견하기 - 시	96
제7장	장르에 어울리는 아웃라인 만들기	107
제8장	맥락의 중요성	128
제9장	본문 안에 저자의 언어적 실마리 발견하기	142
제10장	본문의 중심 아이디어(MIT) 확정하기	159

제2부 대니얼 에이킨(Daniel Akin)   170

제11장	설교의 중심 아이디어 만들기	171
제12장	구조 강해: 설교 구조 만들기	190
제13장	말씀 강해: 강해설교 만들기	203
제14장	예화: 청중이 성경 진리를 보고 행동하도록 돕기	216

제15장	적용: 어떻게 적용할 것인가?	231
제16장	서론: 어떻게 잘 시작할 것인가?	253
제17장	결론: 어떻게 안전하게 착륙할 것인가?	268
제18장	공개 초청: 설교 강단에서 영혼을 구원하기	281
제19장	특별한 경우에 대한 설교	300
제20장	성경적 설교 발전을 위한 20가지 공통된 질문과 답변	314

제3부 스테판 러미지(Stephen Rummage) 328

제21장	설교 전달, 왜 그토록 중요한가?	329
제22장	우리는 어떻게 연설을 만들어내는가?	341
제23장	최고의 목소리로 말하기	352
제24장	몸을 사용하여 설교하기	366
제25장	지속적인 인상 만들기	377
제26장	설교 전달 체계	388
제27장	스타일이 차이를 만든다	403
제28장	당신의 앞에 있는 사람들에게 설교하기	417
제29장	시각적 호소력이 있는 설교	429
제30장	설교자의 개인적 삶과 공공 행동	439

주제 색인　　457

저자 서문

대니얼 에이킨(**Daniel L. Akin**)
Southeastern Baptist Theological Seminary 총장

1. 21세기 설교의 위기: 매력적인 성경적 강해설교에 대한 요구

『매력적인 강해설교』(*Engaging Exposition*)는 우리 저자 세 명이 함께 지닌 심각한 우려와 동시에 확고하고 협상 불가한 확신들을 반영하고 있다. 우리는 주 예수 그리스도의 교회가 심각한 위기 가운데 있다고 믿고 있다. 그 위기는 우리의 설교단에 있으며, 그 상태는 매우 심각하다. 모더니즘의 아름다운 노랫소리에 유혹되어, 복음 설교자들은 본질상 강해가 되어야 할 말씀을 기초로 하는 사역을 잃어버렸다.[1]

타락하고 죄악 된 인간성의 표면적 필요들을 가로지르며, 우리는 설교단을 통속 심리학의 여흥과 기분 좋게 하는 재충전 장소로 변질시켰다. 우리는 하나님 말씀의 모든 경륜을 무시해 왔다.

그 결과가 무엇인가?

우리 가운데 너무 많은 사람이 성경 내용과 교리들에 무지하다는 것이다.

---

[1] 우리는 Mark Dever의 견해에 완전히 동의한다. "건강한 교회의 첫 표지는 강해설교다. 이것은 첫 번째 표지일 뿐만 아니라, 이는 다른 모든 것들보다 훨씬 더 중요한 표지다. 왜냐하면 당신이 이것을 제대로 한다면, 다른 모든 것들은 뒤따라오기 때문이다." Mark Dever, *Nine Marks of a Healthy Church*, new expanded ed. (Wheaton: Crossway, 2004), 39.

그 잇따른 결과가 무엇인가?

하나님의 말씀을 모르기에, 그 말씀을 사랑하지도 따르지도 않는다. 만일 설교 가운데 성경이 사용된다면, 그것은 대체로 문맥을 벗어나 성경의 저자가 말하고 있는 바와 실제로 연관이 없는 증거-본문으로 포함된 것이다. 자신이 강해설교자라 주장하거나 믿고 있는 많은 사람은 자신의 고백을 자신의 실천으로 배신하고 있는 모양새다. 아모스 선지자의 말씀이 지금처럼 정곡을 찌르는 적도 없었다.

> 주 여호와의 말씀이니라 보라 날이 이를지라 내가 기근을 땅에 보내리니 양식이 없어 주림이 아니며 물이 없어 갈함이 아니요 여호와의 말씀을 듣지 못한 기갈이라(암 8:11-12).

많은 목회자이 목회적으로 잘못된 실천을 함으로 자신들의 회중들에게 죄를 짓고 있다. 그들이 하는 일을 볼 때, 그들은 성경을 지속적으로 가르치는 것이 없어도 사람이 회심하며 그리스도 안에서 성숙하게 되는 모습을 우리가 볼 수 있을 것이라 말하고 있다. 더 나아가, 적어도 암시적으로 그들은 성경을 영감하신 성령 하나님이 심판의 하나님이신지 의문이 들도록 한다. 그들의 방법과 실천을 볼 때, 그들은 성령님이 성경을 다르게 고안했어야만 했다고 제안하고 있다.

2. 성경적 강해에 관한 정의/설명

만일 우리가 10개 내외의 제한된 단어들로 표현해야 한다면, 우리는 충실한 강해설교를 "삶을 변화시키는 그리스도 중심적, 본문이 이끄는, 성령이 주도하는 설교"라 정의할 것이다. 이 정의를 보다 충분하게 묘사하여 확장한다면 우리는 이렇게 말할 것이다.

강해설교는 성령님에 의해서 주어진 그대로의 성경의 진리를 존중하는 본문이 이끄는 설교이다. 이 설교의 목적은 역사적-문법적-신학적 연구와 해석을 통하여 하나님께서 영감하신 의미를 발견하는 것이다. 매력적이고 감탄스러운 선포를 통해 설교자는 성령님께 굴복하고, 그분의 능력 안에서 그리스도를 전하면서, 청중의 변화된 삶의 결과를 위해 성경 본문의 의미를 설명하고, 예증하고, 적용하는 것이다.

우리는 이 책에서 이 정의를 해석학, 설교학, 그리고 전달에 동등한 초점을 두고 발전시켜 나갈 것이다. 아래 일곱 가지의 근본적인 전제들은 우리의 연구를 인도해 줄 것이다.

첫째, 설교는 본문이 이끄는 것이어야 하는데, 이는 신적 계시 속에 보여주신 것을 진정으로 존중하기 위함이다.

강해설교는 성경 본문이 설교 메시지의 내용(substance)과 형식(structure)을 결정하도록 해야 한다. 어떻게 성경 본문이 구성되었는지가 어떻게 설교를 구성할 것인지에 영향을 주어야 한다. 성경 본문에 대한 설명과 관련되는 것이기에, 성경 본문이 설교 발전을 이끌고, 결정하며, 구체화하고, 형성해 나가도록 해야 한다.[2]

둘째, 설교자는 저자 의도의 원리를 존중해야 하는데, 성경의 궁극적 저자는 성령 하나님이심을 인정해야 한다.

성경에 관한 가장 좋은 표현은 하나님의 말씀이다. 비록 인간의 말로 쓰인 성경이라 하더라도, 우리는 이 성경이 궁극적으로 하나님의 말씀임을 망각하지 말아야 한다. 본문에 둔 신적 저자가 의도한 의미는 반드시 존중

---

[2] Greg Heisler는 "강해설교의 장점은, 주제 설교와 같은 다른 형태의 설교와는 달리, 강해설교가 저자의 원래의 의도만이 아니라, 성령님의 본문의 배치와 순서도 존중하는 데 있다"라고 말한다. *Spirit-Led Preaching* (Nashville: B&H, 2007), 22.

받아야만 한다. 데이비드 알랜 블랙(David Alan Black)은 "이러한 저자의 의도와 문법적인 형태라는 제한 범위 안에서 충실한 성경적 해석이 일어난다"라고 지적한다.³

셋째, 성경은 반드시 원래 청중에게 주어진 대로 해석되고 이해되어야 한다.

본문이 그때에 의미한 것이 아닌 것을 오늘날에 의미할 수는 없다. 설교에 있어서 근본 원리는 "본문에 대한 가장 훌륭한 설교적 아웃라인은 그 본문 자체에서 나온 것이다"라는 점이다.⁴ 충실한 강해자는 결코 자신의 상상력이나 관심으로 미리 가지고 있는 개념을 가지고 본문에 주입하여 읽지 말아야 한다. 복음적 강해설교자로서, 우리는 비록 적용은 많을 수 있지만, 의미는 하나임을 계속 확언해 나가야 한다.

넷째, 강단 선포에서 역사적-문법적-신학적 해석이 본문의 진리와 본문의 신학을 가장 잘 찾을 수 있는 길임을 확언할 수 있어야 한다.

교리적/신학적 설교는 현대 강단에서 눈에 띄게 결여되어 있다. 신학적 문맹과 성경적 문맹은 값비싼 대가를 치르고 있다. 설교자가 자신의 본문을 주해하고 청중을 고려해 나가면서, 그 본문이 담고 있고 주장하는 신학적 진리들에 대해서도 반드시 민감해야 한다. 우리는 주해가 신학을 이끌어가야 한다고 믿는다. 신학 체계가 성경을 사용하도록 하는 것이 아니라, 어떤 신학 체계이든 성경이 그것을 형성하도록 해야 한다.

다섯째, 효과적인 성경적 교훈은 예수님께서 말씀하신 성경의 기독론적 본질(요 5:39; 눅 24:25-27, 44-47)이 지닌 함의들을 신중히 다루며 발전시켜

---

3 David A. Black, "Exegesis for the Text-Driven Sermon," in *Text-Driven Preaching*, 『본문이 이끄는 설교』, ed. Daniel L. Akin, David L. Allen, and Ned L. Matthews (Nashville: B&H, 2010), 159.

4 Ibid.

야 한다.

당신이 좋을 대로 불러도 좋다. 주 예수를 높이며, 찬양하고, 영광을 돌리지 않는 설교는 기독교 설교가 아니다. 복음을 전하고 사람들을 불러 죄를 자복하게 하며 예수 그리스도의 죽음과 부활에 자신들의 믿음을 두도록 하지 않는 설교는 복음 설교가 아니다.

충실한 강해설교는 그 초점으로는 기독론적이며, 정황적으로는 정경적이며, 성경 신학을 형성함에 있어서 상호 본문적이다. 성경의 장엄한 구속사적 이야기(창조-타락-구속-완성)보다 큰 맥락 속에서 성경을 신중하게 해석해야 한다. 소위 포괄적인 그리스도 중심적 해석이라는 것을 적용할 때, 우리는 보다 큰 내러티브, 즉 그리스도에 중심을 두는 거대 구속사적 내러티브의 빛 아래에서 작은 내러티브들과 본문 단위들을 연구해야 한다.

여섯째, 처음부터 끝까지, 연구에서 강단에 이르기까지, 성경적 강해의 전체 과정은 성령님께 대한 절대적이고 완전한 순종 속에서 이루어져야 한다.

성경 말씀을 준비하고 전달하기 위해 우리가 하는 모든 일은 성령님께 겸손히 순복하면서 이루어져야 한다. 우리가 본문을 분석하고, 문법을 연구하고, 동사를 분해하고, 주석을 참고하며, 설교 메시지를 위한 기초 자료들을 모을 때도, 우리는 그분의 인도를 갈구하며, 그분을 전적으로 의지해야 함을 고백해야 한다.

우리가 일어서 설교를 하며, 우리의 청중에게 말씀의 사역을 할 때도, 우리는 그분의 채우심과 인도하심을 간구해야 한다. 말씀과 성령에 대한 상호 의존은 종교개혁자들의 특징이었고, 우리에게도 마찬가지여야 한다.

일곱째, 하나님의 영광을 위한 변화된 삶이 항상 우리가 추구하는 설교의 목적이어야 한다.

따라서 하나님의 말씀을 설교함에 있어서 가장 심각한 종류의 죄는 지겹고 매력 없이 설교하는 것이다. 우리가 살아가는 문화는 멀티미디어와 오락거리로 가득 차 있기에, 우리는 학생들에게 반복적으로 말한다.

"어떻게 말하는 것보다 무엇을 말하는 것이 항상 중요하다. 하지만 어떻게 말하느냐가 지금보다 더 중요한 적은 없었다."

현명한 설교자는 성경을 주해할 뿐만 아니라 문화를 이해한다. 그는 그 양쪽 모두가 동등하게 중요하다는 사실을 이해한다. 나쁜 설교는 교회의 생명력을 앗아간다. 교회의 기운을 죽이며, 그 열매들을 말라버리게 하며, 결국은 교회를 텅텅 비게 한다. 우리가 정직하다면, 나쁜 설교는 참된 설교가 아니라고 말해야만 한다. 설교라는 이름의 가치를 지니지 못한 것이다.

마틴 루터(Martin Luther)는 우리에게 〈도전장〉을 내밀며, 우리의 거룩한 사역 가운데 우리를 지도하며 영감을 주는 말을 제공하였다. 당신은 하나님께서 우리에게 맡기신 설교의 과업을 되새겨 보며, 이 말이 당신의 가슴 깊이 새겨지며, 당신의 마음을 가득 채우기를 바란다.

> 이제 우리는 분명하고 결론적으로 확정된 사실을 생각해 보자.
> 영혼은 하나님의 말씀이 없이는 모든 것을 할 수 없을 것이다. 또한, 말씀이 그곳에 없는 곳에서는 다른 어떤 것으로도 그 영혼에 도움이 될 수 없다. 하지만 만일 말씀을 지니고 있다면, 그 영혼은 부유하며 부족함이 없을 것이다. 왜냐하면, 이 말씀이 바로 생명과, 진리와, 빛과, 평화와, 의로움과, 구원과, 기쁨과, 자유와, 지혜와, 능력과, 은혜와, 영광과 우리의 능력으로 측정할 수 없는 모든 축복의 말씀이기 때문이다.[5]

우리 셋은 이러한 확신들 위에 서있다. 기본적인 기둥의 역할을 하는 이러한 확신들과 함께, 우리는 우리 구주의 영광과 성도들의 선한 삶을 위해 하나님의 말씀을 가르치고 설교하는 일에 세 가지 측면에서 연구해 보고자 한다. 『매력적인 강해설교』는 하나의 선택 사항이 아니다. 그리스도의 몸인 교회의 건강성을 위해 절대적으로 필요한 것이다.

---

[5] Martin Luther, ""A Treatise on Christian Liberty," in *Three Treaties* (Philadelphia: Muhlenberg Press, 1943), 23.

역자 서문

임 도 균 박사
침례신학대학교 신학대학원 설교학 교수

　설교자라면 누구나 하는 고민이 있다. 그것은 바로 설교에 있어서 당위성과 효율성의 균형을 어떻게 적절히 살리느냐 하는 것이다. 설교자는 매주일 자신의 말이 아니라 하나님의 말씀을 충실하게 선포해야 함을 알고 있다. 또한 설교자는 하나님 말씀에 대한 청중의 관심을 끌고 그들의 삶과 연결되어 삶의 변화와 영향을 주는 설교가 되기를 갈망한다. 즉, 올바른 말씀 선포와 청중의 삶의 변화, 이러한 두 가지 필요가 잘 성취되었을 때 비로소 당위성과 효율성이 균형 잡힌 좋은 설교가 되는 것이다.

　『매력적인 강해설교』(*Engaging Exposition*)는 이러한 두 가지 필요를 함께 충족시킨다. 강해설교는 하나님께서 계시하신 말씀의 뜻을 적실하게 풀어서, 청중에게 효과적으로 전달하여, 그들의 삶 가운데 하나님의 뜻이 이루어지도록 하는 설교이다. 이 책은 미국「프리칭 매거진」(*Preaching Magazine*)이 뽑은 "올해의 책"으로 선정될 정도로 설교학자들과 현장의 목회자들에게 큰 영향을 주고 있는 양서이다.

　이 책은 마치 삼중주 음악을 연주하는 느낌이 들게 한다. 세 명의 저자 대니얼 에이킨(Daniel Akin), 빌 커티스(Bill Curtis), 스테판 러미지(Stephen Rummage)는 현재 미국에서 가장 영향력 있는 설교학자와 설교자에 속한다.

이러한 세 명의 저자들이 '매력적인 강해설교'의 작성과 전달을 소개한다. 세 가지 영역인 "분문 해석, 설교 작성, 설교 전달"에 각각 자신들의 경험과 지식을 한데 모아 이 한 권의 책에 담았다. 이러한 내용을 충실히 살리기 위해 한국교회의 말씀의 부흥을 위해 힘쓰는 세 명의 역자들(합동신학대학원대학교 권 호 교수, 총신대학교 신학대학원 김대혁 교수, 침례신학대학교 신학대학원 임도균 교수)이 함께 힘을 모았다.

독주의 선율도 아름답지만 조화로운 삼중주의 선율이 보다 풍성하고 풍요롭지 않은가.

한 사람의 역량보다 함께 하는 공동체가 더욱 큰 빛을 발하듯이, 세 명의 저자, 세 개의 주제, 세 명의 역자가 서로 힘을 모았다. 부디 이 책을 읽는 설교자가 삼위일체의 하나님을 의지하는 가운데 우뚝 서 나가길 소망한다. 더 나아가 서로 힘을 합하여 한국교회의 강단 가운데 하나님을 드높이는 아름다운 설교가 전해지기를 기대한다. 말씀이 설교자와 청중에게 강력하게 파고들어 우리 모두의 삶이 변화되며 하나님께 영광을 돌리는 은혜의 합주가 울려 퍼지길 기도한다!

미주 설교학 세미나를 마치고 돌아오는 길에

제1부

빌 커티스(Bill Curtis)

제1장 발견의 여정

제2장 성경 해석학의 기원

제3장 본문 안에 저자가 의도한 의미

제4장 해석학의 기본 원리들

제5장 저자의 커뮤니케이션 방식 발견하기-산문

제6장 저자의 커뮤니케이션 방식 발견하기-시

제7장 장르에 어울리는 아웃라인 만들기

제8장 맥락의 중요성

제9장 본문 안에 저자의 언어적 실마리 발견하기

제10장 본문의 중심 아이디어(MIT) 확정하기

제1장

발견의 여정

중국의 한 철학자는 천리 길도 한 걸음부터라고 말하였다. 모든 여행에는 세 가지가 필요하다. 목적지, 그 목적지까지의 계획, 그리고 첫걸음을 떼기 위한 의지가 그것이다. 당신은 이 교과서를 통해 해석학과 설교학 분야의 독특한 발견의 여정을 지금 시작하고 있다. 당신의 목적지는 분명하다. 매력적인 강해설교를 작성하는 능력을 배양하고 그것을 전달하는 것이다. 우리는 당신이 그 목적지에 도착하도록 돕기 위해 당신의 여정을 인도할 계획을 발전시켰다. 당신이 곧 깨닫게 될 것이지만, 이 여정은 도전적일 수도 있고, 우회로를 걷는 사람들에게는 위험할 수도 있다.

어떤 사람들은 사역을 준비할 때 오로지 어떻게 설교하는지 배우기를 원한다. 하지만 우리가 강해설교문을 작성하고 전달하기 이전에, 우리는 반드시 "진리의 말씀을 옳게 분별"하는 법을 배워야 한다. 저명한 남침례신학교(The Southern Baptist Theological Seminary)의 설교학 교수였던 존 브로더스(John Broadus)는 이 과제의 중요성에 대해 자신의 고전적인 책 『설교의 준비와 전달에 관하여』(On the Preparation and Delivery of Sermons)에서 이렇게 말한다.

성경이 설교에 가치가 있으며 또한 설교가 하나님의 메시지가 되기 위해서는 성경이 반드시 바르게 해석되어야 한다. 자신의 본문을 그 본문의 실제 의미에 부합되도록 해석하고 적용하는 것은 설교자가 지닌 가장 신성한 의무들 중의 하나이다. 설교자는 하나님의 말씀을 가르치고 권고하기 위한 바로 그 목적으로 회중들 앞에 선다. 그는 하나님의 말씀의 특정한 본문을 자신의 설교 본문으로 삼고, 자신의 설교를 그 본문에서 나온 독특하게 함의된 이해를 가지고 선언한다. 성경을 사용하고, 그 성경의 가르침들을 발전시키고 적용함으로써, 그는 그 본문이 의미한 바대로 본문을 신실하게 표현할 의무가 있다.[1]

간단히 말해, 해석학의 목표는 목사-교사가 "자신의 본문을 그 본문의 실제 의미에 부합하도록 해석하고 적용"하도록 돕는 것이다. 이 교과서의 제1부에서는 당신이 성경 본문을 다루는 법과 그것을 바르게 해석하는 법을 배우도록 하는 데 전념하고자 한다. 이제 발견의 여정을 떠날 시간이다. 이제 이 여정의 첫걸음을 시작한다.

1. 해석의 의미

해석은 다양한 방식으로 정의되어 왔다. 『설교학 요약 사전』(*Concise Encyclopedia of Preaching*)은 이런 정의를 제공한다.

> 일반적 용어로 해석은 이해의 기술이다. 보다 구체적으로 말하면, 이는 그 본문이 기원한 세계와 다른 세계 속에서 그 본문이 이해되도록 하는 데 사용되는 방법과 기술들을 지칭한다.[2]

데이비드 도커리(David Dockery)는 이렇게 말한다.

---

[1] John A. Broadus, *On the Preparation and Delivery of Sermons*, ed. V. L Stanfield, 4th and rev. ed. (San Francisco: Harper San Francisco, 1979), 23-24.
[2] James A. Sanders, "Hermeneutics," in *Concise Encyclopedia of Preaching*, ed. William H. Willimon and Richard Lischer (Louisville: WJK, 1995), 175.

해석이라는 용어는 그리스어 '헤르메뉴인'(*hermeneuin*)에서 온 것으로, 그 의미는 표현하고, 설명하고, 번역하고, 이해시키는 것이다. 전통적으로 해석은 기술된 본문, 특히 신성한 본문들을 이해함에 있어서 필요한 원리들, 방법들, 그리고 규칙들을 확정하는 것을 추구하였다.[3]

이 책에서 우리가 하는 논의의 목적을 위해 해석의 과정이란 성경 저자가 의도한 성경 본문의 의미를 발견하고, 그 의미를 오늘날 청중에게 적용하기 위한 목적을 위한 이해의 원리들을 바르게 사용하는 것으로 정의하고자 한다.

1) 부실한 해석의 위험들

안타깝게도 많은 미래의 목사-교사들이 성경을 조심스럽게 혹은 정확하게 다루는 것을 힘겨워 하는 설교자들 밑에서 성장해 왔다. 그 결과, 그들은 자신들에게 모델이 되었던 설교를 계속해서 닮아 간다. 이런 부실한 설교의 연속은 하나님의 백성들에게 위험한 결과를 가져다 준다. 잘못된 해석이 잘못된 설교로 이어지는 것에는 오히려 실수가 없다. 많은 목사-교사들은 성경에 접근하면서 고전적인 실수들을 자주 저지른다.

첫째, 어떤 사람들은 새로운 무언가를 찾기 위한 시도로 성경에 접근한다. "좋은 해석의 목적은 기발함이 아니다. 좋은 해석은 이전에 다른 누구도 찾지 못한 것을 발견하도록 시도하지 않는다."[4]

제임스 로스컵(James Rosscup)은 말했다.

---

[3] David Dockery, "Preaching and Hermeneutics," in *Handbook of Contemporary Preaching,* ed. Michael Duduit (Nashville: Broadman, 1992), 142.

[4] Gordon D. Fee and Douglas Stuart, *How to Read the Bible for All Its Worth,* 3rd ed. (Grand Rapids: Zondervan, 2003), 16.

설교자가 본문이 말하는 것이라고 주장하는 바가 사실 그 본문이 말하는 것과 매우 다를 수 있다. 그의 목적은 자신의 상상(imagination)을 그 본문에 몰래 집어 넣지 않으면서 본문의 암시(indication)를 여기저기 뒤지는 것이다.[5]

불행히도, 성경에서 새로운 무언가를 찾고자 하는 노력이 바로 수많은 분파와 이단의 뿌리이다.

둘째, 어떤 목사-교사들은 자신의 개인적 해석을 지지하는 구절을 발견하려고 성경을 찾는다.

그랜트 오스본(Grant Osborne)은 이런 오류를 자신의 "주관적 종교적 의견들"을 선포하는 것이라 정의한다.[6] 그는 이렇게 말한다.

> 우리 시대의 기본적인 복음주의적 오류는 '증거 구절 삼기'이며, 이는 그 본문이 원래 영감 받은 의미를 고려하지 않고 그 본문을 단순히 언급함으로, 어떤 교리나 실천을 '증명'하고자 할 때 일어나는 과정이다.[7]

종종 신학적 훈련의 부족이 이런 경향성을 가져온다. 하나님을 사랑하는 선한 사람의 그 의도들을 지금 의심하는 것이 아님을 이해해 주기 바란다. 하지만 신학적 훈련의 결핍은 성경이 지지하지 않는 선입견이나 신념들을 수납하도록 하는 원인이 될 수도 있다. 좋은 해석학을 자신의 해석에 적용하지 못하는 무능력은 종종 많은 주제 설교 가운데 증거 구절 삼기로 이어지게 된다.

---

5 James E. Rosscup, "Hermeneutics and Expository Preaching," in *Rediscovering Expository Preaching*, ed. J. MacArthur Jr. and the Master's Seminary Faculty (Dallas, Word, 1992), 123.
6 Grant R. Osborne, *The Hermeneutical Spiral*, 2nd ed. (Downers Grove: IVP, 2006), 23.
7 Ibid.

셋째, 어떤 목사-교사들은 현대 문화에 너무 적실하고자 노력하는 바람에 성경 본문을 오용하거나 혹은 그 본문을 제대로 언급하지 못하기도 한다. 월터 카이저(Walter Kaiser)는 이렇게 지적한다.

> 현대의 문제들, 필요들, 열망들에 대하여 부응하고 있다는 사실을 강점으로 내세우는 이러한 설교들은 종종 주관적인 방법에 있어서 그 약점을 드러낸다. 현장에서 사역하는 많은 설교자에게 있어서 현대인이 제기하는 문제들을 해명하고 해결책을 제시하는 데, 성경 본문이 별다른 도움을 제공하지 못한다. 설교를 듣는 청중은 선포되고 있는 소망의 말씀이 과연 현대인의 상황 또는 설교에서 제기되는 문제와 관련시켜야 할 바로 그 성경 본문인가 아닌가에 대하여 명확한 확신을 가지지 못할 때가 있다.
>
> 왜냐하면, 성경 본문이 종종 설교의 내용에 있어서 하나의 구호에 그치거나 후렴구 정도의 위치 밖에는 차지하지 못하기 때문이다. 이와 같은 경우에 결핍이 되는 것은 다름 아닌 정확하게 성경적이며 동시에 실천적이어야 하는 모든 설교가 꼭 필요로 하는 것이다. 즉, 설교는 본문에 대한 정직한 주해로부터 도출되어야 하며 성경 본문과 항상 밀접하게 연관되어야만 한다는 것이다.[8]

다시 말해, 그 본문에 깊이 정박해 놓는 데 실패하는 어떤 설교든 궁극적으로 그 본문이 의도한 바가 청중의 삶에 실현되는 것을 방해하는 결과를 초래한다.

결론적으로 목사-교사들이 성경에서 새로운 해석을 발견하려고 성경을 볼 때, 혹은 그들이 성경에 대한 자신의 개인적인 사상들을 지지하고자 성경 구절들을 볼 때, 혹은 계시보다 적실성을 더 위위에 둘 때, 하나님의 사람들은 고통을 받는다.

마이클 파바레즈(Michael Fabarez)는 다음과 같은 말로 우리에게 건전한 진

---

[8] Walter C. Kaiser Jr., *Toward an Exegetical Theology* (Grand Rapids: Baker, 1981), 19.

리를 상기시킨다.

> 비록 많은 사람이 설교를 성경 본문에 기초를 두고자 의도할지라도, 본문을 부적절하게 다루는 것은 설교자로 비성경적인 결론에 이르도록 인도하며 또한 그 길에서 그의 회중들을 곤경에 빠트리게 한다.[9]

2) 건실한 해석의 혜택들

좋은 해석을 배우고 실천하고자 하는 결심은 목사-교사의 삶만이 아니라 청중의 삶에도 혜택을 가져다 준다.

첫째, 좋은 해석은 목사-교사를 본문의 의미(meaning)와 의의(significance)를 발견하는 데 계속 집중하도록 할 것이다.

존 스토트(John Stott)는 그의 고전적인 책인 『현대교회와 설교』(*Between Two Worlds*, 생명의 말씀사 刊)에서 두 개념이 지닌 긴장에 대해 논의하였다. 그는 이렇게 말한다.

> 이 두 가지 질문을 서로 구분하고 또한 함께 병행시키는 것이 매우 중요하다. 우리를 위한 본문의 **메시지** 혹은 본문의 "의의"(significance, 몇몇 신학자들은 이것을 의의라 부르는 것을 선호한다)를 분별하는 데로 나아가지 않으면, 본문의 **의미**(meaning)를 찾는 것은 순전히 학문적인 관심사로만 그치게 된다. 하지만 먼저 본문의 본래의 의미와 씨름하지 않고 무작정 현대를 위한 메시지를 찾으려 한다면, 그것은 금지된 지름길로 나아가는 것과 마찬가지이다. 이는 하나님을 욕되게 하는 것이요(그가 구체적인 역사적, 문학적 맥락 속에서 자기를 계시하신 그의 택하신 방법을 무시하는 것이므로), 그의 말씀을 오용하는 것이요(그 말씀을

---

[9] Michael Fabarez, *Preaching that Changes Lives* (Nashville: Thomas Nelson, 2002), 18.

마치 연감처럼, 혹은 마법의 책처럼 취급하는 것이므로), 또한 하나님의 백성을 오도하는 처사인 것이다(그들로 성경 해석법에 대해 혼란을 가져다 주기에).[10]

좋은 해석은 목사-교사가 본문 가운데 본문의 궁극적인 저자이신 성령 하나님께서 의도한 의미를 발견하도록 돕는다.

둘째, 좋은 해석은 목사-교사가 저자가 의도한 의미를 발견하는 과정에서 본문의 맥락의 여러 측면을 고려하도록 돕는다.

모든 성경책은 특정한 정황 속에서 쓰인 것이기에, 모든 본문은 "성경 저자가 의도한 하나의 주요 규범적인 의미가 있다."[11] 하지만 그 의미를 온전히 이해하기 위해서는, 목사-교사는 반드시 그 본문이 쓰인 정황을 이해해야만 한다.

성경의 역사성을 말하면서, 카이저(Kaiser)는 "그 말씀들은 대부분 자주 특정한 문화와 특정한 시간과 특정한 정황 속에 있는 특정한 사람들을 향한 것이다"라고 말한다.[12] 좋은 해석은 목사-교사가 저자가 의도한 의미를 분별함에 있어서 정황에 대한 온전한 이해를 통합할 수 있도록 한다.

셋째, 좋은 해석은 목사-교사가 해석의 단계에서 너무 성급하게 서둘러 적용으로 넘어가지 않도록 보호한다.

위에서 스토트가 말한 대로, 본문 연구가 오늘날의 청중을 향한 그 본문의 의의(significance)를 판단하는 데 실패한다면, 불완전한 것이다. 하지만 먼저 저자가 의도한 의미(the author's intended meaning)를 온전하게 이해하지 못하고 본문의 의의(the significance of a text)를 발견하고자 시도하는 것 역시

---

[10] John R. W. Stott, 『현대교회와 설교』(*Between Two Worlds*, 생명의 말씀사 刊) (Grand Rapids: Eerdmans, 1982), 221.

[11] Dockery, "Preaching and Hermeneutics," in Duduit, *Handbook of Contemporary Preaching*, 147.

[12] Kaiser, *Toward and Exegetical Theology*, 37.

도 동일하게 불완전한 것이다.

  본문의 의미에 대한 우리의 미숙한 이해들이 올바르지 않기 때문에, 결국 우리의 몇몇 미숙한 해석은 올바르지 않은 해석이다. 따라서 좋은 해석은 먼저 우리가 성경 저자가 의도한 의미를 발견하는 것을 우선순위에 두도록 한다. 또한, 정황에 관해 온전히 검토하도록 함으로, 우리가 그 의도한 의미에 도착하도록 하며, 더 나아가 우리의 청중을 위해 그 본문에 대해 바른 적용을 하도록 인도하는 것이다.

제2장

성경 해석학의 기원

많은 학생에게 해석학은 두려움과 떨림을 조장하는 말일 수 있다. 이 말은 조용한 방에 틀어박혀서, 촛불 아래에서 원본 원서에서 동사를 분해하고 있는 탁월한 학자들의 이미지를 떠올리게 한다. 하지만 해석학은 성경을 공부하는 학생들에게 두려워할 주제가 아니다. 오히려 성경을 바르게 해석하는 데 필요한 기본 틀을 제공한다. 이 장에서 우리는 성경 기원을 살펴 보고, 더불어 교회 안에서 해석학의 역사적 발전을 추적해 보고자 한다.

1. 초대교회 안에서의 정경의 발전

예수님의 부활과 승천 이후에 초대교회는 복음의 구전적인 소통에 깊이 관여하였다. 사도행전은 교회의 초기 시대를 기록하고 있고, 구전적 정황 속에서 일어났던 설교와 가르침을 보여 주고 있다. 하지만 시간이 지나면서 교회의 지도자들은 예수님의 생애와 관련한 사건들을 기록할 필요를 인식하기 시작했다. 하나님은 그들이 기술하도록 동기부여 하는 몇 가지 외적인 요인들을 사용하셨다.

첫째, 교회지도자들은 예수님이 행하신 사건들과 가르침을 기록할 필요를 인식했다. 그분이 메시아와 관련한 구약 예언들의 성취이시기에, 교회는 이 메시지를 세상에 전할 필요가 있었다.

둘째, 교회는 눈으로 본 증인들이 여전히 가까이 있을 때, 예수님의 생애에 대해 기록할 중요성을 알게 되었다.

셋째, 예수님에 대한 수많은 이교적 가르침이 초대교회에 침투하기 시작했다.[13] 이단의 침투는 교회 지도자들로 복음의 진리에 대한 잘못된 가르침에 대항하도록 동기를 부여했다.

예수님에 관한 많은 글이 쓰였기에, 교회는 어떤 책들이 "하나님께서 영감하신" 것인지를 분별하여 교회의 유익을 위해 그런 책들을 모으게 되었다. 이 과정을 진행하도록 동기를 부여하는 몇 가지 요인들이 있었다.

첫째, 교회지도자들은 모든 영감된 문서들을 하나의 책으로 모아야 할 필요를 인식했다.

원래 모든 복음서와 사도들의 편지들은 각각 유통되고 있었다(골 4:16). 궁극적으로, 신약의 모든 문서를 담고자 9개의 두루마리(scrolls)가 필요했다.[14] 새로운 고안(코덱스 방식)이 2세기에 등장함으로 성경이 보다 사용자 친화적인 포맷이 되었다. 코덱스는 최초의 책의 형태로서 오늘날 책의 전조가 되었다. 코덱스의 발전은 교회지도자들에게 신약성경으로 어떤 책이 포함되어야 할 것인지를 결정하도록 하는 자극제가 되었다.[15]

---

[13] 영지주의(Gnosticism), 무율법주의(Antinomianism), 그리고 유대주의자들의 가르침 모두가 초대교회를 위협했다. 신약의 저자들은 이러한 이단들에 대항했다.
[14] Gerald Cowan, "NT Canon" lecture, Fall 1996, Southeastern Seminary, Wake Forest, NC.
[15] 헬라어 κανών는 "갈대"(reed), "막대"(rod), "측량 막대"(measuring rod), "자"(rule), "법"(law), 또는 "기준"(standard)과 같이 다양한 의미를 지닌다. 그것은 "reed"(갈대)라는 히브리 어로부터 유래된 것 같다. 어느 때에 그것을 "측량 도구"로 사용하게 되었다. 그래서 결국은 "자" 또는 "기준"을 의미하게 되었다. 이 사용법이 교회에서는 "신앙의 법"(the rule of faith) 또는 "진리의 법"(the rule of truth)으로 더 변화되었다. 얼마 후 그것은 교회를 위한 관습과

둘째, 박해는 교회지도자들로 어떤 책들이 영감 받은 것인지를 명확히 하는 데 동기 부여를 하였다.

로마법 아래에서 교인들은 기독교 서적을 소지하는 것만으로도 사형을 받을 수 있었다. 그 결과 성도들은 어떤 책을 보호해야 할지 알 필요가 있었다.

셋째, 기독교가 더욱더 많이 수용되면서, 교회지도자들은 어떤 책들이 영감 받은 책인지 시험을 거쳤으며, 정경에 반드시 포함되어야 할지에 대해 확실성을 가지고 결정할 필요가 있었다.

주요 사항은 저자에 관한 것으로서, 사도 혹은 사도들과 관련된 사람에 의해 쓰인 것인가 하는 것이다.

넷째, 신약성경들의 내재적 증거는 하나님께서 교회의 유익을 위해서 이러한 책들이 보존되기를 의도하신 것임을 드러낸다.

하나님은 이러한 모든 요소를 사용하셔서 교회지도자들이 예수님의 생애, 가르침, 사역들에 관한 진리를 기록하고 보존하도록 동기부여 하신 것이다.[16]

초대교회 지도자들은 정경에 담긴 성경 본문의 본질에 관한 기본적인 몇몇 전제들과 함께 일을 진행하였다.

신앙의 법을 포함하는 책들을 가리키게 되었다. 이 본문에서, κανών는 교회가 정한 또는 받아들이는 믿음의 법을 포함하는 책들의 리스트를 가리키는 말로 사용되었다. Ibid., Cowan, "NT Canon" lecture.

[16] 정경성(Canonicity)에 대한 수많은 훌륭한 저작들이 있다. F.F Bruce, *The Canon of Scripture* (Downers Grove: IVP, 1998); Philip Comfort, ed., *The Origin of the Bible* (Wheaton: Tyndale, 1992, 2003); Robert L. Plummer, *40 Questions about Interpreting the Bible* (Grand Rapids: Kregel, 2010), 57-67; Paul Wegner, *The Journey from Texts to Translations: The Origin and Development of the Bible* (Grand Rapids: Baker, 1999), 101-51를 참고하라.

첫째, 그들은 성령께서 신약의 본문들을 영감하셨다는 사실을 단언하였다.

신약의 두드러진 세 부분에서, 성경의 저자들은 성경의 초자연적이고 영적인 본질에 대해서 단언하였다(골 4:16; 딤전 5:18; 벧후 3:15-16).[17] 이러한 본문들은 영감된 성경으로서 구약성경과 신약성경을 나란히 함께 두고 있음을 단언하였다.

둘째, 초대교회는 신약의 본문들이 영감되었고 무오함을 신약 본문들 자체가 증명하고 있다고 단언하였다.

성경의 초자연적 본성에 대한 근거로 내부 증명을 사용한다는 비웃음이 있음에도, 신약 본문들은 그들 자신의 계시됨, 영감 됨, 그리고 무오함에 대해서 많이 말하고 있다(마 5:17-18:2; 딤후 3:16; 벧후 1:20-21).[18]

셋째, 초대교회는 하나님께서 영감되고, 무오한 본문을 보존하셨다고 믿었다.

엄밀한 기도와 노력의 결과로 초대교회 지도자들은 누구의 저작을 성령님께서 영감하시고, 올바른 동시에 신앙과 실행의 모든 영역에서 조화를 이루는 책들인지 분별했다. 영감의 교리는 교회가 정경(the canon)을 확립해 가도록 안내했다.

성경의 무오성에 관한 교리(The doctrine of biblical inerrancy)는 성경이 영감되었으며 동시에 무류하다(infallible)는 우리 확신의 결과물이다. 하나님은 "감동으로 쓴"(breathing-out) 성경의 진리로 1세기 저자들에게 그 자신을 나타내실 수 있고, 그리고 그는 오늘날 21세기 독자들이 그 진리를 알도록 그러한 기록들을 보존하실 수 있다는 것을 우리는 믿는다. 우리는 신학책들

---

[17] 1세기에 교회는 성경이 영감되었다는 믿음, 그들이 히브리 유산을 물려받았다는 믿음을 받아들였다.

[18] 성경의 영감됨에 대한 예수님의 관점에 대해서는 다음을 참고하라. J. Wenham, *Christ and the Bible*, 3rd ed. (Grand Rapids: Baker, 1994); Daniel L. Akin, "Sermon: What Did Jesus Believe About the Bible?" SBJT 5.2 (Summer 2001): 80-88.

이 말하는 무오성 교리에 대한 철저한 설명은 남겨 둘 것이다.

그러나 확실히 해야 할 것은, 해석학과 설교학에 있어서 우리의 견해는 성경은 영감 되었고, 무류하고(infallible), 그리고 무오하다(inerrant)는 우리의 확신에 기초하고 있다는 것이다.[19]

2. 성경 해석학의 발전

교회가 새로운 "성령님이 주신"(Spirit-given) 본문들이 교회에서 읽히고 가르쳐져야 한다는 바울과 베드로의 훈계를 받았을 때, 교회는 교회 역사에서 새로운 국면에 들어섰다. 교회들은 예수님의 사역과 가르침에 대한 구전 이야기들을 단순히 이야기하는 것으로부터 그것들을 읽을 수 있고 연구할 수 있는 방향으로 나아갔다.

이러한 읽는 것과 연구하는 것은 성경적 선포의 완전히 새로운 시대의 도래를 알렸다. 결과적으로 초대교회는 목사-교사들이 성경을 해석하기 위해 정식 훈련이 필요하다고 곧 인식하게 되었다. 이런 필요에 대한 반응

---

[19] 무오성(Inerrancy)에 대한 훌륭한 섹션은 Wayne Grudem의 *Systematic Theology* (Grand Rapids: IVP, 1994)를 보라. 그는 "무오성은 성경 자료들의 첫 번째 또는 원본 자료들에서 항상 주장되어져 왔다. 그러나 이러한 것들은 남아 있지 않다: 우리가 가진 것은 모세 또는 바울 또는 베드로가 쓴 것들의 필사본의 필사본들일 뿐이다.… 성경의 말씀들 가운데 99퍼센트 이상에 대해 우리는 그 원본 자료가 말하고 있었던 것을 알고 있다고 할 수 있다. 비록 많은 구절들에 본문 변이(textual variants, 같은 구절에 대해 다양한 고대 필사본들은 다른 단어들을 사용함)가 있지만, 정확한 결정은 대개의 경우 매우 명확하다. 그리고 정말 매우 소수의 몇 곳의 본문 변이만이 그 의미를 결정함에 있어 평가와 가치 판단이 어렵다. 작은 퍼센트의 경우에서 원본 자료가 말한 것에 대한 중요한 불확실성이 남아 있을 뿐, 문장의 일반적인 의미는 본문으로부터 매우 명확하게 된다.… 그렇기에 대부분 실제적인 목적을 위해 현재 출판된 학계의 본문들, 히브리어의 구약과 헬라어의 신약은 원본 자료와 거의 같다. 그러므로 우리가 원본이 무오하다고 말한다면, 우리는 또한 우리가 가진 현재의 역본들도 무오하다고 보는 것이다, 왜냐하면 그것들은 원본과 같은 복사본이기 때문이다." Grudem, *Systematic Theology*, 96. 또한 David Dockery and David Nelson, "Special Revelation," in *A Theology for the Church*, ed. Daniel L. Akin (Nashville: B&H, 2007), 118-74.

으로 교부 시대에 두 학파, 알렉산드리아 학파와 안디옥 학파(Alexandrian and Antiochian)가 등장했다.[20] 두 가지 다른 해석학적 방법들이 이 학파들 안에서 발전해 갔다. 그들의 영향은 오늘날 현대 신학 교육에서도 여전히 감지될 수 있다.

1) 알렉산드리아 학파

이집트 알렉산드리아에 위치하는 이 학파는 예비 신자들을 가르치는 장소로 시작되었지만, 교사와 설교자들을 교육하는 장소로 변화되어 갔다.[21] 유명한 교사이고 저술가인 클레멘트(Clement, 150-215)는 2세기에 이 학파를 관리했다.[22] 그의 가장 유명한 제자 오리겐(Origen, 185-254)은 그 학파의 디렉터로 그의 뒤를 이었다. 오리겐은 교회에서 중요한 지도자가 되었다. 그의 설교들은 신자들의 유익을 위하여 규칙적으로 복사본이 보관됐다.[23]

그의 많은 긍정적인 기여에도 불구하고, 그가 해석에 있어서 알레고리적 방법(allegorical method)을 채택했고, 그로 인해 그는 초대교회에 부정적인 영향을 끼쳤다. 역사학자인 찰스 다간(Charles Dargan)은 이렇게 기술한다.

> 엄밀하게 말하면, 그가 이 방법의 창작자가 아니지만, 그는 어쩌면 다른 누구보다 더 책임이 있다. 왜냐하면, 그가 그 방법에 위엄을 부여했고, 그 방법이 모든 시대의 설교단에서 그토록 엄청난 장악력을 확보하도록 해 주었기 때문이다.[24]

---

[20] 교부 시대는 초대교회 교부들이 있었던 시대와 생활을 말한다. 대부분 학자들은 그 시기를 1세기 끝에서부터 5세기까지로 보고 있다.
[21] Edwin Charles Dargan, *A History of Preaching*, vol. 1 (Grand Rapids: Baker, 1954), 49.
[22] Ibid.
[23] Ibid., 50.
[24] Ibid., 51. Charles Dargan은 기록하기를, 오리겐은 성경의 삼중적 의미를 가르쳤다. 문법적, 도덕적, 영적(또는 알레고리적) 의미가 그것들이다. 그러나 그에게 있어 알레고리적 의미가 최고의 의미라고 생각했다.

오리겐의 영향이 끼친 결과로, 이 학파는 성경을 알레고리적으로 해석하는 학파로 인식됐다. 알레고리적 설교를 지지하는 사람들은 더 깊고 영적인 의미들은 성경의 문자적 단어들 아래 숨어 있다고 가르쳤다.

이러한 숨은 의미들은 성경의 진리를 포함하고 있고 성경 본문의 연구를 통해 찾을 수 있다. 알레고리적 해석을 하는 사람들은 대체로 오로지 그들 자신의 상상력으로만 제한되었다. 불행하게도 알레고리는 초대교회에서 지배적인 해석 방법이 되었다.[25]

2) 안디옥 학파

안디옥 도시에 자리 잡은 이 학파는 알렉산드리아에 있는 학파보다 늦게 형성되었다. 이러한 형성은 중요한 의미가 있는데, 그것은 성경 해석에 있어서 분명히 구별되는 다른 접근을 보여 주었기 때문이다. 해석에서 알레고리적 접근법을 채택하기보다, 안디옥 학파는 "성경에 대한 문자적, 역사적, 그리고 문법적 해석"을 강조하고 가르쳤다.[26]

몇 년 지나지 않아 안디옥 학파의 해석학적 모델은 그것의 가장 뛰어난 옹호자인 안디옥의 요한(John of Antioch, 347-407)이 설교하면서 가장 중심이 되었다. 요한은 386년에 안디옥의 최고 설교가가 되었다. 그리고 설교자로서 그의 명성은 그 지역 전체로 퍼져 갔다. 그는 정말 은사가 있었기에 크리소스톰("황금의 입")이라는 이름이 주어졌다.

크리소스톰은 디오도러스(Diodorus) 수하에서 교육받았고, 그는 성경의 문자적 해석에 전념했다. 그는 알레고리적 설교가 잘못된 해석의 문을 열었기 때문에 위험하다고 생각했다. 다간은 크리소스톰이 때로는 성경의

---

[25] 설교에 알레고리적 접근은 중세를 통틀어 베데(Bede), 안셀름(Anselm), 보나벤투라(Bonaventure), 존 타울러(John Tauler)같은 설교자의 사역을 통해 주요한 모델로 남았다. 해석의 알레고리적 방법은 오늘날에도 어떤 신앙 전통(성경 해석학에 대한 교육의 필요를 여전히 거부하는)에는 강하게 남아 있다.

[26] Dargan, *A History of Preaching*, vol. 1, 51.

"느슨한(loose) 해석을 하는 것으로 알려졌음에도, 오리겐의 열정을 따르는 알레고리적 설교"는 하지 않았다고 기술하고 있다.[27]

크리소스톰은 6년 동안 콘스탄티노플 대주교로 활동했다. 그러나 그는 자신의 사역을 스스로 택한 유배로 마무리했다. 그의 유산은 충실한 강해(faithful exposition)였다. 그는 설교에서 절별 방식(a verse-by-verse approach)을 옹호했고, 대체로 본문의 순서를 따라가는 단순한 설교를 했다. 결과적으로 크리소스톰은 본문의 문자적 의미가 가장 중요한 의미라고 강조했다.

설교에서 그의 강점은 본문의 평범한 의미를 그 시대 사람들의 당시 상황에 적용하는 능력과 그 수사적 재능을 가지고 사람들이 들을 수밖에 없게 한 그의 능력에 놓여 있다. 크리소스톰은 다른 사람들이 자신의 설교 철학을 받아들이기를 촉구했다. 그러나 안디옥에서 형성된 그 해석 모델은 교부 시대에는 우세한 것이 되지 못했다. 결과적으로 거의 천년이라는 시간이 흐르고 나서야 성경의 문자적 해석에 대한 중요성이 다시 등장하게 되었다.[28]

3) 종교개혁

많은 학자는 1517년 10월 31일을 종교개혁의 시작으로 인식한다. 이날은 마틴 루터(Martin Luther, 1483-1546)가 독일 비텐베르크에 있는 교회의 문에 그의 95개 반박문을 못 박은 바로 그 날이다. 오직 성경으로(*Sola Scriptura*)라는 개념은 루터 신학의 형성에서 중대한 것이었다. 그는 오직 성경만이 하나님의 용서를 경험하는 데 꼭 필요한 진리를 가진다고 확신했다. 성경의 권위에 대한 그의 헌신의 결과로, 그는 로마 가톨릭교회의 전통과 가

---

[27] Ibid., 92.
[28] 설교에 있어서 안디옥 모델은 중세 동안 거의 옹호자가 없었다. 그러나 종교개혁을 향해 가는 시기에 얀 후스(John Huss), 존 위클리프(John Wycliffe), 지로라모 사보나롤라(Girolamo Savonarola)와 같은 사람들의 설교는 성경을 문자적 방법으로 가르치려는 헌신을 보여 주기 시작했다.

르침을 기꺼이 버렸다.

루터의 성경에 대한 높은 견해(a high view of Scripture)가 그를 성경 본문의 해석에 있어서 문자적 접근을 하도록 이끌었다. 해석에 대한 그의 원칙들은 500년 이상 동안 해석학에 영향을 끼쳐 왔다.

루터는 해석의 3가지 원칙들을 주장했다.

첫째, 성경은 계시의 유일한 형태이므로 그 자체로 해석되어야만 한다.
둘째, 모든 성경 구문들은 하나의 단순한 의미를 가진다.
셋째, 성경에는 해결할 수 없는 어떤 문제들이 있다.[29]

루터는 성경은 하나님의 계시라는 전제를 가지고 시작했다. 그 결과, 그는 교회의 가르침과 전통을 위해서 성경의 권위를 무너뜨리는 로마 가톨릭의 해석 방법에 도전장을 던졌다. 그는 로마 가톨릭의 접근을 거부했고, 성경은 내재적으로 일관되므로 외적 요소들이 성경의 진리를 위압해서는 안 된다고 주장했다. 그는 심지어 성경을 독일어로 번역해서 조국 독일의 사람들이 성경을 읽을 수 있도록 했다.

루터의 방법론이 주는 함의는 실로 의미심장했다. 사실 성경 해석에 있어서 문자적 방법의 사용과 그 발전, 그리고 그것으로 인해 이루어진 설교가 프로테스탄트 종교개혁이 성공하게 된 주요 요소들이었다. 그렇다고 루터만이 커다란 효과를 일으키는 이 방법을 사용한 유일한 사람은 아니었다.

스위스의 존 칼빈(John Calvin, 1509-64)은 성경 해석에 대한 그 자신만의 방법을 만들어가고 있었다. 다간은 "칼빈은 브뤼헤(Bruges)에서 아직 어린 법학도임에도 강해설교자로서의 자신의 인생을 시작했다"라고 기록하고

---

[29] 루터가 문자적 해석을 따르는 데 항상 충실했던 것은 아니었음을 기록할 필요가 있다. 나아가 성경 본문의 일부와 다른 것들과의 조화를 위한 노력으로, 자신이 번역한 신약성경 끝부분에 히브리서, 야고보서, 유다서, 계시록을 두었다. 그는 그것들을 성경으로 받아들였지만, 다른 신약의 책들과의 관계에서 그들의 가치에 대해서는 미심쩍어했다.

있다.[30] 칼빈은 성경 전체를 설교하는 것을 그의 습관으로 만들었고, 그는 자신의 강해를 즉흥적인 방식으로 전달했다. 루터와 칼빈은 성경 해석이 가르쳐지고 실행되는 방법을 바꾸었고, 그들은 프로테스탄트 전통을 따르게 될 사람들을 위한 새로운 접근법의 모델이 되었다.[31]

4) 근대 시기

성경 본문들의 문자적 해석에 대한 새로워진 관심이 종교개혁의 결과로 생겨났다. 이 해석 모델에 대한 대중성은 성경이 다른 언어들로 번역되어 유럽과 그 너머까지 퍼져 나가면서 커져 갔다. 그러나 17세기가 지나는 동안 성경의 권위와 무오성에 대한 강한 확신이 어떤 곳에서는 부패하기 시작했다.

독일 고등 비평(higher criticism)의 발전은 성경의 영감설에 기초를 둔 성경의 문자적, 역사성이라는 개념을 포기해 버린 해석학을 끌어내게 했다. 몇 년 후 몇몇 학자들이 본문이 독자에게 미치는 심리적 영향의 연구를 위하여 역사적 연구를 거부하자, 수많은 독자-중심의 해석학적 모델들이 나타났다.[32] 이러한 새로운 접근들의 전개에도 불구하고, 성경의 영감성과 무오성을 가슴에 품은 학자들은 성경의 문자적 해석에 헌신하며 남았다.

성경 본문의 문자적 해석을 포괄하는 현대 해석학 이론들은 성경의 영감성과 무오성의 전제로 작동한다. 근대 초기에 윌리엄 퍼킨스(William Perkins, 1558-1602)가 성경의 문자적 해석의 지속적인 발전을 위해 상당히 기여했

---

[30] Dargan, *A History of Preaching*, vol 1, 381.
[31] 루터와 칼빈은 본문의 문자적 의미에 대한 소통함에 있어 수많은 사람과 함께 참여했다. 존 낙스(John Knox)와 발타자르 후브마이어(Balthasar Hubmaier) 같은 사람들은 종교개혁의 관료후원파(Magisterial)와 급진파(Radical) 양쪽이 모두 규정하는 측면의 하나로써 성경의 문자적 해석을 성립하도록 도왔다.
[32] 독자-중심의 해석학의 간단하지만 유용한 논의를 위해서는 Plummer, 127-129를 보라. 더 세부적이고 전문적인 분석을 원한다면 G. Grant R. Osborne, *The Hermeneutical Spiral*, rev. and expanded (Downers Grove: IVP, 2006), 465-521을 보라.

다. 그의 해석적 방법은 그의 저서 『설교의 기술』(The Art of Prophesying)에 포함된, 네 개의 주요 원칙들을 주장했다.

① 정경(the canonical Scripture)에서 본문을 읽어라.
② 성경 자체에서 본문의 분명한 이해를 얻어라.
③ 본문의 자연스러운 의미(natural sense of the passage)로부터 교리 몇 가지를 선택하라.
④ 교리를 바르게 모아서 쉬운 언어로 사람들의 삶과 습관에 적용하라.[33]

퍼킨스의 방법은 네 가지 전제 위에 세워졌다.

첫째, 그는 하나님께서 정경을 영감하셨다고 확신했다. 그래서 진리에 대한 성경의 주장들은 교회에 필수적인 것이었다.

둘째, 본문의 문자적 해석은 가능하고 필요한 것이라고 확신했다. 루터처럼 퍼킨스도 본문의 문자적 의미가 본문의 주요한 의미라고 파악했다. 그는 문자적 해석의 분명한 이해를 추구하면서, 알레고리적 해석과 그것이 교회에 일으킬 수 있는 오류를 거부했다.

셋째, 그는 하나님이 교회에 신앙 규칙(the rule of faith)을 밝게 보여 주시려고 성경 본문을 주셨다고 확신했다. 그는 교리를 가르치는 것은 건강한 교회를 위해 중요하다고 믿었다.

넷째, 퍼킨스는 성경적 교리들이 일단 발견되었다면, 청중에게 설명되어야 하고 적용되어야만 한다고 확신했다. 그는 적용이 없는 설명은 불완전하고 비효과적인 선언을 낳는다고 이해했다. 또한, 그는 설교 전달의 중요성도 강조했다. 그의 청중이 성경을 이해할 수 있도록 평범한 언어로 하는 설교를 주장했다.[34]

---

[33] Edwin Charles Dargan, *A History of Preaching*, vol. 2 (Grand Rapids: Baker, 1954), 21.
[34] M. William Perkins, *The Works of That Famous and Worthy Minister of Christ in the Universitie*

윌리엄 퍼킨스의 해석적 모델은 200년 이상 복음주의적 조망에 영향을 미쳤다. 1870년 존 브로더스(John A. Broadus)는 『설교의 준비와 전달에 관하여』(On the Preparation and Delivery of Sermons)라는 제목의 신학교 교재를 출판했다. 이 책은 설교학(homiletics) 분야에서 중요한 자료로 남았고, 오랫동안 모범 교재였다. 퍼킨스처럼 브로더스도 성경의 문자적 해석을 강조했다. 그의 교재 대부분이 실제 설교 준비에 맞추어져 있지만, 그는 해석 과정에 있어 세 단계를 강조하기도 했다.

첫째, 그는 목사-교사들에게 "끊임없이 본문을 연구"하도록 촉구했다. 그는 자기의 학생들이 핵심 신학 개념을 찾으면서도 모든 이야기의 단어와 문법을 공부하도록 가르쳤다. 또한, 그는 학생들이 할 수 있으면 원어로 본문을 연구하도록 권고했다.[35]

둘째, 그는 학생들에게 "본문을 그것의 근접 문맥적 연관 속에서 연구"하도록 촉구했다. 그러면서, 그는 본문은 항상 문단(paragraph), 장(chapter), 책(book)의 특정 문맥 안에 의미가 있다고 가르쳤다.[36]

셋째, 브로더스는 그의 학생들에게 "본문을 그것의 더 큰 문맥과의 연관들 속에서 연구"하도록 도전했다.[37] 그는 학생들에게 모든 본문의 주해 작업에 들어갈 때, 거기에는 고려되어야 할 더 큰 역사적 신학적 문맥을 가지고 있다는 것을 명심하도록 가르쳤다.[38] 그는 자기 학생들에게 성경 진리의 전체성이 그들로 하여금 모든 이야기의 가장 중요한 의미를 발견하는 것을 돕도록 허용하라고 가르쳤다.[39]

---

of Cambridge, M. William Perkins, 2:762, located in James F. Stitzinger, "The History of Expository Preaching," *The Master's Seminary Journal* (Spring 1992):22.

[35] John A. Broadus, *On the Preparation and Delivery of Sermon*, ed. V. L. Stanfield, 4th and rev. ed. (San Francisco: Harper San Francisco, 1979), 24.

[36] Ibid.

[37] Ibid.

[38] Ibid., 25-26.

[39] Ibid., 26-27.

20세기에는 학문 분야로서 해석학이 급격히 성장해 왔다. 존 스토트, 월터 카이저(Walter Kaiser), 게르하르트 마이어(Gerhard Maier), 시드니 그레이다너스(Sydney Greidanus), 그랜트 오스본(Grant Osborne) 등과 같은 사람들의 저서는 성경적 강해를 위해서 성경의 문자적 해석을 포용하는 사람들에게 가치 있는 시각들을 계속 제공해 주고 있다. 다음 장으로 나아가면서, 우리가 해석의 원리들과 주해 과정을 검토하게 될 때 우리는 그들의 어깨 위에 서게 될 것이다.

제3장

본문 안에 저자가 의도한 의미

해석학을 연구함에 있어서, 저자가 의도한 의미를 찾는 것은 성경의 문자적 해석을 포용하고 확신하는 사람들에게는 필수적이다. 다음의 장들에서 우리가 기록하듯이, 우리는 본문의 내용과 문맥의 사려 깊은 연구를 통해서 저자가 의도한 의미를 발견할 수 있다고 생각한다. 고든 D. 피(Gordon D. Fee)와 더글러스 스튜어트(Douglas Stuart)도 여기에 동의한다.

> 좋은 해석의 목표는 독창성이 아니다. 이전에 누구도 발견하지 못했던 것을 찾으려고 애쓰는 것이 아니다.… 독창적인 해석은 대개 틀리다.… 좋은 해석의 목표는 단순하다. 바로 '본문의 평이한 의미'를 붙잡는 것이다."[40]

저자가 의도한 의미를 발견하는 것은 해석학(hermeneutics)과 주해(exegesis)의 궁극적인 목표이다.

---

[40] Gordon D. Fee and Douglas Stuart, *How to Read The Bible for All Its Worth*, 3rd ed. (Grand Rapids: Zondervan, 2003), 16.

1. 의미의 자리 발견하기

현대 해석학 연구를 규정짓는 이슈들 가운데 일부는 의미의 자리와 관련이 있다. 우리가 본문에서 의미가 위치한 자리에 대해 토론한다는 것은 한 가지 근원적인 질문에 답하려고 애쓰는 것이다.

의미는 성경 본문의 어디에 머물러 있는가?

해석학에서 최근 학계는 의미의 위치를 판단하기 위한 3가지 옵션을 제공한다. 본문 뒤에(behind the text), 본문 앞에(in front of the text), 그리고 본문 안에(within the text)에 그것들이다.[41]

1) 본문 뒤에(Behind the Text)

17세기 이래, 독일 고등 비평(German higher criticism)의 지지자들은 의미가 본문 뒤에 놓여 있다고 제안해 오고 있다. 이 입장을 지지하는 대다수는 특정한 본문 안에서 저자가 의도한 의미를 찾고 있지 않다. 오히려 그들은 성경을 다른 문학 교재처럼 공부하고 있고, 여러 가지 가운데서도 저자에 대한 의문, 시기, 사실성을 밝히려고 애써 오고 있다.

독일 고등 비평은 근대에 들어 생겨났다. 임마누엘 칸트(Immanuel Kant)와 다른 철학자들이 사람은 신앙과 이성을 구별해야만 한다고 제안하고부터, 많은 학자는 다른 형태의 문학 작품들을 대하듯이 성경을 바라보고 연구하기 시작했다.

고등 비평이 발전해감에 따라, 그 지지자들은 성경 전체가 초자연적으로 영감 되었다는 개념을 거부했다. 가장 좋게 말해서, 그것은 "정경 안의 정경"을 포함하고 있을 수 있다는 것이고, 최악의 표현으로는, 그것은 단

---

[41] Joel B. Green, ed., *Hearing the New Testament* (Grand Rapids: Eerdmans, 1995). Joel Green은 이 책에서 이 기준을 이용하여 해석학의 여러 다른 학교들이 본문의 의미를 어디에서 찾는지 우리가 이해하도록 돕고 있다. 그의 범주들은 이 점에서 유용하다.

지 또 하나의 종교 서적이라는 것이다. 그들은 무오성의 교리를 거절하고 있기 때문에, 고등 비평의 지지자들은 성경 이야기들을 신화와 전설로 접근했다. 궁극적으로 이 방법의 지지자들은 이 방법만이 해석학의 유일하고 유효한 형태라고 주장했다. 몇 가지 중대한 약점은 고등 비평의 실행과 관계가 있다.

그것의 근본적인 약점은 무오성을 거부한다는 것이다. 그 결과로 그 지지자들은 성경 역사에 대한 연구를 고등 비평의 목표로 보았다. 우리가 고등 비평과 연관된 모든 것을 무시하고 싶지만, 이 방법론으로부터 해석학과 주해를 위한 하나의 중요한 교훈을 얻을 수 있다. 바로 역사가 중요하다는 것이다.

독일 고등 비평은 모든 본문의 뒤에 놓인 독특한 문화적, 역사적, 지리적, 종교적 문맥을 중요하게 여겼다. 역사적 정황은 성경 본문의 목적을 결정하기 위한 핵심 요소이다. 그리고 본문의 목적을 이해하는 것은 저자가 의도한 의미를 파악하는 열쇠 중 하나이다.

2) 본문 앞에(In Front of the Text)

최근 몇 년 사이에, 일부 현대 해석학 방법론들은 의미의 위치를 본문 앞에 있는 것으로 이동시켜 가고 있다.[42] 이러한 방법론적 접근들(독자-반응 해석을 포함하는)은 프리드리히 슐라이어마허(Friedrich Schleiermacher, 1768-1834)의 저서에서 기원을 찾을 수 있다. 근대 신학과 해석학의 아버지로 알려진 슐라이어마허는 그 스스로 체계적 해석학(Systematized Hermeneutics)이라 부르는 해석적 접근을 발전시켰다. 그는 해석에서 저자와 독자 심리 사이의 상호 작용과 함의에 흥미를 느꼈다.

마르부르크(Marburg)에서 루돌프 불트만(Rudolph Bultman)과 함께 가르쳤

---

[42] 훌륭하면서도 간명한 근대 해석학에 대한 논의와 그 핵심 인물들에 관해서는 David Dockery, *Biblical Interpretation Then and Now*(Grand Rapids : Baker, 1992), 161-83를 참고하라.

던 마틴 하이데거(Martin Heidegger, 1889-1976)는 이 이론(그가 해석학적 순환 [Hermeneutical Circle]이라고 부른)에 근거한 해석학의 시스템을 발전시켰다. 그는 본문이 독자에게 영향을 미치는 만큼이나 독자가 본문에 영향을 미친다고 생각했다.

하이데거의 학생 중 한 명인 한스 게오르크 가다머(Hans-Georg Gadamer, 1900-2009)는 이 이론을 더욱 발전시켰고, 저자의 의도라는 개념을 일절 거부하였다. 대신 그는 독자와 본문은 둘 다 독립적이라고 생각했다. 독자는 해석학적 순환 안에서 본문과 상호 작용하면서 본문을 해석하는 것이다. 가다머를 따라, 구조주의자 운동(Structuralist movement)은 더 깊은 숨은 의미들을 위해 본문의 표면적 해석들을 거절하였다.[43]

오늘날은 본문 앞에서 의미를 찾으려는 수많은 다른 비평 방법론들이 있다. 여기에 대해 조금 말하자면 수사적(rhetorical), 언어적(linguistic), 정경적(canonical), 해방신학적(liberation), 페미니스트(feminist) 해석 방법들이 그것들이다. 이러한 모든 방법론은 독자-반응적 접근과 해석자의 사고 속에서 의미를 찾는 것을 강조한다.[44]

본문 앞에 의미가 위치한다고 생각하는 그들은 몇 가지 전제를 가지고 있다.

첫째, 그들은 성경을 근본적으로는 문학 작품으로 본다.

둘째, 그들은 본문에 대한 독자의 반응에 우선순위를 둔다. 그러므로 그들은 저자의 의도 또는 그것을 발견하려는 해석자의 능력이라는 개념을 거절한다. 혹은 좋게 말해서 최소화한다.

---

[43] 구조주의자 운동(Sturucturalist movement)은 Ferdinand de Saussure, Charles Pierce, Paul Ricoeur, Jacques Derrida 같은 사람들의 저작들을 통해서 발전되었다. 다시 한번 알렉산드리아 학파의 영향이라 볼 수 있다.

[44] *Hearing the New Testament*를 쓴 Joel Green과 다른 사람들은 이 방법론적 다양성이 성경 해석에 유익하다고 생각했다. 이 해석 방법은 신설교학(The New Homiletic)을 지지하기 위한 지배적인 방법이 되어 왔다. 우리는 여기에 대해 강력하게 동의하지 않을 것이다.

셋째, 그들은 본문 안에 다양한 의미들이 있을 가능성을 받아들인다. 그 결과, 그들은 모든 본문은 하나의 핵심 의미를 품고 있다는 개념을 거부한다.

해석학에 대한 이러한 접근과 관련된 수많은 약점이 있다. 가장 근본적인 약점은 저자의 의도에 대해 강조하지 않는 것과 독자의 마음속에 의미가 있다고 생각하는 것으로부터 기인한다. 궁극적으로 그것은 성경의 계시보다 인간의 경험을 더 높이고 있다. 이러한 방법론들을 던져 버리고 싶겠지만, 여기에도 기억해야 할 교훈이 있다.

장르는 해석에 있어서 중요하다는 것이다. 의미의 위치를 본문 앞에 두는 방법론의 지지자들은 성경의 형태의 중요성을 인지하고 있다. 그들은 수사적 요소들이 모든 성경 본문에서 작동한다는 것을 알고 있다. 우리가 그들의 해석에는 동의하지 않아야겠지만, 저자의 장르 선택이 성경 본문에 대한 우리 해석에 무언가를 가르쳐 준다는 것을 제5장과 제6장에서 알게 될 것이다.

3) 본문 안에(In the Text)

많은 사람이 본문의 뒤 또는 본문의 앞에 의미를 찾으려고 노력하고 있지만, 우리는 의미의 위치가 본문 안에 놓여 있다고 믿는다. 우리 입장은 두 가지 근본적인 전제로 정의된다.

첫째, 모든 성경 본문에는 하나의 중요한 저자의 의미가 있다.
둘째, 저자가 의도한 의미는 의미론(semantics)과 구문론(syntax)의 적합한 규칙들을 활용함으로 찾을 수 있다.[45]

---

[45] 의미론(Semantics)은 단어의 기본적인 의미를 말하며, 구문론(syntax)은 문맥 안에서 단어들이 서로 연관되어져 있는 방식을 말한다.

1967년, 에릭 D. 허쉬(Eric. D. Hirsch)는 『해석의 적법성』(*Validity in Interpretation*)이라는 제목의 글을 썼다.[46] 그는 슐라이어마허와 연결된 사람들(하이데거, 가다머, 데리다, 다른 문학적 학자들을 포함하는)의 전제에 체계적 반증을 수립한 최초의 인물이었다. 허쉬는 어떠한 성경 본문을 포함하여 어떠한 본문의 저자도 본문에 대한 의미론적 권위를 가지고 있다고 재차 단언했다.

다시 말해, 저자가 쓰는 동안 어떤 단어를 사용할지와 그것들을 문장과 구문과 이야기들로 어떻게 만들어 갈지의 결정을 책임진다는 것이다. 의미가 바뀌거나 재생산될 수 없기에, 해석자들은 매우 높은 적법성을 가지고 본문 안에 놓인 저자가 의도한 의미를 찾을 수 있다.

허쉬는 모든 본문이 의미(meaning)와 의의(significance), 둘 다를 가진다고 강조했다. 본문이 오직 하나의 의미를 가질 수 있다고 하더라도, 그것이 독자들을 위한 의의는 다를 수 있다. 그 당시 허쉬에게 있어 의미를 결정하는 열쇠는 본문이 지닌 본래의 장르(intrinsic genre) 안에서 발견되는 것이었다. 일단 해석자가 적당한 언어적 실마리를 찾게 되면, 그는 저자가 의도한 의미에 대한 유효한 해석에 도달할 수 있다.[47]

의미의 위치를 찾으려는 이 접근법의 6가지 특징은 다음과 같다.

첫째, 그것은 성경의 영감성과 무오성의 높은 견해(a high view)를 지지한다. 그것은 하나님이 진리의 원천이고 사람들이 이해할 수 있는 방법으로 말씀하셨다고 인정한다.

둘째, 그것은 저자가 의도한 의미를 찾는 것에 대한 정당성을 받아들인다. 하나님이 사람들로 하여금 그의 진리를 해석하여 백성들의 삶에 적용할 수 있는 방법으로 기록하도록 하셨다고 전제한다.

---

[46] E. D. Hirsch Jr., *Validity in Interpretation* (New Haven, CT: Yale Univ. Press, 1967).
[47] Ibid., 78-79. E.D.Hirsch는 해석의 열쇠가 모든 본문의 "본래의 장르"(intrinsic genre)를 밝히는 것이라고 주장했다. 일단 글의 형식이 밝혀지면, 어떤 언어적 요소들이 항상 저자의 의미에 대한 실마리를 준다. 저자의 구문론에 대한 이해와 함께 장르에 대한 이해를 더하는 것은 해석자로 하여금 저자가 의도한 의미의 합당한 해석으로 이끌 수 있다.

셋째, 담론 분석(discourse analysis)은 저자가 의도한 의미를 찾기 위해 꼭 필요하다고 주장한다.[48] 우리가 보는 것처럼, 성경의 저자들은 그들의 메시지를 다른 스타일과 다른 언어의 구조를 이용하여 전달해 왔다.

넷째, 본문 안에서 의미를 찾으려는 접근은 해석에 있어서 맥락의 중요성을 깨닫게 한다. 제8장에서 우리가 알게 되겠지만, 본문이 쓰인 맥락을 이해하는 것은 온전한 해석을 위한 중심축이다.

다섯째, 이 접근은 의미(저자가 그의 원 청중에게 말하려고 했던 것)와 의의(현재의 독자들을 위한 성경적 명제의 암시) 사이에 올바른 구분을 하게 한다.

여섯째, 의미는 발견될 수 있고 매우 유효하게 다른 사람들에게 전달될 수 있다고 주장한다. 그래서 목사와 교사들은 확신과 권위를 가지고 말씀을 전할 수 있다.

2. 두 지평을 이해하기

의미의 위치와 관련하여 해석학에는 3개의 지배적인 위치, 즉 본문 뒤에, 본문 안에, 본문 앞에라는 위치가 있다. 이미 살펴 보았듯이 우리는 저자가 의도한 의미가 본문의 내용 안에 있다고 생각한다. 그러나 우리는 모든 저자가 그에게만 있는 독특한 상황 가운데 살았다는 것을 인정해야만 한다.

---

[48] 담론 분석(discourse analysis)과 본문 언어학(text linguistic)의 최근 발전에 대한 간략하지만 유용한 설명을 위해서는 Grant R. Osborne, *The Hermeneutical Spiral*, 2nd ed.(Downers Grove: IVP, 2006),150-53을 참고하라. 그는 담론 분석(discourse analysis)의 목적을 "저자에 의해 의도되고 본문에 포함되어 있는 의미와 구조를 결정하기 위한 과정"으로만 한정한다(150-51). 다음의 훌륭한 논문들 또한 참고할 수 있다. David Allen, "Preaching a Text-Driven Sermon," in *Text-Driven Preaching*, ed. Daniel L. Akin, David L. Allen, and Ned L. Matthews (Nashville: B&H, 2010), 191-34; David Alan Black, "Exegesis for the Text-Driven Sermon," in id., 135-61. 이 책에서 담론 분석(Discourse analysis)은 저자가 담론을 만들고 빚어가는 언어를 사용하는 방법을 통해 본문 구조와 저자가 의도한 의미를 결정하는 데 사용될 것이다.

예를 들면, 다윗은 이스라엘의 햇병아리 군주의 시기에 시를 썼다. 다니엘은 바벨론의 포로로서 글을 썼다. 바울은 로마가 다스리는 시기에 글을 썼다. 이러한 사람들 각자는 독특한 문화적 상황 가운데 살았다. 해석자로서 우리는 그 저자의 개인적인 상황을 이해하려는 노력으로부터 시작해야만 한다. 해석학에서 저자의 문화적 상황은 "첫 번째 지평"(first horizon)이라고 불린다.

우리가 성경을 공부할 때, 우리는 우리의 문화적 상황이 성경 저자들의 그것과는 다르다는 것을 인정해야만 한다. 물론 "첫 번째 지평"의 문화적 상황을 연구하는 것이 우리의 의무이지만, 우리는 동시에 우리가 사는 시대의 상황도 알아야만 한다. 해석학에서 학자들은 독자의 상황을 "두 번째 지평"(second horizon, 도표 3.1 참조)이라 부른다.[49]

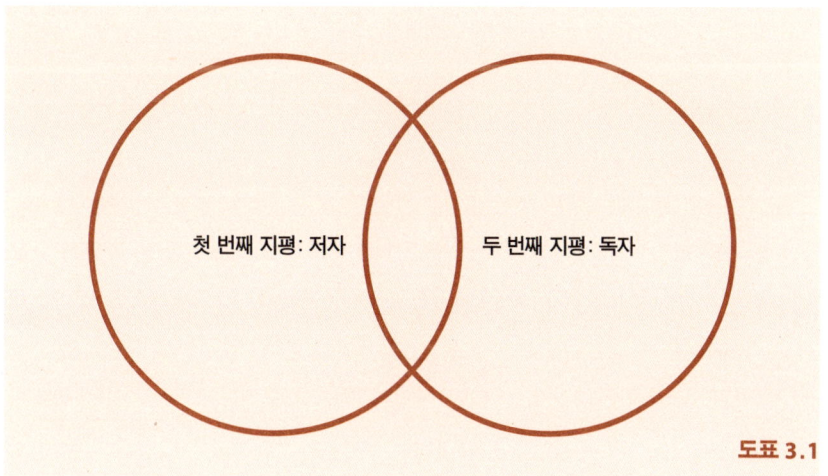

도표 3.1

해석학에서 두 지평 사이의 겹치는 지점이 성경 본문이다. 두 번째 도표에서 볼 수 있듯이, 성경 본문은 저자의 역사적 상황 안에 그 기원을 가진

---

[49] John R. Stott가 "참된 설교는 성경 세계와 현대 세계 사이에 있는 바다에 다리를 놓은 것이고, 양쪽 다 똑같이 닿아 있어야 한다"라고 쓰면서, 이 개념을 인정했다. John R. W. Stott, *Between Two Worlds* (Grand Rapids: Eerdmans, 1982), 10.

다. 독자로서 저자가 의도한 의미에 접근해야 하는 우리의 유일한 통로는 성경 본문 그 자체이다(도표 3.2 참조).

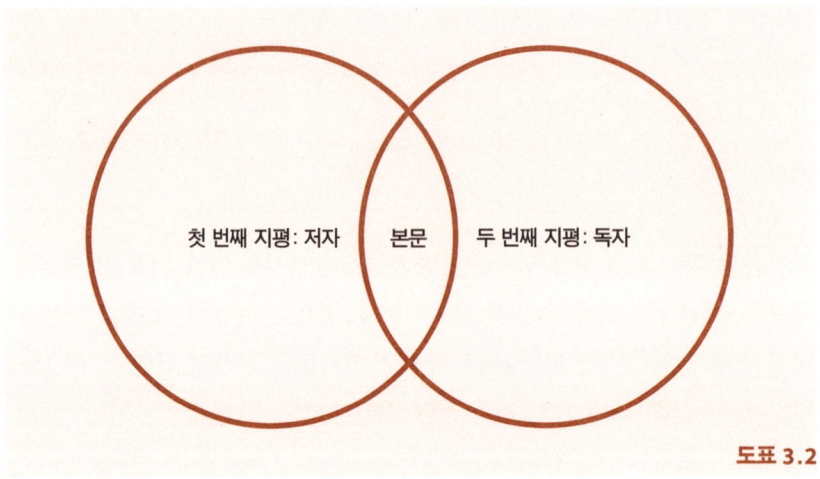

이 두 지평 사이를 탐험하는 것은 어려운 것이다. 앤서니 티슬턴(Anthony Thiselton)은 『두 지평』(*The Two Horizons*)에서 이렇게 말한다.

> 본문의 역사적 특이성과 역사적 조건성에 주의를 기울이는 것은 굉장히 중요하다.… 그러나 현대 독자는 역사와 관습 안에 있는 그 자신의 현재 위치에 의해 또한 제한되고 있다.… 비록 잠깐 우리가 현대 독자가 가지는 역사적 제한성은 내버려 두더라도, 우리는 여전히 부인할 수 없는 다음 사실을 직면한다. 본문이 이해된다는 것은 두 지평 사이의 관계가 형성되어야만 한다는 것이다.… 고대 본문의 지평과 현대 독자 또는 청중의 지평이 그것이다.[50]

---

[50] Anthony C. Thiselton, *The Two Horizons* (Grand Rapids: Eerdmans, 1980), 15. Anthony C. Thiselton은 두 지평이라는 개념을 Hans-George Gadamer의 것으로 돌렸다. Hans-George Gadamer는 독일의 철학적 해석학 분야 학자로서, 의미란 독자가 본문과의 "대화"(dialogue)를 거치면서 두 번째 지평 안에서 발견된다고 생각했다.

3. 의미와 의의

도표를 계속 발전시켜 나가는 동안, 해석의 다른 학파들에 의해 놓인 의미의 잠재적 위치를 더해가고 있음을 발견했을 것이다(도표 3.3 참조).

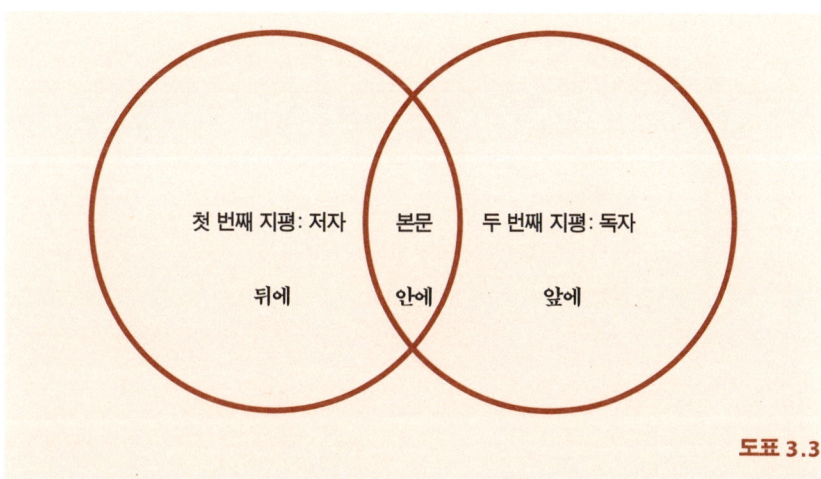

도표 3.3

당신이 볼 수 있듯이, 의미가 본문의 뒤에 위치한다고 생각하는 사람들은 자신들의 연구를 첫 번째 지평에 한정시킨다. 비록 본문 자체가 첫 번째 지평에 위치하지만, 이 입장의 지지자들은 저자가 의도한 의미가 본문의 문자적 해석을 통해 발견될 수 있다고 생각하지 않는다. 오히려 그들은 본문의 형성에 영향을 끼친 역사에 관한 연구에 전념한다.

의미가 본문의 앞에 위치한다고 믿는 사람들은 자신들의 연구를 두 번째 지평에 한정시킨다. 그들 역시 본문의 문자적 해석이 저자가 의도한 의미를 드러낼 수 있다는 개념을 거절한다. 그래서 그들은 독자가 가지는 본문에 대한 개인적 반응들과 그들의 경험 안에서 의미를 찾고 있다.

그러나 우리는 저자가 의도한 의미가 해석이라는 문자적 접근을 통해 본문 안에서(in) 발견될 수 있다고 생각한다. 위에서 말한 것처럼, 해석자가 주해 과정에서 해석학의 원칙들을 적용함으로 저자가 의도한 의미를 발견할 수 있다고 우리는 생각한다.

다음 장에서 이 과정에 대해 정의를 내리고 설명을 시작하기 전에, "의미"(meaning)와 "의의"(significance)라는 용어를 명확히 해야 할 필요가 있다. 아래의 확장된 도표가 설명하는 것처럼, 의미는 일차적 지평에 위치하고, 중요성은 이차적 지평에 위치한다(도표 3.4를 보라).

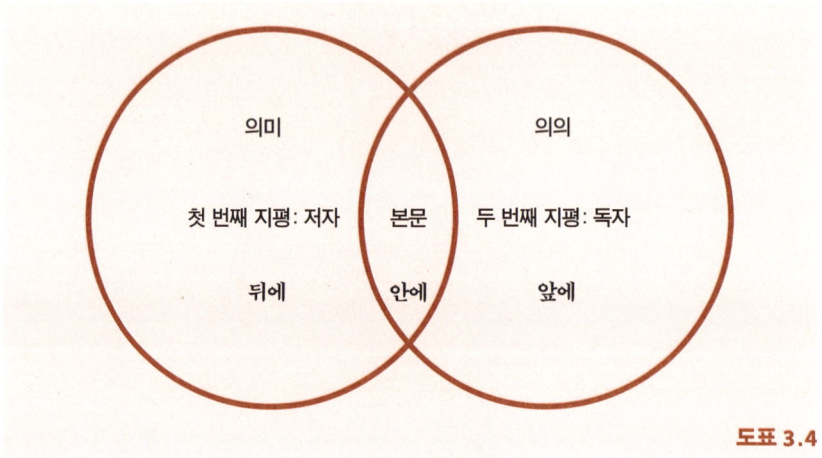

도표 3.4

해석학의 첫 번째 목표는 이 질문에 답하는 것이다,
"저자가 의도한 의미는 무엇인가?"

이 질문에 대한 답은 저자의 본문, 첫 번째 지평에 위치한다. 우리가 저자에게 그의 본문에 관해 물어볼 수 없기에, 성경 본문 자체가 우리 질문에 답을 제공하여야만 한다. 허쉬가 우리에게 강조하는 것과 같이, 우리가 기록된 본문을 이해하기 위해 문법적이고 수사적인 가이드라인을 따른다면 우리는 저자가 의도한 의미라는 유효한 해석에 도달할 수 있다.

우리가 본문의 의의에 대해 말할 때, 우리는 두 번째 지평을 다루는 것이다. 제일 처음의 청중은 본문의 저자와 문화적 상황을 공유했다. 그러하기에 저자가 의도한 의미는 그 첫 독자들에게는 매우 분명했다. 그 첫 독자들 가운데 몇 명은 그 구문에 대한 의미에 대해 저자와 이야기하는 기회를 얻었을지도 모른다. 그러나 세월이 흐르면서 성경을 읽는 독자들은 저자의 역사적 상황으로부터 점점 더 멀리 떨어져 왔다.

독자의 문화가 수 세기에 걸쳐 바뀌었으므로 저자가 의도한 의미에 대한 적용은 새로운 의의가 있게 되었다. 기억해야 할 것은, 저자는 하나의 의도한 의미가 있고, 그것은 모든 장소에서 모든 시간을 통해 모든 사람에게 진리라는 것이다. 하지만 본문의 의의 또는 적용은 바뀔 수 있는 요소이다.

우리가 있는 21세기 상황이라는 두 번째 지평에 사는 사람으로서 어떤 성경 구문에 대한 우리의 적용은 초대 청중의 그것과는 다를 수 있다. 예를 들면, 고린도전서 8장에서 바울은 고린도 사람들에게 우상에게 제사 지낸 고기를 먹는 것에 관한 지침을 주고 있다.

바울이 그 편지를 쓸 때, 그는 1세기 신자들이 당면한 구체적인 문제를 말하고 있다. 서구 문화에 있는 우리는 그러한 딜레마를 겪고 있지 않다. 결과적으로 우상에 제사 지낸 고기에 관한 바울의 이 훈계는 우리에게 연관되는 적용 내용이 없다(물론 이 세계의 다른 지역에 사는 신자들은 여전히 그 문제를 직면하고 있지만 말이다). 그러나 본문의 핵심 아이디어(MIT[Main Idea of the Text])는 우리의 현대 상황에서도 여전히 의의가 있다. 우리는 다른 신자들이 삶에 걸림돌이 될 가능성을 가지는 행동은 하지 않아야 한다.

당신이 보는 것처럼 비록 우리 지평에서 그것의 중요성이 초대교회 청중의 그것과는 다를 수도 있겠지만, 본문은 오늘 우리에게 여전히 의미가 있다. 우리가 의의에 관해 이야기한다는 것은 해석학의 두 번째 목표를("저자가 의도한 의미가 지니는 의의는 무엇인가?"라는 질문에 답하는 것) 달성하려고 도전하는 것이다. 적용 단계에서 우리는 극도의 주의와 분별을 발휘해야 한다.

여기까지 우리는 의미의 위치에 대해서 알아보았다. 두 지평으로 구분되었고, 저자와 본문과 독자와의 관계에 대하여 논의했고, 의미와 의의라는 구분을 분명히 했다. 우리는 도표에 마지막 하나를 추가해야만 하는데, 그렇게 하면 해석과 주해 과정에 관한 이슈들 전체를 반영할 수 있게 된다. 최종 도표를 보면, 당신은 원 밑에 적혀진 세 개의 핵심 단어들을 볼 수 있다(도표 3.5 참조).

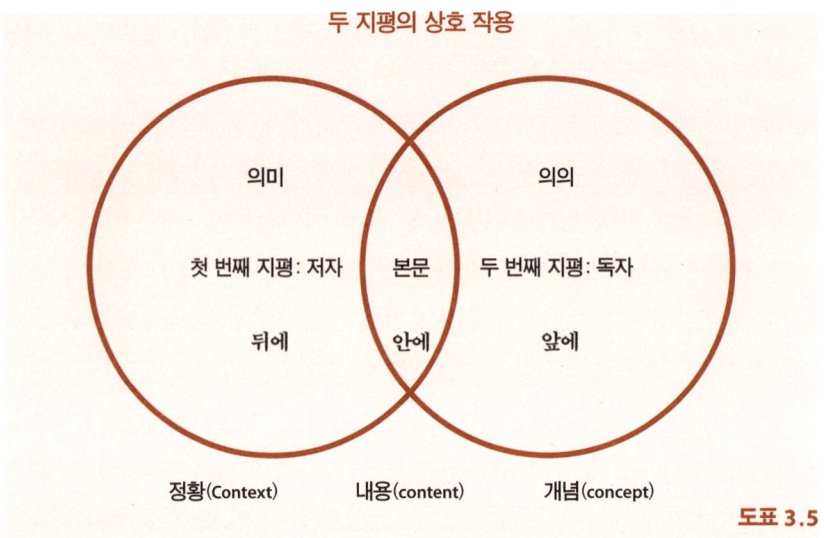

도표 3.5

그 세 단어는 다음 장에서 우리가 주해에 대한 이해를 다듬어 갈 때 사용할 용어들을 보여 준다.

저자의 일차적 지평을 나타내는 원 아래에 "정황"(context)이라는 단어가 놓여 있다. 우리는 저자의 문화적, 역사적, 지리적, 신학적 정황이 그의 삶과 그의 메시지에도 영향을 미쳤다고 인정하고 있다.

두 지평이 겹치는 부분 아래에 "내용"(content)이라는 단어가 있다. 우리는 저자가 의도한 의미는 그가 기록한 내용 안에서 발견되어야 한다는 것을 인정한다.

마지막으로 독자의 이차적 지평을 나타내는 원 아래에 "개념"(concept)이라는 단어가 놓여 있다. 여기서 우리는 해석학의 원리들과 주해를 사용하여 저자가 의도한 의미와 현재의 청중을 위한 그것의 의의를 발견하는 것이 해석자의 과업이라고 인정하고 있다.

이 장을 마치면서 마지막으로 중요한 단어를 추가해야겠다. 우리는 전제(presupposition)가 없는 해석이 불가능하다는 것을 알고 있다. 독자-반응적 접근(reader-response approach)이 적어도 이 점에서는 정확하다고 기꺼이 인정한다. 우리는 모두 본문들에 대한 선입관들, 편견들, 전제들을 갖게 되는 것을 피할 수 없다.

케빈 벤후저(Kevin Vanhoozer)는 이렇게 정확히 언급하고 있다.

"진공 상태에서 글을 읽는 사람은 아무도 없다. 모든 독서는 상황화된 읽기이다."[51]

그러나 우리는 우리의 전제에 종속되거나 묶여 있지는 않다. 그것들은 비판받을 수 있고, 교체될 수 있고, 심지어 급격히 변화될 수도 있다. 우리가 가진 전제를 아는 것은 정직하고 더 겸손한 해석을 하기 위한 좋은 출발점이다. 그 전제들이 도전받게 하는 것은 좋은 해석과 주해를 하기 위해 꼭 필요하다.

우리는 타락했고 결점이 있다. 우리는 본문을 완전히 이해하며 읽거나 분명하게 볼 수 없다. 하지만 비록 우리가 타락했지만, 우리는 신적 이미지를 품고 있다. 비록 우리는 죄가 있지만, 우리에게는 성령님이 계셔서 우리를 새롭게 해 주신다.

성령님의 도우심과(그분의 역할)[52] 검증된 해석학과 주해의 원리들이라는 수단으로(우리의 역할) 우리는 신적 저자에 의해서 인간 저자라는 도구를 통해 기록된 성경의 놀라운 진리를(비록 완전하게는 아니겠지만) 진실하고 올바르게 파악할 수 있다.

우리의 역할을 생각하기 위해, 이제 다음 장으로 넘어가 보자.

---

[51] Kevin Vanhoozer, *Is There a Meaning in This Text?* (Grand Rapids:Zondervan, 1998), 382. 이 저서는 뛰어나면서도 매우 기술적이다. "독자 개혁하기"(Reforming the Reader)에 대한 제7장은 특별히 우리가 논의하는 현시점에 매우 적합하다. "제자로서의 해석"(Interpretation as discipleship, 431-41)은 성경에 대한 충실한 해석자가 되기를 원하는 모든 사람에게 필수적인 읽을거리이다. 또한, Robert Plummer, *40 Questions About Interpreting the Bible* (Grand Rapids:Kregel, 2010), 127-41도 참조하라.

[52] Plummer, *40 Questions About Interpreting the Bible*, 143-50.

제4장

해석학의 기본 원리들

제2장에서 우리는 교회 역사를 통한 해석학의 발전을 추적해 보았다. 우리가 살펴 본 것처럼 해석학 연구의 상당히 많은 양이 성경의 문자적 해석을 확신하고 실행하는 학자들로 인해 이루어지고 있다. 이러한 학문이 바람직한 성경적 주해를 위한 기초가 될 수 있는 일련의 원리들을 형성하게 이끌어 왔다. 이 장에서 우리는 10가지 성경적 해석학의 원리들을 정의하고 설명할 것이다.

이 시점에서 해석학에 대한 우리의 정의를 기억해 보는 것은 유용할 것이다. 그것은 현대의 청중에게 그 의미를 적용하려는 목표를 가지고, 성경 본문에서 저자가 의도한 의미를 발견하기 위한 해석학의 원리들의 바른 사용을 위한 것이다. 다음에 나오는 해석학의 원리들은 저자가 의도한 의미와 우리 현대 청중을 위한 의의를 발견하기 위한 우리의 주해를 지키기 위해 고안되었다.

1. 성경은 하나님에 의해 영감된 확실하고 무오한 말씀이다[53]

제2장에서 언급한 것처럼, 초대교회는 성경의 영감성과 무오성에 강한 확신을 했다. 성경에 대해서 우리가 갖는 전제가 해석에 영향을 미치기 때문에 이 확신은 중요하다. 게하르드 마이어(Gerhard Maier)는 "해석학(Hermeneutics)의 시작점은 계시여야만 한다"라고 말했다.[54] 마이어와 같이 우리도 성경은 인류의 기록물 가운데 특별하다고 믿으며, 믿음으로 그것을 연구해야만 한다.

마이어는 그의 책에서 성경을 연구한다는 특별한 과업에 대한 몇 가지 기본 진리들을 확신한다.

첫째, 해석에서 우리의 출발점은 우리의 경험이 아니라 성경이어야만 한다고 주장한다.[55] 다시 말해, "이 본문이 나에게 무엇을 뜻하는가?"보다는 "이 본문은 무엇을 뜻하는가?"라는 질문으로 시작해야만 한다.

둘째, 우리는 성경 본문을 원래 본문이 뜻하는 것, 즉 하나님이 하신 바로 그 말씀으로 듣는 것을 방해할 수도 있는 어떤 전제들도 버려야만 한다고 마이어는 말한다.[56] 이것의 실패는 저자의 본문의 중심 아이디어(MIT)를 분별할 수 있는 우리 능력에도 영향을 미칠 것이다.[57]

셋째, 우리 신학이 개인적인 의견에 기초하는 것이 아니라, 계시가 우리의 신학을 빚어가게 해야만 한다고 그는 말한다.[58] 계시가 신학을 빚지 못하게 되면 항상 해석의 일탈과 잘못된 교리의 확산이 따라온다.

---

[53] 1978년에 공식화된 "성경의 무오성에 대한 시카고 선언(The Chicago Statement on Biblical Inerrancy)의 정의와 그 설명을 기꺼이 지지한다.
[54] Gerhard Maier, *Biblical Hermeneutics* (Wheaton, IL:Crossway, 1994), 34.
[55] Ibid., 33.
[56] Ibid., 34.
[57] 이 주제는 제10장에서 세부적으로 논의될 것이다.
[58] Maier, *Biblical Hermeneutics*, 36.

우리는 성경이 특별하고 하나님에 의해서 영감 되었고 하나님에 의해 보존된 책이라는 매우 분명한 이해를 하고 성경에 접근해야만 한다. 그래서 우리는 성경이 "생명과 경건에 속한 모든 것을" 포함하고 있음을(벧후 1:3) 알고 그것을 바르게 가르치려고 애써야 한다.

2. 해석학의 일차 목표는 저자가 의도한 의미의 발견이다

우리가 제3장에서 살펴 본 "저자가 의도한 의미"라는 구절은 해석학의 연구에서 일상적으로 나타나는 것이다. 본질적으로에서 그것은 어떤 성경 구문의 궁극적인 의미는 저자가 의도한 것이라는 우리의 확신을 지지한다.

저자의 본문의 중심 아이디어(MIT)는 저자가 그의 본문을 쓸 때 사용했던 단어들(의미, semantics), 문법(구문론, syntax), 스타일(장르, genre)에 대한 주의 깊은 연구뿐만 아니라, 저자의 삶에 영향을 주었던 문화적 역사적 지리적 신학적 정황들에 대한 우리의 이해를 통해 발견될 수 있다.

피와 스튜어트는 "해석학을 위한 유일한 통제는 성경 본문의 원래 의도 안에서 찾는 것이다"라고 언급함으로 이 원리에 동의하고 있다.[59] 다시 말해, 진리에 대한 저자의 메시지는 그 단어들, 문장들, 구문들, 책들의 문자적 해석을 통해 발견될 수 있다.[60] 이 원리의 실행은 저자가 의도한 의미를 드러내게 될 것이고, 잘못된 해석으로부터 목사-교사들을 지켜줄 것이다.

---

[59] Gordon D. Fee and Douglas Stuart, *How to Read the Bible for All Its Worth*, 3rd ed. (Grand Rapids: Zondervan, 2003), 29.

[60] 물론 많은 성경의 구문들이 비유적인 언어를 포함하고 있지만, 성경 구문의 다수는 문자적으로 해석되어야 한다.

3. 성경 본문 속 저자가 의도한 의미는 완전한 사상의 단위들 안에서 발견된다

강해설교의 회복은 해석하는 과정을 도와주는 수많은 자료의 발전이 있게 했다. 이러한 자료들의 다수는 히브리어와 헬라어 연구를 강조하는데 그것이 해석학, 주해, 설교학의 실행에 숙련되기 위해 필수적이기 때문이다.[61]

하지만 원어에 대한 이와 같은 강조는 몇몇 해석자들이 문맥에서 읽히는 단어들의 의미보다 히브리어, 그리스어 단어들 각각의 의미를 더 크게 강조하게 했다. 그뿐 아니라 어떤 목사-교사들은 한 단어의 의미에 근거하여 본문 전체를 해석한다. 이러한 "단어가 이끄는" 형태의 해석은 잘못이다. 그것은 저자의 본문의 중심 아이디어(MIT)를 완전히 놓치게 되거나 해석학 자체를 재정의하게 된다. 둘 다 성경적 해석학에서는 받아들일 수 없다.

제5장에서 주해의 과정에 대한 설명이 시작할 때는, 이 원리에 대한 이해가 중요하다. 성경 본문의 개별 단어들은 문장, 구문, 책 안에서 의미가 있다.[62] 사전은 단어들이 다양하게 사용될 수 있음을 보여 준다.

단어의 의미는 문장과 구문의 문맥 안에서 다른 단어들과의 관계에 의해서 결정된다. 저자의 선택과 구체적 단어들과의 조합은 내용을 전달하기 위한 저자의 수단이 된다. 히브리어와 헬라어 단어의 개별 의미를 이해하는 것이 주해 과정에서 가치 있지만, 성경 본문 안에서 그것들의 궁극적 의미는 그것들이 놓인 문맥으로부터 나온다.

1961년 초기에, 학자들은 성경 본문을 해석하기 위해 개별 단어가 가

---

[61] 히브리어와 헬라어 연구가 좋은 해석을 위해 중요하다고 생각하지만, 모든 목사-교사가 그 원어를 공부할 기회를 가지는 것은 아니라는 것을 우리는 안다. 그것을 할 수 없는 사람들에게는 그 원어로부터 얻을 수 있는 풍성한 정보들에 다가가 얻을 수 있는 좋은 연구 자료들을 사용하는 것이 중요하다.

[62] Fee와 Stuart는 덧붙이기를, "실제로 이것은 주해에서 정말 중요한 일이다.… 기본적으로 문자적 문맥(literary context)이란 단어들이 단지 문장 안에서만 의미가 있는 것을 뜻하고, 대부분 경우에 성경의 문장들은 앞의 문장과 뒤의 문장과의 관계에서만 의미가 있음을 뜻한다"(*How to Read the Bible for All Its Worth*, 27).

진 의미를 사용하는 것의 위험을 알게 되었다. 제임스 바(James Barr)는 이러한 방식의 해석을 반대하는 신학교 교재를 썼다. 『성경 언어의 의미론』(*The Semantics of Biblical Language*)에서 제임스 바는 개별 단어의 의미를 그것이 쓰인 문맥에서의 의미보다 더 크게 강조하는 것은 잘못이라고 주장했다. 더 나아가, 그는 개별 단어 안에서 너무 많은 신학을 읽으려는 것은 위험한데, 애초에 저자는 그 단어의 신학적 의미 때문에 그 단어를 선택한 것이 아니라, 그 시기에 그에게 가장 적합한 단어였기 때문이다.

더욱이 제임스 바는 어떤 단어들은 오로지 구문과 책의 문맥 안에서 그것의 사용으로 인해서 신학적 의미가 있다고 우리를 일깨워 주었다. 그는 해석자들에게 그들 자신의 편견을 본문에 부여하여 심지 말고, 본문이 말하도록 하라고 촉구한다.[63] 제임스 바의 입장은 굉장한 영향력을 미치고 있다. 그는 단어들의 문법적 맥락 가운데서 단어들 해석의 중요성을 강조하고자 하는 사람들 모두를 위해 기초를 놓았다.

4. 성경 본문에 있는 저자가 의도한 의미는 항상 그 자체의 독특한 문법적 내용 안에서 발견된다

자의적 해석(eisegesis)은 부족한 주해의 결과 중 하나이다. 자의적 해석은 본문이 그 안에 있는 의미를 드러내게 하기보다, 성경 본문 안에서 자신의 전제들과 의견들을 읽어내는 것이다. 해석자들은 몇 가지 이유로 인해 이 함정에 빠질 수 있다.

---

[63] James Barr, *The Semantics of Biblical Language* (Oxford: Oxford Univ. Press, 1961). Also see Moises Silva, *Biblical Words and Their Meaning: An Introduction to Lexical Semantics* (Grand Rapids: Zondervan, 1983).

첫째, 그들은 신학적 훈련이 부족할 수 있다. 신학적 가르침 없이 그들은 핵심 단어를 찾으려고 그들의 용어 색인을 살펴볼 것이고, 그러고는 자신이 논의하려고 계획한 특정한 주제를 지지하는 선택된 구절들을 사용할 것이다.

둘째, 어떤 해석자들은 주제 설교(topical preaching)만 지속해서 고집하는 위험에 처해 있을 수 있다. 설교의 이러한 형태는 때로 성경 본문의 의미라는 희생의 값을 치르고 설교 발전을 성취하려는 개인적 선호를 허용한다. 이 접근에서 구절들은 실제 문맥보다는 파악된 내용이라는 기초 위에서 선택되고 활용된다.

셋째, 개인의 이데올로기(personal ideology)가 어떤 해석자들을 성경 신학을 넘어서도록 부추길 수 있다. 이러한 해석자들은 개별 구절들이나 절의 일부를 그들이 선호하는 입장들을 지지하기 위해 성경적 근거가 부족하지만, 사용하기도 한다. 이러한 해석의 형태와 그것이 만들어내는 설교는 성경과 교회 모두에게 해를 끼친다.

반면에, 우리는 "진리의 말씀을 옳게 분별"(딤후 2:15)하는 데 헌신하는 해석자가 되기를 원한다. 우리가 해석 원리들을 주해 과정에 적용할 때, 우리는 본문이 저자가 의도한 의미를 드러낼 수 있도록 하는 데 헌신한다. 이렇게 되기 위해서 우리는 모든 성경 본문의 내용(content)과 문맥(context) 둘 다를 이해하려고 노력해야만 한다. 다음 장에서 보겠지만, 저자의 본문의 중심 아이디어(MIT)를 발견하는 우리의 능력은 내용과 문맥 양자에 대한 우리의 이해와 직접 연결되어 있다.

우리가 본문의 문법적 내용에 대해서 생각할 때, 우리는 저자가 그의 논의를 세우기 위해 선택한 문자적 요소들에 주의를 집중한다. 이러한 요소들은 저자가 선택한 구체적 단어와 그가 단어들을 문장과 문단으로 결합하는 방법, 또한 그가 선택한 문학 장르(예를 들어, 산문, 시, 역사 이야기, 지혜 문

학, 예언서)를 포함한다.[64]

우리가 이것을 고려해 보면, 개별 문구들 또는 구절들을 그것들의 특정한 문학적 문법적 구조로부터 떼내는 위험성을 볼 수 있다. 그러한 경우 해석자가 그 구문의 내용을 잘못 이해하게 될 것은 거의 확실하다. 성경 구문의 문법적 내용을 살펴봐야 한다는 개념이 초보 주해자들에게는 놀라울 수 있지만, 이 일은 저자의 본문의 중심 아이디어(MIT)를 발견하기 위해서는 매우 중요하다.

5. 성경 본문에 있는 저자가 의도한 의미는 항상 그것의 독특한 문화적 문맥 안에서 발견된다

우리가 본문의 문맥에 대해서 생각한다는 것은 저자가 그의 특정한 내용을 특정한 청중을 위해 기록할 때 존재했던 여러 가지 요소들에 우리의 주의를 집중하는 것이다. 어떤 해석자들은 그들이 본문의 문법적 측면의 연구를 마치면 그들의 일이 완성되었다고 잘못 생각한다. 이 지점에서 멈춘다는 것은 해석이라는 임무를 미완으로 남겨 두는 것이다.

물론 본문의 내용을 이해하는 것은 저자의 본문의 중심 아이디어(MIT)를 발견하는 데 중요하다. 그러나 성경 저자들은 역사적 진공 상태에서 쓰지 않았다. 오히려 그들은 그들 자신 시대의 구체적인 필요들을 말했다. 그러므로 저자 개인적 정황의 중요성을 우리가 할 수 있는 한 최대한으로 이해하는 것은 중요하다. 본문의 역사적 정황을 이해하지 못하는 것은 해석

---

[64] Sidney Greidanus는 구문의 문법적 내용을 발견하기 위한 핵심 요소들을 설명하면서, 연구의 이러한 측면의 중요성에 대한 우리의 이해를 확장했다. 그는 "문자적 해석에서 (문법적 고려를 포함하여 폭넓게 파악되는) 사람들은 그 단어들의 의미를 바로 그 문맥에서, 그리고 궁극적으로 전체 성경에서와 전체 책의 문맥 안에서 파악하기 위해서, 본문의 문학적 장르, 수사적 장치들, 비유적 언어, 문법, 구문론 등에 관한 질문들을 제기한다"라고 주장한다(51).

자가 저자의 내용을 완전히 잘못 해석하게 만들 수 있다. 저자의 문화, 역사, 지리, 신학, 그리고 그의 청중을 이해하는 것은 성경 본문의 역사적 특이성을 발견하기 위해 중요하다.[65] 버나드 로우간(Bernard Lonergan)은 이렇게 말한다.

> 책의 맥락은 저자의 전체 작품(*opera omnia*)으로써, 그의 삶과 시대, 그의 시대에 있던 질문들의 국면, 그의 문제들, 예상하는 독자들, 범위와 목표에 관여한다.[66]

이러한 문맥적 요소들의 가치를 제대로 평가하지 않는 것은 저자의 내용을 소홀히 다루는 것이다. 그러므로 해석자는 성경 본문의 문화적 문맥을 발견하는 데 필요한 만큼 시간을 들여야만 한다.[67]

6. 성경 본문에 있는 저자가 의도한 의미는 비유적 언어 사용이 없는 한 문자적으로 해석돼야 한다

해석학에는 유명한 격언이 있다.

---

[65] Fee 와 Stuart는 "책마다 다른 역사적 문맥은 저자와 청중의 시대와 문화, 즉 저자의 배경과 관련된 지리적 지형적 정치적 요인들과… 상관이 있다"라고 쓰며 이것을 강조하고 있다(*How to Read the Bible*, 26). Grant R. Osborne은 "우리가 부분으로 나누기 전에 전체를 파악하지 못한다면, 해석은 시작부터 실패하게 되는 것이다"라고 바르게 지적한다(Grant R. Osborne, *The Hermeneutical Spiral*, 2nd ed. [Downers Grove: IVP, 2006], 37).

[66] Bernard Lonergan, *Method in Theology* (New York : Seabury, 1971), 163.

[67] 본문의 독특한 역사적 문맥이 무시되지 않아야 하지만, 그것이 당신의 주해를 완전히 이끌어가서는 결코 안 된다. Grant R. Osborne은 역사적 정보를 각 본문을 해석할 때 통과하는 필터가 되는 "예비 자료"(preliminary material)라고 부른다. 그의 간략하지만 유용한 책인 *The Hermeneutical Spiral*, 37-39를 보라. 역사적 맥락은 그것이 파악될 수 있다면, 우리의 세부적인 주해에 보충 자료가 되어야 한다. 그러므로 예비적인 역사 정보는 세부적인 주해를 통해 교정되고 수정되어질 수 있다.

"평이한 의미가 잘 통한다면, 다른 것을 찾지 말라."

우리가 본문의 문자적 의미에 관해 말할 때, 우리는 단순히 문장과 문단으로 합쳐진 단어들의 문자적 해석을 말하게 된다. 성경 본문의 대부분에서 저자들은 하나님을 드러내고, 하나님의 진리를 전하고, 역사에서 그의 사역을 말하기 위해 평범한 언어를 사용했다. 그래서 우리는 이렇게 생각할 수 있다.

"저자들은 우리가 하는 것과 같은 단순한 방식으로 의사소통하는 평범하고 이성적인 사람들이다."

단지 언어와 역사적 맥락이 다를 뿐이다.[68] 우리가 그들의 글을 연구하면 결과적으로 우리는 그들을 문자적으로 해석할 수 있다.

예를 들면, 모세가 출애굽기 2:11-15에서 그의 삶 가운데 중요한 사건을 이야기했다. 이집트를 둘러보는 여정에서 그는 이집트인이 히브리인을 치는 것을 보았다. 분노에 차서 그는 이집트인을 죽였고, 사막 가운데 그를 묻었다. 그의 범죄 소식이 바로에게 전해진 후, 모세는 미디안으로 도망쳤다.

우리가 이 역사적 이야기를 연구하면서, 본문 안에서 더 깊은 "영적" 의미를 읽어야 할 이유는 없다. 이 이야기는 쉽고 간단한 의미가 있다. 즉 모세가 이집트인을 죽였고, 증거를 감추기 위해 그를 묻었으며, 그는 살려고 도망쳤다.

기억해야 할 것이 있다. 당신이 성경 본문을 해석할 때 쉬운 설명이 바른 것이라면, 다른 것을 더 찾지 말라는 것이다. 이 발언이 더 충만한 의미(senses plenoir) 또는 그리스도 중심적 해석학(Christological hermeneutics)이라는 흥미로운 이슈들을 부정하는 것은 아니다. 양자 모두 이 책에서 언급될 것이다. 그러나 쉬운 뜻을 취하는 것은 바른 해석의 기본 원리이다.

당신이 본문을 읽었는데 문자적 의미가 혼동된다면, 당신은 비유적인 언어를 대하고 있을 수 있다. 성경 저자들은 설명하거나 그려내기 어려운 개

---

[68] Howard G. Hendricks and William D. Hendricks, *Living by the Book* (Chicago: Moody Press, 2007), 265.

념에 대해 당신이 이해를 잘 하도록 비유적인 언어를 사용했다. 비유적인 언어는 "진술에 대한 풍부함을 더하기 위해 그 의미에 대한 그림처럼 또는 유사한 표현을 가지는 개념"과 관련이 있다.[69]

로렌스 페린(Lawrence Perrine)은 주장하기를, 처음에는 이것을 이야기하면서 다른 것을 의미한다는 것이 어리석어 보일 수 있다. 그러나 우리는 모두 좋은 의도를 가지고 그렇게 한다. 우리가 말하고 싶은 것을 바로 말하는 것보다 비유 때문에 더 생생하고 강력하게 말할 수 있으므로 우리는 그렇게 한다.

또한, 우리는 문자적 진술에서 할 수 있는 것보다 비유적 진술을 통해 더 많이 말할 수 있다. 비유적 언어는 언어에 여분의 차원을 추가하는 또 다른 방법이다.[70] 비유적 언어는 "추상적 구체성"(abstract concrete)을 만들게 돕는다.[71]

저자가 비유적 언어를 함께 사용한다는 것은 그가 말하는 개념에 대한 폭넓은 이해를 제공하기 위해 단어 또는 단어들이 지는 언외의 내포 혹은 함포(the connotation)를 사용하는 것이다. 단어의 "함포 혹은 내포"(connotation)란 "단어가 나타내는 것 이상을 제안하는 것으로 의미의 색채"이다.[72]

시간이 흐르면서 단어는 그것의 "과거 역사와 연상에 의한, 그것이 사용되어 온 방식과 환경에 의한"[73] 이러한 언외의 내포를 획득하게 된다. 우리 문화에서는 단어들이 새로운 수준의 의미를 획득하는 방식에 익숙하다.

몇 년 전에 단어 "핫"(hot)은 어떤 것이 "닿으면 따뜻한" 것을 의미했다. 그 의미가 그 단어의 원래의 뜻이다. 그러나 최근에 "핫"은 구체적 대상의 뛰어난 재질(누군가가 산 새 차와 같이)을 설명하는 단어가 되었다. 그래서 "핫"은 새로운 언외의 내포를 가진다.

---

[69] Grant R. Osborne, *The Hermeneutical Spiral*, 122.
[70] Lawrence Perrine, *Literature: Structure, Sound, and Sense*, 2nd ed.(New York: Harcourt, Brace, Jovanovich, 1947), 610. Perrine은 수사학자들이 250개나 되는 비유적 언어들을 분류해 왔다고 말한다.
[71] Ibid., 617.
[72] Ibid., 585.
[73] Ibid.

우리가 시, 지혜서, 어떤 예언서를 살펴볼 때, 우리가 그 단어들의 언외 내포를 알고 있는 것은 저자의 본문의 중심 아이디어(MIT)를 발견하도록 도울 것이다. 언외의 내포는 특별히 시에서 중요하다. 그것은 단어들을 적게 쓰면서, 시가 활발히 활동하게 하고 그들의 내용을 풍부하게 해 준다.

다윗이 시편 23편에서 사용한 언외의 내포를 생각해 보라.

"여호와는 나의 목자시니"라고 그는 쓰고 있다. 우리가 이것을 읽을 때, 우리는 즉각적으로 문자적 뜻이 바른 뜻이 되는 것은 아니라는 것을 깨닫는다.

하나님은 영이시기에, 그는 문자적 목자가 될 수 없다. 다윗은 하나님에 대한 중요한 은유를 우리에게 주려고 목자의 언외 내포를 사용하고 있다. 그는 공급하시고 ("내게 부족함이 없으리로다"), 그는 돌보시고 ("그가 나를 푸른 풀밭에 누이시며"), 그는 이끄시고 ("쉴만한 물가로 인도하시는 도다"), 그는 격려하시고("내 영혼을 소생시키시고"), 그는 지키신다("자기 이름을 위하여 의의 길로 인도하시는 도다").

이 모든 특징은 우리가 이해하는 "목자"라는 단어에서 가져올 수 있는 언외의 내포와 함포들이다. 당신이 성경 본문을 해석하는데 문자적 뜻이 바른 뜻이 되지 않을 때, 아마도 당신은 비유적 언어를 대하고 있다. 그러나 해석자들은 성경에서 비유적 언어를 해석할 때 매우 주의를 기울여야 한다. 그랜트 오스본은 이렇게 지적한다.

> 비유의 말을 해석하는 데 있어 최대 어려움은 언어는 그것의 연합된 관계를 독자적으로 전개한다는 것이다. 그러므로 히브리어나 헬라어에 나오는 비유적 언어가 모두 영어 표현으로 부합되지 않는다.[74]

따라서 우리는 저자가 비유의 말을 사용한 방식을 분별할 수 있도록 본문의 역사적이고 정경-내적 문맥들을 연구할 준비가 되어야만 한다. 일단

---

[74] Grant R. Osborne, *The Hermeneutical Spiral*, 123.

우리가 그 사용을 발견하게 되면, 그 숙어(idiom)에 대한 우리의 언어의 우리 설명이 본문에 충실한지 주의 깊게 고려해야만 한다.

7. 성경 본문에 있는 저자가 의도한 의미는 같은 개념에 대한 다른 성경 저자의 글들로 확인돼야 한다

우리가 성경의 전체성(the totality of Scripture)을 연구할 때, 많은 반복되어 일어나는 신학 개념을 만나게 될 것이다. 결국, 성경은 이 세상에서 하나님의 구속사적 목적들에 대한 진행형 계시이다. 결과적으로 우리는 성경에서 계시되고 있고 전개되는 이러한 신학 개념들을 만나게 될 것을 예상해야만 한다.

우리가 구체적인 성경 본문을 연구할 때, 우리는 저자에 의해 전개된 어떠한 신학 개념들과 그의 본문의 전체 구조 가운데 있는 그것들의 목적을 알아야만 한다. 각 성경책의 목적이 다르기에, 어떤 두 저자도 똑같은 신학 개념을 다루지는 않는다. 만약 그들이 같은 개념들을 사용한다면 그들은 그 개념을 똑같은 정도로 또는 같은 목적을 위해 다루지는 않을 것이다.

저자가 자신이 말하고 있는 모든 신학 개념들에 대해 충분히 설명하지 않기 때문에, 우리는 같은 신학 개념들을 공유하는 다른 성경 본문들이 우리에게 알려 줄 수 있도록 준비돼야만 한다. 이러한 해석 방식을 우리는 상호 성경적 해석학(inner-canonical hermeneutics)이라고 설명한다.

게하르드 마이어(Gerhard Maier)는 이러한 과정을 "조화"(harmonization)라고 말한다. 그는 이렇게 진술한다.

> 만약 그 말이 하나님께서 구약의 선지자들을 통해, 성자를 통해, 그리고 사도들을 통해 말씀하신 그것이라면… 더욱이 그 계시의 저자가 하나님이라는 것이 사실이라면, 그렇다면 해석자의 의무는 성경 전체의 **이 통일성**(this unity of the entire Bible)을 바르게 나타내는 것이다. 즉, 믿음 안에 있는 이 통일성과 성

령님이 부어주신 진실성을… **가능한 한** 보여 주려고 노력하는 것이 해석자의 의무이다. 이제 우리는 해석자의 자리에서 성경의 영감성과 일관성이 믿음과 해석이 이루어질 방향을 향하는 것을 보는 이 지점에 도달했다.[75]

다시 말해, 우리는 성경 안에 존재하는 신학 개념들에는 일관성이 존재한다는 전제로 시작한다. 그리고 우리는 그러한 개념의 이해가 개별 본문에 대한 우리의 해석에 영향을 미치게 해야만 한다. 다음의 가이드라인을 채택하는 것이 신학 개념을 이해하고 가르치도록 우리를 도울 것이다.

첫째, 짧은 본문의 해석은 항상 같은 신학 개념을 공유하는 더 긴 본문에 대한 해석으로 영향을 받는다.

불행하게도 교리에 있어 많은 오류는 간단한 본문에서 (간혹 그것의 문맥에서 가져온) 전체 신학을 세우는 (같은 개념에 대한 비교적 긴 본문의 분명한 가르침을 무시하는) 해석자에게서 나왔다. 예를 들면, 어떤 사람은 "죽은 자를 위해" 세례 베푸는 실행을 구체화하기 위해 고린도전서 15:29을 사용할 수 있다.

> 만일 죽은 자들이 도무지 다시 살아나지 못하면 죽은 자들을 위하여 세례를 받는 자들이 무엇을 하겠느냐 어찌하여 그들을 위하여 세례를 받느냐
> (고전 15:29)

이 본문에서 바울은 믿는 자들의 부활에 대한 증거로써 죽은 자들을 위한 세례를 말하고 있다. 이 실행은 신약 전체에서 단 한 번 언급되었기 때

---

[75] Maier, *Biblical Hermeneutics*, 207. 그는 더욱 주장하기를, "성경의 통일성과 영감성을 확신할 수 없는 사람, 해석자가 신앙을 피하는 표면상 '중도적'(neutral) 과학자이기를 요구하는 사람, 그러한 사람들은 자신의 해석을 다듬기 위해 사실들 아래서 노동하고 있다!" 밴후저(Vanhoozer)는 "나의 논지는 성경의 '충만한 의미'(a fuller meaning, 신적 저자와 관련된 의미)는 전체 성경이라는 차원에서만 나온다는 것이다"(Kevin Vanhoozer, *Is There a Meaning in This Text?* [Grand Rapids: Zondervan, 1998], 264.

문에, 그것으로 신학을 세우는 것은 현명하지 않을 수 있다.

둘째, 해석자들은 성경 속의 "기술하는"(descriptive) 본문과 "규정하는"(prescriptive) 본문을 구별해야만 한다.

우리가 "기술하는" 본문에 대하여 말한다면, 어떤 사람 또는 어떤 것의 현재 상태에 대한 설명이 우리가 말하는 것이다. 고리도전서 15:29에서는 바울이 몇몇 초기 신자들이 실행했던 세례의 한 종류에 대해 설명하고 있다. 우리가 "규정하는" 본문에 대해서 말한다면, 그것이 규정하는 어떤 구체적인 행동의 과정 또는 태도의 조건을 말하는 것이다.

위에서 예를 들면, 바울은 이 실행을 교회의 역할로 규정하지 않는다. 왜냐하면, 그것은 바울이 쓴 저서 또는 신약의 다른 저자들의 것에서도 가르쳐지지 않기 때문이다. 기술하는 본문과 규정하는 본문의 차이를 이해하는 것은 여기서 중요하다. 피와 스튜어트는 "성경이 분명하게 우리에게 어떤 것을 해야만 한다고 말하지 않는다면, 단지 말해지거나 설명되는 것이 규범적인 방식으로 역할 하지 않는다"[76]라고 말하며, 기술과 규범 사이의 구분에 명확함을 더하고 있다.

셋째, 모호한 성경 본문의 해석은 같은 주제에 대해 더욱 충분히 전개된 본문으로 설명돼야만 한다.

고린도전서 15:29을 해석하는 것은 분명히 어렵다. 바울은, 비록 그리스도를 함께 나누는 신자들의 부활을 주장하려고 그것을 사용하지만, 이 실행을 확신하거나 지지하는 것은 아니다.[77] 피와 스튜어트는 이렇게 말한다.

> 우리는 **누가** 그것을 하고 있는지 **누구를 위해서**인지 **왜**인지 알지 못하고 있고, 아마 결코 알지 못할 것이다. 그러므로 그 실행들의 세부적인 것들과 그 의미

---

[76] Fee and Stuart, *How to Read the Bible for All Its Worth*, 118-119.
[77] Ibid., 68-70.

를 아마 우리는 영원히 모를 것이다.[78]

이 한 절에 기초하여 죽은 자들을 위한 세례에 대한 신학을 세우는 것은 해석학적 실수가 될 것이다. 해석자로서 우리는 우리의 신학을 알리고 우리의 가르침을 향상하기 위해서 모호한 것이 아니라, 확실한 성경 본문을 선택해야만 한다.

8. 성경 본문에 있는 저자가 의도한 의미가 더 충만한 의미(a fuller meaning)가 있을 수는 있지만, 그 의미는 이어지는 성경 계시와 전체 성경의 기초 위에서만 결정될 수 있다

해석자로서, 우리는 모든 신약과 구약 각 본문에서 저자가 의도한 의미를 찾는다. 하나님의 계시가 점진적이기에, 우리는 구약 저자들이 신약 계시의 혜택을 갖지 못했음을 유념해야만 한다. 그럴지라도, 하나님은 다니엘과 이사야와 같은 특정 구약 저자들에게는 자신의 미래 구속 계획을 얼핏 볼 수 있게 하셨다. 하지만 그들은 모든 구체적인 것들을 알지는 못했다. 바울은 에베소서 3:1-7에서 이 사실을 설명한다.

> 이러므로 그리스도 예수의 일로 너희 이방인을 위하여 갇힌 자 된 나 바울이 말하거니와 너희를 위하여 내게 주신 하나님의 그 은혜의 경륜을 너희가 들었을 터라. 곧 계시로 내게 **비밀**을 알게 하신 것은 내가 먼저 간단히 기록함과 같으니 그것을 읽으면 내가 그리스도의 **비밀**을 깨달은 것을 너희가 알 수 있으리라. **이제 그의 거룩한 사도들과 선지자들에게 성령으로 나타내신 것같이 다른 세대에서는 사람의 아들들에게 알리지 아니하셨으니** 이는 이방인들이 복음으로 말미암아 그리스도 예수 안에서 함께 상속자가 되고 함께 지체가 되고 함께 약

---

[78] Ibid., 69.

속에 참여하는 자가 됨이라. 이 복음을 위하여 그의 능력이 역사하시는 대로 내게 주신 하나님의 은혜의 선물을 따라 내가 일꾼이 되었노라(엡 3:1-7).

바울은 복음의 비밀과 그것의 총체적 적용을 예수님의 승천 후 자신에게 드러내셨다고 말했다. 그러므로 우리는 복음에 관한 신약성경의 계시를 우리 마음대로 구약 본문에 강제할 수 없다. 월터 카이저(Walter Kaiser)는 그것을 이런 식으로 말하고 있다.

> 해당하는 두 본문 또는 모든 본문이 같은 정경을 공유하고 있다는 이유로 본문에서 연대적으로 늦게 등장한 내용물을 가져다가, 그것을 뒤로 이송시켜서, 이른 시기의 본문에 실어 나르는 것은 **주해**(*exegesis*)가 아니라 **자의적 해석**(*eisegesis*)의 표시이다.[79]

그러나 성경은 한 분이신 거룩한 신적 저자가 쓴 한 권의 책이다. 그것은 "광대한 구속사적 서사" 안에서 짜인 하나의 긴 이야기를 하고 있다. 모든 "작은 이야기들"은 "긴 이야기" 안에 있는 그들의 자리에 놓여 있다. 나아가 어떤 구약 본문은 특별히 신약에서 "더 충만한 의미"(*the sensus plenoir*)의 한 수준을 가지도록 선언되어져 있다. 해석학 분야에서, 우리는 이 수준을 본문의 더 충만한 의미라고 말한다. 그레이다너스는 이렇게 진술한다.

"해석의 역사에서 저자가 의도한 의미를 넘어서는 의미라는 이러한 사상은 "더 충만한 의미"(*sensus plenoir*)라고 불린다."[80]

레이몬드 E. 브라운(Raymond E. Brown)은 "더 충만한 의미"를 "분명히 인간 저자가 의도한 것이 아니라 하나님에 의해 의도되어 부가된 것이다. 더 깊은 의미로서, 그것들은 계시에 대한 이해 속에서 더 진전된 계시 또는 발전이라는 관점에서 연구할 때 성경 본문(또는 여러 본문 또는 전체 책) 안에 있

---

[79] Walter C. Kaiser Jr., *Toward an Exegetical Theology* (Grand Rapids: Baker, 1981), 82.
[80] Greidanus, *The Modern Preacher and the Ancient Text,* 111.

는 단어들 가운데 존재하는 것을 알 수 있다"⁸¹라고 정의한다. 브라운은 "더 충만한 의미"의 매우 중요한 몇 가지 측면을 강조하고 있다.

첫째, 성경의 어떤 본문들은 인간 저자가 기록하면서 이해했던 것보다 "더 충만한 의미"를 가지고 있다.

둘째, 이러한 충만한 의미들은 비유적 해석의 결과가 아니라, 이어지는 계시에 의해 드러난다. 그레이다너스는 이 과정에 대한 우리의 이해를 넓힌다.

> 충만한 의미라는 생각은 성경을 성경과 비교하는 종교개혁의 원리와 관련있다. **더 충만한 의미**(sensus plenior)와 **성경의 유비**(anologia Scriptura)라는 아이디어들은 둘 다 구약과 신약 그 둘은 같은 근원적 저자에 의해 같은 주제로 쓰였기 때문에 함께 있고, 근본적으로 한 책이라는 확신에 근거한다. 성경의 이와 같은 통일성과 본문은 그것의 문맥 안에서 이해되어야 한다는 규칙으로부터, 성경은 전체 성경의 문맥 안에서 이해되어야 한다고 할 수 있다. 그리고 이것은 정확히 성경을 성경과 비교하는 원리를 요구하는 것이다.
>
> 본문의 원래 의도와 의미를 파악한 후, 해석자는 진실함을 확인하고 또는 만약 필요하다면 본문의 의미를 전체 정경(whole canon)에 비추어 확장해야만 한다. 그러므로 성경을 성경과 비교하는 것은 해석자를 인간 저자의 직접적 목적을 넘어서, 근본적인 저자의 전체 목적으로 가까이 가게 한다.⁸²

그레이다너스는 개별 본문은 전체 정경의 더 큰 문맥에서 해석되어야만 한다고 강조한다. 이 접근은 특별히 우리가 구약을 공부할 때 익숙해져야 한다. 해석자로서 우리는 구약을 신약의 정황으로부터 연구한다. 우리는

---

81 Raymond E. Brown, "The 'Sensus Plenior' of Sacred Scripture," S.T.D. Dissertation (Baltimore, St. Mary's, 1995), 92, 145-46; Greidanus, *The Modern Preacher and the Ancient Text*, 72 재인용.

82 Greidanus, *The Modern Preacher and the Ancient Text*, 112.

구약을 유대교 랍비들이 하듯이 읽지 않는다. 우리는 성경을 기독교 경전(Christian Scripture)으로 읽는다. 그래서 우리는 구약 본문에서도 신약 가르침과 신학의 전조들을 볼 수 있다. 그러나 구약 저자들은 신약 계시의 혜택을 지니지 못했기에, 우리는 신약을 그 과거 역사적 정황으로 가져가 읽지 않도록 주의해야만 한다. 우리는 특별히 신약 안에서 우리에게 제공하는 패턴들과 원리들로부터 도출하면서, "더 충만한 의미"의 정당한 예들을 찾는 데 강조점을 두어야만 한다.[83] 몇몇 젊은 해석자들은, 점진적 계시의 뉘앙스(nuances)를 찾는 데 있어서, 구약의 적실성에 의문을 품을 수도 있다.

하나님 계시의 완전함이 신약에서 드러났는데, 왜 우리가 여전히 구약에 중요성을 계속 두어야 하는가?

그레이다너스는 바로 그 질문에 답한다.

> 이 관계는 [구약과 신약 사이의] 앞선 계시를 쓸모없는 것으로 만들지 않는다. 왜냐하면, 그것은 나중 계시의 기초이고, 정경의 일부로서 교회를 향한 권위

---

[83] 요나가 바로 그러한 예가 된다. 구약의 관점에서 요나는 그와 같이 항해하는 선원들의 목숨을 구하기 위해서 자신을 바다에 던지라고 요구했다. 물속으로 들어갈 때, "여호와께서 이미 큰 물고기를 예비하사 요나를 삼키게 하셨으므로 요나가 밤낮 삼 일을 물고기 뱃속에 있으니라"(욘 1:17). 요나는 그가 자신의 불순종에 대해 하나님의 심판을 경험하고 있다고 생각했다. 그의 회개가 끝났을 때, "여호와께서 그 물고기에게 말씀하시매 요나를 육지에 토하니라"(욘 2:10)고 말씀하신다. 만약 당신이 요나에게 그가 물고기 안에서 보내는 시간이 예수님이 그의 십자가 달리심 이후에 무덤에서 머물렀던 시간에 대한 앞선 그림자였냐고 묻는다면, 그는 당신의 질문에 대해 무슨 말인지 모를 것이다. 그는 자신의 시련이 하나님이 훈련시키시는 고통스러운 것 이상의 어떤 것이었다고 생각하지 못했다. 그러나 신약에서 예수님은 그의 제자들에게 요나는 참으로 영적 "모형"이었고 그가 큰 물고기 안에서 지낸 날들은 "더 충만한 의미"(fuller sense)를 가진다고 드러내셨다. 서기관들과 바리새인들이 다가와 "표적"(sign)을 요청할 때, 예수님은 "악하고 음란한 세대가 표적을 구하나 선지자 요나의 표적밖에는 보일 표적이 없느니라. 요나가 밤낮 사흘 동안 큰 물고기 배 속에 있었던 것 같이 인자도 밤낮 사흘 동안 땅속에 있으리라"(마 12:39-40)고 답하였다. 이 답변에서 예수님은 요나의 "물고기 뱃속의 갇힘"이 예수님 자신의 무덤에서의 시간에 대해 미리 보여 준다고 드러낸다. 신약이 요나가 예수님의 "모형"(type)이라고 확인하기 때문에, 우리는 요나 구문을 해석할 때, 그렇게 설명할 수 있는 확신을 가질 수 있다.

를 가지기 때문이다. 그러나 그것은 한편으로는 앞선(구약) 계시는 그것의 **더 충만한 의미**를 위해서인 후 계시와 비교되어야 하고, 가능하다면 이후 계시와의 차별성도 비교되어야 한다. 다른 한편으로는, 신약 계시는 구약 계시의 배경에 비추어 보아야만 바르게 이해될 수 있다. 결과적으로 점진적 계시라는 아이디어는 신약 계시에 비추어 구약 계시를 해석해야 할 필요성을 강조함과 동시에 신약과 구약 계시 양자가 나누어질 수 없음을 확증한다. 성경 본문을 이해하기 위해 이 확장된 맥락은 불가피하게 인간 저자의 직접적 목적으로부터 하나님의 궁극적 목적에 이르는 범위로 넓어지게 된다.[84]

여기서, 그레이다너스는 교회를 위한 구약과 신약 양자의 중요성을 강조한다. 계시가 점진적이기 때문에, 우리는 신약이 구약을 충만하게 채우고 "더 충만한 의미"의 정당한 경우들을 드러낸다는 것을 우리는 인지하게 된다. 그러나 우리는 또한 구약이 신약을 충만하게 채운다는 (몇몇 강해설교자들이 잊거나 너무 자주 무시하는) 사실도 알고 있다.

"더 충만한 의미"의 구체적인 구약 예문들은 신약 계시의 근거 위에서만 확인될 수 있지만, 구약이 예수님의 구속 사역에 대한 앞선 그림을 보여 준다는 것도 부인할 수 없다. 이것은 우리에게 중대한 질문을 남긴다.

어떻게 우리가 구약에서 찾을 수 있는 예수님의 앞선 그림자를 (그것들과 연관된 "모형들"(types)과 비유를 만들어내려는 유혹을 피하면서) 확인하고 상호 작용하는가?

브라이언 채플(Bryan Chapell)은 이 점에 대해 우리에게 유용한 통찰을 제공한다. 그는 이렇게 말한다.

> 올바르게 이해된 그리스도 중심의 설교는 각 본문에서 그리스도가 언급된 곳을 찾는 것이 아니라, 각 본문이 그리스도와 관련된 어느 곳에 위치하는지를

---

[84] Greidanus, *The Modern Preacher and the Ancient Text*, 113.

밝히는 것이다.⁸⁵

그렇기에 이 통찰은 우리에게 필요한 도움을 준다. 우리가 구약을 해석할 때, 우리는 그리스도의 새로운 모형(new type)을 찾으려고 해서는 안 된다. 도리어, 우리는 이 특정한 본문이 예수를 통해 성취된 하나님의 구속 계획을 우리가 이해하는 데 어떤 역할을 하는지 찾으려 해야 한다.⁸⁶

9. 성경 본문에 있는 저자가 의도한 의미는 그 자신의 글들 또는 정경의 다른 책들과 결코 상충하지 않을 것이다

각 부분의 독특한 성격에도 불구하고 우리는 성경의 각 부분이 결코 상충하지 않고 하나되어 전체를 구성한다고 단언한다. 이 확신의 중심에는 정경(canon)의 궁극적인 "저자"(Author)이신 하나님에 대한 더 강한 확신이 있다. 마이어(Maier)는 우리가 이 확신을 붙들 수 있는 네 가지 이유를 제공한다.

---

85 Bryan Chapell, *Christ-Centered Preaching* (Grand Rapids: Baker, 1994), 279.
86 **더 충만한 의미**(*sensus plenoir*)에 대해 더 많은 독서를 원하는 사람들에게 다음 책들을 추천하고 싶다. Vanhoozer, *Is There a Meaning*? 263-64, Douglas Moo, *Hermeneutics, Authority, and Canon,* ed. D.A. Carson and John Woodbridge(Grand Rapids: Baker, 1986,1995), 179-211, "The Problem of Sensus Plenoir." 설교를 위한 기독론적 해석학(Christological Hermeneutic) 에 대해서는, Sinclair Ferguson, *Preaching Christ from the Old Testament* (London: The Proclamation Trust, 2002); Edmund Clowney, *Preaching Christ in All Scripture* (Wheaton: Crossway, 2003); Graeme Goldsworthy, *Preaching the Whole Bible as Christian Scripture; The Application of Biblical Theology to Expository Preaching* (Grand Rapids:Eerdmans, 2002); Sidney Greidanus, *Preaching Christ from the Old Testament: A Contemporary Hermeneutical Method* (Grand Rapids: Eerdmans,1999); Dennis Johnson, *Him We Proclaim: Preaching Christ from All the Scriptures* (Phillipsburg:P&R,2007). 또한 같은 맥락에서 우리는 뉴욕에 있는 리더머장로교회(Redeemer Presbyterian Church)의 목사인 Tim Keller의 설교 사역도 추천한다.

첫째, "모든 성경은 하나님의 감동으로 된 것"이다(딤후 3:16).[87]

둘째, 성경 본문은 그것의 일관된 메시지로 인해 사람들을 하나님 안의 믿음으로 불러들인다.[88]

셋째, 성경은 구속의 역사라는 맥락 속에 있는 인간 역사를 위한 기본 틀을 제공한다.[89]

넷째, 성경의 통일성은 잘못된 생각에 대항해서 진리를 지키기 위해 필수적이다.[90]

마이어는 하나님의 계시의 절대적인 진리에 확신을 가질 수 있도록 우리를 일깨우고 신앙과 생활의 각 영역에서 그것을 신뢰할 수 있는 우리의 능력을 상기시킴으로 우리에게 훌륭한 일을 했다. 우리 확신은 성경의 주권적인 저자의 인격에 기초한다. 인간 저자의 능력이 아니다.

성경은 맥락적 통일성을 가지고 있기에, 그것은 그 자체와 상충되지 않는다. 우리가 기록했듯이, 우리의 해석은 본문의 주의 깊은 분석으로부터 나와야만 한다. 이것은 본문의 내용에 대한 연구로부터 나온다. 그러나 그것은 또한 내용이 쓰인 문맥 안에 뿌리박고 있다.

카이저는 이렇게 말한다.

> 좋은 주해 절차는 세부내용들이 전체 문맥에 비추어 조망되도록 한다.… 책의 각 부분이 무엇에 대한 것이고 각 부분 안에 있는 구문들이 어떻게 그 논의에 역할을 하는지를 말할 수 있는 것은 가장 중요한 단계 중 하나이다.[91]

그리고 그는 성경적 맥락의 여러 층을 나열한다.

---

[87] Maier, *Biblical Hermeneutics*, 191.
[88] Ibid.
[89] Ibid., 192.
[90] Ibid.
[91] Kaiser, *Toward an Exegetical Theology*, 69.

첫 번째 층을 "직접적 문맥"(immediate context)이라고 부른다. 이 층은 특정한 본문과 "그 본문이 있는 책의 부분" 간의 관계를 말한다.[92]

　두 번째 층을 "섹션의 문맥"(sectional context)이라고 말하는데, 그것은 문자적 맥락 안에 있는 특정한 본문의 실제 문맥을 말한다. 그것은 "구문을 통해 흘러가는 생각의 연결로, 그러한 연결이 그것을 하나로 엮어 내는 것"이다.[93]

　세 번째 층을 "책의 문맥"이라고 말한다. 이 층은 특정한 책의 전체 문맥을 말하고, 전체 책을 통해 가지는 저자의 목적 안에서 각 본문이 작용하는 방식을 말한다.[94]

　네 번째 층을 "정경적 맥락"이라고 부른다. 이 층이 언급하는 것은 각 본문은 그 개별 책 안에 위치할 뿐만 아니라, 전체 정경(canon)의 문맥 안에 있다는 것을 말한다.[95]

　하나님은 성경의 근원적 저자이므로 우리는 직접적 문맥, 섹션의 문맥, 책의 문맥, 정경적 문맥 안에서 일관성을 찾기를 기대할 수 있다.

10. 성경 본문에 있는 저자가 의도한 의미는 하나님 중심적/기독론적 목적을 가진다. 그러므로 그것은 모든 사람을 위해, 모든 장소 안에서, 모든 시간 가운데 중요성을 지닌다

　해석자가 성경 본문의 내용과 문맥을 모두 이해했다면, 그의 마지막 과제에는 저자가 의도한 의미에 대한 그의 이해를 언어화하는 것을 포함한다. 이 과제는 해석학의 목표이고, 주해에서 진리가 드러나는 순간이다. 저자

---

[92] Ibid., 83.
[93] Ibid., 71.
[94] Ibid., 77.
[95] Ibid., 81.

가 의도한 의미는 항상 하나님 중심(theocentric)이며, 그것은 하나님과 그의 그리스도에 대한 위대한 진리들을 나타낸다.

결국, 성경은 세상을 위한 하나님의 구속 계획의 최초 그리고 최고 기록이다. 사랑, 은총, 자비, 정의, 갱신, 회개, 믿음, 화해의 위대한 구속의 주제들은 성경 전체를 통해 찾을 수 있다. 그러나 이러한 주제들은 점진적으로 드러나 있다. 그래서 우리는 하나님과 이스라엘 사이의 구약 언약 관계에서, 동물 희생 제사가 예수님의 속죄를 미리 보여 주면서, 그것들이 처음으로 드러나는 것을 본다.

신약에서 우리는 예수님과 교회와의 (그 안에서 유대인과 이방인이 하나가 된) 관계 안에서 완전히 드러난 예수님의 대속의 신비를 본다.[96] 최근에 교회는 인간 중심적 설교(man-centered preaching)의 놀라운 성장을 경험해 왔다. 이러한 형태의 설교는, 그것의 주요한 강조점을 청중의 "느끼는 필요들"(felt needs)에 두는데, 이 경우 종종 심리학이 강해를 대신한다. 그레이다너스는 말한다.

> 인간 중심적 해석과는 다르게, 하나님 중심적 해석학은 성경의 목적이 가장 먼저 하나님의 이야기를 하는 것임을 강조한다. 그 이야기와 관련하여, 성경은 자연스레 인물들의 개성을 또한 서술한다. 그러나 그것은 그들을 위한 것이 아니라, 그들을 위해, 그들 안에서, 그들을 통해 하나님이 무엇을 하시는지 보여 주기 위해서이다.[97]

성경이 하나님 중심의 본성을 지고 있다는 사실을 인식하는 것은 우리의 해석과 설교가 하나님 중심이어야 한다는 것을 확신토록 할 것이다.

주해 과정을 정리하면서, 해석자들은 저자의 본문의 중심 아이디어(MIT)

---

[96] Greidanus는 "본문을 해석함에 있어 우리가 해야 할 가장 중요한 질문들 가운데 하나는 이것이다. '이 본문은 우리에게 하나님에 대해서 그리고 그의 다가올 왕국에 대해 무엇을 말하는가?'"라고 말한다(*The Modern Preacher and the Ancient Text*, 114).

[97] Ibid., 117-18.

를 신학적 진리를 담은 간략한 과거형 문장으로 말할 수 있어야만 한다. 그 진리는 모든 사람에게, 모든 장소에서, 모든 시간 가운데 적용할 수 있어야 한다. 해석자가 성경 본문을 연구하면서 보내는 시간과 노력에 관계없이, 그 문장이 하나님 중심적이고 기독론적인 진리 주장임을 명확히 말할 수 없다면, 그의 작업은 미완성이다.

　이러한 10가지 원리들(그것은 우리의 주해를 위한 기초가 될 것이다)을 우리가 성경을 연구할 때 우리 생각의 중심에 계속 두는 것이 중요하다. 제1부의 남은 장에서 우리는 당신이 성경 본문의 의미와 의의를 발견하도록 하는 연구 시스템을 제공할 것이고, 그렇게 함으로 단단한 강해설교를 위한 기초를 놓을 것이다.

제5장

저자의 커뮤니케이션 방식 발견하기 – 산문

앞 장에서 말한 것처럼, 해석학은 성경 본문의 저자가 의도한 의미를 발견하기 위해 해석의 원리들을 바르게 사용하는 것으로, 그 의미를 현대 청중에게 적용하는 것이 목표이다. 이어지는 장들에서 우리는 "주해"(*exegesis*)라고 불리는 해석의 과정에 우리의 주의를 집중할 것이다. 최대한 광의의 의미는 다음과 같다.

> '주해'라는 단어는, 비록 매우 까다로운 기술적 의미들을 내포하고 있지만, 간단히 말해서 '해석'을 뜻한다. 어떤 본문에 대해서든지 그것을 정독하는 것은 주해의 행위이다.[98]

궁극적으로 주해는 본문이 그것의 의미와 의의를 드러내게 함으로써, 성경 진리를 발견하는 과정을 말하는 것이지, 해석자의 성향을 그 안에 집어넣어 읽는 것이 아니다. 해석학(Hermeneutics)이 해석에 대한 구체적인 일련의 원리들의 적절한 사용을 말한다면, 주해는 본문의 정확한 이해를 갖기 위한 구체적인 일련의 절차들의 적절한 사용을 말한다. 이 교재에서 우리

---

[98] Richard B. Hays, "Exegesis," in *Concise Encyclopedia of Preaching*, ed. William H. Willimon and Richard Lischer (Louisville: WJK, 1995), 122.

논의의 목적을 위해 정의하는 주해의 과정이란 저자가 의도한 본문의 의미와 오늘의 독자들을 위한 의의를 알아내기 위해, 해석학의 적절한 원리들에 의해 인도되면서, 적절한 절차로 문법적이고 문맥적인 자료들을 사용하는 것이다.

주해 과정을 시작하면서, 우리는 성경 본문의 내용을 조사해야만 한다. 우리가 "내용"(content)이라고 말할 때, 우리는 저자가 사용한 의미론(semantics), 구문론(syntax), 장르(genre)에 대해 말하고 있다. 우리는 주석을 보지 않고 성경을 연구함으로 주해적 과정을 시작해야만 한다. 우리가 본문 그 자체를 살펴볼 시간을 가지기도 전에, 외부 자료들이 우리의 이해에 어떤 편견을 갖지 않도록 해야 한다.

당신이 알게 되겠지만, 외부 자료들이 필요한 시간과 장소가 따로 있다. 그것은 항상 성경 본문에 대한 우리 자신이 세밀히 살펴 본 이후여야만 한다. 일단 내용이 철저히 점검되었다면, 우리는 우리의 주의를 저자에게 영향을 끼친 여러 층의 문맥으로 돌려야 한다.

우리가 본문의 문법적 내용에 대해 생각한다는 것은, 저자가 자신의 정보를 나타내기 위해서 활용한 문학적 요소(literary elements)에 우리의 주의력을 집중하는 것이다. 이 과정은 저자가 자신이 의도한 의미를 그의 청중과 커뮤니케이션하기 위해 선택한 문학 장르(또는 스타일)를 알아내는 것으로 시작한다. 그 다음은 책을 통해 저자의 의미를 실어 나르고 있는 명백한 사상 단위(units)를 발견할 수 있는 능력이 필요하다. 마지막으로, 저자의 구체적 단어의 선택(semantics)과 그것들을 본문 안에서 문장과 구문으로 조합했던 방법을 살펴 보는 것이 필요하다.[99]

우리가 주해 과정을 시작한다는 것은 우리가 저자의 본문의 중심 아이디

---

[99] Sidney Greidanus, *The Modern Preacher and the Ancient Text* (Grand Rapids: Eerdmans, 1988), 51. 그는 "문자적 해석에서(문법 문제를 포함하는 넓게 고려된) 사람들은 단어의 의미를 그 직접적 문맥에서 그리고 궁극적으로는 책 전체와 성경 전체의 문맥에서 결정하기 위해서 본문의 문학적 장르, 수사학적 장치, 비유적 언어, 문법, 구문론 등에 관한 질문을 제기한다"라고 기술한다.

어 아이디어(MIT)를 찾는 네 단계 과정에 착수하는 것이다(도표 5.1 참조).

성경 주해의 첫 번째 단계는 본문을 조사(inspection)하는 것이다. "조사"는 어떤 것을 자세히 보는 것 또는 고찰하는 것을 뜻한다. 해석자의 임무는 성경 본문의 완전성을 고려하면서 주의 깊게 조사하는 것이다. 저널리즘 분야에서 리포터들은 자신들의 이야기에 필요한 정보들이 모두 들어 있는지 확인하기 위한 공식을 사용한다.

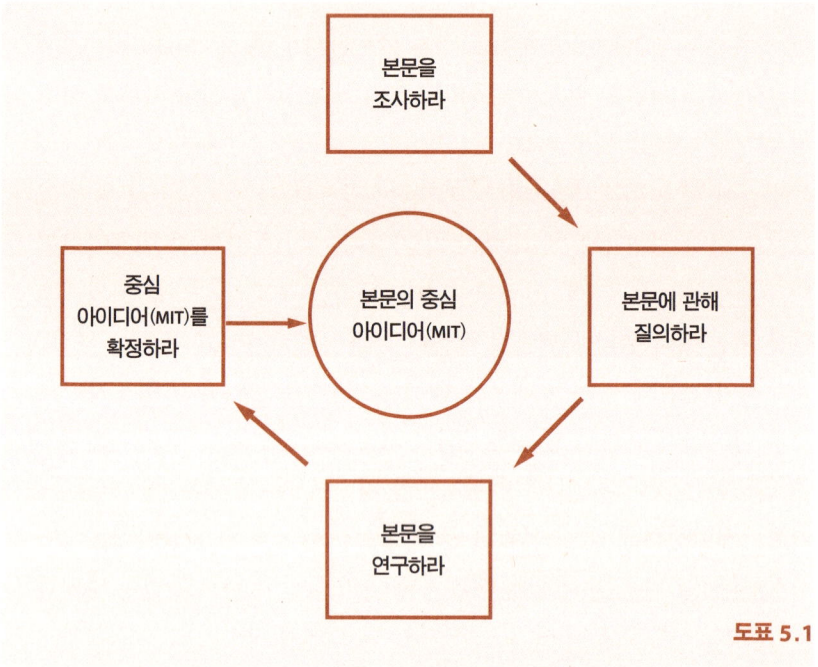

도표 5.1

이 "리포터의 공식"은 다음의 질문에 답하는 것이다.

① 누가(Who)?
② 무엇을(What)?
③ 언제(When)?
④ 어디서(Where)?
⑤ 어떻게(How)?

⑥ 왜(Why)?

저널리스트들은 그들이 모은 모든 정보를 이러한 질문들에 답하는 것으로 조사한다. 이 답들이 리포터들로 하여금 사건의 구체적인 사실을 커뮤니케이션하도록 돕는 것처럼, 그것들은 또한 성경 본문의 내용과 문맥 양자를 우리가 이해하도록 돕는 데 사용될 수 있다. 이 장에서, 우리는 어떻게 그 본문이 쓰였는지에 집중할 것이다.

1. 본문은 어떻게 쓰여 있나?

최근 몇 년 사이에 성경 문학의 독특한 스타일에 대한 연구가 새로운 중요성을 얻고 있다. 문학에서, 쓰기의 독특한 스타일을 언급하는 데 쓰이는 용어가 "장르"(genre)이다. 장르는 "스타일의 일종, 특별히 예술 또는 문학"(예를 들면, 소설, 드라마, 풍자)의 종류"로 정의된다.[100] 주해에서 장르에 대한 연구는 해석자에게 중요한 통찰을 제공한다.[101]

또한, 장르는 해석자가 본문에 대한 문자적 읽기와 비유적 읽기의 필요성을 식별할 수 있게 도울 수 있다. 카이저는 "대체로 언어의 기능과 사용에 있어서 그 열쇠는 그것이 투영해 내는 문학 형태"라고 말한다.[102]

해석학 학자들은 성경 안에서 찾을 수 있는 다양한 장르를, 매우 간단한 것에서부터 복잡한 것에 이르기까지, 범주화를 하는 데 상당한 노력을 쏟

---

[100] *The Oxford American Dictionary of Common Usage* (1999), s.v. "Genre."
[101] Kevin Vanhoozer는 "본문의 문학적 형태를 찾는 것은 가장 중요한 것이다. 왜냐하면, 장르는 본문을 위한 문자적 문맥(literary context)을 알려 주고, 그 문맥(context)은 저자가 의도한 의미를 발견하는 데 기여하기 때문이다"라고 주장한다. Kevin J. Vanhoozer, "The Semantics of Biblical Literature: Truth and Scripture's Diverse Literary Forms," in *Hermeneutics, Authority and Canon*, ed. D. A. Carson and John D. Woodbridge (Grand Rapids: Zondervan, 1986), 80.
[102] Walter C. Kaiser Jr., *Toward an Exegetical Theology* (Grand Rapids: Baker, 1981), 94.

아 부어 왔다.[103] 해석학과 주해에 대한 이것을 도입하기 위해 우리는 성경적 장르에 대한 설명을 5가지의 구체적 범주로만 한정시키려고 한다.

① 산문.
② 시.
③ 역사적 내러티브.
④ 지혜 문학.
⑤ 예언서.[104]

이렇게 주요 범주들을 살펴 보면서, 우리는 그랜트 오스본의 다음 충고를 잘 기억해야만 할 것이다.

> 장르는 **문자적 의미**(sensus literalis) 또는 본문의 의도된 의미를 알아내기 위한 해석학적 도구로써 긍정적 역할을 한다. 장르는 문학 타입을 분류하는 수단보다 더 큰 의미가 있다. 그것은 개별 본문들의 뜻을 풀어 내기 위한 인식론적 도구이다.[105]

우리는 성경에서 주로 찾을 수 있는 문학 스타일을 가진 장르인 산문에 대한 연구로부터 시작할 것이다.

1) 산문

산문에 대한 가장 간단하고 광범위한 이해로, 시가 아니라면 어떠한 글

---

[103] 예를 들면, Grant Grant R. Osborne은 7가지 다른 장르를 *The Hermeneutical Spiral*, 2nd ed.(Downers Grove: IVP, 2006)에서 구별하고 있고, Howard Hendricks와 William Hendricks 는 14가지 다른 장르를 *Living by the Book* (Chicago: Moody Press, 2007)에서 밝히고 있다.
[104] Kaiser, *Toward an Exegetical Theology*, 91-94.
[105] Grant R. Osborne, "Genre Criticism-Sensus Literalis," *Trinity Journal* 4/2(1983): 24.

의 장르도 산문이다. 그것은 대체로 일상 언어의 스타일로 설명된다. 일반적으로 산문은 소설, 신문, 연설, 편지, 계약서에 사용되는 글의 종류로 언급된다. 산문은 시적 언어(poetic language)와 통합되어 쓰일 수 있지만, 시의 규칙을 따르지는 않는다.[106]

성경적 연구의 분야 가운데, 산문은 역사적 내러티브(구약 역사, 복음서, 사도행전), 연설들(구약 예언서, 신약 설교들), 비유(복음서), 편지들(서신서)로 알려진 본문들을 설명하는 데 쓰여져 왔다. 이처럼 성경의 다수는 산문으로 쓰여 있다.

산문의 몇 가지 측면은 여기서 언급할 가치가 있다.

첫째, 이 스타일로 쓰인 본문들은 자연히 설명적이다. 저자들은 사실을 말하고, 사건을 설명하고, 해석을 제공하고, 이야기하려고 산문을 사용한다.

둘째, 산문을 저자가 주요한 장르로 사용하는 것이 그가 다른 장르들을 그의 글에 포함하지 않는다는 뜻은 아니다. 예를 들면, 모세는 출애굽 이야기를 기록하기 위해 산문을 사용했다. 그러나 출애굽기 15장에서 그는 승리의 시를 기록한다.

셋째, 산문이라는 문학 형태는 우리가 생각하는 것처럼 쉽게 구획되거나 분리되지 않는다. 예를 들면, 우리가 비유를 생각할 때 우리는 즉각적으로 복음서를 생각하는 경향이 있다. 그러나 비유는 성경 전체에 걸쳐서 볼 수 있다. 예를 들면, 다윗이 이스라엘을 통치하는 기간에 대한 역사적 내러티브 안에서 갑자기 우리는 나단의 비유(삼하 12:1-4)를 만난다.

넷째, 성경 산문의 어떤 형태는 매우 두드러져서 그것들은 역사적 내러티브, 서신서, 예언서와 같이 그들만의 장르 명칭을 가진다.

---

[106] "빈 구절"(blank verse)로 알려진 시의 형태는 시적 형식은 피하지만 비유의 사용을 산문 스타일에 통합시킨 스타일이다.

2) 역사적 내러티브

위에서 언급한 것처럼, 산문은 성경에서 주된 장르이다. 역사적 내러티브는 그 중 가장 자주 나타나는 산문 스타일 가운데 하나이다. 성경 여기저기 어디서나 나타나는 특성이 있기에, 우리는 여기서 그것을 구별된 하나의 장르로 살펴볼 것이다.

우리가 성경에서 찾을 수 있는 역사적 내러티브를 논할 때, 그레이다너스의 말을 기억해야만 한다.

> 성경은 역사가 아니라 역사적 기록을 포함한다.… 다른 말로 하면, 성경에서 우리가 찾는 것은 사건 그 자체가 아니라, 어떤 사건의 특별한 해석일 뿐이다. 모든 역사 기록자들처럼 성경 저자들도 어느 것이 기억되고 기록되어야 하는 사건인지 그리고 이러한 사건의 어떤 측면을 강조해야 할지 주의 깊게 선택해야만 했다.… 저자들의 초점은 사건의 경제적 측면, 또는 사회적 정치적 측면에 있는 것이 아니다.
>
> 그들의 관심은 의미의 깊은 차원에 집중되어 있다. 그것은 하나님의 언약, 곧 오실 하나님의 왕국, 종교적이며 하나님 중심적 차원이다. 이 지점에서 성경 저자들은 평범한 역사 기록을 훨씬 넘어서게 된다. 그리고 예루살렘의 멸망 또는 십자가 안에서 하나님은 특별한 목적을 위해 일하신다는 그들의 주장은 "역사가들에 의한 증언의 영역을 넘어선다."[107] 사건에 대한 성경 해석들은 믿음으로 수용되어야 할 가치가 있다.[108]

역사적 내러티브들은 역사적 사실들에 대한 단순한 열거보다 더 많은 것을 제공한다. 그레이다너스가 지적하는 것처럼, 모든 역사적 내러티브들은

---

[107] Gordon Wenham, "History and the Old Testament" in *History, Criticism and Faith: Four Exploratory Essays,* ed. Colin Brown (Downer's Grove, IL:IVP, 1976), 13-75, quoted in Greidanus, *The Modern Preacher and the Ancient Text,* 88.

[108] Greidanus, *The Modern Preacher and the Ancient Text,* 86-88.

영적 초점과 차원을 가진다. 마이어도 이렇게 동의한다.

> 하나님이 천지를 창조하셨다. 하나님이 역사의 궁극적 근본이다. 하나님은 그의 계시가 심지어 타락한 인류 가운데서도 깨달을 수 있는 방식으로 역사 안에서 그 자신을 드러내셨다. 우리가 성경의 역사적 본성에 대해 이야기할 때, 우리는 영원한 신적 계시가 **현재의 시공간의 세계**(transition revelationis)까지 확장되어 크로스오버 되었음을 정확히 유념해야 한다. 영원이 순간으로 들어오고 영원 그 자체가 순간적 현상의 특성으로 간주되게 하는 이 크로스오버는 신비이다.[109]

인간 역사 가운데 있는 하나님의 신비는 우리가 역사적 내러티브들을 연구할 때 발견하려고 애쓰는 바로 그것이다.

내러티브들을 해석하는 실제적인 내용으로 나아가면서, 우리는 이러한 본문의 범주에 포함되어야만 하는 성경의 부분들을 구분하기 위해 먼저 멈추어야만 한다. 우리가 역사적 내러티브에 대해 생각할 때면, 우리는 바로 역사서들, 여호수아, 사사기, 룻기, 사무엘상하, 열왕기상하, 역대기, 에스라, 느헤미야, 에스더를 생각하게 된다.[110] 그러나 이러한 책들만이 성경에서 내러티브를 포함한다고 생각하는 것은 잘못된 것이다.

사실, 이야기를 포함한다면 성경의 어떤 본문도 내러티브다. 문자적 사

---

[109] Gerhard Maier, *Biblical Hermeneutics* (Wheaton, IL:Crossway, 1994), 210.

[110] Paul House, "Preaching in the Historical Books," in *Handbook of Contemporary Preaching*, ed. Michael Duduit (Nashville: Broadman, 1992), 283. Paul House는 "이 순서는 독자들에게 이스라엘의 비교적 전체적인 두 역사를 제공한다. 첫 번째는 여호수아에서부터 열왕기하까지이고, 두 번째는 역대상으로부터 에스더까지이다. 이 두 설명은 같은 사건에 대해 많이 이야기하지만, 다른 목적을 가지는데, 그것은 독자들이 무슨 일이 일어났는지에 대해 한 가지 관점 이상을 볼 수 있도록 해 준다"라고 지적한다. Paul House는 또한 "이 목록은 라틴어 성경을 따르고 히브리 성경의 순서와는 다르다. 히브리 성경도 같은 책을 포함하지만 그것들을 다른 순서로 배치한다. 또한 그것들을 '이전 선지서'(former prophets)라고 부른다"라고 말한다(291).

건이거나 비유이든지 내러티브다. 당신이 알다시피, 산문이 성경에서 주된 기록 형태라고 한다면, 역사적 내러티브는 산문 가운데 주된 기록 형태다.

우리가 역사적 내러티브라는 독특한 기록 스타일에 주목할 때, 모든 내러티브에 포함되어 있는 기본 요소들을 분명히 이해해야 한다. 이 점에서 오스본은 우리에게 내러티브 연구를 위한 중요한 범주들을 제공한다.[111]

첫째, 우리는 우리의 주요한 관심을 저자가 아니라 본문에 두어야 한다는 것을 알아야만 한다.

저자에게 영향을 주는 다양한 상황들(contexts)을 우리가 염두에 두어야겠지만(이 내용은 다음 장에서 살펴볼 것이다), 우리는 본문 그 자체가 가장 중요하다는 시각을 결코 놓쳐서는 안 된다.

둘째, 우리는 저자가 그의 이야기를 쓸 때 사용한 관점을 이해하려고 애써야 한다.

모든 저자는 특별한 관점으로 글을 쓴다. 그리고 "이 관점들은 독자를 이야기의 중요성으로 안내하고 저자가 이야기에 부여한 실제 '모습'을 알도록 한다."[112]

셋째, 우리는 이야기의 구성(plot)을 이해해야만 한다.

모든 이야기는 몇 가지 주요 플롯 요소들(key plot elements)을 가진다. 페린(Perrine)은 이러한 주요 구성 요소들을 갈등(conflict, 이야기의 재료), 주인공(protagonist, 이야기의 주요 인물), 갈등 인물(antagonist, 주인공에 반대하는 사람들 또는 힘), 긴장(suspense, 주인공에게 일어나는 것), 반전(peripeteia, 이야기에서 닥치는 놀라운 반전), 대단원(denouement, 이야기의 마지막 해결)으로 구분한다.[113] 이

---

[111] Grant R. Osborne, *The Hermeneutical Spiral*, 200-221.
[112] Ibid., 204.
[113] Laurence Perrine, *Literature: Structure, Sound, and Sense,* 2nd ed. (New York: Harcourt, Brace, Jovanovich, 1974), 4351.

러한 주요 구성 요소들을 인지할 수 있는 우리 능력은 역사적 내러티브를 해석하는 우리 능력을 크게 향상할 것이다.

넷째, 우리는 등장인물들이 이야기에서 드러내는 대로 그들의 특성과 성격을 인지할 수 있어야 한다.

대체로 우리는 본문에 있는 설명을 통해 인물들에 대한 통찰을 얻는다. 예를 들면, 우리는 세례 요한이 "낙타 털 옷을 입고 허리에 가죽 띠를 띠고"(마 3:4) 있다는 표현을 보는데, 그것은 바로 그가 사회의 주변부에 살았음을 알려 준다. 다른 곳에서는 본문을 통해서 인물의 모습들을 추측해야만 한다.

예를 들면, 천사가 기드온에게 나타났을 때, 그가 미디안 사람들이 그를 못 찾도록 포도주 짜는 틀 안에 숨어 있는 것을 발견한다. 천사의 반어적 인사인 "큰 용사여 여호와께서 너와 함께 계시도다"라는 기드온이 용감한 용사라기보다 겁먹은 아이같이 행동한다는 것을 암시한다(삿 6:11-12). 인물의 특성이 직접적으로 드러나든 암시적으로 드러나든 간에, 우리는 이야기에서 그 인물을 충분히 이해할 수 있는 시간을 가져야만 한다.

다섯째, 우리는 이야기의 배경(setting)을 파악해야만 한다.

때때로, 배경(setting)은 다른 어떤 모습들(aspect)만큼이나 이야기의 의미에 중요하다. 좋은 사마리아인의 비유에서, 이야기를 위한 배경은 예루살렘과 여리고 사이의 위험한 길이다. 배경을 이해하는 것은 구성에서 정말 중요하다. 나중에, 우리는 성경 구문의 문맥에서 지리의 중요성에 대해 논의할 것이다. 그러나 역사적 내러티브의 연구에서보다 지리가 더 중요한 곳은 없다.

여섯째, 우리는 저자의 암시된 또는 분명한 설명을 찾아야만 한다.

다르게 표현하면 저자가 이야기에서 의도하는 의미가 있다는 것을 우리는 알아야만 한다. 저자는 분명한 이유가 있어서 그것을 그의 이야기에 포함했다. 때때로 저자는 그 이야기를 왜 기록하고 있는지 당신에게 설명할 것이다. 요한은 "오직 이것을 기록함은 너희로 예수께서 하나님의 아들 그리스도이심을 믿게 하려 함이요 또 너희로 믿고 그 이름을 힘입어 생명을 얻게 하려 함이니라"(요 20:31)고 말하면서, 그의 목적을 제공하고 있다. 그러나 대체로 우리는 저자가 자신의 이야기를 하면서 사용한 장치를 살펴봄으로 그의 본문의 중심 아이디어(MIT)를 발견하기 위해 노력해야만 한다.

"반어, 코미디, 상징, 그리고 다른 문학 장치들… 의 사용을 통해 독자들을 그의 이야기가 만드는 드라마로 안내한다."[114]

예수님과 니고데모에 대한 이야기에서, 예수님은 질문에 대해 "너는 이스라엘의 선생으로서 이러한 것들을 알지 못하느냐?"(요 3:10)하는 말씀으로 반응하신다. 만약 우리가 자세히 듣는다면, 우리는 예수님의 질문에 있는 반어법을 들을 수 있다. 그것은 심지어 가장 열정적인 바리새인들에게 특징지어지는 영적 무지를 드러낸다. 그리고 그것은 내러티브에서 사람의 아들로서 예수님의 가르침의 권위를 뒷받침하는 역할을 한다.

역사적 내러티브는 성경에 있는 산문의 가장 평범한 예가 될 것이다. 그러나 많은 목사-교사들은 이러한 놀라운 본문을 가르치는 데 시간을 보내지 않는다. 역사적 내러티브는 이해하고 해석하는 것이 어려우므로, 많은 목사-교사들은 그것들을 정기적으로 설교하지 않는다. 그러나 시간과 노력을 들이면, 이러한 내러티브들은 교회를 위한 놀라운 진리의 보물을 내어 놓을 것이다.

3) 묵시

묵시 문학(apocalyptic literature)은 아마도 모든 성경 가운데 해석하기가 가장 어려울 것이다.[115] 그 어려움은 근본적으로 미래 사건을 나타내기 위한

---

[114] Grant R. Osborne, *The Hermeneutical Spiral*, 210.
[115] 계시적 언어는 분명히 매일 쓰는 말의 스타일이 아니다. 우리는 여기서 간단하게 그것에

상징의 사용 때문이다. "아포칼립시스"(*Apacolupsis*)는 "베일을 벗기다" 또는 "드러내다"를 뜻한다. 묵시 문학의 정수는 "에스카톤"(*eschaton*) 또는 마지막 때를 다루는 것이다.

우리가 성경에서 묵시 문학에 대해 생각할 때, 우리 생각은 먼저 계시록으로 향한다. 이 독특한 책은 예언을 포함하는 편지글이지만, 그것의 내용은 주로 계시적이다. 그러나 계시록이 성경에 있는 유일한 묵시 문학이라는 생각은 잘못된 것이다. 에스겔, 다니엘, 스가랴, 이사야의 일부는 또한 묵시 문학의 형태를 포함한다. 카이저는 일반적으로 인정하는 묵시적인 글의 특색들이 몇 가지 있다고 기록한다.

① 천사, 사탄, 동물과 새와 사람이 혼합된 외형.
② 계시가 꿈이나 환상으로 오는 것을 가리키는 정형화된 어법.
③ 선지자/예견자/사도와 그에게 하나님의 비밀을 알려 주는 천상의 존재 사이의 거듭되는 대화.
④ 우주적 대격변과 소용돌이.
⑤ 가까운 미래의 그 날에 있을 모든 나라와 세상의 급격한 변화.
⑥ 현세대의 갑작스러운 종말과 영원한 하나님의 왕국 수립.[116]

우리가 성경에 있는 묵시적 본문을 연구할 때, 이러한 모든 요소를 대하게 된다. 그러나 이런 본문들을 연구할 때, 우리는 단순한 판타지나 신화와는 결코 비교할 수 없는 것을 다루고 있다는 것, 바로 우리가 진리를 다루고 있다는 것을 유념해야만 한다. 그래서 이러한 글들에 대한 우리의 해석은 우리가 할 수 있는 최고의 성실함을 요구한다.[117]

대해 논의를 한다. 그것을 해석하는 것은 우리가 이미 알고 있듯이 간단하지 않다. 이 장르에 대한 더 자세한 고려는 7장에서 할 것이다.
[116] Kaiser, *Toward an Exegetical Theology*, 93-94.
[117] Grant R. Osborne, *Revelation* (Grand Rapids:Baker Academic, 2002), 14-15. Grant R. Osborne은 "그 책(계시록)의 근본적인 관점은 미래를 움직이시는 하나님 안에 있는 현재에서 하

묵시 문학이 해석자에게 그렇게도 도전이 되는 것은 상징과 비유적 형상이 너무나 많기 때문이다. 오늘날 많은 목사-교사들은 모든 상징을 "설명"하려고 하거나 "종말"(*eschaton*)에 일어나는 정확한 방식을 예측하려고 분투한다. 여기에 대해 오스본은 이렇게 기록한다.

> 이것은 예언과 계시가 현재 상황에 적용되지 말아야 한다거나 그것들의 "성취"를 추구해서는 안 된다는 것을 의미하지 않는다. 오히려 그것은 해석자가 예언들이 우리 시대에 적용하는 방법을 서술하기 전에, 먼저 "저자가 의도한 의미"를 원래의 문맥 안에서 찾아야만 한다는 것을 의미한다.… 동시에 묵시에서 비밀스러운 상징들의 목적은 독자들을 그 일어난 사건으로부터 그것의 신학적 의미로 향하도록 하는 것이다.
>
> 다시 말해, 독자들은 미래에 있을 하나님의 손길을 보아야지, 사건들의 정확한 흐름을 알아야 하는 것은 아니다. 즉, 독자들에게는 실제로 일어날 것에 대한 설명이 주어지지 않는다. 짧게 말하면, 우리는 성경에서 현 사건들에 대한 청사진을 가지고 있지 않고, 도리어 우리는 종말을 향해 하나님이 역사를 끌어가고 계신다고 일반적으로 우리에게 말하는 신학적 표시들을 하고 있다. 상징들은 그것이 미래의 사건을 가리키기에 문자적이다. 하지만 그것은 하나님이 그의 목적을 이루기 위해서 어떻게 하려고 하시는지 우리에게 정확하게 말하지 않기에 그다지 문자적이지는 않다.[118]

묵시 문학을 이해하는 것은 도전적이며 노력을 요구한다. 우리는 저자의 본문의 중심 아이디어(MIT)를 발견하고자 부지런히 연구해야 한다. 그런

나님 나라의 초월적 실재에 근거해서 핍박을 인내하도록 하는 권고이다.… 악한 자들에 대한 심판과 성도들에 대한 변호는 계시에서 중요한 요소이고 또한 계시록에 두드러진다.… 서신들에서 되풀이되는 주제는 회개이다. 왜냐하면 오직 이것이 승리자가 되도록 만들기 때문이다. 그 모든 것의 기초는 책이 말하는 결정론이다. 하나님은 승리하신다"라고 기록하고 있다.

[118] Grant R. Osborne, *The Hermeneutical Spiral*, 283.

다음, 매우 조심성을 가지고 그 진리를 오늘날 회중들과 나누어야 한다.

우리가 묵시 문학의 정교한 상징들을 만나게 될 때, 우리의 유한한 사고 속에서 오직 갈 수 있는 곳까지만 갈 수 있다는 사실을 인정해야 한다. 우리가 우리 자신의 막다른 끝을 만나게 될 때, 우리는 우리의 제한된 이해를 인정하고, 무한하시고 주권자이신 하나님의 역사에 우리의 확신을 두어야만 한다.

제6장

저자의 커뮤니케이션 방식 발견하기 - 시

제5장에서 언급한 것처럼, 산문은 성경에서 볼 수 있는 대표적인 문학 스타일이다. 그렇지만 성경에서 시적 스타일 역시 그러하다. 월터 카이저는 "시는 구약의 약 삼 분의 일을 차지할 만큼 중요하다"[119]라고 쓰고 있다. 많은 성경의 시는 시편에 포함되어 있다. 시편은 음악적 시이다. 이 장에서 우리는 시편과 지혜서 양쪽에서 시의 사용을 살펴봄으로 장르에 대한 우리 연구를 계속할 것이다.

1. 시(Poetry)

산문과는 다르게, 시는 비유적인 언어를 사용하여 삶의 복잡함을 탐험하는 커뮤니케이션 수단이다. 페린(Perrine)은 "시는 일상의 언어보다 더 많은 것을 그리고 더 강렬하게 말하는 언어로 정의 내려져야 한다"라고 말한다.[120] 비유적 언어의 사용과 함께 리듬과 운율의 창의적인 사용을 통해, 시

---

[119] Walter C. Kaiser Jr., *Toward on Exegetical Theology* (Grand Rapids: Baker, 1981), 92.
[120] Laurence Perrine, *Literature: Structure, Sound, and Sense*, 2nd ed. (New York: Harcourt, Brace, Jovanovich, 1974), 553.

는 일상의 것들에 일상을 뛰어넘는 관점을 제공하는 역량을 지니고 있다. 시를 충분히 이해하기 위해서 우리는 먼저 시인들이 그들의 작품에 사용하는 몇 가지 중요한 장치들을 알아야만 한다.

피와 스튜어트는 시편에 서로 다른 유형들(types)이 있다고 알려 준다.

첫째, "비탄 시"(laments)가 있고, 그것은 "번민, 고통, 실망"으로 나타나는 다양한 감정들을 표현한다.

둘째, "감사의 시편"(psalms of thanksgiving)이 있고, 그것은 비탄 시의 반대이다.

셋째, "찬양의 시편(psalms of praise)"이 있고, 그것은 하나님의 선하심과 자신의 백성들을 위한 그의 공급하심이 중심이다.

넷째, "역사적 시편"(historical psalms)이 있고, 그것은 역사 가운데 하나님의 일하심에 초점이 있다.

다섯째, "기념과 증언의 시편"(psalms of celebration and affirmation)이 있고, 그것은 이스라엘 백성 가운데 하나님의 일하심을 증언한다.

여섯째, "지혜의 시편"(wisdom psalms)이 있고, 그것은 지혜로운 삶을 사는 미덕을 기린다.

일곱째, "신뢰의 시편"(psalms of trust)이 있고, 그것은 독자에게 삶의 상황과는 관계없이 하나님의 성실하심을 일깨워 준다.[121]

피와 스튜어트는 이어서 구약의 시 또한 다른 형식들(forms)을 가진다고 말한다. 다른 말로 하면, 시편의 모든 형식은 그것 자체만의 구별되는 문학 형식(일련의 기본 규칙을 따르는)을 지닌다. 예를 들면, 각 비탄 시는 다음에 나오는 기본 요소들을 포함한다.

---

[121] Gordon D. Fee and Douglas Stuart, *How to Read the Bible for All Its Worth,* 3rd ed. (Grand Rapids: Zondervan, 2003), 212-15.

① 부름(address).
② 불평(complain).
③ 신뢰(trust).
④ 구원(deliverance).
⑤ 확신(assurance).
⑥ 찬양(praise) 등.¹²²

그러므로 우리가 일단 비탄 시의 유형을 안다면, 어떠한 비탄 시에서도 우리는 이러한 요소들을 찾을 수 있게 된다. 다양한 시의 형식들에 대한 해석자의 이해는 좋은 주해를 위해서 필수적이다.

다음으로, 피와 스튜어트는 모든 구약 시편은 서로 구별되는 기능(functions)을 가진다고 주장한다.¹²³ 다시 말해, 시편들은 독자의 삶 가운데 어떤 것을 성취하기 위해 쓰였다. 일차적으로 "[시편은] 예배자와 하나님 사이를 연결 짓는 중요한 기능을 해 왔다."¹²⁴ 인간 영혼의 독특한 시기에 주어진 다른 시편들은 각각의 필요들을 나타내려고 쓰였다. 오스본은 이렇게 말한다.

> 히브리 시는 백성들의 공동체와 개인 양자의 종교적인 삶 안에 그 기원을 가진다. 산문은 영혼의 깊은 열망을 표현하기에 불충분하다. 예배와 신앙에 대한 감정적이고 깊은 표현으로써 시는 필수적으로 되었다. 많은 종류의 종교적 필요들은 서로 다른 형태의 찬송을 요구한다. 히브리 시는 기분 전환의 것이 아니라, 오로지 여호와와의 관계에서 그리고 민족의 삶 안에서 기능을 했다.¹²⁵

시편의 기능을 이해하는 것은 시의 해석을 도울 것이다.¹²⁶ 덧붙여서 우

---

122 Ibid., 215.
123 Ibid., 210-11.
124 Ibid., 210.
125 Grant R. Osborne, *The Hermeneutical Spiral*, 2nd ed. (Downers Grove: IVP, 2006), 231.
126 더 나아가, Grant R. Osborne은 시편이 "실제 신학적 진술을 하지 않지만… 시편이 가진

리는 시편에 있는 다양한 패턴들에 주의해야 한다. 그러한 패턴에 대한 깊이 있는 연구는 이 본문의 범위를 벗어나겠지만, 우리는 구약의 시에서 볼 수 있는 주요한 패턴, 즉 의미론적 평행법(semantic parallelism)을 이해해야만 한다.

카이저는 의미론적 평행법을 "문학적 형태를 확인하는 것과 그것의 의미를 파악하는 것 양쪽에 있어 굉장히 중요하다"라고 설명한다.[127] 나아가 그는 이렇게 말한다.

> 평행법의 기본 아이디어는 두 행 이상의 시에서 같은 뜻이지만, 다른 단어를 사용함으로 동의의 아이디어를 표현하는 것, 혹은 대비되는 어떤 형태의 사용으로 대조적인 아이디어를 표현하는 것이다. 평행법은 의미론적(의미를 다루는 것)이거나 문법적(형태를 포함하는 것) 일 수 있다.[128]

다시 말하지만, 히브리 시에서 사용된 패턴들을 아는 것은 올바른 해석을 위해 필수적이다. 마지막으로, 피와 스튜어트는 모든 시편을 완전한 문학 단위(complete literary unit)로 읽어야만 한다고 강조한다.[129] 안타깝게도, 많은 사람이 각 시편에서 특정한 절을 집어내고 선택해서 인격적 훈계와 설교를 위해 사용한다. 그러나 그러한 각 절들은 그들이 시편 안에서 다른 절들과 연결될 때에 의미가 있다.

오스본은 이렇게 말한다.

최고의 하나님 중심성은 매우 신학적이다"라고 말한다(Ibid., 237). 어떤 점에서 시편은 인간 영혼의 독특한 시기(비탄, 감사, 찬양 등)를 택해 인류의 중대한 필요인 하나님의 임재와 공급하심을 커뮤니케이션한다. Grant R. Osborne의 "시편의 신학"에 대한 짧은 글은 이 이슈에 많은 도움이 된다(250-251).

[127] Kaiser, *Toward an Exegetical Theology*, 92.
[128] Ibid. Kaiser는 211-31쪽에서 성경적 강해(biblical exposition)에 있어 시의 사용에 대한 뛰어나고 깊은 분석을 제공한다. 추가적인 정보는 Grant R. Osborne, *The Hermeneutical Spiral*, 221-41을 참조하라.
[129] Fee and Stuart, *How to Read the Bible for All Its Worth*, 209-10.

> 결론을 끌어내기 전에 시편을 전체로 연구하라.
> 시편의 생각의 흐름은 그 의미에 매우 중요하다.… 시편은 하나의 문학 단위로 이해되게 되어 있다. 왜냐하면, 그것은 한 사건에 대해 개별적으로 쓰였기 때문이다. 그러므로 전체가 부분의 열쇠라는 말은(산문에서보다도) 시에서 더욱 정확하다.[130]

구약의 시 가운데 시편이 가장 많음에도 불구하고, 성경은 많은 다른 예들의 시를 포함한다. 특별히 욥기, 잠언, 전도서, 아가서는 모두 시를 포함하고 있다. 시가 구약에서 주로 찾을 수 있지만, 신약에도 또한 시의 예들이 찾아볼 수 있다. 예를 들면 많은 학자는 빌립보서 2:5-11은 1세기로부터 전해 오는 기독교 찬송을 보여 주는 것으로 생각한다.

시는 매우 많은 비유적 언어를 포함하고 있으므로 해석하기 힘들 때가 자주 있다. 시인들은 여러 방법으로 비유적 언어의 사용을 조합할 수 있다.[131]

첫째, 성경에서 찾을 수 있는 중요한 비유적 장치들 가운데 하나는 직유(simile)이다.

직유는, 은유처럼(like metaphor), "기본적으로 같지 않은 것들을 비교하는 방법으로 사용된 것이다. 그들 사이의 유일한 구별은 직유에서는 비교가, **~처럼**, **~같이**, **~인 듯**과 같은 단어나 구문을 사용하여 표현된다."[132] 예를 들면, 시편 1편에서 시편 저자는 복 있는 사람에 대해 "그는 시냇가에 심은 나무가… 그 잎사귀가 마르지 아니함 **같으니**"라고 말한다. 여기서 저자는 복 있는 사람의 삶을 물이 잘 공급되는 나무(성장, 힘, 안정)의 속성과 연결하게 하는 비유적 언어를 사용하고 있다.

---

[130] Grant R. Osborne, *The Hermeneutical Spiral*, 241.
[131] Lawrence Perrine이 쓴 것과 같이, 문학적 해석에 대한 좋은 책들은 이러한 장치들에 대한 깊이 있는 설명을 제공한다.
[132] Perrine, *Literature: Structure, Sound, and Sense*, 610.

둘째, 직유(simile)가 비교를 **표현**한다면, 은유(metaphor)는 비교를 **암시**한다. 다시 말해, "비유적 용어가 문자적 용어로 **대체**되거나 혹은 같은 것으로 **간주**하는 것이다."[133] 우리는 이미 시편 23편이 하나님을 목자로 은유하여 보여 준다고 살펴 보았다. 그러나 더 많은 은유를 성경에서 찾을 수 있다.

하나님에 대한 잘 알려진 은유들은 시편 18편에서 발견된다. 여기서 하나님은 바위, 산성, 산, 요새에 비유된다. 이러한 모든 은유는 하나님을 위험의 때에 안정과 안전의 원천으로 묘사하기 위해 사용되었다.

셋째, 의인화(personification)는 성경에서 볼 수 있는 비유적 언어의 세 번째 타입이다.

의인화에서는 물건들, 동물들, 생각들에 인간의 속성을 준다.[134] 시편에서 하나님의 행동은 자주 인간의 행동처럼 비교된다. 시편 18편에서 우리는 하나님께서 "그의 화살을 날려 그들을 흩으셨다"라는 표현을 읽을 수 있다. 분명히 활쏘기는 사람의 행위이다. 그러나 여기서 궁수가 자신의 활을 쏘듯이 하나님은 번개를 "날리시는" 분처럼 인식된다.

또한, 성경에서는 천지창조의 객체들에 인간의 속성을 준다. 시편 98:8은 "여호와 앞에서 큰물은 박수할지어다 산악이 함께 즐겁게 노래할지어다"라고 말한다. 이 구절에서 물(강)과 산에는 인간의 속성을 줘서, 모든 피조물은 하나님의 영광을 나타내기 위해 존재한다는 진리를 강조한다.

넷째, 역설(paradox) 또한 비유적 언어의 다른 형태이다.

"역설은 명백한 모순이지만 그런데도 진실이다. 그것이 상황일 수도 있고 진술일 수도 있다."[135]

성경에는 역설을 사용하는 많은 예가 있다. 사실 예수님은 자주 역설을

---

[133] Ibid.
[134] Ibid., 612.
[135] Ibid., 649.

사용하셨다.

> 너희 중에 큰 자는 젊은 자와 같고 다스리는 자는 섬기는 자와 같을지니라 (눅 22:26).

> 누구든지 제 목숨을 구원하고자 하면 잃을 것이요 누구든지 나를 위하여 제 목숨을 잃으면 찾으리라(마 16:25).

> 낙타가 바늘귀로 들어가는 것이 부자가 하나님의 나라에 들어가는 것보다 쉬 우니라(마 19:24).

이러한 절들은 함께 하기 힘든 아이디어들을 서로 묶는다. 그러나 깊이 생각하고 나면 우리는 그들이 품고 있는 진리를 발견하게 된다.

다섯째, 위에 언급된 형태들만큼 일반적이지는 않지만, 아이러니(Irony)는 성경에 등장하는 비유적 언어의 또 다른 형태이다.

아이러니는 "의미하는 것의 반대를 말하는 것"이다.[136] 앞서 말했듯이, 아이러니의 전통적 예는 니고데모와 예수님의 대화에서 볼 수 있다. 예수님은 "너는 이스라엘의 선생으로서 이러한 것들을 알지 못하느냐?"(요 3:10)라고 질문하셨다. 분명히 니고데모는 이스라엘의 선생**이었다**. 하지만 그것이 예수님의 포인트가 아니었다.

예수님은 니고데모가 예수님이 말씀하시는 영적인 기본을 알지 못하고 있으므로, 그에게 그것이 필요하다는 의미에서 선생이 **아니라고** 말씀하셨다. 이러한 비유적 장치들을 아는 것과 더하여서, 우리는 성경에서 비유적 언어를 지나치게 주해해서 풀어내지 않도록 주의해야만 한다. 문맥이 그

---

[136] Ibid., 653. Laurence Perrine은 아이러니가 종종 빈정거림(sarcasm)과 풍자(satire)와 혼동되지만, 아이러니는 그러한 부정적인 함의를 내포하지는 않는다고 지적한다.

의미를 결정하도록 허락하는 노력은 우리로 하여금 성경의 풍성한 비유적 언어 사용을 이해하도록 할 것이다.[137]

2. 지혜서(Wisdom)

성경에 있는 지혜 문학은 시가 있는 책들과 자주 연관되어 있다. 사실 지혜의 책들은 시적으로 표현된다. 그러나 이 연구를 위해 우리는 지혜 문학을 별개의 장르로 살펴볼 것이다. 성경의 모든 책이 하나님의 세계를 위해 그의 지혜를 포함하고 있다고 설명할 수 있지만, 욥기, 잠언, 전도서는 하나님의 백성들을 위한 그분의 지혜 원리들에 대한 사용과 처리에서 매우 독특하다. 월터 카이저는 지혜의 책들에는 두 타입이 있다고 말한다.

첫 번째 타입은 "성찰하거나 철학적 타입의 지혜에 대한 글로, 이는 본문의 큰 부분을 가로질러 논의를 지속하는 경향을 띤다."[138]

수많은 본문이 이 범주에 해당할 것이다. 우리는 이 그룹에 잠언의 초반부 아홉 장과 함께, 욥기와 전도서를 이 그룹에 포함할 것이다. 아가서는 자주 시집으로 분류하지만, 월터 카이저는 그것을 지혜 문학으로 설명하고, 이 범주에 그것을 포함한다.[139] 유사하게 그는 산상설교를 하나님 왕국 안에서의 지혜의 원리들에 놓인 일련의 약속으로 포함한다.[140]

---

[137] 더 많은 독서를 위해 Grant R. Osborne, 비유적 언어(The Hermeneutical Spiral, 121-130)에 있는 유용하고 더 완벽한 부분을 참고하라.
[138] Kaiser, *Toward an Exegetical Theology*, 92-93.
[139] 주로 이 책에서 하나님의 심오한 혼인 지혜(marital wisdom)를 찾아 강해 하려면, Daniel L. Akin, *God on Sex* (Nashville: B&H, 2003); Tommy Nelson의 *The Book of Romance* (Nashville: Thomas Nelson, 1998)을 보라.
[140] Kaiser, *Toward an Exegetical Theology*, 93. D. A. Carson, *The Sermon on the Mount: An Evangelical Exposition of Matthew 5-7* (Grand Rapids: Baker, 1978).

두 번째 타입은 "신중한 타입의 지혜의 글로서, 생각의 더 작은 단위들로 구성되어 서로 연결되어 있지 않고, 자주 문맥에서 격리된 글이다."[141]

그는 잠언 10-31장을 여기에 포함하고, 어떤 이들은 시편과 유다서를 이 범주로 포함한다.[142] 당신이 볼 수 있는 것처럼, 우리가 구약 지혜서에 주의를 집중하고 있지만, 지혜 문학의 예들은 성경 전반에 걸쳐서 자유로이 반짝이는 것을 볼 수 있다.

오스본은 자신의 책 『해석의 나선』(The Hermeneutical Spiral)에서 지혜 글이 가질 수 있는 10가지 형식들에 대한 뛰어난 개관을 제공한다.[143]

첫째, 그는 잠언(proverb)을 "외우기 쉬운 방식으로 짜인 보편적으로 인정되는 진리의 간단한 진술로서, 지혜 글의 가장 두드러지는 형식"이며, 그것의 목표에 근거하여 독특하게 작동하게 되어 있다고 정의 내린다.[144]

둘째, 그는 지혜 격언들(wisdom sayings)을 설명한다. 이러한 것들은 그 본성이 규범적이지 아닐 수도 있기에, 전형적인 잠언과는 다르다. 오히려 그것들은 잠재적인 선택들에 근거해서 나타날 수 있는 결과들을 제안한다.

셋째, 그는 수수께끼(riddles)에 대해 말한다. 성경에서는 거의 사용되지 않는 수수께끼는 고대 세계에서는 지혜 문학의 중요한 형태였다. 그는 사사기 14:10-1이 성경에 나오는 유일한 수수께끼의 분명한 예라고 생각하고, 그 수수께끼들이 수많은 잠언의 원자료였을 것으로 추측한다(예를 들면, 잠 6:16-19; 30장 일부).

넷째, 오스본은 지혜 문학 안에 있는 훈계(admonition)에 대해 말한다. 지혜

---

[141] Kaiser, *Toward on Exegetical Theology*, 93.
[142] Ibid. 그는 시 1편; 37편; 49편; 112편을 시편에 있는 지혜 글의 예로 언급한다.
[143] Grant R. Osborne, *The Hermeneutical Spiral*, 247-50.
[144] Ibid., 247. Grant R. Osborne은 가르침(instruction), 지혜(wisdom), 지혜 격언(wisdom sayings), 훈계 혹은 금지(admonition or prohibition), 상담(counsel), 번호(numerical), 동의어 혹은 반의어(synonymous or antithetical), 사실 혹은 경험(factual or experiential)을 이런 형식들이라고 언급한다.

글의 이 형식은 듣는 사람에게 현명한 행동의 과정을 제공하며, 이어서 바로 그 선택이 만들어내는 잠재적인 결과를 보여 줌으로 긍정적인 또는 부정적인 강화 효과를 제공한다.

다섯째, 그는 지혜 문학 안에 있는 우화(Allegory) 사용을 고찰한다. 문학적 장치로서 우화는 상징이나 이야기의 사용을 통해 더 깊은 의미를 전달한다. 성경에서 이는 거의 사용되지 않지만, 전도서 12: 1-7과 같은 곳(여러 가지 충격적인 이미지들이 이전 세대와 몸의 부패를 표현하고 있는 곳)에서 발견할 수 있다.

여섯째, 오스본은 찬송과 기도를 지혜 문학에서 볼 수 있다고 기록한다. 대체로 이러한 기도들은 시로 쓰인다. 확실히 찬송에서도 마찬가지다. 이러한 예들 대부분은 욥기에서 볼 수 있다.[145]

일곱째, 그는 대화(dialogue)에 대해 말한다. 대화는 주로 욥기에서 찾을 수 있지만, 또한 잠언에서도 사용되었다. 이런 형식의 지혜 글은 지혜와 지식을 얻기 위한 목표를 가지고 사람들 사이의 대화를 열거한다.

여덟째, 그는 고백(confession)을 말한다. 전도서에서 주로 볼 수 있는 이 형식의 지혜 글은 일종의 자서전적 역할을 하고, 그것이 좋은 것이나 나쁜 것이나 간에 삶의 교훈을 기록한다.

아홉째, 그는 고유 명사의 어원이나 의미를 밝혀 주는 오노마스티카(*onomastica*)라 불리는 지혜 문학에 대해 말한다. 이 형식의 지혜 글은 성경에서 드물게 볼 수 있는데, 하나님의 속성을 설명한다(참고, 욥기 38장).

열째, 그는 복(beatitudes)에 대해 말한다. 성경 전체를 통해 그것들을 찾을 수 있다. 그러나 산상설교(마 5:3-12)에서 그 사용이 가장 잘 기록되어 있다. 팔복의 가르침(Beatitudes)은 하나님의 축복을 가져오는 현명한 선택들에 대한 예들을 제공한다.

---

[145] Ibid., 249. 욥 5:9-16; 9:5-12; 12:13-25; 26:5-14, 28.

지혜 문학은 바르게 해석하는 것은 가장 어려운 장르 중의 하나이다. 그들의 실용적인 성격 때문에, 우리는 쉽게 그것들을 떠받치고 있는 신학에 대한 관점을 잃어버릴 수 있다. 예를 들면, 잠언서는 결혼에서부터 개인 재정에 이르는 모든 것에 대한 실용적인 충고를 포함한다. 그러나 모든 잠언은 한 진리 위에 세워져 있다.

여호와를 경외하는 것이 지식의 근본이거늘(잠 1:7).

그렇다면 우리는 실용적인 지혜들의 각 측면(memorable)을 위한 근본이 하나님과의 진정한 관계라는 것을 분명히 볼 수 있다. 우리가 지혜 문학을 다룰 때 우리의 가르침이 이 진리를 반영하도록, 해석자로서 주의해야만 한다.

제7장

장르에 어울리는 아웃라인 만들기

일단 우리가 성경 본문의 장르를 결정했다면, 이제 우리는 본문 구조를 분석해야만 한다. 조사 과정의 두 번째 단계는 아웃라인을 잡는 것이다. 오늘날, 어떤 목사-교사들은 주해의 바로 이 측면을 최소화하거나 또는 완전히 무시한다. 그러나 우리는 아웃라인을 만드는 습관이 저자의 본문의 중심 아이디어(MIT)를 발견하기 위한 중요 요소 중 하나라고 확신한다.

저자는 마음에 구체적인 목적을 가지고 글을 쓰고 있음을 유념하라.

이 목적을 달성하기 위해 그는 단어들을 선택하고, 문장들을 전개하고, 그러한 문장들을 특별한 형식으로 구성했다. 이 과정에서 저자는 의미를 전달하려고 의도했다. 해석자로서 저자의 구성 전략을 알아내는 당신의 능력은 저자의 본문의 중심 아이디어(MIT)를 발견하도록 도울 것이다.

리포터의 공식을 이용하여 한다면, 우리는 다음 질문에 답하려고 애써야 한다.

"저자가 무엇을 썼는가?"

1. 저자의 내용 발견하기

담론 분석(discourse analysis)은 저자의 구문론(syntax)과 의미론(semantics)에 대한 평가를 필요로 한다.[146] 우리는 당신이 성경에서 볼 수 있는 여러 장르에 대한 분석에 이용할 수 있는 몇 가지 아웃라인을 세우는 전략을 설명하려고 한다. 이러한 전략들은 몇 가지 작업들을 수행하도록 만들어졌다.

첫째, 그것들은 당신이 성경 본문의 "장르에 맞는" 아웃라인을 발전시키는 것을 도울 것이다.

둘째, 그것들은 당신이 본문을 해석하기 위해 필요한 중요 사건, 인물들, 언어적 단서들(주요 단어들과 문장들)을 알도록 도울 것이다.

셋째, 그것들은 당신이 본문에 드러나 있는 주요 신학 주제들을 발견하도록 도울 것이다.

넷째, 그것들은 본문에 있는 다양한 문맥적 요소들을 이해하기 위한 기본 틀(framework)을 당신에게 제공할 것이고, 그것은 당신이 저자의 본문의 중심 아이디어(MIT)를 발견할 수 있게 도울 것이다.

2. 역사적 내러티브의 분석

제5장에서 말한 것처럼, 산문은 성경에서 가장 널리 사용되는 장르이다. 산문은 역사적 내러티브와 서신서에서 매우 현저하게 사용되고 있다. 우리는 그것들이 가지는 스타일의 윤곽을 그리고 분석하기 위해 도움이 될 다

---

[146] 제3장에서 주석들에서 언급한 책들에 더하여 다음 책들을 추천한다. David Alan Black, "Discourse Analysis: Getting the Big Picture," in *Linguistics for Students of New Testament Greek* (Grand Rapids: Baker, 1995) and David Alan Black과 David S. Dockery, ed., *Interpreting the New Testament: Essays on Methods and Issues* (Nashville: B&H, 2001). 두 책 모두 보다 더 기술적 책들이지만, 여전히 언어에 대한 지식에 열의를 가진 목사와 학생들에게 유용하다.

른 도구들을 사용할 것이다. 역사적 내러티브를 해석할 때, 많은 주요 요소들을 살펴볼 필요가 있다. 우리는 내러티브의 아웃라인을 전개하는 방법을 설명하기 위한 샘플로 사무엘상 17장을 사용할 것이다.

1) 배경

해석자가 역사적 내러티브를 분석할 때, 그 이야기의 배경에서 시작해야만 한다. 배경은 사건이 일어나는 장소와 환경을 언급해 준다. 예를 들면, 골리앗과 다윗의 싸움 경우에 그 이야기의 배경은 이스라엘과 블레셋 사이의 갈등이다. 그 싸움 자체는 유다에 있는 소고(Socoh)에서 일어난다.

블레셋은 에베스담민(Ephes-dammin)에 있는 소고(Socoh)와 아세(Azekah) 사이에 진을 쳤고, 이스라엘은 엘라(Elah) 골짜기에 있는 한 시냇가에 진을 쳤다. 싸움이 진행되면서, 이스라엘 사람들은 블레셋 사람들을 샤아라임(Shaaraim)으로 가는 길을 따라, 가드(Gath)와 에글론(Ekron)문들까지 추격했다.

2) 인물들

모든 이야기는 등장인물들의 유형에 따라 진행된다. 일반적으로 모든 이야기는 주인공(protagonist)과 적대자(antagonist)가 있다. 역사적 내러티브에서 주인공은 조금 다르다. 궁극적으로 하나님이 성경에 있는 모든 내러티브에서 주인공이다. 이 관점이 결코 잊혀서는 안 된다. 성경에 소개된 인간 등장인물들은 인류를 위한 하나님의 구속 계획에 참여한 자들이다. 이야기 안에서 등장인물들과 그들의 역할을 이해하는 것은 하나님에 대한 진리를 발견하기 위해 중요하다.

사무엘서의 내러티브는 많은 주요인물과 보조 등장인물들을 포함한다. 물론 다윗(protagonist)과 골리앗(antagonist)은 이야기의 주요인물들이다. 그러나 사울 왕 또한 중요한 인물이다. 그 이야기는 다윗의 아버지 이새, 다윗의 형제 엘리압, 아비나답, 샴마를 포함하는 많은 보조인물들이 있다. 마지막으로, 이스라엘의 적들과 블레셋(Philistia)은 그룹 등장인물이다. 이야기에서 각 등장인물은 이야기의 의미에 대한 실마리를 제공한다.

3) 관점

내러티브에서 관점은 그 이야기를 하는 사람의 관점을 말한다. 또한 이 관점은 그가 왜 그 이야기를 하는지 우리로 생각하도록 한다. 저자들은 수많은 방법으로 이야기를 할 수 있지만, 대부분 역사적 내러티브들은 전지적 관점으로 서술된다. 다른 말로, "이야기는 저자에 의해서 제 삼자를 사용해서 말해지고, 그의 지식과 특권에는 제한이 없다."[147]

또한, 영감된 성경에 대한 우리의 이해는 성경 저자는 하나님이 의도하시는 대로 사건들을 기록했다는 것을 뜻한다.

4) 플롯의 확인

일단 이야기의 배경, 인물, 관점을 확인했다면, 이제 플롯을 확인할 시간이다. 이 작업은 간단하다.

이야기를 읽고 사건들을 그 바른 순서대로 둔다. 이 순서는 인물들과 문제에 대한 소개를 포함하여, 시간에 따른 이야기의 전개를 당신이 이해하도록 도움을 줄 것이다. 당신이 역사적 내러티브에 더 친숙할수록, 당신은 이 단계를 쉽게 건너뛸 수 있을 것이다. 하지만 그 이야기의 플롯을 안다고 생각하기 전에, 당신은 신중하게 살펴야만 한다.

기억하라.

내러티브를 해석하는 열쇠는 단순히 그 이야기를 하는 것이 아니다. 열쇠는 그 이야기가 하나님에 대해서 그리고 그의 백성과의 관계에 대해서

---

[147] Laurence Perrine, *Literature: Structure, Sound, and Sense*, 2nd ed. (New York: Harcourt, Brace, Jovanovich, 1974), 175.

드러내는 것이 무엇인가를 발견하는 것이다. 역사적 내러티브에 포함된 원리들은 그것들이 분명하게 서술되어 있지 않기 때문에 대체로 추론되어야 한다. 우리는 이러한 원리들이 플롯의 세부 내용들에 숨겨져 있음을 알게 될 것이다.

플롯의 분석은 이야기의 중요한 측면을 보여 주어야 한다. 사무엘서 내러티브에서 플롯은 이렇게 전개된다.

① 블레셋은 이스라엘에 쳐들어 와서 이스라엘 군대중 한 명과 그들의 용사 골리앗과 대결하자고 도전한다.
② 사울과 그의 군사들은 두려움에 떨고 있다.
③ 이새가 그의 아들 다윗을 보내 그의 형들에게 음식을 가져다 주고 그들의 안부를 살피게 한다.
④ 다윗은 그의 형들을 찾고 골리앗의 도전을 듣는다.
⑤ 다윗은 골리앗을 죽일 수 있는 사람에게 주어지는 상에 대해 듣는다.
⑥ 다윗은 날카로운 질문으로 군사들을 대한다.
⑦ 다윗의 형, 엘리압은 다윗의 말에 다윗에게 화를 낸다.
⑧ 사울은 다윗을 불러서 거인과 싸우고 싶어 하는 그의 열망을 듣는다.
⑨ 다윗은 사나운 동물과 싸워 이긴 것을 말하며 하나님의 보호하심에 대한 그의 확신을 주장한다.
⑩ 다윗은 사울의 갑옷을 입어 보고는 거절하고 물맷돌을 선택하여 강에서 돌을 줍는다.
⑪ 다윗은 하나님의 능력 안에서 승리를 선언하고 골리앗을 죽인다.
⑫ 이스라엘이 블레셋을 물리친다.

이러한 사건들이 사무엘상 17장의 플롯을 구성한다. 각 플롯의 요소들은 그 이야기의 진짜 의미에 대한 중요한 정보를 드러낸다. 이것은 거인을 죽인 한 젊은이에 대한 이야기 그 이상이다. 이 이야기는 사울의 하나님에 대한 믿음의 부족과 이스라엘의 영적 무기력을 보여 주는 폭로이다.

이 이야기는 우리에게 사람들(어쩌면 우리 자신의 가족 안에 있는 그들)이 우리의 믿음의 여정에 방해가 될 준비가 되어 있다는 사실을 상기시킨다. 그리고 이 이야기는 확인된 어떤 적의 힘보다 더욱 강한 하나님의 능력에 대한 증언이다. 또한 다윗이 악에 대해 거둔 승리의 이야기이고, 그것은 다윗의 위대한 후손이 사탄의 머리를 부술 때 악에 대한 그의 궁극적 승리를 (롬 16:20) 열망하게 하는 이야기이다.

만약 당신이 플롯을 찾아내지 못하거나 그 이야기를 성경의 전체 정경의 맥락에서 생각하지 못한다면, 당신은 이러한 원리들을 놓치게 될 것이다.

5) 반전의 확인

"반전"(Peripeteia)은 내러티브에서 "반전의 순간"(turning-point moment)이다. 이것은 이야기의 방향을 느닷없이 바꾸어 그것의 대단원 또는 결말을 향해 가게 한다. 그 갑작스럽고 예상치 않은 전환점을 찾는 것은 그것이 대체로 이야기의 중요한 의미에 빛을 비추기 때문에 중요하다. 이야기에서 "반전"(Peripeteia)을 찾는 것은 해석자에게 어려운 임무일 수 있다.

이 이야기에서 전환점은 다윗이 사울의 갑옷 입기를 거절할 때 생겨난다.

어떤 군인이 전투에서 발달된 첨단 기술을 사용할 수있는 기회를 거절하겠는가?

갑옷을 거절하는 다윗의 결정은 놀랍다. 마치 놀라게 하려고 의도한 것처럼 말이다. 그러면서 다윗은 하나님의 능력 안에 있는 강한 확신을 가지고, 자신의 목자의 차림새 그대로 골리앗을 대면한다.

6) 신학적 주제의 확인

일단 당신이 내러티브의 다른 측면들을 모두 살펴 보았다면, 이제 당신은 신학적 주제를 확인하기 시작할 준비가 되었다. 위에서 언급한 것처럼, 대부분의 역사적 내러티브는 추론을 거쳐 그것의 신학적 진리를 얻게 된다.

그것을 마음에 새기면서 해석자는 신학적 주제를 생각해 보기 위해 멈추어야 한다.

사무엘상 17장은 많은 신학적 주제들을 포함한다. 두려움 대 신앙, 약함 대 강함, 자기 신뢰 대 하나님 능력의 신뢰 등이다. 각 주제는 성경의 내러티브를 통해 찾을 수 있다. 그러나 이러한 모든 주제는 중심 주제, 즉 하나님 그분만이 그의 자녀들을 그들의 적들로부터 구원할 능력이 있다에 종속된다.

또한 이 "작은 내러티브"가 성경 전체의 "큰 구속의 내러티브"에 어떻게 조화롭게 속하는가에 대해서도 질문해야 한다. 도표 7.1은 내러티브 아웃라인의 예를 제공한다.

본문 : 사무엘상 17장

배경	등장인물	관점
· 소고와 아세 사이의 에베스담밈 · 엘라 골짜기 · 사아라임과 가드와 에글론 가는	· 다윗 사울 골리앗 · 이새와 다윗의 형제들 엘리압 · 아비나답 삼마 · 이스라엘과 블레셋 군대	· 사무엘 전지적 인칭

플롯
블레셋 군대 골리앗이 나타난다. 이스라엘이 공포로 혼비백산하다. 다윗이 형들을 살피러 도착한다. 다윗이 골리앗의 도전을 듣는다. 다윗이 보상을 듣는다. 다윗이 군대를 힐난한다. 엘리압이 다윗에게 화를 낸다. 사울이 다윗을 부른다. 다윗이 하나님 안에서 확신과 위업을 말한다. 다윗은 물맷돌을 선택하고 사울의 갑옷을 거절한다. 다윗이 하나님의 능력을 나타내며 골리앗을 죽인다. 이스라엘이 블레셋에 승리한다.

반전	신학적 주제
· 다윗이 자신의 물맷돌을 선택하고 사울의 갑옷을 거절한다.	· 두려움 대 신앙/약함 대 강함 · 자기 의지 대 하나님 의지 · 하나님만 그 백성을 그들의 적으로부터 구원할 수 있다

도표 7.1

3. 서신서 분석

서신서는 신약에서 볼 수 있는 산문의 대표적인 형태들 중 하나이다. 서신서 문학(Epistolary literature)은 성격상 명제적(propositional)이고, 그것의 언어적 문맥과 문학적 문맥 양자에 대한 주의 깊은 분석을 필요로 한다. 서신에 대한 구조적 도표(structural diagram)를 발전시키는 것은 이 과정에서 매우 중요하다.

해석자들은 서신서의 아웃라인을 확인하면서 몇 가지 특성들을 기억해야만 한다.

첫째, 저자의 본문의 핵심 아이디어(MIT)는 개별 단어에서나 심지어 문장에서도 찾을 수 없다. 그것은 전체 담화 연구에서 발견되며, 그것들은 부분들과(예를 들면, 문단, 문장, 절, 구, 단어) 관련 있다.

둘째, 서신서들은 지역의 상황과 문제들을 언급하려고 쓰였다. 서신서들은 특정한 사람들과 구체적인 문제들을 이야기하는 특별한 경우를 위한 기록들이다. 그러므로 그것들은 주제적인 경향이 있다.

셋째, 서신서의 저자들은 지역교회 상황을 이야기하면서 신학적 논의들을 전개하고 있다. 그 결과, 그 글은 제안적이고, 그 주제들은 논리적 전개를 통해 함께 묶여져 있다. 어떤 서신서든지 그 아웃라인을 잡는 것이 어려운 이유는 그것은 문법적 지혜를 필요로 하기 때문이다.

당신이 서신서 일부의 아웃라인을 잡아야 한다면, 거기에는 고려해야 할 7가지 영역이 있다. 우리는 빌립보서 2:5-11에 대한 간단한 분석을 제공하면서 그것들을 살펴볼 것이다.[148]

---

[148] 또한 서신서에 대한 좋은 논의를 참고하라. Gordon D. Fee and Douglas Stuart, *How to Read the Bible for All Its Worth*, 3rd ed. (Grand Rapids: Zondervan, 2003), 311-41; Sidney Greidanus, *The Modern Preacher and the Ancient Text* (Grand Rapids:Eerdmans, 1988); Thomas Long, *Preaching and the Literary Forms of the Bible* (Philadelphia: Fortress, 1989), 107-26; Grant

1) 본문의 범위

본문의 단락을 찾는 것은 서신서의 아웃라인을 잡는 데 매우 중요하다. 이 윤곽을 잡는 것은 모든 본문이 그것의 문맥 안에서 연구되어야 한다는 것을 확신하게 해 준다. 감사하게도 많은 성경 번역들은 이러한 단락들을 나타낼 수 있도록 디자인된 머리글을 제공한다. 그러나 다른 사람들의 작업에 의지하기보다 해석자들은 본문에서 그들이 찾은 언어적 실마리들을 사용함으로 그들 스스로 본문의 범위를 확인해야만 한다.

빌립보서 1:27-2:4에서, 바울은 성령님 안에서 겸손한 하나 됨이라는 주제를 전개한다. 이 하나 됨은 복음의 확장을 촉진하고(빌 1:27), 박해와 고통을 당했을 때 용기를 주고(빌 1:28-30) 교회안에서 서로 이해하게 한다(빌 2:1-4).

빌립보서 2:5에서 바울의 생각은 교회에 대한 훈계에서부터 예수님의 성육신에 대한 설명으로 옮겨 간다. 그래서 5절은 두 구분되는 영역들 사이의 연결축 역할을 한다. 그것은 빌립보서 2:3-4에서 나오는 교회에서 겸손함에 대한 요구를 돌아보게 하고, 교회에게 그리스도의 속성인 그것을 본받도록 촉구한다. 또한 그것은 진정한 겸손의 신적 원형으로 그리스도에 대한 아름다운 설명을 제공하는 빌립보서 2:6-11을 보게 한다.

본문이 어디서 시작하는지 뿐만 아니라 어디서 끝나는지 찾는 것도 또한 중요하다. 빌립보서 2:12에서 당신은 갑자기 "그러므로"라는 단어를 만나게 된다. 이러한 단어들은 바울이 다른 담화로 옮겨갈 준비 중이라는 언어적 신호의 역할을 한다.

빌립보서 2:12-18에서 그는 빌립보 신자들에게 그들의 구원의 실제가 그들의 삶에서 잡혀지는 행위로 보이게 하라고 격려하기 시작할 것이다. 이 분석이 우리로 하여금 빌립보서 2:5-11이 하나의 완전한 사상 단위라는 확신을 가지고 그 본문에 접근하게 한다.

R. Osborne, *The Hermeneutical Spiral*, 2nd ed. (Downers Grove: IVP, 2006), 312-22.

2) 독립절의 확인

앞의 언급처럼, 산문은 의미를 전달하기 위해 사용하는 양식화된 문법 구조로 특징을 이룬다. 문법에서 사상의 기본 단위는 문장이다. 그리고 각 문장(또는 독립절)은 주어와 서술어의 조합을 통해 구성된다.[149] 산문의 저자들은 의미를 전달하기 위해 독립절들을 사용한다. 결과적으로 당신이 독립절들을 발견할 수 있다면, 당신은 본문에서 사상의 기본 단위들을 발견할 수 있다.

당신이 빌립보서 2:5-1을 연구하기 시작하면서, 다섯 개의 독립절들을 아래 순서대로 발견하게 될 것이다.

① [너희는] 너희 안에 이 마음을 품으라 곧 그리스도 예수의 마음이니 (빌 2:5).[150]
② [예수는] 하나님과 동등됨을 취할 것으로 여기지 아니하시고(빌 2:6).
③ [예수는] 오히려 자기를 비워(빌 2:7).
④ [예수는] 자기를 낮추시고(빌 2:8).
⑤ 하나님이 그를 지극히 높여 모든 이름 위에 뛰어난 이름을 주사 (빌 2:9).

이러한 독립된 절들은 이 본문의 생각의 중요한 단위들을 보여 준다.

3) 종속절의 확인

빌립보서 2:5-11을 읽으면서, 당신은 위에서 확인한 것들보다 더 많은

---

[149] 주어는 문장의 주제를 제공하고, 서술어는 주어가 무엇을 하는지 또는 무엇인지를 알려 준다.
[150] 주어 또는 대명사가 가리키는 주어에 괄호를 함. 이렇게 표시하는 것은 당신이 아웃라인을 해 갈 때 명확함으로 도울 것이다.

단어가 있음을 알게 될 것이다. 이러한 추가된 단어들은 종속절을 나타낸다. 종속절들은 독립절들에 대한 설명 또는 세부 내용을 제공한다. 빌립보서 2:5-11을 연구하면, 다음과 같은 종속절들을 보게 될 것이다.

① 그는 근본 하나님의 본체시나(빌 2:6).
② 종의 형체를 가지사 사람들과 같이 되셨고(빌 2:7).
③ 사람의 모양으로 나타나사(빌 2:8) 죽기까지 복종하셨으니 곧 십자가에 죽으심이라(빌 2:8).
④ 이러므로 하나님이(빌 2:9).
⑤ 하늘에 있는 자들과 땅에 있는 자들과 땅 아래에 있는 자들로 모든 무릎을 예수의 이름에 꿇게 하시고 모든 입으로 예수 그리스도를 주라 시인하여 하나님 아버지께 영광을 돌리게 하셨느니라(빌 2:10-11).

이러한 종속절들은 중요한데, 그 이유는 저자의 본문의 중심 아이디어에 대해 종속절을 통해 드러내면서 또한 그것에 대한 우리의 이해를 확장시키기 때문이다. 독립절과 종속절은 다음의 도표 7.2에서 나타나 있다.

범위: 빌립보서 2:5-11

독립절	종속절
너희는이 마음을 품으라 곧 그리스도 예수의 마음이니 그는하나님과 동등됨을 취할 것으로 여기지 아니하시고 오히려 자기를 비워 자기를 낮추시고 하나님이 그를 지극히 높여 모든 이름 위에 뛰어난 이름을 주사	그는 근본 하나님의 본체시나 종의 형체를 가지사 사람들과 같이 되셨고 사람의 모양으로 나타나사죽기까지 복종하셨으니 곧 십자가에 죽으심이라 이러므로 모든 입으로 예수 그리스도를 주라 시인하여 하나님 아버지께 영광을 돌리게 하셨느니라

전환 단서들: "그는"(빌 2:6); "오히려"(빌 2:7) ; "이러므로"(빌 2:9); "(그 결과)"(빌 2:10)

도표 7.2

4) 본문의 구조적 다이어그램 만들기

독립절과 종속절 모두를 발견하는 과정은 당신이 구조적 다이어그램(structural diagram)을 전개하는 데 필요한 정보를 제공할 것이다. 이 다이어그램은 당신이 본문의 자연스러운 구분을 발견하도록 해 줄 것이다. 자연스러운 구분을 알아내는 당신의 능력은 저자의 본문의 중심 아이디어(MIT)를 발견하는 능력을 향상시킬 것이다. 당신은 도표 7.3에서 빌립보서 2:5-11에 대한 구조적 다이어그램을 볼 수 있다.

구조적 다이어그램: 빌립보서 2:5-11

예수 그리스도와 같은 마음을 갖자 [참고. 빌 2:1-4].
그는 [예수 그리스도] .... 하나님과 동등됨을 취할 것으로 여기지 아니하시고
　　　　　　　　↳ 그는 근본 하나님의 본체시나
오히려 자기를 비워
　　↳ 종의 형체를 가지사
　　↳ 사람들과 같이 되셨고
.... 자기를 낮추시고
　　↳ 사람의 모양으로 나타나사
　　↳ 죽기까지 복종하셨으니 곧 십자가의 죽으심이라
이러므로 [2:6-8] 하나님이 그를 지극히 높여 모든 이름 위에 뛰어난 이름을 주사 (6-8절의 결과)
　　↳ [so that] 모든 무릎을 예수의 이름에 꿇게 하시고
　　↳ 모든 입으로 예수 그리스도를 주라 시인하여
　　　　↳ 예수의 이름에
　　　　↳ 하나님 아버지께 영광을

전환 단서들: "그는"(빌 2:6); "오히려"(빌 2:7); "이러므로"(빌 2:9); "(그 결과)"(빌 2:10)

도표 7.3

5) 본문에서 전환 단서 확인

당신이 구조적 다이어그램을 작성한 후, 당신은 저자의 본문의 중심 아이디어(MIT)가 형태를 갖추어 가는 것을 보게 되어야 한다. 일반적으로 본문은 하나의 주요 중심 아이디어와 몇 개의 보충하는 개념들을 가진다. 저자는 보통 전환(transition)의 사용을 통해 이러한 보충 개념들을 드러낸다. 모든 본문이 이러한 단서들을 포함하는 것은 아니지만, 그러나 다수는 그러하다. 예를 들면, 빌립보서 2:5-11은 네 개의 전환 단서들을 가진다.

① "그리스도 예수"와 연결된(빌 2:5) "그는"(빌 2:6)이 "하나님과 동등됨"(빌 2:6)이라는 구와 연결되고, 우리에게 이 본문의 기독론적 함의들(Christological implications)을 고려하게 한다.
② "오히려"(빌 2:7)는 성육신이라는 목적을 위해 그리스도 예수가 "하나님과 동등됨"이라는 자신의 권리를 기꺼이 버리는 것을 명확히 한다.
③ 접속사 "이러므로"(빌 2:9)는 하나님이 모든 피조물 위에 그리스도를 높이기로 하신 이유를 나타낸다.
④ 접속사 "그 결과"(빌 2:10)는 예수의 높이심에 반응하는 모든 피조물의 미래 이루어질 행동을 보여 준다.

성경 저자들은 이와 같은 전환 단서들을 그들의 논의를 전개하기 위하여 사용했다는 것을 기억하라.

6) 핵심 단어들과 개념들의 확인

저자의 본문의 중심 아이디어(MIT)는 항상 성경 본문의 분석을 통해 발견된다. 비록 각 본문이 단어들로 구성되어 있다 하더라도, 저자는 성령님의 영감 아래 그러한 단어들을 선택한 것이다. 그러므로 그러한 단어들의 의미와 의의를 이해하는 것은 중요하다.

여기에서는 히브리어와 헬라어를 잘 활용할 수 있는 지식을 보여 주기에는 공간과 시간을 허락하지 않는다.

만약 당신의 삶을 기독교 설교를 위해 헌신하려 한다면, 가능한 한 성경 원어를 배우는 시간을 갖는 것은 중요하다고만 말해 두자.

성경 본문에서 핵심 단어들을 발견할 수 있는 당신의 능력은, 특별히 서신서에서는, 저자의 본문의 중심 아이디어(MIT)를 발견하기 위해 매우 중요하다.

이 단계에서, 필요한 모든 것은 본문의 의미를 전달하기 위해 나타난 단어들을 알아보고 뜻을 밝히는 능력이다. 당신은 두 번째 단계에서 추가적인 연구를 통하여 그러한 단어들을 명확히 알기를 원할 것이다. 빌립보서 2:5-11을 보면, 많은 핵심 단어들과 구절들이 나타난다. "마음," "근본," "본체," "동등 됨," "자기를 비워," "종," "같이," "본체," "낮추시고," "복종," "십자가," "이름," "무릎을 꿇어," "입," "시인하여," "주" 등이 나타난다. 이러한 단어들 하나하나가 중요하기에, 당신은 이 본문에 대한 연구를 다하면서 그것들의 의미를 찾아야 할 필요가 있다. 도표 7.4는 핵심 단어들을 확인하는 예를 제공한다.

7) 핵심 신학적 주제들의 확인

모든 성경 본문은 하나님과 사람에 대한 어떤 것을 나타내기 위해 디자인되었다. 당신이 서신서 본문 중에서 핵심 요소들을 확인할 때, 당신은 신학적 주제들이 있다는 것을 유념해야만 한다. 저자는 본문에서 그것들을 언급하거나 또는 암시함으로써 몇 가지 신학적 주제들을 표현할 수 있다. 당신의 임무는 그것들을 찾는 것이다.

빌립보서 2:5-11은 신약에 있는 네 개의 훌륭한 기독론에 대한 본문들(christological passages)중의 하나이고, 그것은 예수의 인성과 사역에 대한 중요한 설명들 중의 하나를 제공한다.[151] 그러므로 당신은 다수의 신학적 주제들을 발견하기를 기대할 것이고, 그 기대는 정확하다.

거기에는 적어도 네 가지 선명한 주제들이 있다.

① 성자 하나님의 완전한 신성.
② 성자의 성육신.
③ 십자가에서 예수의 대속적 죽음.
④ 예수에 대한 찬양.

도표 7.4는 어떻게 본문에서 찾은 신학적 주제들을 확인하는지에 대한 예를 제공한다.

핵심 단어들 / 개념들		신학적 주제들
· 마음(attitude) · 근본(existing) · 본체(form) · 여기지(consider) · 동등됨(equality) · 취할 것(advantage) · 비워(emptied) · 자기를(Himself) · 종(slave) · 같이(likeness)	· 본체(external form) · 낮추시고(humbled) · 복종(obedient) · 죽기(death) · 십자가(cross) · 지극히 높여(highly exalted) · 이름(name) · 무릎을 꿇어(knee bow) · 시인하여(tongue confess) · 주(Lord)	· 성부와 성자의 동등한 신성 · 예수의 성육신 · 십자가에서 대속적 죽음 · 예수의 높임
본문의 중심 아이디어		

도표 7.4

---

[151] 다른 본문들은 요 1:1-18; 골 1:13-23; 히 1:1-14이다.

4. 시의 분석

당신이 성경에서 시를 대할 때, 주제적 아웃라인(thematic outline)을 그려 보는 것은 저자의 본문의 중심 아이디어(MIT)를 발견하도록 도울 것이다. 제6장에서 우리는 시를 해석할 때 각운(rhyme), 운율(meter), 비유적 언어(figurative language)의 사용을 고려하는 것이 필수적이라고 언급했다.

우리는 시를 분석할 때, 이러한 영역들을 설명하는 방법의 예로써 시편 4편을 사용할 것이다.[152]

1) 시의 형태와 패턴

시적 스타일의 다양성은 성경에서 발견할 수 있다. 시의 형태와 패턴을 결정하는 것은 시를 연구하는 데 있어서 가장 어려운 측면들 중의 하나인데, 특별히 경험이 아직 부족한 해석자들에게 그러하다. 예를 들면, 시편 4편은 신뢰의 시편(Psalm of trust)이다. 그것은 독자들에게 인생의 시련 가운데 함께 하시는 하나님의 성실하심을 상기시킨다.

만약 당신이 연구하고 있는 시편이 어떤 유형인지 알지 못한다면, 3단계에서 당신의 조사가 마쳐질 때까지 이 영역에 대한 당신의 분석 자료를 비워 두라.

2) 주제적 구조 다이어그램 작성

시를 다룰 때, 당신은 내러티브를 연구할 때 하듯이 플롯을 확인하려고

---

[152] 시에 대해서는 또한 다음을 참조하라. Thomas Long의 *Preaching and the Literary Forms of the Bible*, 43-52 ; Grant R. Osborne, *The Hermeneutical Spiral*, 223-41. 시편에 대해서는 다음을 보라. Richard Belcher Jr., *The Messiah and the Psalms* (Scotland: Christian Focus, 2006); Mark Futato, *Interpreting the Psalms* (Grand Rapids: Kregal, 2007); Patrick Reardon, *Christ in the Psalms* (Ben Lomond: Conciliar Press, 2000).

하지는 않는다. 당신은 서신서에서 요구되는 일종의 압축된 구조적 다이어그램 작성을 마음에 두지도 않는다. 오히려 당신은 시의 주제와 움직임의 전개를 쫓아가려고 할 것이다. 결과적으로 당신은 이러한 것을 확인할 수 있도록 시를 분석해 내길 원할 것이다. 예를 들면, 시편 4편에서 다윗은 몇 가지 중요한 주제들을 말하고 있다.

① 하나님은 의롭고, 그는 자기의 백성들의 기도를 들으신다(시 4:1).
② 사람의 자연스런 성향은 파괴적인 행동에 참가하는 것이다(시 4:2).
③ 하나님의 백성은 하나님을 경외하고 그를 신뢰한다(시 4:3-5).
④ 하나님 홀로 그 백성들의 안전과 공급의 원천이시다(시 4:6-8).

일단 당신이 주요 주제들을 확인했다면, 저자의 본문의 중심 아이디어(MIT)가 드러나기 시작할 것이다.

3) 비유적 언어의 확인

우리가 제6장에서 알아낸 것처럼, 시인들은 삶의 이슈들과 감정들을 설명하기 위해 비유적 언어를 사용한다. 게다가 시의 신학적 내용들도 자주 시적 장치들 안에 포함되어 있다. 그러므로 해석은 시가 가지는 비유적 언어들과 언외적 내포(connotations)를 이해하는 능력을 필요로 한다.

시편 4편은 솔직한 시이다. 언뜻 보아서 거기에는 그다지 비유적 언어가 나타나지 않는 것 같다. 그러나 자세히 살펴 보면, 몇 가지 시적 요소들이 드러나게 된다.

첫째, 다윗은 자신의 주위에 있는 사람들을 언급하면서 "교만한 자"(exalted man, 시 4:2)라는 문구를 사용한다. 더 중요하게 그는 "경건한 자"(faithful man, 시 4:3)들과 대조가 되도록 그것을 사용한다.

둘째, 다윗은 하나님께서 어떻게 자신을 위하여 경건한 자를 택하셨는지

(시 4:3)와 다윗의 마음에 기쁨을 두신 것(시 4:7)을 설명하기 위해서 의인법(personification)을 사용한다. 비록 다윗이 기쁨과 같은 감정을 언급하고 있기는 하지만, "어떤 것을 선택하는" 행동은 손의 사용을 암시한다. 또한 "어떤 것을 어디에 두는" 행동도 마찬가지이다.

셋째, 다윗은 그의 기쁨과 교만한 자(exalted man)의 기쁨의 차이를 설명하기 위해서 아이러니를 사용한다. 죄로 인해 하나님과 분리된 그들에게 새 포도주와 곡식 같은 물질적인 풍성보다 더 큰 기쁨은 없다(시 4:7). 그러나 영원의 관점에서 보면 그러한 것들은 추구할 가치가 없다(시 4:2).

교만한 자(the exalted men)의 그것과 대조되는 다윗의 기쁨은 물질적인 것이 아니다. 그것은 그가 하나님으로부터 받은 안전과 평안의 충만함으로부터 온다. 하나님은 자비롭게 그리고 의도적으로 이 기쁨을 다윗의 마음에 두셨다(시 4:7-8).

4) 신학적 주제의 확인

다른 모든 장르가 그렇듯이, 성경의 시는 하나님과 인간에 대한 것이다. 결과적으로 그것은 하나님의 백성들 가운데서 하나님과 그의 사역에 대한 신학적 주제들을 포함한다. 당신의 분석 노트 위에 전개한 주제적 구조는 시에 있는 신학적 주제들을 드러낼 것이다.

우리는 이미 위에서 일차적인 주제를 확인했다. 하나님을 신뢰하는 것은 시편 4편을 아우르는 신학적 주제이다. 그가 우리 기도를 듣는 것을, 그의 목적을 이루기 위해 우리를 선택했음을, 우리 마음에 기쁨을 채우심을, 우리가 그를 따를 때 안전을 제공해 주심을 우리는 신뢰할 수 있다. 도표 7.5는 시의 아웃라인의 예를 제공한다.

본문 : 시편 4편

주제적 구조 – 시편		
· 하나님은 의로우며 그는 그의 백성의 기도를 들으신다 (1절). · 사람의 자연적 본성은 파괴적 행위에 참여하는 것이다 (2절). · 하나님의 백성은 하나님을 경외하고 그를 신뢰한다 (3-5절). · 하나님 한 분만이 그의 백성들의 안전과 공급의 원천이시다 (6-8절).		
시편 유형 / 패턴 신뢰의 시편	**비유적 언어** · 심상: 사람의 아들 · 의인법: 하나님이 두신다. (손의 이미지) · 아이러니: 기쁨은 소유에서 발견되는 것이 아니라 하나님과 함께 하는 데서 온다.	**신학적 주제들** · 기도 · 일반적인 인간 · 여호와 경외 · 하나님에 대한 신뢰

도표 7.5

5. 지혜 문학의 분석

지혜 문학은 내러티브와 시적 요소들이 혼합된 장르이다.

당신이 욥기나 전도서를 연구한다면, 적합한 장소에서 내러티브 분석 양식을 사용하고 적합한 범주에 적용하라.

당신이 솔로몬의 아가서와 잠언과 욥기의 시적인 부분을 연 구할 때는, 시를 분석하는 양식을 사용하고 적합한 범주에 적용해야 한다. 시와 지혜 문학이 유사하기 때문에, 우리는 여기서 지혜 문학의 분석에 이 부분을 다 쓰지는 않을 것이다.[153] 다음 도표 7.6은 지혜 문학의 아웃라인의 예를 제공한다.

---

[153] 지혜 문학에 대한 추가 연구를 위해 다음을 참조하라. Fee and Stuart의 *How to Read the Bible*, 225-48; Goldsworthy의 *Preaching the Whole Bible*, 183-95; Grant R. Osborne의 *The Hermeneutical Spiral*, 242-57.

본문 : 욥기 42:1-6

주제적 구조 – 지혜/시		
· 하나님은 주권자이시고 항상 그의 뜻을 성취하신다(2절). · 하나님의 지식은 끝이 없고 사람의 지식을 작아보이게 한다(3절). · 하나님의 주권적 지혜와 목적에 대한 사람의 반응은 항상 회개와 복종이어야 한다(4-6절).		
시 유형/패턴	비유적 언어 · 나의 계획을 무지로 숨기다.	신학적 주제들 · 하나님의 주권 · 하나님의 지혜 · 믿음과 회개

도표 7.6

6. 묵시 문학의 분석

마찬가지로, 묵시 문학 장르도 해석하기가 매우 어렵다.[154] 그 독특한 형태와 언어 때문에, 묵시 문학은 내러티브와 시적 요소들을 혼합하고 있다. 지혜 문학의 경우와 마찬가지로 내러티브적인지, 서신서적인지, 혹은 시적인지에 대해 고려하여 본문에 가장 적합한 분석 형태를 사용해야 한다. 도표 7.7은 묵시 기록의 일부에 대해 아웃라인을 만드는 예를 제공한다.

---

[154] 성경 문학의 이 장르에 대해서는 다음을 참조하라. Fee and Stuart의 *How to Read the Bible*, 249-64; Graeme Goldsworthy의 *Preaching the Whole Bible as Christian Scripture; The Application of Biblical Theology to Expository Preaching* (Grand Rapids: Eerdmans, 2000), 212-21; Bruce Metzger, *Breaking the Code: Understanding the Book of Revelation* (Nashville: Abingdon, 1993); J. Ramsey Michaels, *Interpreting the Book of Revelation* (Grand Rapids: Baker, 1992); Grant R. Osborne, *The Hermeneutical Spiral*, 275-90; M. Tenney, *Interpreting Revelation* (Grand Rapids: Eerdmans, 1957).

본문 : 요한계시록 7: 9-17

배경
- 천국의 보좌가 있는 곳

등장인물들
- 예수(어린양)
- 24장로들
- 4생물
- 보좌 앞의 큰 무리
- 요한

관점
- 자신의 환상을 설명하는 요한

플롯
- 요한이 보좌 앞에서 흰 옷을 입고 종려나무 가지를 흔들며 노래하는 큰 무리를 본다
- 24장로들과 네 생물들이 예배에 합류한다
- 요한이 장로로부터 무리가 누구인지 질문을 받지만 답하지 못한다
- 장로가 요한에게 그들은 모든 나라로부터 온 거룩한 자들의 영을 나타낸다고 말한다
- 장로는 순교자들을 위한 하나님의 축복을 설명한다

반전
- 무리의 정체를 드러낸다

신학적 주제
- 하나님의 주권
- 예배
- 정의
- 거룩한 자들이 받는 보상

도표 7.7

당신이 볼 수 있듯이, 모든 성경 장르는 아웃라인을 정하는 데 독특한 모델이 필요하다. 이렇게 아웃라인을 정하는 것은 당신이 저자가 그의 글에서 사용한 핵심 요소들을 바르게 파악할 수 있도록 해 준다. 조사 단계를 급히 지나서 통과해 나가는 것은 본문이 "말하게" 함으로 찾을 수 있는 기쁨과 중요성들을 여러분에게서 빼앗는 것일 수 있다.

종종 개인적 전제에 의해 영향을 받아 당신이 서두르는 것은 하나님이 의도한 방법으로 본문을 "듣는" 것을 방해할 수 있다. 그러므로 성경을 주의 깊게 연구하는 데 헌신하기를 바란다. 각 성경 본문에 대한 당신의 면밀한 검사는 당신이 저자의 본문의 중심 아이디어(MIT)를 발견하도록 도울 것이다.

제8장

맥락의 중요성

주해의 조사 단계(inspection stage)는 우리가 일단 장르를 확인하고, 장르에 맞는 아웃라인을 만들었다면 끝나게 된다. 이러한 두 요소는 본문의 내용을 바르게 살펴 보는 것을 필요로 한다. 이 단계가 끝나면, 주해의 두 번째 단계가 시작된다(도표 8.1 참조).

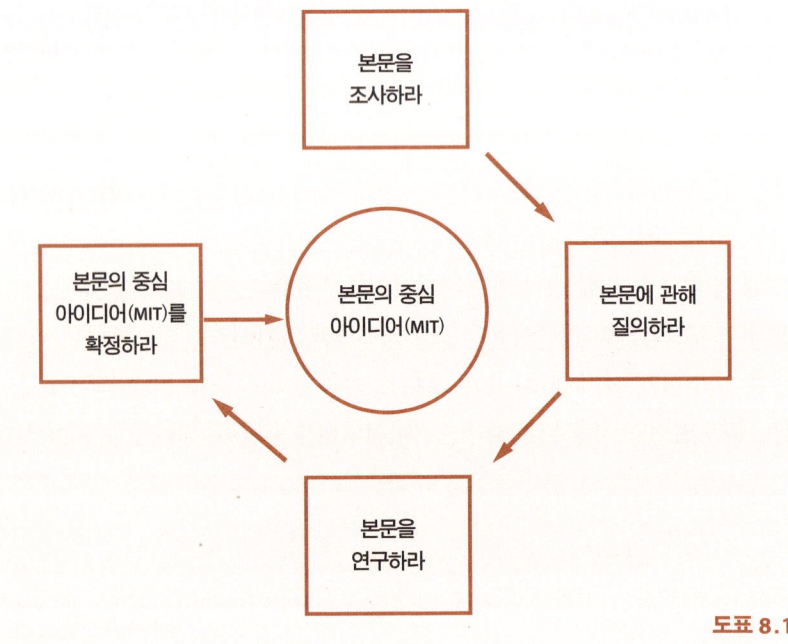

도표 8.1

두 번째 단계는 질의(Inquiry Stage) 단계이다. "질의"라는 단어는 질문을 하는 것을 뜻한다. 이 단계에서 우리의 관심은 본문의 내용을 살피는 것에서부터 그것의 맥락을 질의하는 것으로 방향이 바뀐다.

두 지평에 대한 우리의 도표(도표 8.2 참조)를 다시 생각해 보자.

당신이 볼 수 있듯이, 성경 본문의 맥락은 첫 번째 지평 안에 있는 저자의 세계에 연결되어 있다. 저자의 맥락을 이해하는 것은 그의 내용을 이해하는 데 필수적이다. 그러므로 당신은 각 성경 본문의 특정한 맥락을 연구하려고 준비해야 한다.

해석자들이 맥락에 대해 생각할 때, 저자가 자신의 특정한 청중을 위해, 특정한 내용을 기록할 때 존재했던, 독특한 문화적, 역사적, 지리적, 신학적 요인들에 해석자의 초점을 집중하는 것이다. 어떤 해석자들은 그들이 본문의 내용을 조사했을 때 그들의 연구가 끝났다고 잘못 생각한다. 이 지점에서 그만둔다는 것은 주해의 임무를 반만 끝낸 것이다.

분명히 각 성경 본문의 내용을 이해하는 것은 저자의 본문의 중심 아이디어(MIT)를 발견하기 위해 절대적으로 중요하다. 마찬가지로 성경 저자가 자신의 글에서 그가 살던 시대의 구체적인 필요들을 말했기 때문에, 각 성경 본문이 가지는 역사적 맥락의 중요성을 아무리 강조해도 지나치지 않다. 본문의 맥락을 이해하지 못하는 것은 해석자가 저자의 내용을 잘못 해석하도록 만든다.

카이저는 "해석자가 성경 각 책의 저자, 시대, 문화적, 역사적 배경에 대해 철저히 조사하는 것은 대단히 중요하다"라고 말한다.[155] 해석자들은 각 성경 본문의 다양한 맥락의 요소들을 할 수 있는 한 최선을 다해 찾으려고 시간을 들여야만 한다.

제5장과 제6장에서, 우리는 "어떻게?"라는 질문에 답했는데, 이 질문은 본문의 수사적 디자인과 연관이 있다. 본문의 장르는 이 질문에 답을 제공한다. 제7장에서 우리는 다음 질문, "무엇을?"에 답했고, 이 질문은 본문의

---

[155] Walter C. Kaiser Jr., *Toward an Exegetical Theology* (Grand Rapids: Baker, 1981), 50.

문학적 디자인과 관련이 있다.

  아웃라인을 만드는 과정은 저자가 자신의 의미를 우리가 파악하게 하도록 사용한 독특한 문학적 특징들을 드러내기 위해 디자인되었다. 이러한 질문들은 모두 궁극적으로는 본문의 내용과 연결되어 있다. 리포터의 방정식에서 빌려 온 네 가지 다른 질문들, 즉 "누가," "언제," "어디서," "왜"도 우리가 본문의 맥락을 찾도록 도울 수 있다.

1. 누가? - 문화적 정황

  문화적 정황은 해석자가 본문에 대한 그들의 초기 조사의 결과들에 대해 질의하기 시작하면서 고려해야만 하는 중요한 요소이다. 성경 각 책의 저자와 독자들은 특정한 정황에서 살았다. 간혹 그것은 같을 때도 있었지만, 때로 그것은 매우 달랐다. 예를 들면, 대부분 구약성경 저자들은 분명히 히브리어로 글을 썼다.

  반면에 바울은 점점 증가하는 이방인의 교회에 편지를 썼고 그는 그들이 새로운 신자로서 직면한 독특한 문화적 정황을 말하고 있다. 성경 본문의 문화적 정황을 발견하려고 애쓸 때, 당신은 세 가지 구체적인 영역, 즉 저자(author), 인물들(the actors), 청중(the audience)을 고려해야만 한다.

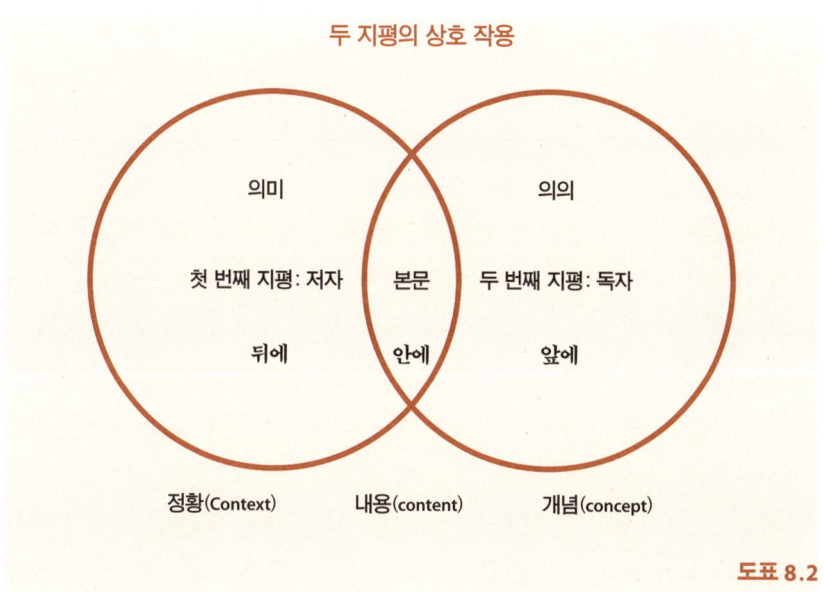

도표 8.2

1) 저자

문화적 정황에 대한 사람들의 평가는 저자로 시작한다. 대부분의 경우에, 당신은 상당한 양의 역사적 사실로 인해 누가 성경 저자인지 알 것이다. 그렇지 않은 경우에는 누가 저자인가에 대한 의견들은 다양할 수 있다. 그럼에도 불구하고, 책 안에 있는 내부 정보는 간혹 여러분에게 저자의 문화에 대한 정보를 제공할 것이다. 저자의 개인적인 환경들은 그 문화 안에서 그가 갖는 특정한 위치에 중요한 통찰을 더해 줄 수 있다.

예를 들면, 하나님의 축복에 대한 욥의 잘못된 이해는 그가 자신의 돌연한 개인적 위기에 걸려 꼼짝 못하게 하면서 그 책 전체에 영향을 미친다. 그 문화 안에서 저자와 그의 위치에 대한 세 가지 질문이 있다.

① 누가 그 책을 썼는가?
② 우리가 그에 대해서 알고 있는 것이 무엇인가?
③ 그 시대 문화에서 그의 독특한 경험은 어떻게 글을 쓰는 그의 목적을

형성하였는가?

2) 인물들

이 제목은 이상해 보일 수 있다. 그러나 당신이 제5장에서 했던 우리 연구를 기억해 보면, 성경의 많은 부분은 역사적 내러티브로 쓰였다는 사실을 기억할 것이다. 모든 저자는 이야기에 어떤 인물들(characters) 또는 성격(personalities)을 포함할지, 그리고 무슨 대화와 사건들을 강조할지 선택해야만 했다. 결과로써 인물들은 대체로 그 시대의 독특한 문화에 대한 통찰을 제공한다.

예를 들면, 다윗과 골리앗은 이스라엘과 블레셋의 다른 군대 문화를 보여 주는 창문으로 제공된다. 역사적 내러티브를 연구할 때, 당신은 다음 질문을 해야만 한다.

① 이야기의 인물들은 누구인가?
② 그들은 어떻게 묘사되어 있는가?
③ 인물들이 말하고, 옷 입고, 행동하는 것으로 어떤 독특하고 문화에 적실한 요인들이 드러나고 있는가?
④ 그러한 요인들이 본문의 의미에 어떻게 기여하고 있는가?

3) 청중

각 성경 본문은 마음속에 구체적인 청중을 가지고 쓰였다. 때로, 청중에 대한 문화적 정황을 이해하는 것이 본문 의미를 이해하는 열쇠가 된다.

데살로니가후서의 결론을 생각해 보자.

데살로니가후서 3:6-15에서 바울은 몇몇 데살로니가 신자들의 일하기 싫어함과 직면한다. 어떤 학자들은 교회가 가졌던 조속한 그리스도의 재림에 대한 오해가 이와 같은 행동을 만들게 했다고 생각한다. 데살로니가교회에 있는 이 독특한 문화에 대한 해석자의 이해는 저자의 본문의 중심 아이디어(MIT)를 찾는 데 도움을 줄 것이다. 청중을 분석할 때, 당신은 이러한 질문에 초점을 맞추어야 한다.

① 이 본문의 원래 청중은 누구인가?
② 이 청중에게 있는 독특한 문화적 배경은 무엇인가?
③ 본문에서 어떤 문화적 사건들이 논의되고 있는가?
④ 그러한 문화적 이슈들이 본문에서 어떻게 진술되어 있는가?

2. 언제? - 역사적 정황

역사는 당신이 질의 단계를 계속하면서 고려해야 할 두 번째 정황적/맥락적 요소이다. 각 성경의 저자와 독자들은 역사 가운데 특정한 시간에 살았다. 결과로써 각 성경의 사건은 특정한 역사적 정황 가운데 일어났다. 각 역사 시대가 독특하므로, 세계사에 대한 지식이 그 본문에 독특한 통찰을 제공할 수 있다. 본문의 역사적 맥락을 평가할 때 몇 가지 영역들에 대한 고려가 필요하다.

1) 시간

성경에 대한 설명은 가능하다면 언제나 세계 역사 표 안에서 위치를 확인할 필요가 있다. 비록 성경 저자가 성경과 하나님이 보내신 메시아를 통해 보여 주는 세상을 위한 하나님의 구속 계획에 기본적으로 집중하고 있지만, 하나님의 계획은 인류 역사라는 맥락 안에서 성취된다.

사실 하나님은 인류의 사건들을, 심지어 이방 나라들의 선택도, 이 땅에서 그의 뜻을 성취하기 위해 사용하신다. 예를 들면, 하박국은 이스라엘의 우상 숭배를 심판하기 위해 하나님이 바벨론을 사용하시는 것을 이해하지 못해서

괴로워한다. 본문의 시간을 분석할 때, 당신은 이러한 질문을 해야 한다.

① 이 이야기 또는 사건은 세계사에서 언제 일어나고 있는가?
② 세계사의 어떠한 사건이 이 이야기 또는 사건에 영향을 미치고 있는가?
③ 이 이야기 또는 사건은 구속사의 어디쯤 위치할까?
④ 이 이야기 또는 사건은 구속사에 대한 우리의 이해에 어떻게 기여하는가?

그러나 정확한 역사적 정보를 얻을 수 없다고 해서, 본문의 정당성을 무효로 하거나 정확한 해석을 방해하지는 않는다. 의미가 위치하는 곳은 본문 안에 있지, 그것의 뒤도 혹은 앞에 있는 것도 아니기 때문이다(제3장 참조).

2) 정치적 상황

각 역사 시대에서 정치적 실제들은 사람들과 나라에 영향을 미친다. 이러한 정치적 실제들은 대체로 그것에 반대해서 또는 그것으로 인해서 특정한 성경적 사건들이 일어나게 하는 배경이다. 하나님은 때때로 정치 드라마나 이방 나라들의 음모를 통해 그의 뜻을 이루신다. 정치의 중요성은 유대인들을 멸망시키려는 하만의 계획(에스더) 또는 요셉과 마리아를 베들레헴으로 가게 만든 로마 조세 제도(눅 2:1-5)를 통해서 볼 수 있다.

어떠한 성경 본문에서든지 정치적 상황을 고려할 때, 다음 질문을 생각하라.

① 이 시기에 지배적인 나라는 어디인가?
② 만약 관련이 있다면, 이 나라와 이스라엘의 관계는 어떠한가?
③ 본문에서 진행되는 어떤 독특하고 지역적이고 정치적인 사건들이 있는가?
④ 정치가 본문에서 소개되고 있는 인물들이나 사건에 직접적인 영향을 주는가?

3) 종교적 상황

모든 나라에는 종교적인 정황이 있다. 성경은 이스라엘이라는 나라를 통해 성취된 하나님의 구속 계획을 보여 주고 있다. 그러나 당신이 성경을 연구해 가면, 독특한 종교와 신들을 가진 나라들과 이스라엘이 대면해 왔음을 발견하게 된다. 여호와에 대한 이스라엘의 유일신적 예배는, 물론 그들이 항상 끊임없이 실행하지는 못했지만, 고대 세계에서는 독특한 것이었다. 그것은 자주 그들과 그 주위에 있는 나라들 사이에 갈등을 가져 왔다. 때로 해석자는 사건에 대한 시야를 확보하기 위해 다른 나라들의 종교적 상황을 이해해야만 한다. 예를 들면, 이집트의 역병은 단순히 바로의 저주가 아니었다. 그것은 이집트인들의 가짜 신들에 대한 하나님의 직접적인 공격이었다. 당신이 책 또는 본문의 역사적 맥락을 연구할 때, 종교적 정황에 대해서 이러한 질문을 해야만 한다.

① 나라가 행하는 종교는 무엇인가?
② 그들이 섬기는 신들은 무엇이고 그러한 신들에 대해서 역사가 드러내는 것은 무엇인가?
③ 그들의 종교적 믿음은 이스라엘의 믿음과는 어떻게 다른가?
④ 이 나라의 종교적 정황이 본문에 나오는 인물들 또는 사건들에 영향을 주었는가?

3. 어디서? – 지리적 정황

지리는 당신이 질의 단계를 진행하면서 고려해야 할 세 번째 정황적 요소이다. 이 정황적 요소는 성경 해석에서 자주 간과된다. 모든 성경의 사건이 특정한 문화적 역사적 맥락 가운데 일어난 것과 마찬가지로, 그것은 또한 세계의 특정한 지역에서 일어났다. 이러한 지역을 이해하는 것은 가끔 사건 그 자체에 대한 해석자의 이해를 향상한다. 당신이 지리적 정황을 연구하면서는 도시들, 지역들, 나라들과 같은 현장들에 주의를 기울여야 한다.

1) 도시들

사람들은 가인의 시대부터 줄곧 도시에서 살아 왔다. 대부분 고대 도시들은 물, 음식, 거래처, 자연 방어의 근접성 때문에 조성되었다. 해석자로서 성경에서 언급된 도시들에 대한 당신의 지식은 여러분에게 중요한 정황적 정보들을 제공할 수 있다. 예를 들면, 요나가 니느웨에 도착했을 때, 우리는 성경에서 이렇게 말한 것을 듣는다.

> 니느웨는 사흘 동안 걸을 만큼 하나님 앞에 큰 성읍이더라(욘 3:3).

이 절은 도시의 크기에 대해 몇 가지 가정을 하게 한다. 삼일이라는 것이 도시를 가로질러서인가 아니면 도시를 전체를 돌아서 걷는 것인가를 포함해서 말이다. 당신이 성경에서 언급된 도시들을 대할 때, 당신은 다음 질문을 해야만 한다.

① 그 도시는 어디에 위치하는가?
② 도시의 크기와 범위는 어떠한가?
③ 그 도시와 관련된 어떤 역사적 랜드 마크 또는 독특한 형상들이 있는가?
④ 그 도시는 현대 고고학자들을 통해서 발견되었는가?
⑤ 그 도시는 오늘도 존재하는가?

2) 지역들

각 도시는 한 나라의 특정한 지역에 위치했다. 각 지역은 독특한데, 그 이유는 사람들이 대체로 다른 언어 또는 방언을 사용했고, 다른 종류의 거래에 관여했으며, 심지어 다른 시기에는 서로 싸우기도 했다. 도시들이 어떤 지역에 위치하는지 이해하는 것은 해석자에게 흥미롭고 유용한 정보를 제공할 수 있다.

사마리아 지역이 전통적인 예가 된다. 사마리아인들이 그들만의 예배 체계를 만들었기에, 유대인들은 그들을 경멸했고 그 지역을 통과하려고도 하지 않았다. 이 지식은 예수님의 사마리아로 들어가시는 결정과 증언에 중요한 통찰을 제공한다. 성경 본문에서 언급한 지역을 연구할 때, 당신은 다음의 질문을 해야만 한다.

① 그 지역은 나라의 어디에 위치하는가?
② 그 지역을 구분하는 문화적 요인들은 무엇인가?
③ 그 지역은 지형적으로, 산업적으로, 군사적으로, 종교적으로 어떤 식으로 독특한가?

3) 나라들

각 지역은 특정한 나라에 위치한다. 이러한 나라들은 독특한 방식으로 서로서로 관련되어 있는데, 어떤 때는 연합국으로, 어떤 때는 적으로 그러하다. 간혹 이러한 나라들 사이의 관계는 협약이나 혼인의 결과로 변한다. 이집트가 이러한 관계 유형의 대표적 예다.

바로는 요셉의 가족에게 대기근의 시기 동안 땅과 필요들을 제공했다. 물론 이후 후계자 바로는 야곱의 후손들을 노예로 삼았다. 기본적으로 이집트는 이스라엘의 적이었다. 그러나 다른 시기에 이집트는 협력자였다. 당신이 성경에서 언급된 나라들을 대할 때 다음 질문을 해야만 한다.

① 어떤 나라가 언급되었나?
② 그 나라는 지리적으로 이스라엘과 관련하여 어디에 있나?
③ 그 나라와 이스라엘과의 관계는 어떠한가?

④ 그 나라는 이후 어떤 식으로든 하나님의 구속 계획을 위해 사용되는가?

4. 왜? – 신학적 정황

신학은 당신이 주해의 질의 단계에서 고려해야 할 마지막 맥락/정황적 요소이다. 이 임무는 당신의 해석학 연구에서 가장 어려운 측면 중 하나이다. 비록 그 목적을 구별해 내는 것은 어렵지만, 성경은 신학의 최초의 주요한 책이기에, 성경의 각 사건은 신학적 목적을 가진다.

예를 들면, 에스더서에서는 하나님이란 말이 한 번도 안 나온다. 그러나 그가 그의 백성들을 살육의 위협으로부터 지켜내면서 그의 섭리는 선명하게 드러난다. 당신이 신학적 맥락을 분석하기 시작할 때, 당신은 다음 본문, 책, 정경의 영역들을 고려해야만 한다.

1) 본문

우리가 앞에서 언급한 것처럼, 모든 성경 해석은 개별 본문의 단계에서 시작해야만 한다. 당신이 각 성경 본문의 맥락과 내용의 의의를 숙고하다 보면, 신학적 맥락을 발견하게 될 것이다. 게다가 당신은 책 속에 있는 개별 본문들은 책 전체의 메시지를 전달하기 위해 함께 작용한다는 것을 발견하게 될 것이다. 마지막으로, 당신이 개별 본문에서 발견하는 신학적 주제들은 또한 그 책의 주요 주제에 연결될 것이다.

예를 들면, 에베소서 2:1-10에서 바울은 어떤 사람이 기독교인이 되면 무슨 일이 일어나는지에 대한 설명을 한다. 이 본문에서 그는 다음의 신학적 주제들을 말하고 있다.

① 의지의 속박(엡 2:1-3).
② 살리심(엡 2:4-5).

③ 구원하시는 하나님의 은혜(엡 2:6-9).
④ 성화로 이끄시는 하나님의 은혜(엡 2:10) 등.

이러한 모든 신학적 진리들은 에베소서에 있는 바울의 탁월한 주제를 지지한다. 하나님의 은혜는 그의 몸 된 교회안에서 영광스럽게 된 성도들의 구원과 성화를 통해 나타난다. 본문의 신학적 맥락을 찾을 때, 당신은 다음 질문을 해야만 한다.

① 어떤 신학적 주제들이 언급되었나?
② 어떤 신학적 주제들이 암시되었나?
③ 언급된 신학적 주제들 가운데 어떤 것이 전개되는가?
④ 신학적 주제가 하나님과 그리스도 안에서 그의 구속 계획에 대해서 무엇을 드러내는가?

2) 책

성경의 각 책은 역사를 통한 하나님의 구속 계획을 펼쳐내기 위해 천지 창조에서부터 영원의 상태까지 독특하게 기여하고 있다. 그러므로 해석자로서 당신의 임무는 각 독특한 책이 전개하는 신학적 주제들을 찾는 것이다. 어떤 책들은 단 하나의 신학 주제를 말하고 있다. 예를 들면, 유다서는 교회에 번지는 배교에 직면하여 충실하게 남아 있어야 할 필요를 강조한다.

그러나 에베소서와 같은 책은 많은 신학적 주제들을 말한다. 은혜, 선택, 예정, 구속, 양자 됨, 교회를 세우는 성령님의 사역, 가족 연합, 영적 유익을 위한 보호 등이 나타난다. 신학적 주제들을 인지하는 것은 성경 해석에서 절대적이다.

에베소서 2:1-10을 다시 생각해 보자.

이 본문의 신학적 맥락은 에베소서 1-3장에 나오는 더 큰 맥락의 한 부분이다. 에베소서 1-3장은 이 본문을 위한 신학적 기반(구원 속의 하나님의 은혜)을 형성한다. 에베소서 4-6장은 이 책의 신학적 함의(성화 속의 하나님의 은혜)를 다루고 있다. 당신이 볼 수 있는 것처럼, 책의 더 큰 신학적 목적을 이해하는 것은 특정 본문을 해석하는 단계에서 유용하다. 책의 신학적 맥락에 대해 질의를 할 때, 당신은 다음 질문을 고려해야만 한다.

① 무엇이 지배적인 신학적 주제들인가?
② 하나의 신학적 주제가 다른 것들보다 더욱 우세하게 나타나는가?
③ 이 책의 가장 중요한 신학적 목적은 무엇인가?

3) 정경

각 개별 책은 정경의 부분이다. 그러므로 당신은 특정 책에서 드러나는 진리들이 어떻게 성경의 전체에 부합되는지 발견하려고 노력해야만 한다. 해석학의 원리들에 대한 우리 연구는 성경이 그 자체와 모순되지 않는다는 것을 보여 주었다.[156] 정경에 있는 각 본문은 하나님과 창조를 위한 그의 계획에 대한 진리를 나타내고 있다. 나아가, 각 본문은 구속의 이야기를 전개하기 위해서 중요한 정보를 추가한다.

그러므로 당신은 카이저가 "정경적 맥락"(canonical context)이라고 부른 것의 관점에서 넓게 생각해야만 한다. 카이저는 각 본문이 그 개별 책 안에서 목적을 가질 뿐만 아니라, 전체 정경의 진리라는 맥락에서도 역할을 가진다고 주장한다.[157] 하나님이 성경의 궁극적인 저자이기에, 당신은 개별 본문의 차원으로부터 각 책과 전체 정경에서 성경의 전체성 속 신학의 통일성을 찾을 것을 기대할 수 있다.[158]

---

[156] 해석학의 기본 원리 중 아홉 번째는 다음과 같다. "성경 본문에 있는 저자가 의도한 의미는 그 자신의 글 또는 정경의 다른 부분들과 결코 모순되지 않는다."
[157] Kaiser, *Toward an Exegetical Theology*, 53.
[158] 이 주제를 설명하는 뛰어난 책은 다음과 같다. Michael Lawrence, *Biblical Theology in the Life of the Church* (Wheaton: Crossways, 2010).

당신이 정경의 신학적 맥락 안에서 특정 본문을 천천히 살펴볼 때, 당신은 이렇게 질문해야만 한다.

① 독자가 이 신학적 주제를 그가 가진 정경적 맥락에서 어떻게 이해할 수 있을까?
② 이 신학적 주제는 구약이나 신약에서 같이 상응하는 어떤 것이 있을까?
③ 이 신학적 주제는 어떻게 예수를 가리키는가? 또는 어떻게 예수를 드러내는가?

성경 본문의 의미를 풀어내는 것은 해석자가 그 내용을 살펴 보고, 그것의 독자적 맥락에 질의하는 능력에 달려 있다. 그러나 이 단계에서도 해석자는 본문의 중심 아이디어(MIT)를 밝혀내기 위한 준비가 끝난 것은 아니다. 준비가 끝나기 전에, 해석자는 주해의 처음 두 단계를 통해 제기된 질문들에 대한 답을 찾아야 한다.

제9장

본문 안에 저자의 언어적 실마리 발견하기

여기까지 우리는 주해 과정의 조사(inspection)와 질의(inquiry) 단계에 대해서 배워 왔다. 이제 세 번째 단계인 연구 단계(the investigation stage)로 들어갈 시간이다.

"연구"(investigate)는 어떤 것을 체계적으로 살펴 보는 것을 뜻한다. 이 단계는 해석자에게 조사 단계와 질의 단계를 통해 제기된 모든 질문에 답을 찾는 기회를 제공한다. 이 단계에서 당신은 저자의 언어가 주는 실마리들의 해독하는 데 도움을 주는 다양한 학문적 자료를 찾아 보아야 한다.

오늘날 해석자들은 그들이 연구하는 데 도움을 줄 수 있는 많은 학문적 결과물들을 가지고 있다. 이러한 학문적 자료들은 책으로도 혹은 전자 매체 형태로도 가능하다. 그러한 주제들은 다른 곳에서 충분히 설명되어 있으므로, 우리는 이 책에서 이러한 자료들을 망라하는 데 시간을 들이지 않을 것이다(도표 9.1 참조).[159]

---

[159] James Stitzinger은 이 주제의 훌륭한 개관을 제공한다. James F. Stitzinger의 "Study Tools for Expository Preaching," in *Rediscovering Expository Preaching*, ed. Richard L. Mayhue와 Robert L. Thomas (Dallas: Word, 1992). 또한 2년마다 업데이트되는 소책자인 Daniel L. Akin의 *Building a Theological Library*를 살펴 보라. 그것은 www.danielakin.com에서 다운로드 받을 수 있다.

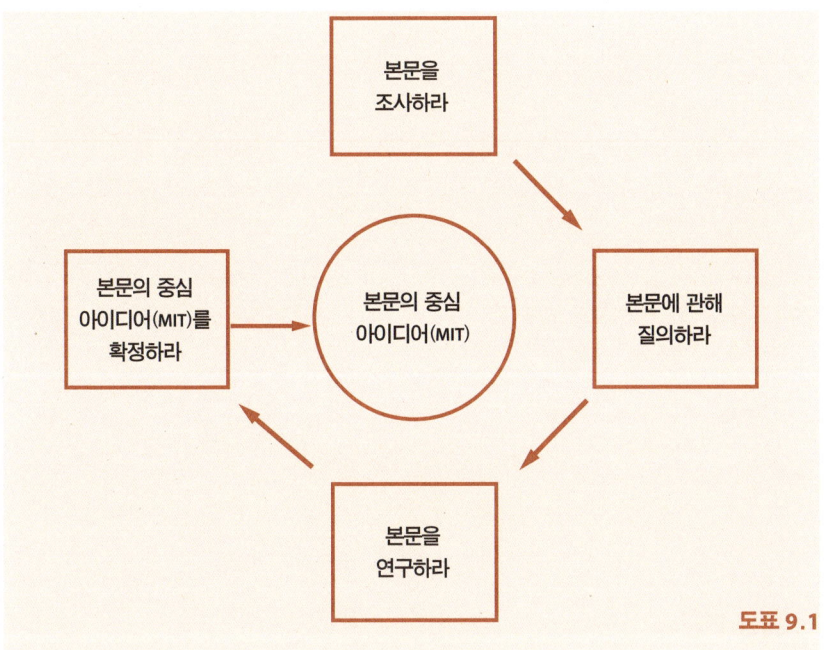

도표 9.1

　제7장에서 우리는 빌립보서 2:5-11에 대한 분석의 예를 제공하였다. 이제 우리는 이 분석 자료를 풀어서, 연구 단계에서는 어떻게 보아야 하는지 살펴볼 것이다. 의미론적 수준(semantic level)에서 시작하는 것이 도움이 될 것이다. 그래서 우리는 우리가 확인해 둔 핵심 단어들을 조사하는 것으로 시작할 것이다. 여기에 제7장에서 빌립보서 2장을 분석한 두 번째 부분이 있다(아래 도표 참조).

핵심 단어들 / 개념들		신학적 주제들
· 마음(attitude)	· 본체(external form)	· 성부와 성자의 동등한 신성
· 근본(existing)	· 낮추시고(humbled)	· 예수의 성육신
· 본체(form)	· 복종(obedient)	· 십자가에서 대속적 죽음
· 여기지(consider)	· 죽기(death)	· 예수의 높임
· 동등됨(equality)	· 십자가(cross)	
· 취하지(advantage)	· 지극히 높여(highly exalted)	
· 비워(emptied)	· 이름(name)	
· 자기를(Himself)	· 무릎을 꿇어(knee bow)	
· 종(slave)	· 시인하여(tongue confess)	
· 같이(likeness)	· 주(Lord)	

본문의 중심 아이디어(MIT)

1. 내용 연구

여러분들이 본문에 있는 헬라어(또는 히브리어) 단어를 알도록 도와주는 좋은 자료들을 가지는 것은 정말 중요하다. 잘 구성된 원어 행간 성경(interlinear Bible), 헬라어 사전, 또는 유용한 인터넷 사이트 또는 소프트웨어는 당신이 이 연구를 하도록 도움을 줄 것이다.[160]

일단 당신이 본문의 내용에서 핵심 단어들을 확인했으므로, 여기 연구

---

[160] 성경 그리스어를 위한 표준 사전(Lexicon)은 다음과 같다. *A Greek-English Lexicon of the New Testament and Other Early Christian Literature*, ed. Frederick W. Danker, 3rd ed. (Chicago: Univ. of Chicago Press, 2000), and an unvaluable supplement to BDGA는 *Greek-English Lexicon of the New Testament: Based on Semantic Domains*, ed. Johannes P. Louw and Eugene A. Nida, 2 vols. (New York: United Bible Societies, 1988). 성경 히브리어를 위한 스탠다드 Lexicon은 다음과 같다. *Hebrew and English Lexicon of the Old Testament with an Appendix Containing Biblical Aramaic*, ed. F. Brown, S. R. Driver, and C. A. Briggs (Oxford: Clarendon Press, 1907). 위의 사전들은 전문적인 글들이지만, 단어의 맥락을 고려한 것으로 단어에 대한 최상의 정의를 제공한다.

단계에서 첫 걸음은 그들의 의미에 대해 이해하는 것이다.[161]

빌립보서 2:5-11처럼, 어려운 본문에 있어서 노트들이 어떻게 표시되는지 보자.[162]

1) 빌립보서 2:5-6

- **마음**(attitude): *phroneite*(명령문/2인칭); "생각하다," "사고하다," "의견을 가지다" "마음의 상태."
  ↳ Note: 어떤 특정한 마음을 가지라고 명령한다.

- **근본**(existing): *huparchone*(현재/분사/단수); "시작하다," "존재하게 되다," "존재하다," "있다."
  ↳ Note: 계속 존재하는 상태로 있는 것.

- **본체**(form): *morphe*(단순 명사); "형태," "사람이나 사물이 보여지는 이미지."
  ↳ Note: 이 단어는 본질 대 단순한 외면적 모습과 관련이 있는 것 같다(7절 종의 형체에서 '형체'와 같은 단어-"종의 형체").

- **무언가 취함**(something… advantage): *harpagmos*(단순 명사); "취함," "붙잡으려는 열망," "무언가를 붙잡고 주장하기를 열망하는 것."

---

[161] 이텔릭체의 단어는 실제 헬라어를 말한다. 그리고 따옴표 안에 있는 단어는 그들의 의미를 제공한다. 괄호는 문법적 정보를 표시한다. 굵은 글씨체의 기록들은 해석자의 생각을 표시한다.

[162] 빌 2:5-11에서 핵심 단어들의 의미를 조사하기 위해 사용된 두 헬라어 자료들이 사용되었다. Kurt Aland, Matthew Black, et al., eds., *Analytical Greek New Testament* (Grand Rapids: Baker, 1981); Harold K. Moulton, ed., *The Analytical Greek Lexicon Revised* (Grand Rapids: Zondervan Publishing House, 1978). 우리는 또한 다음 책도 추천하고 싶다. Cleon Rogers Jr. 와 Cleon Rogers III, *The New Linguistic and Exegetical Key to the Greek New Testament* (Grand Rapids: Zondervan, 1998).

↳ Note: 예수는 삼위 하나님 가운데 자신의 위치와 권리를 붙잡으려 하지 않았다.

- **여기다**(consider): *hegesato*(직설법/부정과거/중간); "선두를 취하다"; "주장하다," "다스리다," "통치하다"; "고려하다," "존중하다."
  ↳ Note: 예수는 성육신에 관하여 성부의 권위를 대신하려 하지 않았다(Jesus did not attempt to supersede the authority of His Father in regards to the incarnation).

- **동등 됨**(equality): *isos*(형용사); "같은," "비슷한," "동등한 상태."
  ↳ Note: 예수는 본질상 삼위 가운데 동등하지만, 그는 기능적 복종을 하셨다.

2) 빌립보서 2:7

- **비워**(emptied): *ekenosen*(부정과서/직설법/능동); "비우다," "치우다"; "자신의 특권을 벗다"; "자신을 낮추다."
  ↳ Note: 예수는 성부의 뜻에 순종하셨다. 그는 "자기를" (아래 참조) 성육신에 참여하기 위해 그의 신적 권리를 기꺼이 내려놓았다.

- **자기를**(Himself): *heauton*; (대명사); "자기 자신."
  ↳ Note: 이것은 예수님이 하신 행동이다.

- **종**(slave): *doulos*(명사); "종," "노예."
  ↳ Note: 예수님의 성육신은 섬김의 속죄의 행동이었다. 그의 사역은 섬기는 것이었다. 어느 곳에나 편재할 수 있는 분이 시간과 공간에 제약을 받는다는 것은 몸의 종이 된다는 것과 같다.

- **사람들과 같이**(likeness of men): *homoiomati anthropon*(명사); "사람과 닮음."
  ↳ Note: 예수는 인간인 여느 남자와 똑같이 보였다. 그는 실제 인간 본성과 몸을

입으셨다.

- **형체**(external form): *schema*(명사); "외적으로 나타남," "변장," "외모."
  ↳ Note: 예수는 육체적 관점에서는 모든 면에서 사람이었다. 이 단어는 6절에 나오는 "본체"(form)와 대비된다.

3) 빌립보서 2:8

- **낮추시고**(humbled): *etapeinosen*(직설법/부정과거/능동); "겸손하다," "비우다"; "자신을 겸손하게 하다."
  ↳ Note: 앞에 나오는 "*heauton*"과 연결된 이 단어는 예수님이 그의 신적 특권을 "비웠"을 뿐만 아니라 십자가에 죽기까지 엄청난 정도로 자신을 "낮추"셨음을 보여 준다.

- **복종하셨으니**(obedient): *etapeinosen*(형용사); "따르다," "유순하게 받아들이다," "순종하는."
  ↳ Note: 예수님은 그의 겸손을 순종을 통해 보여 주셨다. 순종하기 위해서 사람은 다른 사람의 권위 아래에 기꺼이 내려가야만 한다.

- **죽기까지**(death): *thanatos*(명사); "죽는 것," "죽게 된 것."
  ↳ Note: 예수님은 십자가에 달리신 뒤 완전히 인간으로서 죽으셨다. 여기에 기절 이론의 여지는 없다.

- **십자가**(cross): *stauros*(명사); "말뚝"; "십자가"; "함의적으로 십자가 형, 십자자 처형."
  ↳ Note: 예수님은 로마식 십자가라는 구체적인 방법으로 죽으셨다.

4) 빌립보서 2:9-11

- **이러므로**(for this reason): *dio*(접속사) ; "따라서," "그러므로."
  ↳ Note: 이 전환의 실마리는 9-11절에 있는 예수님을 높이는 것에 대한 합리적 이유를 제공한다. 그것은 명확히 성부 하나님의 주권적인 구속 계획에 대한 그의 겸손/순종 때문이다.

- **지극히 높여**(highly exalted): *huperupsosen*(부정과거/직설법/능동); "극도로 높이다."
  ↳ Note: 성부 하나님은 예수님에게 하나님의 창조 안에 존재하는 모든 것(삼위를 제외하고) 위에 있는 지위를 주셨다.

- **이름**(name): *onoma*(명사); "명칭," "어떤 사람의 합당한 명명," "구체성."
  ↳ Note: 하나님은 모든 피조물 중에 예수보다 더 큰 이름이 없다고 선언하셨다. 그렇게 주어진 이름이 "주"(Lord)라 생각한다고 우리는 기록한다.

- **그 결과**(so that): *hina*(접속사); "그래서," "그 결과로 인하여," "그 결과."
  ↳ Note: 이 절은 예수께 모든 이름보다 뛰어난 이름을 주신 하나님의 행동의 결과를 설명한다. 언젠가 그 이름으로 인하여 그것이 나타내는 인성과 위치로 인하여, 온 백성이 무릎을 꿇을 것이다.

- **무릎을… 꿇게**(knee should bow): *gonu*; *kampse*(명사; 부정과거/종속/능동; "무릎"; "굽히다," "절하다"; "구부리다 (무릎)."
  ↳ Note : 이러한 단어들은 주권자 또는 뛰어난 사람들 앞에서 무릎을 꿇는 전통적 의미를 나타낸다.

- **시인하여**(tongue… confess): *glossa*; *exomologesetai*(명사; 부정과거/종속절/중간); "말," "동," "자신을 묶다," "약속하다," "공개적으로 고백 혹은 시

인하다."
↳ Note: 자동적으로 무릎을 꿇게 되는 것과 마찬가지로, 입은 예수 그리스도를 주로 시인하게 될 것이다. 그들은 성부(그의 성자 예수 그리스도를 통해 그의 구속의 계획을 성취하신 성부)께 궁극적 영광을 돌리며 이렇게 시인할 것이다.

· **주**(Lord): *kurios*(명사); "주인"; "소유자," "점유자,"; "주권자," "통치자," "신성."
↳ Note: 예수는 모든 피조물 위에 계신 주권적 왕이시다.

2. 맥락 연구

당신은 성경 본문 안에 있는 문맥적 이슈들을 찾는 데 도움을 주는 수많은 자료들을 활용할 수 있다. 이러한 자료들에는 성경 사전들, 핸드북, 조사 자료들, 신학 교과서들, 주석들이 포함된다. 뛰어난 주석서 한 세트를 선택하고, 필요할 때 그것을 보충해 줄 개별 주석서를 선택하는 것은 대체로 유용하다. 본문을 연구할 때, 네다섯 권의 좋은 주석서를 가지고 있는 것은 더 줄일 수 없는 최소의 단위다. 이러한 자료들을 확보한 뒤 해석자는 본문 안에 있는 문맥적 이슈들과 씨름할 수 있다.

제8장에서 우리는 각 성경 본문에 대해 제기해야 할 맥락/정황적 질문들에 대해 살펴 보았다. 연구 단계는 그러한 질문들을 묻고 답하는 시간이다. 우리는 빌립보서 2:5-11을 예로 계속 사용할 것이다. 이 본문에 대한 맥락 연구에 대한 노트들은 이렇게 나타날 것이다.

3. 누가? – 문화적 정황

· **저자**: 바울 (바울이 이 편지를 썼다는 것은 초기교회에서 만장일치의 합의였다).

- 인물들: 없음(이 본문은 역사적 내러티브가 아니다).
- 청중: 빌립보에 있는 교회.

4. 언제? – 역사적 정황

- **시대**
  - ⇒ 선택1: 60-63년, 바울은 이 편지를 로마에서 그의 첫 번째 투옥 기간 동안 썼다. ("시위대"[빌 1:13]와 "가이사의 집 사람들 중 몇 명"[빌 4:22]이라는 언급은 모두 로마를 나타낸다.)
  - ⇒ 선택2: 바울은 가이사랴에서 2년간의 투옥 기간에 이 편지를 썼다. (그러나, 위의 리스트된 소재들은 가이사랴와 일치하지 않는다.
  - ⇒ 선택3: 바울은 에베소에서 편지를 썼다. (이 경우는 가능성이 적고, 선택 1 또는 선택2의 검사에 부합하지 않는다.)
  - ↳ Note: 우리는 로마가 그 위치로 가장 가능성이 높은 경우라고 생각한다.[163]

- **정치적 상황**
  - ⇒ 네로가 54-68년 시기의 시저였다.
  - ⇒ 네로는 폭군이고 편집증 환자이었다고 기록되어있다. 고대 기록은 그가 그의 어머니와 이복 형제를 죽였고 로마 화재에 대한 처벌로 그리스도인들을 죽였다고 말한다(역사학자들은 네로의 책임으로 돌리고 있다).
  - ⇒ 암살을 직면하고 네로는 31세에 자살했다. 이 기간 동안 유대인, 기독교인과 로마의 관계는 미약해 보인다.[164]

---

[163] John MacArthur, *The MacArthur Bible Handbook* (Nashville: Thomas Nelson, 2003), 407.
[164] *The Hutchinson Dictionary of World History* (Surrey:Oxen Helicon Publishing Limited, 2004), eBook, 1270.

· **종교적 상황**
  ⇒ **로마에서**: 유대인들은 이스라엘에서는(구체적으로 성전 지역에서는) 자신들의 종교적 실행이 허락되었지만, 기독교가 로마 제국에서는 금지되어 있었다. 예루살렘에서 사형 집행을 피하기 위해, 바울은 그의 법률상 사건을 시저에게 탄원하기 위해 자신의 로마 시민권을 사용했다. 그의 투옥 기간 동안(행 28:30-31), 바울은 손님들의 방문을 받았고 그의 사역도 주로 그의 글을 통해 계속했다.

  네로의 집안 사람들 중 많은 수가 기독교로 개종했는데, 표면적으로 바울을 통해서이다. 비록 증명되지는 않았지만, 많은 학자들은 바울이 4차 전도 여행을 마치고 두 번째 투옥 이후, 대략 64년에 있었던 로마 대화재에 이은 박해 기간인, 네로의 후기 통치 기간에 참수당한 것으로 생각한다.

  ⇒ **빌립보에서**: 빌립보 도시는 매우 작은 유대인 인구를 가지고 있었던 것으로 보이는데, 이는 바울이 도착했을 때(행 10장) 회당을 세울 만큼 충분한(10명의 남성이 필요) 유대인 남성이 없었기 때문이다.

  어떤 독실한 여인들은 강에서 예배드렸고, 거기서 제2차 선교 여행 중이던 바울은 리디아가 회심하는 것을 보았다. 바울은 부당하게 맞고 빌립보 감옥에 갇혔다(로마 시민권자인 바울은 합당한 대우를 받을 권리가 주어져 있었다). 빌립보의 간수와 그의 가족들은 그 사건으로 회심했다.[165]

5. 어디서? – 지리적 정황

· **도시**
  ⇒ 빌립보는 마케도니아의 필립 II세(알렉산더 대왕의 아버지)의 이름으

---

[165] MacArthur, *Handbook,* 408.

로 지어졌다.
⇒ 빌립보는 기원전 2세기에 로마 제국의 일부가 되었다.
⇒ 빌립보는 아마도 브루투스(Brutus)와 카시우스(Cassius)에 대항해 안토니우스(Anotny)와 옥타비아누스(Octavian)의 군대가 싸운 가장 유명한 로마 전투의 결과로 명성을 얻었다. 안토니우스와 옥타비아누스가 승리했고, 그들의 승리는 공화제를 끝내고 제국의 성립을 이끌었다.
⇒ 로마의 식민지로서 빌립보는 로마만큼이나 모든 권리와 특권을 가졌다.

· **지역**
⇒ 빌립보는 데살로니가와 네아폴리스 해안 지역 사이에 있는 에그나티아 대로(*Via Egnatia*)의 끝부분에 위치했다.
⇒ 이 지역은 금과 은의 광산으로 유명했다.

· **나라**
⇒ 빌립보는 로마와 동방 간의 중요한 무역 경로인 에그나티아 대로를 끼고 마케도니아에 있는 로마의 속주 내에 위치했다.
⇒ 바울이 복음을 전하기 위해 동쪽으로 가려했을 때, 성령님에 의해 마케도니아의 한 남자가 바울에게 도움을 요청하는 환상으로 가지 못했다(행 16:6-10).
⇒ 바울의 제2차 전도 여행 중에 그는 일단 마케도니아에 도착했고, 빌립보에 처음 방문했다.
⇒ 빌립보는 바울에게서 복음을 전해 들은 유럽의 첫 번째 도시이다.[166]

---

[166] Ibid.

6. 왜? – 신학적 정황

- **성부 하나님과 성자 하나님의 동일한 신성**

  ⇒ "하나님의 본체"(form[*morphe*] of God); "이 아이디어는 다음과 같다. 성육신 전에, 지나간 모든 영원으로부터, 모든 면에서 성부 하나님과 똑같이, 예수님은 하나님의 신적 형상으로 이미 존재했다. 그의 고유한 본성과 내재적 존재에 의해서 예수 그리스도는 과거부터 현재까지 그리고 영원히 완전한 신성으로 계실 것이다."[167]

  ⇒ "하나님과 동등 됨"(equality[*isos*] with God); "빌 2:6에 나오는 단어 *isos*는 예수가 하나님과 동등하다고 가르친다."[168]

  ⇒ 니케아 공의회(325): *homoousios*; 그리스도는 "영원 이래로" 하나님으로 존재한다. 그리고 그는 "성부와 동일한 본질을 가지신 분이시다."[169]

- **예수의 성육신**

  ⇒ "종의 형체를 가지사 사람들과 같이 되셨고"; "비록 그가 완전히 하나님처럼 계속 존재했지만, 그의 성육신 기간 동안 그는 자신의 신적 권리와 특권 누리기를 거절했다."[170]

  ⇒ "그는 자신의 모든 특권들을 비웠다. …특권과 특혜의 각 그림자도 완전히 비워, 그 자신을 위해서는 어떤 신적 권리도 요구하기를 거절하셨다."[171]

  ⇒ '하모이오마티 안트로폰'(*hamoiomati anthropon*); "다른 어떤 것처럼 되

---

[167] John MacArthur, *Philippians* (Chicago: Moody, 2001), 122.
[168] James M. Boice, *Philippians* (Grand Rapids: Baker, 2000), 116.
[169] Timothy George, "The Nature of God: Being Attributes, and Acts," in *A Theology for the Church,* ed., Daniel L. Akin (Nashville: B&H, 2007), 211-13.
[170] MacArthur, *Philippians*, 124.
[171] Ibid., 126.

도록 만들어진 것을 말한다. 물론 외형만이 아니라, 실제에 있어서도. 예수는 클론도, 변장한 외계인도, 사람처럼 그럴듯하게 모사한 것도 아니다. 그는 다른 사람들과 정확하게 똑같이 되셨고, 사람이 가지는 모든 속성을 가진, 사람 중에 진짜 사람이 되셨다."[172]

⇒ "바울은 기록하기를 하나님의 형상으로 있었고 영원으로부터 하나님과 동등한 그 분이 역사의 특정한 순간에 사람의 형상을 취했다. 그는 그 자신을 종의 본성으로 여겼다. 그는 사람과 똑같이 되셨다" (참조. 갈 4:4).[173]

⇒ "신약의 증언은 하나님이 예수 그리스도의 인성 안에서 참으로 우리 중 하나가 되셨다는 것이다. 구약은 그가 오실 것이라고 약속했고, 신약은 그가 오셨다고 증언한다. 신약은 인간의 모습을 하신 하나님(육신이 되신 말씀)에 대한 다양하고 보충적인 증언을 기록한다 (요 1:14). 예수의 신성과 인성 모두를 가르치는 데 뛰어난 전통적인 네 개의 구절이 있다. 그 본문들은 요한복음 1:1-18, 빌립보서 2:5-11, 골로새서 1:15-23; 2:9-10, 히브리서 1:1-4이다.[174]

· **십자가에서 대속의 죽음**

⇒ "그의 낮아지심에서, 예수는 기꺼이 수치와 굴욕을 당하고 심지어 죽음의 순간까지 순종하시려 했다.… 성부는 성자를 강제적으로 죽음으로 가게 하지 않았다. 그것은 성부의 뜻이었지만, 성자의 뜻은 성부께 늘 온전히 순종하는 것이었다. 그는 자유롭게 선택했다. 그가 선택할 수 없었다면, 그는 순종할 수도 없었다."[175]

⇒ "예수는 십자가에서 죽기까지 복종했다. 그가 죽임 당하는 많은 방

---

[172] Ibid., 130.
[173] Boice, *Philippians*, 120.
[174] Daniel L. Akin, "The Person of Christ," in *A Theology for the Church* (Nashville: B&H, 2007), 492.
[175] MacArthur, *Philippians*, 133-34.

법이 있었다. 그는 세례 요한처럼 참수 당할 수도 있었고, 돌에 맞거나 목 매달릴 수도 있었다. 그러나 그는 다른 어떤 죽음도 아니고 오직 십자가의 죽음으로 예정되어 있었다."[176]

⇒ "하나님의 무한한 지혜에서, 십자가의 죽음은 타락하고 범죄하여 저주받은 인류를 구속하기 위한 유일한 방법이었다."[177]

⇒ "십자가는 신약의 중심 형상이다.… 그리스도의 십자가는 실제적인 의미에서 구약의 중심 주제이다.… 십자가는 기독교 신앙의 초점으로 나타난다."[178]

⇒ "이것이 예수 그리스도가 하려고 오신 것이다. 그는 우리 죄를 제거하여 그 자신의 인성에 그것을 품었다. 죄는 사람을 하나님으로부터 분리시킨다. 그러나 예수는 그 죄를 옮긴다. 그는 우리를 위해 죄가 되었다.… 그리스도의 죽음의 두 번째 이유는 그가 신적 정의를 구현하기 위해 죽으셨다는 것이다. 하나님의 정의는 죄에 대한 심판을 요구하는데, 죄에 대한 심판은 죽음이다. 예수는 우리 대신 죽음으로 죗값을 지불하셨고, 신적 정의를 구현하셨고, 우리에게는 하늘의 천국 외에는 아무 짐도 남기지 않으셨다."[179]

⇒ "성자 예수 그리스도는 죽기 위해 태어나셨다. 이 땅에 살았던 사람들과 달리, 그는 이세상의 죄를 위한 완벽한 속죄로서, 십자가에 죽는 명확한 목적을 가지고 이 세상에 오신 것이다."[180]

⇒ "바울에 따르면, 십자가 위 그리스도의 화해의 속죄에서 일어난 것은 하나님의 공의에 대한 광대한 전시이다. 그것으로 인해, 예수를 믿음으로 하나님께 오는 사람은 누구든지 그리스도 안에서 의롭게

---

[176] Ibid., 134.
[177] Ibid., 135.
[178] Boice, *Philippians*, 124-25.
[179] Ibid., 126-27.
[180] Paige Patterson, "The Work of Christ," in Akin, *A Theology for the Church,* 545.

된다. 더욱 중요한 것은, 그는 공의롭게 의롭게 된다는 점이다."[181]

· **영원한 예수의 높임**

⇒ "겸손한 성육신의 구세주는 전능자이자 만군의 주로 높임을 받는다. 그것으로 인해 신자들은 그들의 구원이 확실하고 하늘에서 그들의 자리가 영원히 확보되었다는 확신을 가진다. 그는 또한 하늘의 주로서, 복종을 받게 되어 있고, 모든 시간을 통해 영원히 경배되고 영광받으신다."[182]

⇒ "지극히 높여(highly exalted): "하나님은 그의 사랑하는 아들을 가능한 가장 영광스러운 방법으로 높이셨다. 그것은 네 단계의 상승을 포함한다. 그의 부활, 그의 승천, 그의 즉위식, 그의 중재가 그것들이다."[183]

⇒ "모든 이름 위에 뛰어난 이름(name above every name): "주는 모든 사람들 위에 주이다(그리고 이것이 정확하게 구세주라고 명명하는 핵심이다). 그리고 신적 주인으로서 절대적 주권과 순종해야 할 권리를 지니고 계신다."[184]

⇒ "예수는 하나님이 보낸 메시아다. 그는 하나님의 아들이다. 그는 사람의 아들이다. 그는 우리의 선지자, 제사장, 왕, 알파와 오메가, 문, 사랑받는 자, 다른 많은 이름이다. 그러나 '주'(Lord)라는 이름은 그 모든 것 위에 있다. 그것은 모든 무릎이 꿇어야만 하는 주인(lord)이신 예수 그리스도의 이름이다."[185]

⇒ "미래는 하나의 이름을 지닌다: 나사렛 예수. 신앙의 모든 교리처럼

---

[181] Ibid., 563-64.
[182] 당신이 설교 원고를 실제로 적을 때, 본문 그대로의 인용(in-text citations)은 당신의 핵심 자료들을 따라가는 쉬운 방법이다. 우리는 MacArthur, *Philippians*, 139의 "영원한 예수의 높임" 섹션에서 이 방법을 모델로 삼았다.
[183] Ibid., 140.
[184] Ibid., 143.
[185] Boice, *Philippians*, 131-32.

> 종말론은 기독론의 성취이다. 천지를 창조하신 하나님의 최후 목적은 '모든 것(하늘에 있는 것과 땅에 있는 것 모두)을 메시아 안에 가져오는 것이다"(엡 1:10).[186]

모든 본문이 빌립보서 2:5-11과 같은 신학적 분석과 깊은 단어 연구와 같은 수준을 필요로 하지는 않을 수도 있지만, 많은 본문은 그러하다. 주해에 시간이 걸린다는 것은 분명한 진리이다. 주해의 목표, 궁극적으로 해석의 목표는 본문이 스스로 말하도록 만드는 것이다. 우리는 저자의 본문의 중심 아이디어(MIT)를 발견하기를 원한다.

우리가 빌립보서 2:5-11의 주해를 마치기 전에, 여기까지 우리의 여정을 되돌아 보자.

주해 과정의 첫 번째 단계에서, 우리는 본문을 조사했고(inspect), 그 내용에 우리의 주의를 집중했다. 우리는 본문의 장르를 결정하는 것으로 시작했다. 장르는 그것이 중요한 해석의 실마리들을 제공할 수 있으므로 중요하다.

다음으로 우리는 본문의 아웃라인으로 장르에 따라 특정한 아웃라인을 그렸다. 아웃라인은 우리가 저자에 의해 전개된 중심 아이디어를 찾도록 도와 준다. 마지막으로 우리는 저자의 언어 사용을 분석하기 위해, 그가 쓴 핵심 단어들과 개념들이 명백한지, 암시적인지 또는 비유적 언어인지 파악하기 위해 시간을 들였다.

주해 과정의 두 번째 단계에서, 우리는 본문에 대해 질의하며(Inquire), 우리 주의를 그것이 지닌 다양한 맥락에 집중했다. 우리는 숙고해야만 하는 구체적인 맥락적 요소들을 분류했고, 각각에 대한 일련의 질문들을 제공했다. 이러한 질문들에 답하는 것은 저자와 그의 독자들이 살았던 시기의 정

---

[186] Akin, *A Theology for the Church*, 892-93.

황들에 대한 견고한 이해를 우리에게 제공한다. 우리는 세 번째 단계에서 이러한 질문들을 사용할 것이다.

주해 과정의 세 번째 단계에서, 우리는 본문 자체를 연구했다. 본문의 내용과 맥락들에 대한 연구를 통해 우리가 제기한 질문들에 답을 하였다. 여기서 우리는 핵심 단어의 의미를 찾았고, 또한 맥락/정황적 영역들도 연구했다.[187]

주해 과정은, 해석학의 원리에서 말한 것처럼, 본문에 대한 면밀한 조사를 필요로 한다. 이 조사는 저자의 본문의 중심 아이디어(MIT)를 발견하는 데 필요한 정보들을 제공한다. 저자의 본문의 중심 아이디어(MIT)와 현대 청중을 위한 그것의 암시들을 결정하는 것은 주해 과정의 마지막 단계이다. 우리는 이 단계를 제10장에서 살펴볼 것이다.

---

[187] 위의 자료들에서, 당신은 우리가 빌립보의 역사와 지리에 대해 상당히 많은 정보를 포함시킨 것을 볼 수 있다. 만약 당신이 빌립보서 2:5-11에 대한 독립적으로 설교한다면, 당신은 이러한 형태의 깊이 있는 맥락 연구를 해야만 한다. 물론 만약 당신이 빌립보서 전체를 가르치고 있다면, 당신의 연구 초기에 이 일반적 연구의 많은 부분을 할 수 있다. 그리고 본문을 설교해 가면서 직면하는 특정 맥락/정황적 이슈들에 대한 정보를 더해 나갈 수도 있다.

제10장

본문의 중심 아이디어(MIT) 확정하기

제1부를 마치면서 해석학과 주해에 대한 우리의 초기 정의를 다시 살펴보는 것은 유용할 것이다. 해석학은 저자가 의도한 성경 본문의 의미를 발견하기 위해, 현대 청중에게 그 의미를 적용하기 위한 목표를 가지고, 해석의 원리들에 대한 올바른 사용이다. 이 책에서 우리는 주해를 위한 기초를 제공할 10가지 원리들을 분류하였다. 이러한 원리들은 자의적 해석(eisegesis)의 위험과 그것이 만들어내는 잘못된 해석의 위험으로부터 우리를 지켜줄 것이다.

주해는, 현대 청중에게 그 의미를 적용하기 위한 목표를 가지고 저자가 의도한 성경 본문의 의미를 발견하기 위해, 해석의 과정들을 올바르게 사용하는 것이다. 우리의 주해 모델은 해석자가 각 성경 본문을 조사하고, 질의하고, 연구할 것을 요구한다. 이러한 단계들을 마쳤을 때, 이제는 저자의 본문의 중심 아이디어(MIT)를 확정할 시간이다. 이것은 네 번째 단계이고 주해 과정의 최종 단계이다. 현대 청중을 위한 중심 아이디어(MIT)의 의의를 확정하기 전에, 우리는 정확하게 중심 아이디어(MIT)를 확인하고 진술할 수 있어야만 한다(도표 10.1을 보라).

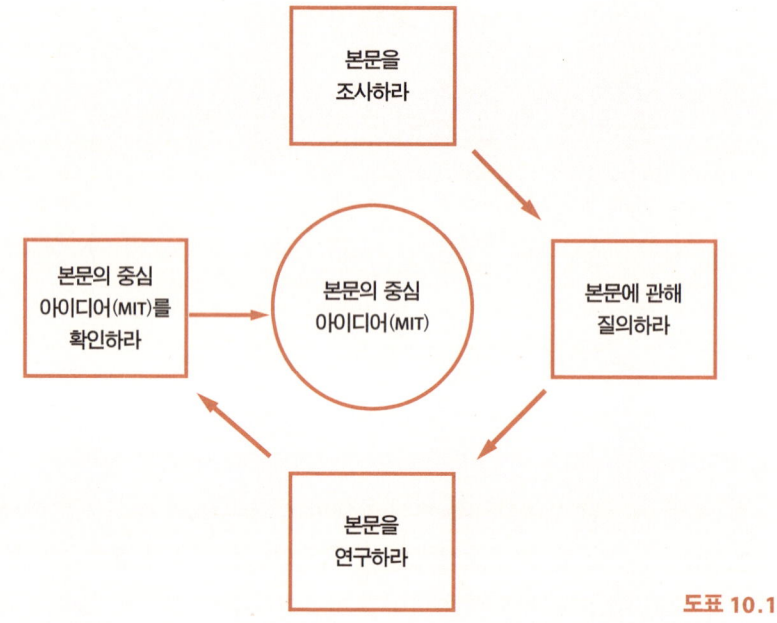

도표 10.1

1. 본문의 중심 아이디어 진술하기

본문의 중심 아이디어를(어떤 사람은 분명하고 간단한 방식으로 본문의 아이디어라고 칭함) 진술하는 중요성에 대해서는 많이 언급되어져 왔다. 웨인 맥딜(Wayne McDill)은 본문의 중심 아이디어는 과거 시제 문장으로 쓰여야 한다고 생각한다.[188] 과거 시제로 된 본문의 중심 아이디어(MIT)는 해석자로 하여금 지금 시점에서 그것의 의의보다는 본문의 의미에 더 집중하도록 돕는다. 우리는 먼저 본문이 기록될 때 무엇을 의미했는지를 밝혀내야만 한다.

당신이 본문의 중심 아이디어(MIT)를 확인하려 할 때, 몇 가지 본문의 실마리들이 당신을 도울 것이다.

---

[188] Wayne McDill, *The 12 Essential Skills for Great Preaching* (Nashville: B&H, 1994), 88.

첫째, 본문의 중심 아이디어(MIT)가 명백히 진술되어 있다면 그것을 찾으라. 때로, 특별히 서신서에서, 저자는 본문의 중심 아이디어(MIT)를 분명하게 진술한다. 예를 들어, 에베소서 4:17-24을 보면, 바울은 17절과 24절에서 "이제부터 너희는 이방인이 그 마음의 허망한 것으로 행함 같이 행하지 말라… 하나님을 따라 의와 진리의 거룩함으로 지으심을 받은 새 사람을 입으라"고 기록하면서, 본문의 중심 아이디어(MIT)를 분명히 진술한다. 그런 다음 이 본문은 이 아이디어를 달성하기 위해 필요한 단계들에 대해 규명하고 있다.

둘째, 저자의 본문의 중심 아이디어(MIT)가 명백히 진술되어 있지 않은 경우에는, 핵심 단어들이 반복되는 것을 찾으라.

저자가 같은 단어나 어원을 반복한다면, 그는 그것들의 중요성을 강조하고 있는 것이다. 본문의 중심 아이디어(MIT)는 그 반복과 연결되어 있을 수 있다. 에베소서 6:18-20에서 바울은 기도를 다섯 번 언급한다. 분명히 그는 영적 전투의 맥락에서 그 중요성을 강조하고 있는 것이다.

셋째, 명백한 진술이나 핵심 단어의 반복이 없는 경우에는, 저자의 본문의 중심 아이디어(MIT)를 드러내기 위한 주된 주제나 이미지를 찾으라.

이 전략은 역사적 내러티브와 예화들, 그리고 심지어 시편을 다룰 때도 효과적인 것이다. 예를 들면, 누가복음 9:57-62에서 우리는 단기간의 전도 활동을 위해서 일꾼을 모으시는 예수를 본다. 예수가 제자들을 모으는 과정에서 흥미 있는 많은 핑계들에 반응한다.

당신이 이 대화들을 연구할 때, 거기에는 명백히 진술된 주해 아이디어도 핵심 단어의 반복도 없다. 오히려 이 주제는 줄곧 떠오른다. 삶에 대한 염려는 사람의 신앙여정을 방해할 수 있다. 이 주제가 이 대화에 담긴 누가의 중심 아이디어(MIT)이다.

이제, 위에서 열거한 세 가지 본문의 실마리를 통해서 빌립보서 2:5-11 을 생각해 보자.

첫째, 우리는 중심 아이디어가 명백히 진술되어 있는지 살펴 보아야 한다.
내용을 살펴 보면, 5절이 현재 명령형의 형태로 규범적인 진술을 우리에게 제공하고 있다. 그러나 우리가 더 큰 맥락에서 보면, 이 본문에서는 예수의 낮아지심과 높아지심이 가장 큰 주목을 받고 있다는 것을 알게 된다. 빌립보서 2:6-11을 빠르게 정독하는 것이 명백한 중심 아이디어를 드러내게 하지 못하지만, 그 구절이 5절과 그리스도의 마음이라는 아이디어에 연결되어 있음은 분명하다.

둘째, 반복되는 단어나 어원을 찾는 것이다.
우리의 아웃라인을 다시 보면, 이 본문에는 반복되는 단어나 어원이 없음을 알 수 있다. 그러나 빌립보서 2:8에 있는 낮추심의 아이디어는 빌립보서 2:3에 겸손으로 쓰여, 우리에게 이후 연구를 위한 실마리를 제공한다.

셋째, 주된 주제나 이미지가 있는지 살펴 보는 것이다.
이 분석은 우리가 본문 그 자체뿐 아니라 그것이 발견되는 더 큰 맥락에서 볼 것을 요구한다.
빌립보서 2:5은 1:27-2:4과 2:6-11사이에서 다리 역할을 한다는 것을 기억하라.
우리가 그 구절에서 생각하기 위해 멈춘다면, 몇 가지 아이디어들이 분명해진다. 우선, 빌립보서 1:27-2:4의 주해 아이디어는 빌립보서 1:27인 "오직 너희는 그리스도의 복음에 합당하게 생활하라"에서 찾을 수 있다. 바울은 다음 절에서 그 아이디어를 설명한다.
우리가 그의 가르침을 볼 때, 우리는 "다툼"과 "허영"이 복음의 가치를 드러내는 삶에서 벗어나게 만드는 두 자세라는 것에 주목할 것이다. 빌립보서 2:3에서 우리는 빌립보서 2:5-11의 이 부분과 연결되는 단어 "겸손"

을 찾는다. 바울은 "아무 일에든지 다툼이나 허영으로 하지 말고 오직 겸손한 마음으로 각각 자기보다 남을 낫게 여기라"고 말한다. 갑자기 더 큰 문맥이 우리 본문과 연결되어짐을 알게 된다. "겸손"이라는 단어의 반복이 그것이다. 다음으로, "겸손"이라는 단어는 그 바른 자리인 빌립보서 2:5(다리로 연결되는 절)에 놓이고, "마음"(attitude)이라는 단어는 두 담화(discourse)에서 매우 중요해진다.

갑자기 우리는 그 본문이 우리 앞에 열려지고 있음을 느낀다. 그러나 더 추가 작업이 필요하다. 이 지점에서 우리는 다시 아웃라인의 첫 번째 부분으로 주의를 기울여야 한다(도표 10.2를 보라).

범위 : 빌립보서 2:5-11

예수 그리스도와 같은 마음을 갖자 [참고. 빌 2:1-4].
그는 [예수 그리스도]....... 하나님과 동등됨을 취할 것으로 여기지 아니하시고
　　↳ 그는 근본 하나님의 본체시나
오히려 자기를 비워
　　　↳ 종의 형체를 가지사
　　　↳ 사람들과 같이 되셨고
.... 자기를 낮추시고
　　　↳ 사람의 모양으로 나타나사
　　　↳ 죽기까지 복종하셨으니 곧 십자가의 죽으심이라
이러므로 [2:6-8] 하나님이 그를 지극히 높여 모든 이름 위에 뛰어난 이름을 주사(6-8절의 결과)
　　　↳ [그 결과] 모든 무릎을 예수의 이름에 꿇게 하시고
　　　↳ 모든 입으로 예수 그리스도를 주라 시인하여
　　　　　↳ …예수의 이름에…
　　　　　↳ 하나님 아버지께 영광을

전환의 실마리: "그는"(빌 2:6); "오히려"(빌 2:7); "이러므로"(빌 2:9); "[그 결과]"(빌 2:10)

도표 10.2

제7장에서, 우리는 저자의 독립절 사용은 그의 본문의 중심 아이디어(MIT)에 통찰을 제공한다고 배웠다. 우리가 위의 아웃라인을 보면, 이 본문에는 다섯 개의 독립절이 있다.

첫 번째 절은 빌립보서 2:5에 있는 다리 역할을 하는 절이다. 그것은 또한 명령하는 언어로 된 명령형이다. 그것은 마음(attitude)의 개념(빌 2:3에서 언급되어 있는 분명히 "허영"과 "다툼"과 "겸손"을 가르킨다)을 소개한다.

두 번째 절은 "동등"의 개념을 소개한다. 이 주제는 빌립보서 1:27-2:4을 통하여 계속 들려온다. 이러한 절에서 바울은 교회에게 "한 마음으로," "한 뜻으로," "자기보다 남을 낫게 여길" 것을 독려한다. 나중에 빌립보서 4:2-3에서, 그가 두 여인들을 화해시키려고 그들에게 "주안에서 같은 마음을 품으라"고 말하면서, 이 주제가 다시 나타난다. 이러한 구절들은 사역에서 믿는 자들의 동등함을 강조한다.

셋째와 넷째 실마리들은 성육신과 구속적 죽음이 수반된 예수의 두 가지 구체적인 행동을 나타낸다. 이러한 실마리들은 빌립보서 2:4의 바울이 교회에 "다른 사람들의 일을 돌아 보라"고 독려하는 부분을 가리킨다.

다섯째 실마리는 예수의 희생적 죽음의 최후 결과, 즉 모든 만물 위에 그의 높아지심를 나타낸다.

이 지점에서, 우리는 빌립보서 2:5-11에 있는 바울의 본문의 중심 아이디어(MIT)를 거의 다 확인하게 된다. 해석자로서 우리는 본문에 있는 주요 개념들을 명확히 나열한 리스트를 만드는 것이 유익하는 것을 알게 되었다. 이 리스트는 독립절에 대한 이해와 주요 단어들과 주제들(그것들을 더 큰 문맥에 연결시키는)에 기초한다. 빌립보서 2:5-11이 위치하는 곳의 더 큰 문맥을 고려할 때, 몇 가지 진리들이 분명해진다.

① 바울은 교회에 같은 마음으로 서로서로 연결되라고 독려했다. 이 태도는 다툼과 허영에 기초한 어떠한 개인적인 자세를 없앤다.

② 이 문제에 대한 바울의 해결책은 다른 사람의 유익에 가치를 두는 개인적 겸손을 키워가는 것이다.
③ 예수는 이 태도의 모델이다.
④ 비록 예수는 하나님과 동등하지만, 그는 성육신에서 오는 "기능적 복종"(functional subordination)을 감내했다.
⑤ 예수의 성육신은 자발적으로 자신을 희생해서 "다른 사람들의 일을 돌보는" 것을 보여 준다.
⑥ 예수는 십자가에서 자신의 죽음이라는 지점까지 성부의 뜻에 순종함으로 온전한 겸손을 보이셨다.
⑦ 예수는 인류의 죄를 위해 자신이 죗값을 치름으로써 모든 피조물 위에 높임을 받는다.

우리 앞의 정보들로 빌립보서 2:5-11의 중심 아이디어(MIT)를 확정할 시간이다. 다시 말하지만, 빌립보서 2:5은 그것이 빌립보서 1:27-2:4과 2:6-11 사이의 다리 역할을 하므로 중요하다. 그것은 사람의 개인적인 마음에 강조점을 둔다. 우리의 다음 단계는 예수의 태도를 확인하고 생각해 보는 것이다.

우리가 독립절을 볼 때, 겸손은 언급되어진 유일한 태도이다. 우리가 겸손이 빌립보서 2:3과 2:8에 언급되고 있다는 것을 생각할 때, 우리는 이 특정한 본문에서 바울의 일차적인 강조점은 예수님의 겸손(그것은 교회에서 겸손의 모델로서 섬기는 것)이라고 결론을 내릴 수 있다.

이제 남은 것은 본문의 중심 아이디어(MIT)를 과거 시제로 진술하여 만드는 것이다. 모든 해석자가 정확히 같은 진술에 도달하는 것이 목표는 아니다. 목표는 제3장에서 제기된 질문들에 대답하기 위해 필요한 모든 정보를 포함하는 것이다.

"저자가 의도한 의미는 무엇인가?"

여기에 우리가 어떻게 본문의 중심 아이디어(MIT)를 표현해야 하는지에 대한 하나의 예가 있다

예수님은 십자가의 죽음까지 이르도록 하나님께 대한 순종과 그의 성육신을 통해 신적 특권을 버리심으로써, 우리가 예수님을 본받도록, 온전한 겸손을 보이셨다.

이 진술은 예수님이 교회를 위해 그것의 본이 되신 방법을 설명하면서, 본문의 중심 아이디어(MIT)가 되는 '예수님의 겸손'(Jesus' humility)을 강조한다.

우리의 마지막 주해 차트가 어떠한지 확인하라(도표 10.3을 보라).

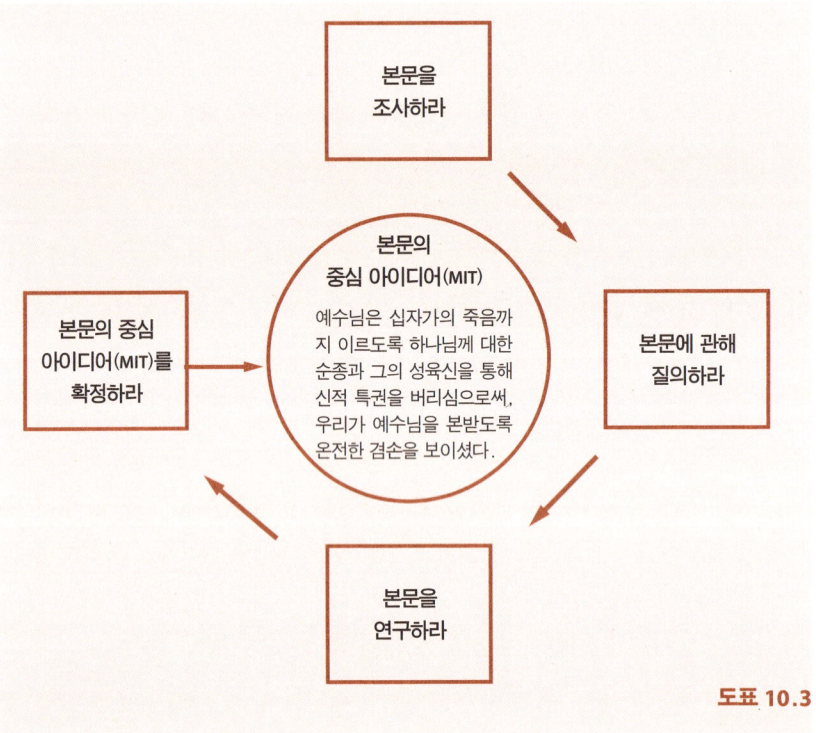

도표 10.3

일단 우리가 본문 아이디어를 진술하고 나면, 제3장에서 제기된 두 번째 질문에 답할 시간이다:

"저자가 의도한 의미의 의의는 무엇인가?"

주해 과정 가운데 이제야 우리는 현대 청중을 위한 본문의 의의를 생각해 볼 준비가 되었다. 마이클 파바레즈(Michael Fabarez)는 이렇게 말하며 우리에게 이 단계에 대해 알려준다.

"의미는 성경의 구문에 나타난 진리를 이해하는 순간 발견된다. 의의는 그 진리가 나의 청중에게 의도한 영향을 파악했을 때 발견된다."[189]

해석학의 이 두 번째 질문에 답하려고 우리가 노력하면서, 목표는 현대 청중을 위한 적용의 핵심 영역들을 확인하는 것이다.

장르에 따라, 적용은 명백히 진술될 수도 있고 단순히 암시될 수도 있다. 대체로 우리가 서신서를 연구할 때 본문의 적용은 명확하다. 다른 장르들에서 본문의 적용은, 역사적 내러티브 같은 경우, 더 어려울 수도 있다. 우리가 본문의 의의를 확인하려 한다면, 우리는 다른 질문을 또 할 수도 있다.

저자는 본문의 중심 아이디어(MIT)에 대해서 무엇을 말하고 있는가?

간혹 이 질문은 우리가 본문의 적용을 발견하도록 한다.

각 본문이 하나의 주된 의미를 가지고 있더라도. 그것은 다수의 적용을 할 수도 있음을 유념하라.

이 지점에서 바울이 일차적 본문과 더 큰 문맥 모두에서 본문의 중심 아이디어(MIT)에 대해 무엇을 **말하는지** 생각하기 위해, 우리는 본문을 다시 한번 보아야만 한다. 빌립보서 2:5-11에서 겸손이 예수의 성육신, 사역, 죽음의 핵심이고, 그리고 완전한 겸손을 보여 준 예수의 자발성은 모든 피조물 위에 높임을 받게 했다고 바울은 적고 있다.

우리가 본문의 중심 아이디어(MIT)에 대해서 저자가 무엇을 말하는지 결정했다면, 우리는 본문의 의미와 의의에 대한 우리의 평가를 마칠 준비가 되었다.

여기에 진술될 수 있는 한 방법이 있다.

⇒ 의미: 예수는 십자가의 죽음까지 이로도록 하나님께 대한 순종과 그의 성육신을 통해 신적 특권을 버리심으로, 우리가 본받도록 온전한 겸손을 나타내셨다.

---

[189] Michael Fabarez, *Preaching that Changes Lives* (Nashville: Thomas Nelson, 2002), 37-38.

⇒ 의의: 예수는 네 가지 구체적인 방법으로 그의 겸손을 나타내셨다.

① 비록 그가 삼위의 동등한 한 분임에도, 예수는 기꺼이 성육신에서 성부께 기능적 복종을 감당했다.
② 예수는 모든 내재적, 육체적 한계를 가지시고 기꺼이 신성과 인성의 완전한 연합을 감당하셨다.
③ 예수는 기꺼이 인류의 죄에 대한 완전한 속죄를 주시려고 끔찍한 십자가의 죽음을 감당했다.
④ 예수는 기꺼이 성부로부터 주어진 선물로써 피조물 위에 높임을 받는 것을 감당했다.

빌립보서 1:27-2:11의 더 큰 문맥에서 바울이 전개한 다른 적용들도 많이 있다. 바울은 예수님을 따르는 겸손은 교회에 다음과 같은 유익들을 줄 것이라고 주장한다.

① 심지어 박해와 고난에 직면해서도, 겸손은 하나님께 완전히 의지하고 있다는 증거이다(빌 1:27-30).
② 겸손은 교회 안에서 사랑과 목적의 하나가 되기 위한 필요조건이다(빌 2:1-2).
③ 겸손은 교회에 있는 다툼과 허영을 위한 해독제이다(빌 2:3-4).
④ 겸손은 자신보다 다른 사람을 높이는 데 필요한 태도이다(빌 2:3-4).

우리가 겸손에 대한 이러한 진술들을 생각해 보면, 예수의 완전한 겸손의 실행은 분명히 교회에 있는 믿는 자들의 상호 관계의 모델이다.

당신이 볼 수 있듯이, 이러한 적용들은 모두 빌립보서 2:5-11에서 그 의의를 가져올 수 있다. 그런데 한 설교 안에 이 정보 모두를 포함하는 것은 매우 어려울 것이다. 강해설교가 개별 본문에서도 할 수 있고, 또한 잘 해야 한다는 것을 덧붙여야 하겠지만, 목사-교사는 전체 책을 설교함으로 개별 본문들과 더 큰 문맥 간의 관계를 연결할 수 있도록 해야 한다. 긴 기간을 통해 볼 때, 이 접근이 교회에 더 큰 유익이 된다.

해석자가 이 지점에 도달하면, 해석학의 원리들에 의해서 말한 것처럼, 주해 과정을 마치게 된다. 목사-교사는 본문의 내용을 살펴 보았고, 본문의 구조를 이해했으며, 본문의 중심 아이디어와 그의 청중을 위한 의의도 발견했다. 이제는 이 자료를 이용하여 강해설교문을 빚어가는 과정을 시작할 시간이다. 당신은 제2부에서 그 방법을 발견할 것이다.

제2부

대니얼 에이킨(Daniel Akin)

제11장 설교의 중심 아이디어 만들기
제12장 구조 강해: 설교 구조 만들기
제13장 말씀 강해: 강해설교 만들기
제14장 예화: 청중이 성경 진리를 보고 행동하도록 돕기
제15장 적용: 어떻게 적용할 것인가?
제16장 서론: 어떻게 잘 시작할 것인가?
제17장 결론: 어떻게 안전하게 착륙할 것인가?
제18장 공개 초청: 설교 강단에서 영혼을 구원하기
제19장 특별한 경우에 대한 설교
제20장 성경적 설교 발전을 위한 20가지 공통된 질문과 답변

제11장

설교의 중심 아이디어 만들기

제1장에서 제10장까지는 어떻게 매력적인 성경 강해를 하는가를 해석학적 차원으로 설명했다. 요약하면, 1단계 본문 연구와 2단계 해석학적 과정을 다음의 필수 요소로 정리할 수 있다.

A. 넓은 범위에서 본문이 속한 전체 성경책을 연구한다.
   a. 저작 연대, 저자, 수신자 및 목적(개론의 일반적인 부분들)을 고려한다.
   b. 전체 책의 개요(스터디 성경과 주석을 사용함)를 작성한다.
   c. 가깝고 큰 문맥을 모두 고려하여 본문의 관계를 조사한다.
B. 가능한 최상의 성경 본문을 찾아 연구한다.
   a. 가능하다면 원어를 사용한다.
   b. 다양한 버전의 성경 본문과 번역을 비교한다.
C. 본문을 언어학적(linguistically)으로 조사한다(예를 들면, 각 단어를 문맥 및 의미론적 범위에서).
   a. 중요한 단어의 정의에 대하여 연구한다.
   b. 핵심 단어, 구절 및 생각을 연구한다.
   c. 동사들을 추적한다.
   d. 다른 연관된 성경 구절(cross reference)을 참조한다.

D. 성경 본문의 장르(genre)를 결정하라.
  a. 어떤 문학 유형(역사, 시, 예언, 묵시적)인가?
  b. 어떤 문학 장치(literary devices)를 사용하는가?
  c. 성경 본문이 쓰일 당시 삶의 정황에 대한 징후가 본문에 있는가?
E. 본문 구조를 분석하라.[1]
  a. 성경 본문 나눔이 문학 단위(literary unity)로 구성되었는지 확인한다.
  b. 본문의 생각들에 대한 논리적 순서가 있는가?
  c. 본문의 중심 주제 또는 강조점들을 표시하고 분류한다.
  d. 연구하고 있는 본문의 아웃라인(개요)을 만든다. 본문의 개요를 가르침과 설교를 위한 틀로 사용한다.

또한, 기본적인 해석 규칙을 강조하고자 한다. 이러한 규칙은 해석학과 설교학적 과정에서 우리를 끊임없이 안내한다.

첫째, 문맥이 성경 본문을 해석할 때 해석 과정을 지배한다.
둘째, 본문은 모든 성경에 비추어 해석되어야 한다.
셋째, 성경은 스스로 절대로 모순되지 않는다.
넷째, 성경은 문자 그대로(또한 장르를 고려하여) 해석되어야 한다.
다섯째, 애매하거나 어려운 구절에서 교리를 발전시키지 말아야 한다.
여섯째, 저자가 원래 의도한 의미를 발견하고 그 의미를 존중해야 한다.
일곱째, 신뢰할 수 있는 성경적 자료를 사용하여 결론을 확인한다.

이제 이 시점에서 우리는 설교의 전체적인 위치를 알려 주는 다이어그램을 소개하고자 한다. 이것은 설교 발전의 "큰 그림"(big picture)을 이해하도록 도와줄 것이다.

---

[1] 다음의 자료는 구약 본문에서 본문의 구조를 분석하는 데 유용하다. David Dorsey, *The Literary Structure of the Old Testament* (Grand Rapids: Baker, 1999).

우리가 앞의 과에서 연구했듯이, 충실한 번역자이자 하나님의 말씀을 전파하는 자는 성경 본문에 나오는 문화 요소와 우리 시대의 문화 요소 사이의 간격을 연결해야 한다. 설교자는 해석학적 접근에서 설교학적 접근으로 옮겨야 한다. 어떤 사람들은 이 문화적 차이를 극복하기 위한 제안을 '종족해석학'(ethnohermeneutics)이라고 부른다. 이와 같은 비교 문화적 해석(cross-cultural interpretation)은 세 가지 지평이 있다.

① 성경의 문화.
② 번역자의 문화.
③ 수용자의 문화.

두 번째와 세 번째 지평이 첫 번째 지평선의 메시지를 지시하지 않도록 주의해야 한다. 하지만 그렇다고 해서 뒤의 두 가지 문화를 무시하는 것은 완전히 어리석은 일이다. 그러므로 다음 도표는 우리의 전반적인 과정의 핵심을 시각화하는 데 도움이 된다. 또한, 우리가 가르치는 것이 성경의 고대 세계에서부터 현대의 세계로 어떻게 움직이는가를 보여 준다. 다음의 피라미드 다이어그램에서는 여러 가지 흥미로운 점과 평행선을 볼 수 있다.

① 해석학(hermeneutical)과 설교학(homiletical)이 아름답게 균형을 이룬다.
② 3단계와 5단계가 상호 보완하는 것처럼 마찬가지로 2단계와 6단계도 서로를 보완한다.
③ 설교 발전에 있어서 해석학적 측면의 연구가 잘 수행되어야 한다. 왜냐하면 설교학적 측면은 성경 해석학적 연구에서 선행하여 나오기 때문이다. 그럼으로써 설교적 요소가 자연스럽게 이어진다.
④ 성경적으로 아름답고 충실한 강해설교를 하도록 돕는다. 이러한 방법은 성경적 메시지를 간단하고 쉽게 가르치도록 한다.[2]

---

2   우리의 방법은 Ramesh Richard 박사의 방법과 상당히 흡사하다. 우리의 모델의 어떤 부

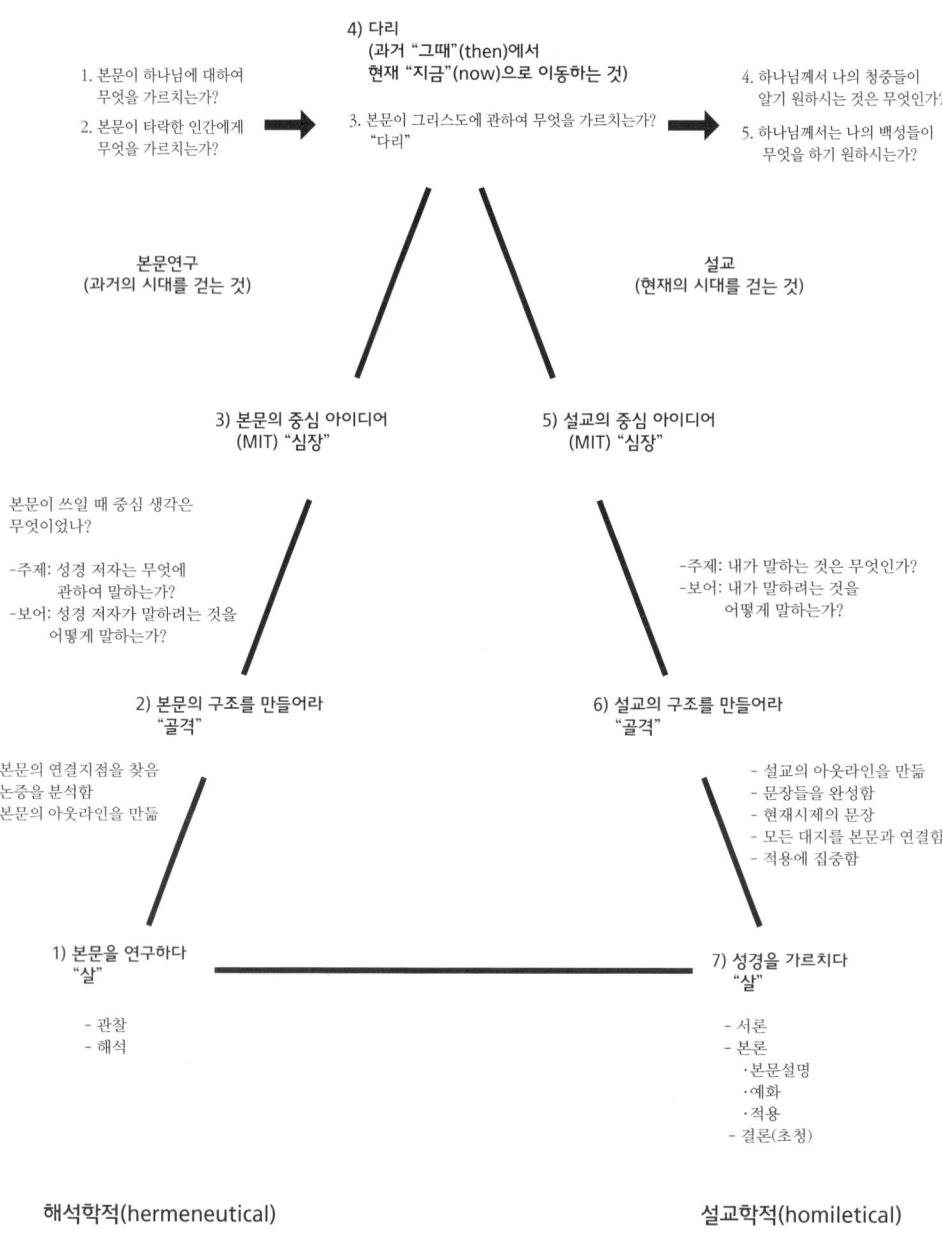

1. 본문의 중심 아이디어 찾기

본문의 중심 아이디어(MIT)는 성경 해석을 다룬 제10장에서 상세히 논의했다. 본문의 중심 아이디어를 찾는 과정은 본문 연구에서 수집된 통찰력을 토대로 한다. 우리는 본문의 중심 아이디어(3단계)가 자연스럽게 성경 연구(1단계)와 성경 구조 연구(2단계)에서 파생됨을 보았다. 주해자는 이러한 전 과정에 걸쳐 기도하며 연구해야 한다. 연구 과정은 다음과 같다.

① 핵심 동사를 찾아 분석한다.
② 정의가 필요한 중심 단어를 찾아 의미를 연구한다.
③ 반복되는 단어 및 구절을 찾는다.
④ 본문의 이음새/구분점(seam)을 찾는다. 이는 설교할 본문을 적절하게 나누는 부분을 알려 준다.
⑤ 문맥을 연구한다.
⑥ 본문 내용에 도움이 되고 그 내용을 지지하는 성경 본문을 찾는다.
⑦ 본문 연구 과정에서 발견된 모든 관찰 및 적용을 적어 둔다.
⑧ 도움이 되는 통찰력을 얻고 건전하고 균형 잡힌 해석을 위해 본문 연구 도구와 주석을 참조한다.

이제 우리는 본문 연구에서 세 번째 중요한 단계인 본문의 중심 아이디어(MIT)로 넘어간다. 이 단계는 본문의 핵심을 찾는 것이다. 일반적으로 모든 본문에는 연구하고 발전시켜야 하는 몇몇의 생각(아이디어)이 있다. 그럼에도 각 본문은 모든 아이디어가 지원하고 발전시키는 하나의 중심 생각(아이디어)을 가지고 있다.

이것을 빅 아이디어(big idea), 또는 본문의 중심 아이디어라 부른다. 대부분의 해석학과 설교학의 학생들은 본문의 중심 아이디어가 청중의 귀에 울려 퍼지고 마음에 심어져서 행동하도록 해야 한다는 사실에 동의한다. 이럴 때 우리가 맡은 설교의 거룩한 과제가 성취되는 것이다.

다음의 세 가지 중요한 질문은 본문의 중심 아이디어를 확인하고 명확하게 하는 데 도움이 될 수 있다.

첫째, 성경이 쓰일 당시의 요점은 무엇이었는가?
둘째, 성경 저자는 무엇에 관해 말했는가?(theme, 주제)
셋째, 성경 저자는 그가 말한 것에 대해 어떻게 말하고 있는가?(complement, 보어)

일반적으로 성경 본문의 한 단락은 하나의 기본적인 생각으로 나누고 본문의 중심 아이디어를 포함하고 있다. 이 본문의 중심 아이디어는 주제와 보어라는 두 가지 구성 요소로 구성된다. 위에서 언급한 것처럼, 중심 아이디어는 때로는 "본문의 아이디어," "중심 생각," "본문의 강조점" 또는 "빅 아이디어"(big idea)라는 이름으로 불리기도 한다.

본문의 중심 생각은 자세한 설명이 있는 본문을 관통하는 하나의 생각 또는 요점이다. 우리는 사람들이 듣고 이해하고 순종할 수 있는 하나의 요점을 전달하기 원하기 때문이다. 그러므로 현대적 관점에서 각 성경 본문의 주요 사상을 전달하고자 한다. 찰스 시메온(Charles Simeon)은 "본문을 단순한 명제로 줄여라. 그것이 포함되어 있는 중심 아이디어를 다양한 말로 예화를 들어 보여 주어라"고 말했다.[3]

본문의 중심 아이디어는 본문의 모든 세부 사항을 함께 묶어서 의미를 부여하는 단일한 생각 단위이다. 어떤 면에서는 제목과 관련이 있다. 우리는 차후 본문의 주요 아이디어를 제목과 관련시키는 방법을 다룰 것이다.

본문의 중심 아이디어는 항상 문법적으로 완전하고 합당한 문장이어야 한다. 또한 명확하고 간결해야 한다.

---

3 John R. W. Stott, *I believe in Preaching* (London: Hodder & Stoughton, 1998), 226에서 다시 인용이 됨.

① 저자가 말하려는 주제를 반영한다.
② 저자가 말하고자 하는 것에 강조점을 두도록 한다.

이 시점에서 자연스럽게 다음의 질문이 생긴다.
본문의 중심 아이디어(MIT)는 어디에서 얻을 수 있을까?
우리가 이 책의 본문 해석 부분에서 보았듯이 대답은 간단하다. 본문의 중심 아이디어(MIT)는 주해자의 본문 연구 및 구조화로부터 파생된다. 그것은 본문 앞에서 진행되는 주해자의 연구를 통해 이루어진다.

본문의 중심 생각을 얻으려면 소재와 주제의 내용과 주요 요점들을 넣어 보면서 점검할 수 있다. 본문의 중심 아이디어(MIT)는 중심 생각이 과연 정확하고 타당한지를 점검하도록 한다. 본문의 중심 아이디어는 주해자가 연구한 본문을 정확하게 반영해야 하며 본문의 주장을 반드시 포함시켜야 한다. 또한, 본문의 주제는 구체적이어야 한다.

문법적 연구와 내용의 단서는 주제가 무엇에 관한 것인지를 알려 준다. 다시 말해 저자는 그 주제에 대하여 무엇이라 말하는가이다. 그리고 나서 보충 자료에서 얻은 뒷받침되는 증거가 이어진다.

저자는 주제에 대해 무엇을 말하고 있는가?
이러한 연구에서 고려해야 할 몇 가지 실용적 단계가 있다.

① 본문에 임시 제목(tentative title)을 붙여야 한다. 이 제목은 본문의 중심 아이디어(MIT)를 형성하는 "주제"일 수 있다.
② 가능한 경우 본문의 흐름이나 논증을 반영한 개인 번역(personal translation)이나 의역을 쓴다.
③ 본문의 중심 아이디어를 적는다. 주제를 정하여 분명히 하고 완전한 문장 형식으로 완성한다.

전체를 포함하는 중심 문장은 길지 않고 적절해야 한다. 본문의 중심 문장을 작업할 때 그 문장을 가장 세련되게 만들 뿐만 아니라 간략하게 단축

해야 한다. 여기서 강해자는 본문 자체 연구 과정에서 최고조에 달하게 된다. 당신이 하나님의 말씀을 전하는 사람이 되기를 원한다면, 당신은 성경 본문의 저자가 강조하는 것을 청중에게도 전달하려 할 것이다. 그런데 하나님께서 본문의 궁극적인 저자임을 기억해야 한다.

우리는 그분이 본문에서 남겨 주신 것을 존중하기를 원한다. 좋은 설교는 가르쳐야 하는 내용을 한 문장으로 요약할 수 있어야 한다. 이 문장을 생각해낼 수 없다면 다시 본문으로 돌아가서 찾을 때까지 본문에서 더 많은 연구를 해야 한다. 이것은 항상 쉬운 일은 아니지만 착수하면 풍부한 보상을 받는다. 그 유익에는 세 가지가 있다.

첫째, 설교자는 강해설교(또는 성경 공부)가 조직적인 구성이 결여되어 있다는 비판을 피할 것이다.
둘째, 설교자가 자신의 청중과 나눌 진리에 대해 더 잘 이해하게 한다.
셋째, 청중이 메시지를 이해할 수 있도록 도와 준다.

본문의 중심 아이디어(MIT)를 발견하고 정의해야 한다. 이 작업은 성경적으로 충실한 메시지를 개발할 때 선택 사항이 아니라 필수적이다. 먼저, 설교자 자신이 정확하게 중심 아이디어를 정의해야 한다. 단어를 신중하게 선택하여 명확하게 정의하지 않는다면 중심 생각은 설교자와 청중에게 모호하게 남게 된다. 성경 저자가 말하는 것을 반영하도록 노력해야 한다.

설교자는 자신이 중심 생각이라고 부르는 것이 성경 저자가 본문에서 실제로 말하는 것임을 알리고 싶어 한다. 그가 중심 생각을 정확하게 설명하면 본문에서 동일한 단어를 사용할 수 있다.

우리가 본문의 중심 아이디어(MIT)를 알려 줄 적절한 단어를 찾지 못한다면 어떻게 그 중심 생각을 가르칠 수 있겠는가?

조심스럽게 신학적 주제들을 본문에서 찾아야 한다. 이 주제들은 중심 생각에 대한 통찰력을 제공한다. 대개는 본문에서 중요한 단어를 보면 신학적 주제를 알 수 있다. 성경의 어떤 단어는 엄청난 신학적 무게(예를 든다면 칭의, 성화, 화해, 회개, 부름, 신앙, 선택)를 지니고 있다. 중심 아이디어의 표시를 위해 본문의 명백하고 분명한 의미를 따라야 한다. 또한, 중심 주제를 포함할 수 있는 구절을 본문에서 찾도록 해야 한다.[4]

모든 설교 본문에서 중요한 의미를 가지고 있는 구절이 없을 수도 있지만, 일반적으로 많은 본문에는 두각을 나타내는 중심 성경 구절이 있다. 선택된 본문 전체의 개념을 알리는 요약된 한 구절이 될 것이다.

2. 본문 연구에서 설교로 다리 놓기

3단계를 마친 다음에는 설교화의 중요한 단계인 "다리"(bridge, 즉 4단계)로 이동할 준비가 되었다. 이 단계에서 설교자는 성경 시대의 과거 세계에서 지금의 현재 세계로의 설교로 전환한다. 해석학적이고 설교학적 과정의 영역을 무시하는 것은 당신이 그리스도의 헤아릴 수 없는 풍성함을 선포하기 위할 때 치명적일 수 있다. 기본적으로 설교자는 번역자의 신성한 임무를 완수해야 한다.

당신의 임무는 성경의 귀중하고 영원한 진리를 번역하여 21세기의 청중이 명백한 성경 진리로 듣고 이해하고 응답할 수 있게 하는 것이다. 진리를 바꾸는 것은 설교자로서 선택 사항이 아니다. 설교자는 진리를 선포하는 사역을 하면서 어리석은 행동을 하는 사람들을 용서해 주시도록 기도해야 한다. 뿐만 아니라 설교자는 진리를 전하는 사역을 하므로 청중이 성경의 계시적 메시지를 잘 이해하도록 노력해야 한다.

이 단계에서 몇 가지 사항을 고려해야 하는데 다음의 중요한 질문을 제기하며 이 단계를 안내하려 한다.

---

[4] 이전 제10장에서 우리가 보았듯이, 빌 2:5은 1-11절까지의 목적을 나타내는 역할을 한다.

1) 4단계 달성을 위한 고려 사항

이 다리를 건너면, 당신은 성경 연구(해석학적 실습)에서 성경을 가르치는 과정(설교학적 실습)으로 넘어가게 될 것이다. 설교의 메시지를 완전하게 개발할 수 있는 토대가 될 수 있도록 몇 가지 새로운 문제에 대하여 고려하려 한다.

① 설교의 서론에 집중한다. 본문에서 제기된 문제와 설교에서 제기될 문제에 초점을 맞춘다.
② 본문을 가르칠 때 포함되거나 제외되어야 하는 것이 무엇인지 생각한다.
③ 결론에 대해 생각해 보고 어떻게 설교를 마무리할 것인지를 생각해 본다.
④ 메시지의 목적을 달성하는 데 도움이 되는 예화를 고려한다.
⑤ 가장 중요한 것은 설교(가르침)의 목적이 설교의 중심 아이디어(MIM, the main idea of the message)의 형태에 직접적으로 연관되도록 한다.

설교자는 스스로 다음의 두 가지 질문에 답함으로써 설교의 목적을 세밀하게 조정해야 한다.

첫째, 나의 설교의 목적이 본문의 목적과 함께 할 수 있도록 주해적 또는 신학적 안내를 따르고 있는가?
둘째, 나의 설교의 목적이 청중의 요구와 연관되어 목회적인가?

이 마지막 질문은 부차적이지만 반드시 질문을 해야 한다. 청중의 필요와 조건을 무시하는 것은 마치 의사가 행하는 의료 과실과 같은 실수를 불러 일으키게 될 것이다. 설교자는 본문의 중심 아이디어에 의해 해방과 제한을 경험하기도 한다. 본문의 목적을 확인한 다음 청중을 위해 설교를 만들어야 한다.

본 과정은 이제 모든 본문에서 다섯 가지 중요한 질문을 던지게 한다. 이 질문은 당신의 설교 목적을 확고하게 하고 설교가 발전되는 방향으로 설교자를 안내할 것이다. 다음의 다섯 가지 질문은 "거시적 구속 이야기"인 하나님의 창조(creation), 타락(fall), 구속(redemption), 완성(consummation)과 영화(glorification)를 따라야 한다는 것을 알 수 있게 할 것이다.

2) 모든 설교에서 제기되고 답변되어야 하는 다섯 가지 중요한 질문

① 이 본문은 하나님과 그분의 성품(character)과 그분의 방법에 관해 무엇을 가르쳐 주는가?

이 질문은 의도적으로 신학적이며 하나님께 초점을 맞추고 있다. 설교 발전과정 중 항상 물어야 할 첫 번째 질문인 것이다. 이 질문은 본문에서 "하나님의 비전"을 찾는 데 도움이 된다.

성경 본문을 연구하여 하나님의 인격, 속성에 관해 가르침을 발견한다. 우리는 하나님의 목적과 방법에 관해 배울 점을 발견하고자 한다. 우리는 우리를 만드셔서 우리를 구속하신 하나님, 곧 그분을 찾도록 말씀하시는 하나님에 대해 더 많이 배워야 한다.

② 이 본문은 타락한 인류(fallen humanity)에 관해 무엇을 가르쳐 주는가?

이 질문은 항상 첫 번째 질문을 따라 다닌다. 이 질문은 우리가 설교하는 데 있어 사람 중심적이거나 인본주의적인 것으로부터 지켜 준다. 브라이언 채플(Bryan Chappell)은 이러한 맥락에서 훌륭한 말을 한다. 바로 인간의 타락한 상황의 초점(Fallen Condition Focus, FCF)에 관한 것이다. 그는 이 개념을 "현대 신자들이 하나님의 백성으로 하나님을 영화롭게 하고 즐거워하기 위해서는 은혜가 필요하므로 본문을 통하여 사람들과 공유하는 상호 조건"이라고 정의한다.[5]

바꾸어 말하면, 이 본문은 하나님의 형상대로 지음을 받은 인간이 죄

---

[5] Bryan Chapell, *Christ-Centered Preaching: Redeeming the Expository Sermon*, 2nd ed. (Grand Rapids: Baker, 2005), 50.

의 저주와 타락한 본성을 갖게 된 부분에 관하여 무엇을 계시하고 가르치고 있는가?

여기에는 지혜와 균형이 필요하다. 좋은 부분은 우리가 하나님의 형상대로 만들어졌다는 것이다. 반면에, 나쁜 부분은 우리는 본성에 따라 선택하는 죄인이라는 것이다.

③ 이 본문은 어떻게 그리스도를 가리키는가?

이 질문은 설교 작성 과정의 핵심이다. 이러한 우리의 질문은 설교 전체 구조를 지지하는 "다리 아래"(under the bridge)에 관한 것이다. 성경해석학에 관한 시카고 선언(The Chicago Statement)은 "예수 그리스도의 인격과 사역이 성경 전체의 핵심 초점"이라고 선언한다.[6] 간단히 말해, 예수는 성경의 주인공이다. 구약은 그분을 예견했으며 신약은 그분을 설명한다. 이러한 설명은 새로운 생각이 아니다.

교회사를 보면 교부들은 철저히 그리스도 중심적(Christocentric)으로 설교했다. 결국 교부들은 사도들로부터 이러한 교훈을 받았고, 그들은 또한 예수께로 받았다. 예수께서는 누가복음 24장에서 모든 성경이 그분에 관한 것이라고 가르치고 있다.

요한복음 5:39에서 예수는 성경이 자신에 대해 증거한다고 말한다. 그러므로 우리는 이전에 유대인 랍비처럼 구약성경을 다루지 않아야 한다. 그리스도 중심(Christocentric)의 해석학과 설교학을 맛보기 위해서는 팀 켈러(Tim Keller)로부터 통찰력을 얻고 구약의 구속적 이야기를 연구할 수 있다.[7]

---

[6] 이러한 인용을 위해서는 시카고 선언의 성경의 무오성에 대한 다음의 항목을 참조할 수 있다. http://www.bible-researcher.com/chicago2.html. Retrieved July 12, 2010.

[7] 이 장에서 5번째 질문에서 더욱 설명을 한다. Tim Keller 외에도 그리스도 중심적 설교적 접근을 하는 설교자들(Alistair Begg, Matt Chandler, Bryan Chapell, Mark Driscoll, Sinclair Ferguson, Russ Moore, David Platt, John Piper, and Adrian Rogers)이 있다. 물론 Charles Spurgeon보다 더 그리스도 중심적 설교자는 없을 것이다.

④ 하나님께서는 자신의 백성에게 무엇을 알기를 원하시는가?

성경의 모든 설명에는 지식 전달의 요소가 있다. 지식에는 성경적, 신학적 내용이 포함된다. 성경과 신학에 대한 무지는 현대 교회에 만연되어 회중을 괴롭히는 병이다.

성실한 강해자는 항상 그의 백성들에게 "우리 주님과 구세주 예수 그리스도의 은혜와 지식 가운데서 자라는 것"(벧후 3:18)을 가르치려고 노력해야 한다.

⑤ 하나님께서는 자신의 백성들이 무엇 하기를 원하시는가?

행동은 앎으로 시작된다. 하나님의 말씀을 통해 그분의 백성이 하나님 말씀의 의미에 잠기게 된다. 이때 설교자는 지금 청중이 분명히 순종의 길로 가도록 구체적인 행동 안내를 제시해야 한다. 설교자들이 성경의 지적 부분에 대한 문제를 설명하면서 구체적인 행동을 위한 출구로 후속 조치를 취하지 않는다면 청중은 혼란스러워하며 좌절하게 될 것이다.

결국, 그들은 오늘날 어떻게 생각하고 행동해야 하는지에 대하여 성경과의 연관성(relevance)을 못 볼 수 있다. 우리의 목표는 그리스도인으로서 세계관을 가지고 생각하고 행동할 예수의 제자를 만드는 것이다. 예수님처럼 생각하지 않는 사람들은 예수님처럼 행동하지 않으며, 예수님처럼 행동하지 않는 사람들은 예수님처럼 실제로 생각하지 않는다.

3. 설명: 예수님에 관한 모든 것

예수님은 더 나은 **아담**이다. 예수님이 정원이 아닌 광야에서 시험을 통과하시고 보여 주신 순종은 참되기 때문이다.

예수님은 참되고 더 나은 **아벨**이다. 예수님이 악한 손에 의해 죽임을 당하신 것은 우리의 정죄를 위해서가 아니라 우리의 무죄를 위한 피이기 때문이다.

예수님은 더 나은 **노아의 방주**이다. 하늘에서 계시된 하나님의 진노에서 우리를 안전하게 인도하고 우리를 새로운 땅으로 안내하시기 때문이다.

예수님은 더 나은 **아브라함**이다. 예수님은 하나님의 부르심에 응답하여 편안하고 친숙한 모든 것을 떠나셨다. 하나님의 새로운 백성을 창조하기 위해 순종하신 것이다.

예수님은 더 나은 **이삭**이다. 예수님은 산 위에서 아버지로부터 제사 드려지는 시도만을 경험하신 것이 아니라 실제로 우리를 위해 희생하셨다. 하나님이 아브라함에게 명령하셨을 때, 이제야 하나님께서 아브라함이 자신을 사랑하는 것을 안다고 말씀하신다(참조, 창 22:16-18).

이제 우리는 하나님의 아들을 갈보리 산에 올리면서 아들을 희생시키시는 하나님을 볼 수 있다. 또한, 우리는 "이제 사랑하는 유일한 아들을 버리기까지 주님께서 우리를 사랑하신 사실을 알게 된다"라고 말할 수 있다.

예수님은 참되고 **야곱**보다 훌륭하시다. 예수님은 우리가 마땅히 받아야 할 공의에 의한 공격을 몸소 당하셨다. 그래서 야곱처럼 우리는 오직 우리를 깨우치는 은혜로운 상처를 경험하며 훈련을 받게 된다.

예수님은 참되고 **요셉**보다 훌륭하시다. 예수님은 왕의 오른편에 있는 분이시다. 하지만 예수님은 자신을 배신하고 팔아넘긴 사람들도 용서해 주실 뿐만 아니라 새로운 힘으로 그들을 구해 주신다.

예수님은 참되고 **모세**보다 훌륭하다. 예수님은 사람들과 하나님 사이에서 새 언약을 중재하시는 진실하고 더 나은 모세이다.

예수님은 참되고 **모세의 바위**보다 훌륭하다. 예수님은 하나님의 공의의 막대기를 치시고 사막에서 살아 있는 물을 주신다.

예수님은 참되고 **여호수아**보다 훌륭하다. 예수님은 우리를 영원한 안식과 하늘의 축복의 땅으로 인도하신다.

예수님은 더 나은 **언약의 방주**이시다. 예수님은 세계의 우상들을 무너뜨리고 무장 해제하신다. 그분은 적의 영토로 들어가 그들 모두의 실제가 드러나게 하신다.

예수님은 참되고 **욥**보다 더 훌륭하시다. 예수님은 진정으로 무고하게 고

통당하셨다. 그분은 어리석은 친구들을 위해 중보 기도하고 구원하신다.

예수님은 참되고 **다윗**보다 더 위대하시다. 비록 사람들이 승리를 위해서 스스로 돌을 들어 던지는 수고를 하지 않았지만, 예수님의 승리가 사람들 자신들의 승리가 되게 하셨다.

예수님은 참되고 **에스더**보다 위대하시다. 예수님께서는 단지 지상의 궁전 정도를 떠날 위험을 무릅쓰지 않았다. 궁극적으로 천국의 궁전을 궁극적으로 잃어버릴 위험에 놓이게 되었다. 예수님은 단지 자신의 생명을 위험에 노출시킬 뿐만 아니라 그의 백성들을 구원하도록 기꺼이 자신의 생명을 주셨다.

예수님께서는 참되고 **다니엘**보다 위대하시다. 예수님도 사자와 같은 죽음의 굴로 낮추셨지만, 다음날 아침 일찍 일어나 살아나게 되셨고 하나님에 의해 옳다고 인정받으셨다.

예수님께서는 참되고 **요나**보다 위대하시다. 예수님은 폭풍에 던져졌던 우리가 안전하게 들어갈 수 있도록 하신다.

예수님은 결백하고, 완전하고, 힘없이 **죽임을 당한**, **실제적인 유월절 어린양**이시다. 그래서 죽음의 천사가 우리를 넘어설 것이다. 예수님께서는 **참된 성전**, **참된 선지자**, **참된 제사장**, **참된 왕**, **참된 희생 제물**, **참된 어린양**, **참된 빛과 참된 빵**이시다.

성경은 여러분에 관한 것이 아니다. 성경은 정말로 그분(예수 그리스도)에 관한 것이다.[8]

4. 설교의 중심 아이디어(MIM) 찾기

설교의 중심 아이디어(MIM)는 당신의 설교의 마음과 영혼이다. 설교의 중심 아이디어는 본문의 중심 아이디어(MIT)에서 파생되고 목적의 다리

---

[8] Tim Keller, "It's All About Jesus" (*Theology and Quotes*, 12-4-06).

(purpose bridge)를 통해 나아갈 방향을 알게 한다. 설교의 중심 아이디어는 설교 준비 과정에서 현대적 표현으로 바뀜으로써 설교자들을 구체적인 설교준비로 인도한다. 이 단계는 설교자가 성공적으로 메시지를 전달하는 데 있어서 결정적이다. 스토트는 이렇게 말한다.

> 설교는 하나님으로부터 그의 백성에게 전달되는 살아 있는 말씀으로 그들에게 영향을 주어야 한다. 그들은 세부 사항을 기억하지 못할 것이다. 그러나 우리는 그들이 자세한 설교 내용을 모두 기억할 것으로 기대해서는 안 된다. 모든 설교의 내용은 청중으로 하여금 메시지를 이해하고 느끼도록 도우므로 설교의 지배적인 생각을 기억하도록 해야 한다.[9]

『설교 준비와 전달』(On the Preparation and Delivery of Sermons)에서 자주 인용되는 다음의 문장을 읽게 된다.

> 설교의 중심 아이디어의 주제는 다음의 질문에 대한 답변이다.
> 설교는 무엇에 관한 것인가?
> 설교가 두 개의 또는 열 개의 대지가 있다 할지라도 설교는 하나의 중심 생각이 있어야 한다. 그것은 무언가에 관한 것이어야 한다."[10]

존 킬린저(John Killinger)는 이렇게 덧붙인다.

"설교할 때 제일 먼저 하는 일은 주제를 정하는 것이다. 어떠한 설교도 생각 또는 주제가 정해지지 않으면 만들어지지 않는다."[11]

존 H. 조호트(John Henry Jowett)의 다음의 말은 유명하고 많이 인용된다.

---

[9] Stott, *I Believe in Preaching*, 225.
[10] John A. Broadus, *On the Preparation and Delivery of Sermons*, 4th ed., rev. by Vernon L. Stanfield (San Francisco: Harper San Francisco, 1979). 38. 여기에서 초기에 쓰인 부분과 이후에 발전된 개정판에서는 약간의 차이점이 있어 보인다.
[11] John Killinger, *Fundamentals of Preaching* (Philadelphia: Fortress, 1985), 44.

우리가 설교의 주제를 짧고 분명하게 하나의 문장으로 만들 때까지는 우리의 설교가 아직 준비되어 있지 않았다고 확신한다. 나는 이 주제 문장을 얻는 것이 나의 연구에서 가장 힘들다. 가장 엄격한 과정이지만 가장 열매 맺는 수고라 생각한다.[12]

교육 과정은 철저히 통합된다. 우리의 연구(1단계)와 구조(2단계)는 본문의 중심 아이디어에 영향을 미친다(3단계). 본문의 중심 아이디어(MIT)는 메시지의 중심 목적에 영향을 준다(4단계). 메시지의 목적을 연구함으로써 이제 설교의 중심 아이디어(MIM)를 명확하게 할 수 있다(5단계). 마치 설교할 성경 본문은 하나의 주제와 주제에 대한 서술의 요소가 있는 것처럼, 당신의 가르침도 하나의 주제와 서술이 있어야 한다.

설교의 중심 아이디어(MIM)의 경우, 성경적 저자가 아닌 설교자 자신이 하여야 하는 주요한 질문이 있다. 우리가 설교의 중심 아이디어(MIM)를 고려할 때, 다음과 같은 질문을 던진다.

나는 무엇에 관해 이야기하고 있는가?

그런 다음 그 서술(보어적 요소)을 고려할 때, 우리는 다음의 질문을 물어본다.

내가 말하는 것(주제)이 무엇을 말하고 있는가?

여섯 개의 가이드라인은 우리에게 설교의 중심 아이디어(MIM)를 날카롭게 다듬도록 해 줄 것이다.

① 마음으로 청중과 함께 설교의 중심 아이디어(MIM)를 발전시키라.
② 가장 기억에 남는 문장으로 설교의 중심 아이디어(MIM)를 말해 보라.
③ 가능한 경우 부정적이기보다 긍정적으로 말하라.
④ 수동태가 아니라 능동태로 말하라.
⑤ 청중에게 정확하고 구체적이며 익숙한 단어나 구로 말하라.

---

[12] John H. Jowett, *The Preacher: His Life and Work* (New York: George H. Doran, 1912), 133.

⑥ 진리가 청중과 그들의 필요와 연관성이 있음을 쉽게 알도록 진술하라.

좋은 설교의 중심 아이디어(MIM)는 다음의 여섯 가지 특성을 갖는다.

① 본문의 중심에서 나온다. 본문의 중심 아이디어(MIT)가 설교의 중심 아이디어(MIM)를 결정한다.
② 설교자가 주로 말하고자 하는 내용이다.
③ 신중하게 정리된 문장이다.
④ 청중에게 맞춰진다.
⑤ 주제와 서술적(보어적) 요소가 있다.
⑥ 기억에 남는 완전한 문장이다.

이제 이 장을 끝내면서 이렇게 강력히 마무리하려 한다. 본문의 중심 아이디어(MIT)와 설교의 중심 아이디어(MIM)를 분별하는 것은 본문을 지지하는 여러 생각들을 무시하는 허가증을 준 것이 아니다. 보조하는 본문의 소주제나 생각들은 본문의 주요 아이디어를 뒷받침할 수 있어야 한다. 알렌 로스(Allen Ross)는 이 점을 이렇게 잘 설명한다.

> 너무 많은 소위 강해설교자들이 단순히 설교에서 하나의 중심 아이디어를 설교의 내용으로 한다. 내러티브는 읽혀지거나 다시 들려질 수 있지만, 설교는 본질적으로 중심 생각에 대한 해설이다. 이것은 설명되고, 예화로 들려지고, 적용되어야 한다. 이 접근법은 강해설교에 대한 유효한 해설이다. 주해의 내용-(the substance of the exposition)이 본문에서 명확하게 나와야 한다. 본문의 중심 생각은 본문 분석에서 나오고 모든 부분이 신학적으로 기여하도록 연결될 수 있어야 한다.[13]

---

[13] Allen P Ross, *Creation and Blessing* (Grand Rapids: Baker, 1988), 47.

충실한 강해는 전체 본문을 존중할 것이다. 그것은 본문의 빅 아이디어(큰 생각)와 작은 아이디어(작은 생각)를 포함한다. 이런 강해는 본문의 전체와 작은 부분이 신성한 영감을 받은 임무를 완수하게 한다.

핵심 포인트(key points)는 중심 포인트(main points)를 지지하며 보조 포인트(minor points)는 핵심 포인트(key points)를 지원한다. 본문이 이끄는 설교(Text-driven preaching)는 모든 단계에서 우리의 가이드이자 나침반이 될 것이다.

제12장

구조 강해: 설교 구조 만들기

매력적인 강해(engaging exposition)는 하나님의 말씀을 전하는 설교자로부터 시작이 된다. 여기에는 설교자가 본문 연구를 통해 만든 강해 노트에서 설교로 완성시키기 위한 방법이 필요하다. 뿐만 아니라 이러한 과정을 위해서는 포괄적이고 조직화된 방법의 개발이 필요하다. 설교자는 질서(order)와 논리(logic)를 본문 연구 작업에 가져와야 한다.

마틴 로이드 존스(Martin Lloyd-Jones)는 이러한 부분을 "불타는 논리"(logic on fire)라고 불렀다.[14] 이러한 본문 연구의 목표는 연결성과 단일성으로 축약된 형태를 갖춘 설교를 만드는 것이다. 이런 과정은 하나님의 말씀을 듣고 싶은 사람들에게 열정적으로 전달하기 위하여 필요하다.

---

[14] D. Martin Lloyd-Jones는 성경적 설교를 하는 행위에 있어서 열정과 논리와 신학을 강조한 영국의 매우 위대한 설교자였다. 이러한 부분이 없이는 설교 강대상에 서는 것이 적합하지 않다. "설교가 무엇인가? 논리가 있는 열정이고 웅변적인 이성이다! 이러한 부분이 모순 같아 보이지 않는가? 물론 그렇지 않다. 사도바울과 다른 설교자들을 보았듯이 진리에 관한 이성은 강력하고 웅변적이었다. 열정이 없는 신학은 잘못된 신학이다. 또한 서로간의 이해가 잘못된 방법이다. 설교는 마음의 뜨거움을 가진 사람으로부터 오는 신학이다. 진리를 진실로 이해하고 경험한다. 내가 다시 말하지만 이러한 영적인 진리를 열정 없이 전하는 자는 설교 강대상이 어디이든지 간에 설 권한이 없다. 설교의 궁극적인 목적이 무엇인가? 나는 이러한 부분을 생각하는 것을 좋아한다. 설교는 사람들에게 하나님과 그의 임재를 느끼게 하여야 한다." D. Martin Lloyd-Jones, 『목사와 설교』(Preaching and Preachers, CLC 刊)(Grand Rapids: Zondervan, 1971), 97.

존 스토트(John Stott)는 이렇게 말한다.

"설교 개요를 작성하는 데 있어서 황금률은 설교 작성 시 본문의 자체 구조(structure)를 존중하여야 한다."[15]

우리 저자들은 이러한 의견에 진심으로 동의한다. 하나님의 말씀을 효과적으로 가르치는 설교자(교사)는 본문의 내용(substance)과 구조(structure)를 존중하는 지혜를 가지고 있다. 설교자가 말한 내용은 자신에게뿐만 아니라 본인이 가르치는 사람들 모두에게도 본문에 명백한 근거를 두도록 본문에 충실해야 한다. 월터 카이저는 다음의 내용을 상기시킨다.

> 본문을 주해(exegete)한다는 것은 설교자가 가장 좋아하는 질문 중 하나에 대답하도록 강요하거나 현대 문화가 알고 싶어 하는 현대 이슈 중 하나를 설교에서 다루도록 함으로써 설교 본문에 곰팡이 같은 내용을 인위적으로 집어 넣으려는 유혹에 저항하는 것이다.[16]

스토트는 또한 다음의 내용을 덧붙인다.

> 하나님의 사람들이 설교를 듣고 나서 바로 그 성경의 본문을 다시 읽고 싶은 도전을 받게 되기를 바란다. 그들이 설교 아웃라인을 기억할 수 없더라도 청중이 본문의 구조(structure)와 형태(shape)를 통하여 그 본문에서 하나님을 신성하게 만난 것처럼, 하나님 말씀이 여전히 그들에게 말할 것이다.[17]

성경 본문을 자세히 설명하는 예나 방법이 도움이 될 것이다. 우리는 성경 주해 자체가 결코 목적이 아니다. 우리는 설교자로서 본문 연구를 하여 우리의 설교를 듣는 사람들에게 본문의 메시지를 전달하는 것을 목표로 한

---

[15] John R. W. Stott, *Between Two Worlds: The Art of Preaching in the Twentieth Century* (Grand Rapids: Eerdmans, 1982), 229.
[16] Walter Kaiser Jr., *Toward an Exegetical Theology* (Grand Rapids: Baker, 1981), 153.
[17] Ibid., 160.

다. 우리가 이러한 과정을 진행할 때 다음의 열 가지 기본 단계와 관련 단계를 따르는 것이 좋다.

먼저 다섯 단계는 이 장에서 다루고, 나머지 다섯 단계는 다음에 이어지는 장에서 다루게 될 것이다. 이 단계들은 강해설교의 짧은 정의를 발전시키고 참되게 만들것이다. 설교의 핵심 단어는 다음과 같다.

"삶을 변화시키는 그리스도 중심적(Christ-centered), 본문이 이끄는(text-driven), 그리고 성령이 이끄는(Spirit-led) 설교."

이러한 설교에 대한 정의들은 성경적 주해를 보다 완전하게 설명하고 발전시킨 것이다.

> 강해설교는 본문이 이끄는 설교(text-driven preaching)이다. 이러한 설교는 성령의 말씀에 의하여 주어진 성경의 진리를 존중하는 설교이다. 이러한 설교의 목표는 역사적-문법적-신학적 연구(historical-grammatical-theological investigation)와 해석을 통해 하나님의 영감된 의미를 발견하는 것이다. 매력적(engaging)이고 설득력(compelling) 있는 선포로 삶을 변화시키는 목적을 위해서, 성령의 권능(the power of the Holy Spirit)으로 예수 그리스도를 설교하기 위해서, 설교자는 선택된 성경 본문의 의미를 먼저 설명(explain)하고, 예화(illustrate)를 들며, 적용(apply)해야 한다.[18]

1. 주해가 설교의 구조를 이끌고 결정하게 하라

우리가 지향하는 방법에 좋은 점이 있다. 당신이 성경의 구조화(structuring)를 파악한다면(2단계) 당신의 설교는 구조화(structuring)하기 위한 기초가 이미 세워졌다는 것이다(5단계). 2단계에서는 본문의 구분점을 알려 주는 이음새(seam)를 파악하고 본문의 단위를 분석한다. 또한 자연스럽고 논리적

---

[18] 이러한 설교의 정의는 본 저자들의 것이다.

인 구조에 따라 본문의 윤곽을 잡는다. 간단하게 이 일을 끝내면 설교가 어떻게 구조화되고 윤곽을 그릴 것인지를 판단하게 된다.

이 방법을 사용하면 "본문이 이끄는 방법"(text-driven method)을 통하여 "본문이 이끄는 메시지"(text-driven message)를 만들 수 있다. 이 방법은 청중이 당신이 작성한 설교에서 보다 많은 하나님의 말씀을 접할 수 있도록 보장한다.

당신의 목표는 기존에 익숙했던 설교 방법에서 벗어나 하나님께서 성경 안에서 그리고 성경으로 말씀하시게 하는 것이 되어야 한다. 다시 말해 청중이 "느슨해진 본문에 더욱 가까이 가도록 하고" 하나님의 성령이 그분의 일을 하도록 하는 것이다.[19]

우리가 바라보기에 신실한 강해자(faithful expositor)는 자신이 가지고 있는 전제와 생각을 본문에 억지로 밀어 넣는 방법을 거부하는 자이다. 설교자는 현재 자신이 관심을 가지고 있는 특정 주제를 다루기 위한 수단으로 설교 본문을 사용하지 말아야 한다.

신실한 강해자는 하나님께서 영감을 주신 본문 안의 메시지를 청중이 들을 수 있도록 집중해야 한다. 이러한 일을 하지 않는 것은 강단 사역을 포기하는 것과 다를 바 없다.

그렇다면 이러한 강해설교의 방법에 장점이 있는가?

많이 있다. 돈 카슨(Don Carson) 박사는 여섯 가지 장점을 강조했다.

① 설교할 본문으로부터 가장 적게 멀어지는 방법이다.
② 사람들에게 성경 읽는 방법을 가르친다.

---

[19] Ibid., 163. Walter Kaiser Jr.는 이렇게 강조한다. "요즘 들어 서론을 더욱 강조하고 발전시키는 것을 보게 된다. 사실상 우리는 본문을 소개하고 설교의 메시지를 소개하는 기술에 너무 집착하는 경향이 있다. 우리는 주간 잡지나 최근 논설과 여러 여론조사와 과거 저명한 저자들의 인용으로 시작한다. 반면에 우리에게 할당된 많은 시간을 이러한 자료를 소개하는 데 소비하게 되고 여전히 하나님의 사람들이 본문에 가까이 가도록 하지 않는다. 마치 우리는 하나님의 사람들에게 성경 본문이 전해지는 것을 막는 것과 같이 행동을 한다."

③ 설교자에게 확신(confidence)을 주고 메시지에 권위를 부여한다.
④ 청중의 적실성(relevance)이 과도하게 본문을 지배하지 않게 하면서도 청중의 적실한 필요를 채워 줄 수 있다.
⑤ 어려운 본문을 설교자가 다루고 설교하게 한다.
⑥ 만약 충분한 단위로 본문을 나눠서 설교한다면 설교자는 가장 조직적으로 성경 전체를 설교할 수 있다.[20]

불행하게도, 치료가 중심이 된 문화에서는 청중의 필요가 무엇인가에 집중하고 어떻게 설교하는가를 찾는 데 치우친다. 이러한 문화에서 본문이 이끄는 설교(text-driven preaching)는 현시대에 부적절한 것으로 여겨진다. 많은 사람의 관점은 "설교와 관련된 것은 무엇입니까?"라는 제목의 기사에서 잘 표현되었다. 이 저자는 이렇게 주장한다.

> 모든 설교의 주된 역할은 문제를 해결하는 것이다. 중요한 문제는 정신을 혼란스럽게 하고, 양심에 부담을 주고, 삶을 산만하게 한다. 만약 어떤 설교자가 이것을 하지 않는다면, 설교자는 비록 학식과 웅변을 가지고 있을지 몰라도 전혀 바른 기능을 하지 못하는 것이다.
>
> 예를 들어, 많은 설교자들은 강해설교라는 설교에 습관적으로 빠져 있다. 그들은 주일 아침에 교회에 참석한 사람들이 성경 본문이 무엇을 의미하는가에 관심을 가지고 있다고 가정한다. 그리고 그 구절이 의미하는 바에 대해 구절이나 장의 역사적인 설명에 30분 또는 그 이상을 보낸다. 그리고 청중에게 실용적인 적용을 덧붙인다.
>
> 이런 절차는 더 확실하게 어리석음과 무관심에 연결되어 있는 것이다. 모세, 이사야, 바울 또는 요한이 특별한 구절에서 의미했던 것, 또는 이러한 부분에는 깊은 염려가 담겨 있다. 이러한 부분에 현대교회가 성경이 말하는 것에 같

---

[20] Don Carson, "Accept No Substitutes: 6 Reasons Not to Abandon Expository Preaching," *Leadership* (Summer 1996): 88.

이 염려한다고 가정한다. 하지만 청중과 소통하는 어느 누구도 사람들에게 중요한 관심사는 2천 년 전에 했던 말에서 찾을 수 있다고 가정하지 않는다. 설교자는 성경에서 설교할 본문을 골라내고 그 본문의 역사적인 배경과 문맥에서 논리적 의미와 저자의 신학을 심하게 오용하고 있다. 이러한 방법으로 끝나지 말고 청중의 중요한 요구 사항을 생각하면서 시작해야 한다. 그런 다음 결국 청중의 모든 필요를 충족시키기 위해 모든 설교를 조직해야 한다. 이러한 방법은 모두 좋은 감각과 심리학(psychology)으로 구성된다.

흥미롭게도, 위의 의견은 현대 설교자들에게 바른 생각이 아니다. 위의 주장을 한 저자는 1928년에 자유주의 신학을 가진 해리 에머슨 포스딕(Harry Emerson Fosdick)이다.[21] 현대 복음주의자들은 이들이 마시는 이와 같은 생각의 물을 조심해야 한다. 이 물줄기는 독물이 될 수 있다.

2. 자연스럽게 본문과 같이 대지(설교 포인트)를 가지게 한다

우리가 선택한 본문의 구조를 찾아내는 것은 자연스럽게 설교의 구조에 도움이 될 것이다. 설교자는 이러한 부분을 대지(major points), 움직임(movements), 또는 부분(segments)이라고 부른다. 설교자는 이러한 본문의 특성을 설교를 재구성할 때 자연스럽게 존중할 것이다.

그레이다너스는 성경적 설교는 성경과 비슷한 방식(Bible-like way)으로 설교하는 설교로 성경이 형성(Bible shaped)하는 설교라고 설명한다. 또한 "강해설교에서 본문은 서론과 같은 역할을 하거나 잡다한 생각을 알리는 것이 아니라, 성경 본문은 설교 중 말해야 하는 것을 지시하고 통제하는 주인

---

[21] Harry Emerson Fosdick, "What Is the Matter with Preaching?" *Harper's Magazine* (July 1928): 135.

(master)이다"라고 주장한다.[22] 충실한 강해설교자는 설교를 할 때 하나님의 성령에 의해 주어진 말씀을 선포한다는 사실을 알고 겸손해야 한다.

왜 설교자는 말씀에 사로잡힌 자와 같은가?

설교자는 성경말씀이 하나님에 의해 신성하게 영감을 받았다는 것을 믿는 자이다. 따라서 설교자는 하나님 자신이 쓴 말씀을 남용하거나 무시하거나 변경할 수 있다는 두려움에 조심해야 한다. 성경은 비록 사람의 말로 기록된 하나님의 말씀으로 설명되지만 궁극적으로 성경은 하나님의 말씀이라는 사실을 결코 잊어서는 안 된다. 성경이 의도한 의미하는 내용을 존중해야 한다. 제임스 I. 패커(James I. Packer)는 이렇게 말한다.

> 설교에 대한 바른 생각은 설교자는 자신이 설교하는 성경 본문에 대한 대변자가 되어야 한다. 또한 성경을 열 때 하나님으로부터 온 메시지로서 청중에게 적용해야 한다. 성경 본문 스스로의 순서대로 말해야 한다. '성경 본문에서 대지(point)의 순서대로 설교하고 본문 그 자체로 말하고 들려질 수 있도록 한다. 이러한 기준으로 청중은 하나님께서 성경을 통하여 어떻게 가르치시는지 알 수 있다'(『웨스트민스터 사전』[Westminster Directory], 1645)."[23]

3. 본문의 대지(major points) 및 소대지(sub-points)를 확인한다. 분명하고 자연스럽게 본문에서 흘러나오도록 한다. 본문의 개요(또는 움직임)를 볼 수 있도록 한다

좋은 본문의 아웃라인은 성경 본문에 충실하다. 자연스럽게 본문에서 나

---

[22] Sidney Greidanus, *The Modern Preacher and the Ancient Text* (Grand Rapids: Eerdmans, 1988), 10–11. The quote comes from Stott, Between Two Worlds, 126.

[23] J. I. Packer, *God Has Spoken* (Grand Rapids: Baker, 1965), 28.

오므로 설교자는 물론 청중도 분명히 볼 수 있다. 본문의 메시지에서 빗나가고 오히려 주의를 끌려하는 것이 두드러지지 않도록 해야 한다. 이러한 위험성은 성경 본문의 의미를 전하기 위해서 두운법(설교 각 포인트의 앞 글자를 맞추려는 방법, alliteration)을 사용하여 인위적으로 리듬을 만들 때 발생한다.

만약 성경 본문이 자연스럽게 세 개의 주대지(major points)로 나눠지면 우리의 설교 개요는 세 부분으로 나눠지도록 반영되어야 한다. 첫 번째 대지에서 두 개의 소 대지(sub-points)가 명확하게 발견이 된다면 설교에서도 첫 번째 대지는 두 개의 소대지로 나눠져야 한다.

여기에 도움이 될 만한 예가 있다. 골로새서 3:18-21에서 바울은 그리스도인 가정의 구조와 책임을 다룬다. 이 네 절은 에베소서 5:22-6:4의 「리더스 다이제스트」(Reader's Digest) 버전이다. 바울이 분명하게 전달하기 때문에 본문을 4개의 주요 섹션으로 나누기는 쉽다.

주요 요점을 요약하면 다음과 같다.

I. 아내는 남편에게 복종해야 한다(골 3:18).
II. 남편은 아내를 사랑해야 한다(골 3:19).
III. 자녀는 부모에게 순종해야 한다(골 3:20).
IV. 아버지(부모)는 자녀를 격려해야 한다(골 3:21).

이 개요는 분명히 본문을 반영하고 있다. 각 구절의 동사 형태는 명령형이다. 이 본문에서 소대지는 필요하지 않다. 그러나 어떤 주대지 아래에 있는 소대지를 정할 경우가 있다. 이때는 주대지 아래 설교의 소대지를 본문에 따라 설정하는 것이 가장 좋다.

예를 들어, 기본적인 본문이 이끄는 설교 개요를 시편 110편에서 고려해 보도록 하겠다. 이 본문은 위대한 메시야적 소망을 담고 있는 본문이다. 이 본문을 읽을 때 본문이 자연스럽게 두 개의 연으로 나뉜다. 또한 하부(소대지)는 자연스럽게 본문에서 나오고 주요 대지를 설명하며 발전시킨다.

> **시편 110편의 위대한 왕-제사장[24]**
>
> **시편 110편**
>
> 설교의 중심 아이디어(MIM): 메시야 예수는 위대한 왕과 제사장으로 우리의 예배와 온전한 헌신에 합당하다.
>
> I. 메시야 예수님은 우리의 위대한 왕이시다 (시 110:1-3).
>   1. 그는 주님의 보좌에 앉으신다 (시 110:1).
>   2. 그는 주님으로부터 능력을 얻는다 (시 110:2-3).
> II. 메시야 예수님은 우리의 위대한 대제장이시다 (시 110:4-7).
>   1. 그의 제사장 권한은 돌이킬 수 없다 (시 110:4).
>   2. 그의 힘은 대적할 수 없다 (시 110:5-7).

4. 설교의 주요 대지를 완전 문장으로 기술한다. 현재 시제, 적용 중심적인 설교 제목, 본문의 중심 아이디어(MIT) 및 설교의 중심 아이디어(MIM)와 연결한다

라메쉬 리차드(Ramesh Richard)와 알 페이솔(Al Fasol)은 좋은 설교 개요의 특징을 설명하였다.[25] 설교 작성에서 사용할 수 있는 도움이 되는 기준으로 다음과 같은 여덟 가지 원칙이 있다.

첫째, 현재의 시제(present tense)와 적용 지향적인(application oriented) 문장으로 당신의 대지를 표현하라.

---

[24] 본 성경 본문에서 예수의 이름이 나오지는 않는다. 하지만 성경 전체의 전체적인 시각과 신약성경(히 7장)의 중요성의 관점에서 볼 때, 이러한 아웃라인에서 예수의 이름을 사용하는 것은 바람직하다. 신자의 연구 성경(The Believer's Study Bible)은 시 110:1이 신약에서 가장 자주 예수를 암시하는 성경 구절로 안내가 되고 있다(마 22:44; 26:14; 막 12:36; 눅 20:42-3; 22:69; 행 2:34-5; 7:55; 롬 8:34; 엡 1:20-2; 골 3:1; 히 1:3,13; 8:1; 10:12-3; 12:2; 벧전 3:22).

[25] 다음의 자료를 참조할 수 있다. Al Fasol, *Essentials for Biblical Preaching: An Introduction to Basic Sermon Preparation* (Grand Rapids: Baker, 1989), 65–6; Ramesh Richard, *Preparing Expository Sermons* (Grand Rapids: Baker, 1995, 2001), 184–5.

본문의 내용에 따라 적용은 지식이나 행동 영역으로 청중에게 적용이 될 수 있으며, 또는 두 영역 모두에서 당신의 청중에게 도전할 수 있다. 또한 현재 시제를 사용해야 한다. 당신은 청중에게 설교하고 있다는 것을 인정하여 간결하고 완전한 문장을 사용함으로써 소통되길 원하는 진리를 청중에게 정확하게 전달해야 한다.

둘째, 당신의 대지를 설교의 제목과 연결하여 청중이 제목에서 제기된 이슈를 어떻게 다루는지 보여라.

좋은 설교 제목은 본문에 충실하며 청중의 필요와 관심에 관련이 있어야 한다. 또한, 어리석고 진부하거나 우스꽝스럽지 않으면서 청중의 관심을 얻을 수 있어야 한다. 설교 제목에 당신의 중심 생각을 포함시키는 것은 일반적으로 좋은 전략이다.[26]

셋째, 대지가 본문의 중심 아이디어(MIT)와 설교의 중심 아이디어(MIM)를 지원하는지 확인한다.

이러한 연결은 성경 저자의 전략을 존중하는 데 도움이 될 것이다.

넷째, 대지가 본문의 구조를 반영하였는가를 확인한다.

카이저는 이렇게 강조한다.

> 주대지(main points)가 본문의 구조를 따르는가를 확인하는 것이 중요하다. 만약 어떤 부분이 명령형 또는 의문형이라면, 설교의 구조 또한 따라가는 것이 가장 좋다. 마찬가지로 본문의 명사는 명사로, 동사는 역시 동사로, 전치사는 전치사와 일치하여 설교 대지에 반영하는 것이 좋다. 따라서 첫 번째 대지가 전치사로 시작한다면, 다른 대지들도 동일한 형태를 따르는 것이 좋다. 소대

---

[26] 설교의 제목에 대해서는 이 책의 제19장에서 자주 듣게 되는 질문에서 다룬다.

지도 마찬가지로, 동일한 형태의 평행 구조를 가지는 것이 좋다.[27]

다섯째, 각 대지는 독립적이고, 제목이나 설교의 중심 아이디어의 특정 부분을 발전시켜야 한다.

일반적인 문장보다는 특정한 문장이 더욱 좋다. 정확히 무엇을 의사소통 하길 원하는가를 정확히 드러내야 한다.

여섯째, 각 대지는 무엇보다도 본문에 충실하여 본문의 메시지를 발전시킨다.

본문의 구조 및 전개가 설교구조에서도 동일하게 중요한 가치를 가지고 메시지가 전개되어야 한다.

일곱째, 각 대지는 본문에 뿌리를 두고 있으며 근거가 있는지 의심의 여지가 없어야 한다.

자신이 말한 것에 대한 "성경적 근거"를 각 대지와 소대지마다 보여줌으로써 자신이 하려는 말의 근거가 성경에 있음을 제공하여야 한다.

여덟째, 성경 본문의 진리를 가장 잘 전달할 수 있는 양식과 구조로 작성한다.

질문형, 평서형, 또는 명령형의 형태로 설교 아웃라인을 선택할 수 있다. 특정한 경우에 대명사 "우리"를 사용하고 때로는 지혜롭게 더 직접적인 대명사로 2인칭 대명사인 "여러분"을 사용할 수 있다. 무엇보다도 핵심은 본문에 충실하고 청중과 관련이 있어야 한다.

---

[27] Kaiser, *Toward an Exegetical Theology*, 158, 160.

4. 소대지는 주대지를 지지하고 연결하라

주대지는 본문의 중심 아이디어에서 나오고 설교의 제목과 연관성 있게 도와준다. 설교의 소대지는 주요 대지와 서로 연결되도록 도와준다. 본문의 주대지와 마찬가지로 당신의 설교에 있어서 소대지 또한 성경적으로 근거가 있어야 한다. 본문의 내용과 주장을 반영해야 하는 것이다. 소대지는 주대지에 종속되고 관련된 주대지를 뒷받침하여 증폭시키며, 명확히 하거나 설명할 수 있어야 한다.

우리는 주대지를 로마 숫자(I, II, III, IV)로 표시하고, 소대지는 아라비아 숫자(1, 2, 3)로 표시한다. 이 정도의 접근을 넘어서는 세부적인 아웃라인은 너무 세밀하고 거의 설교에 도움이 되지 않는다.

그렇다면 효과적인 설교 개요의 기본 원리는 무엇인가?

① 하나의 단어나 구가 아니라 간결하고 완전한 문장을 사용한다.
② 가능하다면 핵심 단어나 구를 사용하여 각 아웃라인에 일관성과 대칭성을 보장한다.
③ 성경은 진리이기에 보편 원리로 진술을 만든다. 설교의 요점은 언제 어디서나 적용되는 진리를 포함해야 한다.
④ 개괄적 진술의 배열에서 생각의 논리적 움직임(logical progression)을 따르게 한다.
⑤ 당신이 설교할 특정 청중에게 적합한 현재 시제와 현대 언어를 사용한다.
⑥ 청중의 신앙과 순종을 격려하는 건전한 신학적 원리로써 설교 요점을 표현한다.
⑦ 특정 시점에서 추가적인 발전이 필요한 경우 간단하게 한다.
⑧ 설교 개요를 작성할 때 청중을 마음에 두고 작성한다.
⑨ 주대지가 설교의 중심 아이디어에서 이탈되지 않도록 한다.
⑩ 두음법(alliteration)과 같이 글의 앞글자를 똑같이 하는 기술은 일부 설

교자에게 좋은 기술이지만 효과적인 설교를 위하여 요구되는 것은 아니다. 당신이 이러한 부분에 능숙하지 않다면 억지로 하지 말라!

설교 아웃라인이 왜 도움이 되고 중요한가?

몇 가지 빠르고 결론적인 답변은 다음과 같다.

① 효과적인 의사소통(communication)을 위해 필요하다.
② 이해에 도움이 된다.
③ 인간의 마음은 질서(order)와 일치(unity)를 추구한다.
④ 설교가 어디로 갈 것인지를 알 수 있다.
⑤ 설교자가 연구한 본문에 대하여 적절한 관점을 얻는 데 도움이 된다.
⑥ 성경 원저자의 패턴, 순서 및 논리를 발견할 수 있도록 돕는다.
⑦ 본문에서 주대지나 중심 아이디어뿐만 아니라 그 요점을 설명하고 강조하는 소대지를 강조하는 데도 도움이 된다.

제13장

말씀 강해: 강해설교 만들기

설교를 만드는 것은 뼈로 구성된 골격(skeleton)에 살(meat)을 붙이는 것과 비슷하다. 몸을 살아 있게 하기 위해 중요한 장기를 추가해야 한다. 물론, 성령의 생명을 불어 넣는 것이 없다면 필요한 모든 부분을 가진 아름다운 육체도 시체일 뿐이다.

우리가 구조화된 아웃라인에 본문의 내용과 실제적인 설교 내용을 추가할 때, 제12장에서 소개한 다섯 가지 단계를 토대로 설교를 작성하여야 한다. 반복을 통해 10단계 모두를 사용하면 설교에 있어서 좋은 습관을 만들고 결실을 볼 수 있다.

1. 본문이 분명히 지지하고 발전되는 신학적 진리를 찾는다

현대 복음주의교회는 심각한 위험에 직면해 있다. 얕고 건전하지 않은 신학이 교회 전체를 삼킬 위험에 있다. 설교자들이 하나님의 백성들에게 성경강해에 뿌리를 둔 탄탄한 성경신학을 가르쳐야 한다. 만약 이렇게 설교한다면 어떤 방향에서든 극단적인 신학적 견해들을 쉽게 알 수 있을 것이고, 이러한 영향력에서 멀리하도록 신속하게 조처해야 할 것이다.

우리 저자들은 성경신학(biblical theology)을 통한 신학 발전이 조직신학

(systematic theology)의 발전보다 앞서야 한다고 확신한다. 그러나 성경신학은 항상 조직신학을 향하여 진행되어야 한다. 성경을 연구하는 학생들이 조직신학에 지나치게 중심을 두는 접근은 현명치 않으며 받아들일 수 없다.

성경적/주해신학(biblical/exegetical theology)에 우선순위를 둔다면 더욱 충실하고 정직한 성경 해석이 될 것이다. 하지만 이러한 접근은 신학을 체계적으로 형성하는 과정에서 더 긴장을 요구할 것이다(참조, 롬 11:33-36). 카이저는 이렇게 주장한다.

> 성경신학이라는 학문은 성경주해의 쌍둥이가 되어야 한다. 주해신학(exegetical theology)이 교회에 적절한 "정보를 제공하는 신학"(informing theology)이 되지 않을 때 결과적으로 불완전하고 거의 불모지가 될 것이다.[28]

현대의 설교단에서는 교리적/신학적 설교가 눈에 띄게 없어지고 있다. 신학적으로 무지하고 성경에 대하여 문맹과 같은 설교는 매우 값진 대가를 지불하게 한다. 설교자는 자신이 설교할 본문을 해석하고 설교화하는 과정에서 청중을 고려할 때 본문에 포함되고 지지된 신학적 진리에 민감해야 한다. 또한, 설교자는 이러한 진리를 명확하고, 실용적이며, 연관성 있는 방식으로 전달할 수 있는 전략을 개발하도록 노력해야 한다.

이처럼 훌륭한 설교자는 신학적 내용을 포함하여 가르치고 설교할 것이다. 그들은 목회자이자 신학자로서의 높은 부름을 회복할 것이다. 신실한 말씀의 사역자는 많은 설교자가 절대 묻지 않는 일련의 질문을 할 것이다. 그리고 회중들이 유능한 체계적인 신학적 소양을 가진 신자가 되게 하려고 영감을 주며 준비시키는 질문들로 모든 본문을 심도 있게 연구할 것이다.

① 이 본문은 성경에 대해 무엇을 말하고 있는가?(계시의 교리)
② 이 본문은 하나님(창조, 천사)에 관해 무엇이라고 말하는가?

---

[28] Walter Kaiser Jr., *Toward an Exegetical Theology* (Grand Rapids: Baker, 1981), 139.

③ 이 본문은 인류(죄, 우리의 타락)에 관해 무엇이라고 말하는가?
④ 이 본문은 예수 그리스도(예수의 인격과 사역)에 대해 무엇을 말하고 있는가?
⑤ 이 본문은 성령에 관해 무엇이라고 말하는가?
⑥ 이 본문은 구원에 관해 무엇이라고 말하는가?
⑦ 이 본문은 교회에 관해 무엇이라고 말하는가?
⑧ 이 본문은 종말의 때의 일들에 관해 무엇이라고 말하는가?

이제 우리는 이 시점에서 정직하고 솔직해야 한다. 어떤 종류이든지 간에 설교 중에 신학이나 교리를 설교하지 않고 설교하는 것은 불가능하다. 그러나 연약한 신학은 미성숙한 영적 아기들로 가득 찬 "보육원교회"만을 생산할 것이다. 다른 한편으로는, 특별한 신학 전통에 대하여 건강하지 않게 충성하는 것을 본다. 이러한 접근은 멋져 보이고 견고하며 단정하게 정리가 된 신학 체계를 제공할 수 있다. 하지만 성경의 특정 본문을 짜내고 왜곡시키면 우리를 쇠창살, 또는 고립된 신학에 몰아넣을 수 있다.

더 나은 방법은 당신의 본문 주해(exegesis)가 당신의 신학을 이끌(drive)게 하도록 하는 것이다. 당신의 신학 체계가 성경에 의해 형성되어야 하고 그 반대가 되어서는 안 된다. 당신은 이러한 과정 가운데 신학적으로 긴장감과 신비를 분명히 경험하게 될 것이다. 이러한 과정을 통해 당신은 성경 본문에 더 진실하게 되어 더욱 건강하고 균형 잡힌 신학을 받아들이고 발전시키게 될 것이다.

2. 당신의 설교 아웃라인(설교 골격)에 당신의 석의의 살과 골수로 채우라

이제는 설교 작성을 하기 위해 본문을 읽고 메시지를 공부하는 데 열심히 노력해야 한다. 본문을 주해하고 여러 번역본 성경과 성경 주석 및 연구에 도움을 주는 다른 자료들을 읽어야 한다. 당신은 이러한 과정을 통하여 강력한 성경 가르침을 위한 설교의 구성 요소를 만들게 된다.

조금은 불편하게 들릴 수 있지만 연구한 자료 중 어떤 자료는 자료 보관함에 남겨 두고, 설교 메시지를 만들 때 넣지 않아야 한다. 물론, 자신이 연구한 자료 중 설교 작성에서 모두 사용하지 않을 때 고통스럽게 느껴질 수 있다. 하지만 당신이 본문 연구를 통해 얻는 모든 부분이 당신의 특정한 청중에게 하나님의 말씀을 전파하고 가르치는 데 전부 필요하고 도움이 되는 것은 아니다.

충실하고 설득력 있는 성경 교사이자 신학자가 되려고 노력해야 한다. 교회 성도들에게 성경의 내용을 설명하고 성경을 가르쳐야 한다. 좋은 성경 공부와 가르침이 어떤 것인가를 성도들에게 설교를 통하여 모델로 제시해야 한다. 문법적 특성을 알리고, 중요한 동사의 시제를 강조하며, 중요한 단어를 정의하고, 이 본문이 어떻게 성경의 큰 구원 이야기의 줄거리(the great redemptive story)에 들어맞는지 보여 주어야 한다. 워렌 위어스비(Warren Wiersbe)는 이렇게 현명하게 말한다.

> 우리의 설교가 성경적이라는 것은 설교가 하나님의 말씀에 기반을 두고 있다는 것이다. 설교자는 그 말씀의 권위 하에 사는 삶을 보여 주어야 한다. 또한 설교자는 성경의 생각을 가르침으로 청중의 마음을 움직이며 의지를 사로잡고 진실한(내재된) 방식으로 본문을 해석하고 적용하여야 한다.[29]

좋은 강해는 성경에 관하여만 설교하는 것이 아니라 성경을 설교하는 것이다. 성경 강해는 성경의 세부 사항과 교리를 기꺼이 반영한다. 이러한 말씀 사역은 하나님의 백성들에게 그들 스스로 영원하고 시대를 초월하는 진리인 하나님의 말씀을 읽고 더 잘 이해하도록 가르친다.

---

[29] Warren Wierbse, *Preaching and Teaching with Imagination: The Quest for Biblical Ministry* (Grand Rapids: Baker, 1994), 307.

3. 본문 설명을 위해 서론, 결론, 적용, 예화와 같은 설교의 보조 자료를 추가한다

이러한 설교의 구성 요소는 각 구성 요소(components)에 대한 각 장에서 더욱 자세히 발전적으로 설명할 것이다. 설교 작성은 설교적 걸작을 만드는 것을 목표로 한다. 이러한 목표를 달성한다는 것은 설교의 시작(서론)과 끝(결론)을 잘해야 한다는 것을 의미한다. 실생활에서 실제 사람들과 성경적 진리의 연관성(적용과 예화)을 보여 줄 필요가 있다.

강해설교는 단순한 구절별 해석이나 주해만을 하는 것이 아니다. 이것은 성경의 영원한 진리를 받아들이도록 하고 전도하게 하며 인간의 필요에 따라 사역함으로써 신자를 신앙으로 인도한다. 강해설교는 듣는 자에게 순종하도록 동기를 부여하고 신학적 내용을 가르친다. 그리고 예배를 드리도록 고무시키고 성도를 세우며 하나님의 뜻과 목적을 선포한다.

설교자는 흥미로운 서론과 압도적인 결론을 내리고, 명확한 적용과 강력한 예화를 찾는 노력을 할 필요가 있다. 그리하면 당신이 하나님의 말씀을 설교하기 위해 일어설 때마다 큰 열매를 맺을 것이다. 찰스 스펄전은 이렇게 말했다.

> 신성한 진리 전체를 매일의 지나가는 것들과 섞어서 설교 중에 말할 때 청중으로 하여금 이 세상과 관련된 문제를 잊어버리도록 노력해야 합니다. 다시 말해 형제 여러분, 설교 중에 당신은 일화와 예화를 현명하게 사용하여야 합니다.[30]

---

[30] Charles Spurgeon, *Lectures to My Students* (Grand Rapids: Zondervan, 1972), 52.

4. 설교를 완성할 때 설교가 전체적으로 균형, 대칭 및 연결이 되는지 확인한다

좋은 설교에 관한 매우 합당한 하나의 단서가 있다.

"당신이 설교하는 말과 내용이 당신이 하는 말의 방식보다 더 중요하다. 그러나 당신이 어떻게 말을 하는가도 매우 중요하다."

기본적으로 모든 설교는 이렇게 세분될 수 있다.

설교의 구성 요소

설교 구성 요소	설교 구성 요소 비율	시간 배분
서론		
본론		
1) 주해(본문 설명)	( )	( )
2) 예화	( )	( )
3) 적용	( )	( )
결론(초청)		
전 체	100%	?

전체 설교의 길이에 따라 설교의 각 부분에 할당된 시간을 신중하고 현명하게 고려해야 한다. 설교자는 하나의 설교 구성 요소에 너무 치우쳐서 다른 구성요소가 무시되지 않도록 균형을 이루기 위해 노력해야 한다. 종종 설교의 적용과 결론이 강조되지 않고 경직된 경우가 있다. 이 특정 설교 요소에 대한 삭제는 잘 준비되지 않은 설교 계획 때문이다. 또한, 강단에서 선포하는 훈련 부족에서 온다.

당신은 귀엽고 독창적인 독백이나 끝없는 이야기로 성도들을 즐겁게 하기 위해 부름 받은 것이 아니다. 따라서 설교 중 주해하는 데 많은 시간을 할애하여 본문이 관심을 받도록 해야 한다. 감사하게도 보다 더 긴 설교가 현대 강단에서 회복되고 있다.

설교는 당신이 말할 내용이 잘 준비될 뿐만 아니라 잘 전달될 때 좋은 것이다. 강해설교로 3-4개의 주대지를 포함한 40분 설교를 균형 있고 일관성 있는 설교로 전달하기 위해 일반적으로 이렇게 나눌 수 있다.

설교 구성 요소	설교의 구성 비율	시간 배분
서론	10%	4분
본론	75%	30분
1) 주해(본문 설명)	(50%)	(20분)
2) 예화	(12.5%)	(5분)
3) 적용	(12.5%)	(5분)
결론(초청)	15%	6분
전 체	**100%**	**40분**

이러한 설교 구성요소에 대한 분배와 나눔은 진지해야 한다. 먼저 매우 짧은 서론과 결론으로 구성한다. 또한 물 흘러가듯이 일관성 있는 예화와 적용을 하고 할당된 시간의 절반만 성경에 대하여 설명한다. 안타깝게도 많은 사람이 이러한 부분을 실천하지 못한다. 한 가지 확실한 것은 낭비할 시간이 없다는 것이다.

5. 성경을 반복적으로 큰 소리로 읽도록 연습하라 하나님의 말씀을 성의 없이 읽는 것은 죄다

이 마지막 원칙은 언급할 필요가 없이 중요하지만, 불행하게도 많은 설교자들이 이것에 실패한다. 따라서 우리는 이 문제를 보다 자세하게 다루려 한다. 나는 자신이 설교할 성경 본문을 읽은 신학교 예배의 설교자를 절대로 잊을 수 없다. 그는 본문을 성의 없이 읽었을 뿐만 아니라 잘못된 본문을 읽었다.

성경 본문을 읽는 태도를 봤을 때 그 설교자는 설교가 잘 준비되지 않았다. 그뿐만 아니라 그 설교자가 읽으려는 본문에서 성경적 설명이 완전히 빠져 있음을 알 수 있었다.

신앙의 공동체에서 성경 봉독은 잃어버린 실천이 되었다. 이러한 신앙의 실습은 복구되어야 한다. 또한, 우리는 우리가 읽고 있는 것이 하나님의 말씀임을 절대로 잊어서는 안 된다. 그것은 존중과 존경을 올바르게 요구한다. 성경의 무오성을 확신하는 복음주의자로서, 우리는 성경책을 숭배하지는 않지만, 성경책을 좋아한다. 성경은 하나님의 말씀을 담고 있다. 우리가 공중 예배에서 성경을 크게 읽을 때, 잘 읽어야 한다.

성경을 대중에게 읽을 때 몇 가지 제안이 있다. 이러한 제안은 크레이 슈미트(Clay Schmit)의 책 『성경봉독: 핸드북』(*Public Reading of Scripture: A Handbook*)의 내용을 참조하였다.

6. 공중 예배에서 성경 읽기를 위한 10가지 요령

① 대중 앞에서 성경 봉독하는 것이 중요하다는 것을 인정한다.
  성경 봉독을 준비하고 진지하게 받아들인다.
② 말을 해석하고 말의 변화를 통한 변화가 어떠한 뉘앙스를 나타내는지 스스로 알아 보라.
  다음 문장으로 연습을 할 수 있다.
  "그녀의 이름은 엘리자베스(Elizabeth)이다."
  이 문장을 네 번 큰 소리로, 매번 다른 단어를 강조한다.
  당신의 단순한 강조 변화가 의미를 어떻게 바꿀까?
③ 당신의 성경 본문의 의미를 확실히 이해한다.
  이것은 설교자가 꼭 해야 하는 의무이다!
④ 다양한 감정 표현에 익숙해진다.
  제스처와 목소리 스타일로 다양하게 연습을 한다. 다양한 감정 표현

을 위해 똑같은 문장을 다양하게 읽도록 한다.
⑤ 어린이 책을 소리 내어 읽는다.

"아이들에게 책을 읽거나 아이들과 이야기할 때, 당신은 종종 지나치게 된다.… 실제로 읽을 때는 연습할 때의 약 4분의 1강도로 실습을 하면 교회에서 성경을 읽을 때 좋은 목소리로 읽을 수 있다."[31]

⑥ 성경 봉독 중에 일시 중지(pause)라는 매우 효과적인 의사소통 장치를 사용한다.
누가복음 2:16 실습을 통해 이러한 차이가 있음을 알 수 있다.

- 빨리 가서 마리아와 요셉과 구유에 누인 아기를 찾아서.
- 빨리 가서(**일시 중지**) 마리아와 요셉과 구유에 누인 아기를 찾아서.
- 빨리 가서(**일시 중지**) 마리아와 요셉과(**일시 중지**) 구유에 누인 아기를(**일시 중지**) 찾아서.

⑦ 메시지를 강조하기 위해서 읽을 때 고개를 들어야 한다.
읽을 때 습관적으로 머리를 숙이는 효과는 피하여야 한다. 눈은 생각과 상상력의 거울이다. 따라서 당신이 그 성경의 장면 현장에 있는 것처럼 세상을 바라볼 수 있다. 마치 탕자의 아버지가 탕자 아들을 멀리 보았을 때 또는 시편 기자가 "나는 언덕으로 눈을 들어"(시 121:1)라고 말한 이미지를 생각하면서 앞을 바라보며 읽을 수 있다.
당신이 청중을 바라보는 기술을 사용한다면, 청중을 다음과 같은 시기에 볼 수 있다. 가령 이렇게 예수께서 요구한 것과 같은 문장을 읽

---

[31] Clayton Schmit, *Public Reading of Scripture: A Handbook* (Nashville: Abingdon, 2002). Clayton Schmit는 루터교 목회자이자 풀러신학교 교수이다.

을 때 볼 수 있다. "너희 믿음이 어디 있느냐?"(눅 8:25), 또는 골로새서 3:2에 나오는 바울의 권고와 같이 "위의 것을 생각하고 땅의 것을 생각하지 말라"고 할 때 청중을 바라보는 기술을 사용할 수 있다.

⑧ 읽고 연기를 하지는 말아야 한다.

사람들은 당신이 읽고 있다는 것을 이해한다. 따라서 몸을 움직이거나 몸짓을 많이 해야 한다고 생각하지 말라.[32]

음성이 잘 나오도록 똑바로 서서 마이크를 사용해 본문을 읽으라.

그러나 성경을 강대상 위에 올려야 하거나 많은 청중 앞에서 성경을 봉독할 때가 있다. 이때는 얼굴의 표정 변화를 통하여 성경 봉독의 효과를 높일 수 있다. 또한 큰 청중 앞에서 전달을 할 때는 보다 큰 제스처를 통해 극적 효과를 살리는 것이 효과적이다.

⑨ 큰 소리로 읽기 위해 미리 연습한다.

조용히 읽는 것만으로는 성경 봉독에 있어서 발음, 일시 중지 및 간격 조정의 잠재적인 문제를 식별하는 데 도움이 되지 않는다. 여러 번 소리 내어 읽으면서 준비하는 것이 좋다. 음성으로 녹음된 오디오 성경을 듣는 것도 좋은 생각이다.

⑩ 성경 봉독에 대한 다른 이들의 비평에 마음을 열어라.

피드백을 요청하고, 안주하지 말고 개선하도록 노력하라.[33]

7. 결론

왜 우리는 강해설교 모델을 강력하게 지지하는가?

대답은 매우 간단하다. 우리 교회의 건강과 활력과 연결이 되기 때문이다. 놀랍게도 보다 더 자유주의적인 교회의 일부는 많은 복음주의자들이

---

[32] Ibid.
[33] Ibid.

잘하지 못한 것을 분명히 볼 수 있다. 듀크대학교 교목인 윌리엄 윌몬(William Willimon)은 몇 년 전에 다음과 같은 말을 했다.

"오늘날의 보수주의자들의 설교는 어제의 자유주의자들의 것과 같아 보인다."

윌몬은 복음주의자들이 현대주의의 사이렌에 유혹당하지 않고 과거 진보적인 교단이 걸었던 비극적인 전처를 밟지 말아야 할 것에 대하여 선지자적으로 경고한다. 우리 모두는 그의 말에 주의 깊게 귀를 기울여야 한다.

나는 개신교이면서 자유주의적인 감리교 기독교인이다. 나는 우리가 성경에 약하다는 것을 안다. 노먼 빈센트 필(Norman Vincent)은 바울 사도보다 우리의 설교에 더 강력한 영향을 미쳤다.… 나는 우리가 시대에 빠르지만 성경에 대하여는 느슨하다는 것을 안다.

하지만 나는 항상 환상을 가지고 있었다. 텍사스 어딘가에서 설교하는 설교자처럼 설교하고 싶었다. 창세기에서 요한계시록까지 눈도 깜빡거리지 않고 진지하게 설교하는 설교자이다.… 나는 불쌍하게 타락하여 복음을 전파하는 중에도 어딘가 성경을 믿는 설교자들이 회중들에게 순전한 말씀을 곧 제공하고 있음을 알면서 위안을 얻었다.

하지만 우리 중에는 자칭 주류든 비주류든 간에 우리의 심리적이고 유행에 민감한 설교를 회개하고 훈련된 성경적 설교의 기쁨을 재발견해 가고 있다. 하지만 성경적 설교를 한다는 설교자들이 자유주의적 설교자보다 더욱 자유주의적으로 설교하는 데 대해 나는 너무 실망스럽다.

이러한 설교자는 성경의 심각한 요구보다는 "붐 세대"(boomers)와 "버스터"(busters)의 "느껴지는 필요"(felt needs)로부터의 요구에 더욱 민감해한다. 나는 그들이 왜 이것을 하는지에 관해 안다.… 그것은 모두 현재의 질서에 도움이 되기를 원하는 미국 기독교인들의 마음과 관련이 있다(현재의 질서가 정의한 대로 관련성[relevant]이다).

우리는 백악관에서 점심 식사를 하도록 초대받거나 적어도 "굿모닝 아메리카"(Good Morning America)와 인터뷰를 원한다. 그래서 우리는 시장의 요구에 맞게 우리의 언어를 조정하고, 현재의 세상의 불만으로부터 설교를 시작한다. 우리 설교를 많이 듣는다면, 예수께서는 자유롭게 사람들을 기분 좋게 하는 일종의 순회 치료사라는 인상을 받는다. 포스딕(Fosdic) 이후로 우리 자유주의자들은 이러한 잘못된 방법을 사용했다. 우울증과 같은 인간의 문제로 시작한 후, 성경에서 관련 있는 대답을 찾으려 했다.

지난 가을, 나는 일요일 설교를 위해 내 사무실에서 준비하였는데 전화가 울렸다.

"오늘 듀크 채플에서 설교하는 사람은 누구입니까?"

남부의 거친 남자의 목소리가 들렸다.

나는 목소리를 가다듬고 "윌리엄 윌몬 목사"라고 대답했다.

"그분이 누구입니까?"

이렇게 다시 물었다. 나는 "대학교 예배 교목(Dean of the Chapel)입니다"라고 경건한 말투로 대답했다.

그러자 그 남자는 "저는 그분이 정치를 설교하지 않기를 바랍니다. 저는 힘든 한 주를 보냈고 저는 하나님에 관해 들을 필요가 있습니다. 지금 출석하고 있는 교회는 너무 정치적으로 변화했습니다. 저는 진짜 설교를 들어야 합니다!" 성경적 설교를 듣기 위해 감리교 설교자를 찾아야 할 때라는 사실은 매우 슬픈 일이라 생각된다.[34]

월터 카이저는 위의 윌리엄 목사에 동의할 것이다. 그의 말은 똑같이 강조되며 설득력을 가진다.

세상의 여러 곳에서 그리스도의 교회가 건강하지 않다는 것은 전혀 비밀이 아니다. 현재 문제를 안고 있는 교회들은 "정크 푸드"(junk food)와 같은 음식을 먹었기에 건강을 해치고 있다. 모든 종류의 인공 방부제와 모든 종류의 부자연스러운 대체물이 교회에 제공되었다. 결과적으로, 신학적 및 성경적 영

---

[34] William Willimon, "Been There, Preached That," *Leadership Magazine* (Fall 1995).

양 실조에 걸렸다.

발암성 또는 신체에 유해한 식품이나 제품을 사용함으로써 교회의 육체 건강을 손상시키게 되고, 이러한 세대를 괴롭히고 있다. 동시에 하나님 말씀의 진정한 제공이 부재한 결과로 전 세계의 영적 기근은 계속 확장되고 있다. 이는 교회의 대부분의 지역에서 지속되고 있다.[35]

루터(Luther)는 다른 시대에서 교회의 비슷한 상황을 보았다. 그러나 그는 절망하지 않았다. 왜냐하면, 우리가 봐야만 하는 환자를 치료할 해독제를 보았기 때문이다. 즉 성경의 충실한 선언이다. 『그리스도인의 자유에 관하여』(On Christian Liberty)에서 루터는 우리가 주의해야 할 말을 강조했다.

영혼에서 하나님의 말씀을 제외하는 것은 모든 것이 없어지는 것과 같다. 말씀이 없는 곳에서는 무엇이든 간에 영혼을 위한 도움이 없다는 것이 확실하다. 그러나 말씀이 있다면 말씀은 부요하며 우리가 측정할 수 없는 생명과 진리와 빛과 화평과 의와 구원과 기쁨과 자유와 지혜와 능력과 은혜와 영광과 모든 축복이 있다.[36]

하나님의 말씀을 설교한다는 것은 구원자의 영광을 나타내고 하나님 자녀들의 선을 도모하는 것이다. 이러한 설교는 우리 시대에 건강한 교회를 위하여 절대적으로 필요하다. 이러한 설교는 언제나 건강한 교회를 위하여 절대적으로 필요한 구성 요소이다.

---

[35] Kaiser, *Toward an Exegetical Theology*, 7–8.
[36] Martin Luther, "A Treatise on Christian Liberty," in *Three Treatises* (Philadelphia: Muhlenberg, 1943), 23.

제14장

예화: 청중이 성경 진리를 보고 행동하도록 돕기

예화는 집의 창문과 같다. 예화는 당신이 안을 볼 수 있도록 하고 기억할 수 있게 해 준다. 예화는 설교에서 중요한 구성 요소(component)이다.[37] 일반적으로 훌륭한 설교자들은 항상 예화를 위대하게 사용할 줄 알았다. 이들은 성경 강해에서 생명과 활력을 가져다 주는 단어를 사용하고 그림을 그리는 데 훌륭한 재능을 지닌 이야기꾼이다.

만약 우리가 예화 사용에 대한 성경적 근거가 필요하다면, 우리는 예수님의 설교 사역을 볼 필요가 있다. 예수님은 그분의 말씀 사역 가운데 이야기를 하고, 비유를 사용하고, 말로 그림을 그리는 능력이 탁월하셨다. 예수님은 예화 사용의 대가이셨다.

설교자들이 냉정하게 알아야 할 부분이 있다. 청중은 종종 설교자의 본문 주해 내용과 설교의 대지를 잊어버린다. 하지만, 예화 특히, 설교자의 이야기를 기억할 것이다. 그러나 우리는 낙심하지 않아야 한다. 그 이유는 청중이 예화를 떠올릴 때 한번 더 설교 내용을 기억하게 되기 때문이다. 예화는 설교의 창문으로 설교 내용을 들여다 보게 할 것이다. 엔토니 트롤로프(Anthony Trollope, 1815-82)는 자신의 시대에 이렇게 고백했다.

---

[37] Charles Spurgeon은 예화를 창문에 비유하여 "빛으로 집을 환하게 한다"라고 표현했다. Charles Spurgeon, *Lectures to My Students* (Grand Rapids: Zondervan, 1954), 349.

"문명화되고 자유로운 나라에서 설교를 듣는 것보다 더 큰 어려움은 없을 것이다."[38]

그러나 충실한 강해와 강력한 예화의 결합은 이런 설교가 안고 있는 질병과 같은 어려움을 치료하는 확실한 해독제(antidote)이다.

1. 예화의 중요성

올바른 예화를 찾고 바른 방식과 적절한 시기에 예화를 말하기보다 어려운 일은 없을 것이다. 그러나 이러한 어려움을 극복할 때 큰 열매를 맺을 것이다. 찰스 스펄전은 이렇게 말했다.

> 어려운 정의와 본문 설명을 하면 당신의 청중을 아직 의미가 명확하지 않은 어둠에 남겨둘 수 있다. 하지만 적합한 은유[예화]는 놀라울 정도로 명확하게 와 닿는 설교가 되게 할 수 있다.[39]

많은 사람은 요즘 설교가 무디고 지루하며 청중과 관련성이 없다고 생각한다. 그 이유는 어떤 설교자의 설교에는 설교의 중심 아이디어가 복잡하기 때문이다. 뿐만 아니라 신학적 전문 용어는 명확하지 않으며, 헌신과 행동을 위한 구체적인 방향 제시가 거의 없기 때문이다.[40] 제리 바인(Jerry Vines)과 짐 섀딕(Jim Shaddix)은 좋은 예화가 평범한 설교와 뛰어난 설교의 차이를 만든다고 믿는다.[41] 이처럼 예화가 살아 있는 설교는 삶을 변화시키

---

[38] 재인용, *Journal of Biblical Counseling* (Winter 1998): 44.
[39] Spurgeon, *Lectures to My Students*, 349.
[40] Bryan Chapell, *Christ-Centered Preaching*, 2nd ed. (Grand Rapids: Baker, 2005), 180. Bryan Chapell은 예화 사용에 관하여 다음과 같은 책을 출간하였다. *Using Illustrations to Preach with Power*, rev. ed. (Wheaton: Crossway, 2001).
[41] Jerry Vines and Jim Shaddix, *Power in the Pulpit* (Chicago: Moody, 1999), 190.

는 설교와 그렇지 않은 설교의 차이가 될 수 있다.

예화는 성경 진리를 분명하게 하고, 하나님의 말씀이 어떻게 움직이는지를 보여 주며, 다른 사람들의 삶에서 어떻게 일하는지 알려 준다.[42] 또한, 청중이 성경 진리를 보다 분명하게 볼 수 있도록 귀를 눈으로 돌려 놓게 도와준다. 즉 예화는 추상적 진실을 구체적으로 만든다.

인간은 본성적으로 시각적이다. 또한, 시각적인 시대 가운데 살아간다. "정신적인 그림"(mental pictures)을 만들어내는 것은 현실을 두드리고 인간 본성의 정서적 측면을 다루게 된다. 좋은 예화는 감정과 마음을 움직이며 우리의 감각을 높인다. 왜냐하면 우리는 듣는 것에 대해 민감하기 때문이다.

따라서 우리가 자녀들에게 성경 이야기를 가르치는 것이 교육적으로 유익하다. 자녀들에게 성경의 이야기는 암기하는 데 도움을 주고 어린이와 성인 모두에게 소중하고 강력하다.

우리 앞에 있었던 위대한 설교자들은 예화를 탁월하게 사용하였다. 브라이언 채플은 이렇게 주장한다.

> 사도들은 하나님의 전신 갑옷과 경주 코스와 살아 있는 돌과 올리브 나무, 또는 빛 가운데서 걷는다는 이미지를 통해 자신의 메시지를 각인시켰다. 우리는 그들의 가르침을 기억할 수 있다.
>
> 조나단 에드워즈(Jonathan Edwards)가 사악한 거미를 불구덩이 위에 매달아 놓는 이미지를 통해 설명하지 않았다면, 아무도 "진노하시는 하나님의 손안에 든 죄인"의 개념을 바로 이해할 수 없었을 것이다.
>
> 윌리엄 제닝스 브라이언(William Jennings Bryan)이 "당신은 황금십자가에 인류를 못 박지 말라"고 비난하지 않았다면, 그의 정치적 "설교"는 다음날 잊혔을 것이다.
>
> 만약 마틴 루터 킹 주니어(Martin Luther King Jr.)가 우리를 "꿈"과 "산꼭대기"

---

[42] Bryan Chapell은 "설득 기술 중 예화는 암시와 예"라 설명한다. *Christ-Centered Preaching*, 176.

로 안내하지 않았다면 워싱턴의 거대한 광장을 가로지른 다른 거친 행진의 발걸음보다 더 컸을까?[43]

본문을 강해하고 전달하는 데 있어서 예화 사용은 중요하다. 기독교 역사의 모든 시대에 효과적인 설교자는 이러한 자질을 잘 보여 주었다.

2. 예화의 목적

훌륭한 예화는 몇 가지 중요한 목적을 충족시킨다. 이러한 목적은 신학적이고 실천적 범주에 속한다. 설교의 서론과 결론을 만드는 과정에 예화를 작성하는 과정과 동일한 영역이 있다는 것은 놀라운 일이 아니다. 현장 설교에서 예화는 종종 효과적인 서론과 결론을 위한 핵심이 된다.

첫째, 예화는 알리고 지시한다.

복음 선포자로서 우리는 청중에게 하나님의 방법을 가르치는 것을 목표로 한다. 예화를 사용하는 이유는 사람들이 명제보다 그림과 이미지를 더 쉽게 붙잡기 때문이다. 그러나 사진이나 이미지의 목적은 사진 아래에 있는 명제나 원칙에 대해 빛을 밝히는 것이다.

둘째, 예화는 설명하고 명백하게 한다.

좋은 예화는 설명하는 힘이 있어서 성경의 진리를 분명하게 보여 준다. 좋은 예화는 "아하"의 순간을 불러일으킨다. 또한 "지금 보인다"는 경험을 제공한다.

---

[43] Chapell, *Christ-Centered Preaching*, 182.

셋째, 예화는 설교자가 자신의 청중과 연결(connect)하고 동일화(identify)하는 데 도움이 될 수 있다.

훌륭한 소통 전문가는 청중의 영혼을 만지고 그들의 마음을 움직이는 법을 안다. 이러한 개인적 접촉은 훌륭한 예화를 위한 자연스러운 구성 요소이다. 당신의 청중에게 모두 와 닿는 실제 삶의 문제를 비중 있게 이야기할 때 마음이 하나 된다.

넷째, 예화는 암기와 회상에 큰 도움이 된다.

사람들은 이야기를 기억한다. 우리의 이야기나 인상 깊고 기억에 남는 말을 기억하게 된다면, 청중이 본문 주해의 내용으로 돌아가고 다시 본문의 내용을 회상하는 데 도움이 될 것이다.

다섯째, 예화는 시선을 붙잡고 끄는 데 도움이 된다.

넓고 긴 강해가 나온 후에는 일반적으로 청중의 마음이 떠돌기 시작한다. 이러한 때 좋은 그림은 설교에 다시 집중하는 데 도움이 된다. 내 친구 알리스터 베그(Alistair Begg)는 설교와 연관된 좋은 그림이 있다면 자신의 청중의 관심을 다시 불러일으킬 때까지 설교와 함께 그 이미지가 청중의 머릿속을 "떠다니는" 방법을 사용하도록 권면한다. 알리스터의 말을 들을 때 그가 청중의 주의를 끌기 위해 애를 쓴다는 사실을 알 수 있다. 강력한 예화의 유용성에 대한 그의 지적은 정확하다.

여섯째, 예화는 동기를 부여하고, 설득하며, 확신을 준다.

예화는 단순히 설명하기 위한 것이 아니다. 예화는 주로 청중에게 동기를 부여하기 위한 것이다. 성경은 우리가 온 마음과 영혼과 생각과 힘을 다해 주 우리 하나님을 사랑해야 한다고 가르치고 있다(눅 10:27; 신 6:5). 흥미진진한 훌륭한 예화는 성경 진리를 성령을 통해 청중의 전인격적 존재에 영향을 끼치기 때문에 사람을 움직이게 한다.

일곱째, 예화는 정신 이완을 위해 좋다.

이야기 형태의 예화를 듣는 순간 자연스럽게 집중에 대한 필요성이 줄어들고 청중은 "듣기를 위한 호흡" 조절을 하며 들을 수 있다.

여덟째, 예화는 청중의 삶과 성경 본문이 서로 얼마나 연관성(relevance)이 있는가를 보도록 돕는다.

성경은 연관성이 있다. 우리는 연관성을 억지로 만들 필요가 없다. 그러나 연관성을 높이고 보여 주는 두 가지 방법이 있다.

"하나님께서는 오늘 나를 위해 말씀하시는가?

대답은 "예"이다. 이러한 질문은 연관을 찾는 데 도움을 준다. 또한, 좋은 예화는 이러한 대답을 풍부하게 보여 준다.

아홉째, 예화는 성경에 계시된 일반/보편 진리를 개인화하고 구체화한다.

우리가 성경 본문을 구조화하고 아웃라인을 만들 때, 우리는 언제 어디서나 어떤 상황에서도 통하는 진리를 본문에서 알아내고자 한다. 예화를 통해 우리는 보편적이고 영원한 진리가 삶에 어떻게 영향을 미치고 다른 사람들의 삶을 어떻게 변화시키는가를 보여 준다. 또한 설교자 자신도 회개와 믿음으로 같은 진리에 응답할 때 삶의 변화가 나타남을 보여 준다.

열째, 예화는 성경적 진리를 믿을 만한 것으로 만든다.

때로는 성경이 세상과 동떨어진 것처럼 보일 때가 있다. 그러나 하나님은 오늘날의 삶에서도 변화를 일으키고 오늘날에도 사물을 새롭게 하는 일을 하시는 중이다(고후 5:17). 실제 삶의 변화에 대하여는 왕이 되신 예수 안에서 발견된 놀라운 은혜의 아름다움을 통하여 보여 준다.

열한째, 예화는 관심을 불러일으킨다.

다른 사람들의 경험과 이야기는 사람들을 매료시킨다. 좋은 예화는 설교 중 딴생각을 하고 낮잠 자려는 청중의 귀를 사로잡을 수 있다.

열두째, 예화는 성경의 교리와 개인의 의무를 이해시키고 설득력 있게 설명한다.

좋은 설교는 사람의 전인격적 영역에 영향을 준다. 사람의 생각, 마음, 의지 및 감정은 서로 얽혀 있고 상호 연관되어 있다. 그것은 생각과 감정에 영향을 주는 것이 마음과 의지에 영향을 미칠 수 있다는 것을 뜻한다. 나는 이것을 영감을 받은 성경 본문에 대한 시각적 주석(visual commentary)이라고 표현한다. 다르게 설명하자면, 하나님께서 하시는 전인격적 사역을 볼 수 있게 해 준다.

3. 예화의 출처

우리는 다양한 출처와 유형의 예화를 사용할 수 있다. 특히, 우리는 열 가지 출처를 제안하려 한다.

첫째, 예화를 위한 최고의 출처는 성경이다.

성경은 흥미진진하고 기억에 남는 이야기로 가득 차 있다. 우리는 점점 성경적으로 문맹인과 같이 살고 있다. 그러므로 우리는 성경 이야기의 위치와 그 문맥, 장, 절에 대한 설명을 할 필요가 있다. 이러한 과정에서 "거룩한 상상력"보다 더 중요한 것은 없다.

그런데 이러한 상상력을 사용하는 과정에서 성경이 실제로 말하는 것과 성경을 합리적으로 추측할 수 있는 영역을 구별할 필요가 있다. 특히, 창조적이고 신실한 태도로 성경에서 등장하는 사람과 현재 우리 간에 유사한 점을 이야기를 통하여 현재 청중에게 보여 줄 필요가 있다. 성경 속의 사람들은 고군분투했으며 같은 종류의 죄를 지었다. 그리고 그들은 우리와 같은 은혜를 절실히 필요로 했다.

◦◦
둘째, 다른 사람들의 경험은 예화의 훌륭한 자료이다.

우리는 특히 사람들의 이름을 사용할 때 그들의 허락을 얻을 도덕적 의무가 있다. 특히 설교자는 자신의 아내와 아이들에게 있어서 이러한 과정이 절대적으로 필요하다. 이 부분에서 실수하면 많은 비용을 지불하게 되며 또한 치명적일 수 있다.[44]

◦◦
셋째, 개인적인 경험은 본문 설명을 위한 매우 귀중한 출처이다.

여기서 우리는 몇 가지 지침을 따라야 한다. 우리는 자신을 치장하는 것을 피하고 정직하게 우리의 성공과 실패 모두를 기꺼이 나누어야 한다. 먼저 당신이 항상 자신을 이야기의 영웅으로 만든다면, 청중은 당신과 연결될 수 없을 것이다. 또한, 당신은 속이는 것이다. 지혜와 분별력을 가지고 개인 예화를 사용하여야 한다.

다음으로 자신의 죄, 실패, 결점을 인정해야 한다. 설교 중 예화 내용을 과도하게 각색해서도 안 되지만 세부 사항을 너무 자세하게 설명하는 것도 적절하지 못하다.

경험에서 나오는 소중한 원칙을 활용해야 한다.

"의심스러울 때는 그 예화를 사용하지 말라!"

적어도 믿을 만한 자료를 예화로 사용해야 한다. 당신이 예화를 부주의하게 사용한다면, 나중에 사과해야 하는 상황이 올 수 있다.

◦◦
넷째, 흥미로운 인간의 이야기는 좋은 예화이다.

이 범주에 전기(boigraphy)가 포함된다. 최근 몇 년 동안 나는 성경의 본문을 설명하기 위해 위대한 선교사의 저술과 삶을 사용하는 것을 좋아하게 되었다. 예를 든다면 나는 마태복음 28:16-20에 있는 설교에서 윌리엄 캐리(William Carey)의 생애를 활용했다.

---

[44] 이러한 부분을 재미있게 표현한 자료가 YouTube의 "Before he speaks"에 있다. 설교자는 주의해야 한다.

나는 시편 96편을 보여줌으로써 짐 엘리엇(Jim Elliot)의 생애를 그려 보았다. 이러한 이야기를 사용한 후 청중의 응답과 피드백은 내 기대치를 훨씬 웃돌았다. 사람들은 흥미로운 다른 사람들의 이야기와 경험을 찾는다. 따라서 사람들의 이야기를 최대한 활용하는 것이 좋다.[45]

다섯째, 현재 사건은 예화에 도움이 되는 자료이다.

사람은 자연스럽게 주변에서 일어나는 일에 관심이 있다. 매일의 뉴스, 주간 잡지 및 정보 블로그는 막대한 자원을 제공한다. 나는 현명한 목사들이 자신의 청중의 삶과 관심사를 배우기 위해 시간을 보낼 것이라고 믿는다.

대부분의 사람들은 같은 반 친구, 동료 직원 및 이웃 사람들에 관하여 많은 것들을 염려한다. 주요 사건이 지역, 국가 또는 국제적인 차원에서 일어났을 때, 이러한 사건을 사용하여 하나님께서 가장 근본적인 부분에서 어떻게 말씀하시는지 보여 준다. 당신의 청중은 자신의 설교자들이 이러한 연결 고리를 만드는 것에 감사할 것이다.

여섯째, 중요하고 다양한 역사적 사건은 훌륭한 예화 자료이다.

수년간 폴 하비(Paul Harvey)는 라디오 방송 "이야기를 위한 이야기"(Story of the Story)에서 역사적 사건을 예화로 사용함의 가치를 보여 주었다. 그는 또한 훌륭한 이야기꾼이 되는 중요성도 보여 주었다. 대부분의 매력적인 강해설교자는 이러한 예화 재료가 풍성한 역사를 공부한 자이다.

일곱째, 좋은 문학 작품은 예화를 위한 귀중한 자료이다.

문학에는 시, 노래 및 단편 소설이 포함될 수 있다. 풍부한 신학적 메시지를 담고 있는 신앙의 위대한 찬송가는 예화와 가르침의 교리를 제공하는 이중 역할을 한다. 찬송가 작곡의 배경은 또한 강력한 예화의 자료가 될 수 있다.

---

[45] 보다 더 자세한 예는 다음 자료를 참조할 수 있다. Daniel L. Akin, *Five Who Changed the World* (Wake Forest: Southeastern Baptist Theological Seminary, 2008).

여덟째, 위대하고 놀라운 하나님의 창조성을 드러내는 과학과 자연의 세계는 종종 훌륭한 자료이다.

성경은 반복적으로 하나님의 위대함을 증거하는 방법으로 창조 세계를 연결시킨다(욥 38-39장; 시 19:1-6; 롬 1:20). 기술적인 전문 용어(technical jargon)를 피하고 창조의 경이로움을 펼쳐 모든 사람이 설교자가 지적한 점을 이해할 수 있도록 한다.[46]

아홉째, 현저하고 기억에 남는 수사적 표현이나 짧은 문장은 훌륭한 예화의 자료이다.

우리 모두는 쉽게 이해되는 표현 및 다양한 은유를 기억한다. 이러한 표현은 우리의 두뇌에 머물며 기억에서 지우기가 쉽지 않다. 이러한 표현을 사용하는 데 있어서 신중하고 분별력 있어야 하지만 이러한 진술의 사용은 효과적인 의사소통을 위한 엄청난 잠재력이 있다.[47]

열째, 유머이다.

유머는 가장 효과적인 예화 중 하나이면서 또한 가장 위험한 것 중 하나일 수 있다. 유머의 가치는 매우 높다. 사람들은 자신을 웃게 만드는 이야기를 기억한다. 이처럼 웃게 만드는 재미있는 이야기가 좋다. 설교자는 무엇을 말하고 어떻게 말하는지에 대한 지혜를 가져야 한다.

또한, 설교자가 유머를 예화로 사용하는 것은 고급 기술이다. 그러나 유머가 당신의 설교를 불필요하게 길게 만들거나 내용 전달을 방해해서는 안 된다. 유머는 당신의 메시지의 주제에 적합해야 한다. 유머의 사용은 당신

---

[46] 보다 더 자세한 예는 다음의 자료를 참조할 수 있다. *Handbook to the Baptist Hymnal* (Nashville: Convention Press, 1992); Cliff Barrows, *Crusaders Hymns and Hymn Stories* (Chicago: Hope, 1967); Robert Morgan, *Then Sings My Soul: 150 of the World's Greatest Hymn Stories* (Nashville: Thomas Nelson, 2003); Robert Morgan, *Then Sings My Soul, Book 2: 150 of the World's Greatest Hymn Stories* (Nashville: Thomas Nelson, 2004).

[47] 이러한 부분에 탁월한 설교자는 Andy Stanley이다. *Communicating for a Change: Seven Keys to Irresistible Communication* (Sisters, OR: Multnomah, 2006).

의 성격에도 자연스러워야 한다. 귀엽게 보이거나 재미있는 유머를 단순히 사용해서는 안 된다.

어떤 설교자들은 유머가 결코 설교에 적절하지 않다고 믿는다. 그러나 우리는 하나님께서 주신 이 선물을 성화된 방법으로 사용하여야 한다. 하나님께서 여러분을 코미디언이 아닌 설교자로 부르셨음을 기억해야 한다.[48]

4. 좋은 예화의 특성

훌륭한 예화는 몇 가지 요소의 특징이 있다. 그들의 기본 특성과 기원에 관계없이, 좋은 예화는 항상 다음과 같은 구성 요소를 갖는다.

첫째, 좋은 예화는 당신이 나누는 진리를 더 분명하고 이해할 수 있게 한다.
당신이 예화를 사용하기 위해 예화 자체를 설명하고 있다면 그러한 예화는 실패할 것이다.

둘째, 좋은 예화는 청중의 마음에까지 연결되고 그들을 설득하여 그리스도를 위한 결정을 하도록 돕는다.
이러한 결정은 구원, 재헌신 또는 봉사를 위한 결정이 될 수 있다. 좋은 예화는 청중이 제자로서 예수님을 따르는 길과 지혜를 보여 줄 것이다.

셋째, 좋은 예화는 설교자와 청중이 연결되게 한다.
좋은 예화는 당신이 청중과 직접 이야기하는 것처럼 느낄 수 있게 한다. 한 남자가 내게 쪽지를 전해 주었다. 내가 그 사람의 침대 밑에 숨어서 자신을 본 것처럼 잘 아는 것 같았다고 했다. 예화는 분명히 청중의 삶과 좋은 연결 고리를 만든다.

---

[48] 또한 이 책에서 서론과 결론에 관한 장을 보면 예화에 대한 자료를 더욱 확인할 수 있다.

넷째, 좋은 예화는 청중의 마음과 상상력을 사로잡고 화려하며 매력적이다.

다섯째, 좋은 예화는 실생활의 문제 및 해결책을 가진 실제 사람들을 예로 제시한다.

다른 말로 하면, 좋은 예화는 사람들이 사는 곳에 있다. 좋은 예화는 손을 뻗어 누군가에게 접근하기 쉽게 한다.

여섯째, 좋은 예화는 당신의 특정한 청중에 민감하고 적절하다.

이것은 매우 중요하다. 나이, 성별, 또는 인종으로 인해 부적절한 내용이나 표현을 하는 것은 설교의 효과를 떨어뜨리는 데 치명적일 수 있다. 그것은 또한 죄가 될 수 있다.

일곱째, 좋은 예화는 믿을 만하다.

정직과 성실은 우리 시대의 가장 고귀한 가치이다. 우리가 하나님의 말씀을 선포할 때 최고의 방법은 항상 과장하지 않고 진리와 진실만을 말하려 하는 것이다. 그때에 하나님께서 도우신다. 우리의 삶은 정직하고 투명하게 살아야만 하고 이러한 태도는 설교에도 반영되어야 한다.[49]

5. 예화 사용의 안내

수십 년 동안 설교 준비와 전달에 관한 수십 권의 책을 접할 수 있었다. 그리고 이렇게 예화 사용에 대한 지침과 목록을 정리했다. 다음 목록은 간단하지만 광범위하다. 우리에 앞서 우리의 신성한 소명을 이해한 현명한

---

[49] 다음의 자료를 참조할 수 있다. Vines and Shaddix, *Power in the Pulpit*, 190–5; Chapell, *Christ-Centered Preaching*, 200–4. 이들의 자료는 설교 예화의 특징을 논하는 데 있어서 매우 유용하다.

강해설교자들이 남긴 통찰력을 주목하길 바란다.

① 너무 많은 예화를 사용하지 않는다.
　설교자의 가장 중요한 임무는 이야기를 전하는 것이 아니라 성경을 설명하는 것이다.
② 개인 예화를 사용하되 남용하지 않는다.
　당신의 설교는 예수님에 관한 것이지, 여러분에 관한 것이 아니다.
③ 다양성을 찾으라.
　지속적으로 반복되는 예화는 따분한 패턴이 될 수 있다. 하나의 패턴으로 고정되는 것을 피한다.
④ 진실을 나타낸다.
　정직하게 진실을 말하고 믿을 수 있게 한다. 허위로 진술하지 않는다.
⑤ 격이 떨어지는 예화를 사용하지 않는다.
　항상 겸손과 품위 있게 말하는 규칙을 따른다.
⑥ 상담한 내용을 사전 허락 없이 사용하지 않는다.
　이러한 행동은 신뢰를 무너뜨리고 소송으로 설교자가 어려움을 당하게 될 수도 있다.
⑦ 예화를 사용하는 기술을 습득한다.
　예화를 잘하는 방법을 배운다.
⑧ 예화를 단지 읽는 것을 피한다.
　단순히 읽는 예화는 예화로 좋지 않을 수 있다.
⑨ 생명력이 있는지 확인한다.
　당신의 마음속에 먼저 당신이 전하고자 하는 이야기를 시각화한다. 전하는 이가 먼저 그 이야기 안에 들어가서 생생하게 말한다.
⑩ (특히 같은 교회에서) 특정 예화를 과도하게 사용하지 않는다.
⑪ 예화를 단순한 장식이나 설교의 분량을 채우기 위한 것으로 사용하지 않는다.
　설교자로서의 사명에 대하여 진지하게 고민하고 더 잘 준비한다.

⑫ 사전에 예화가 잘 작동하는지 확인한다!
그렇지 않으면 설교 중에 사용하지 않는다.
⑬ 생생하게 이야기를 잘하는 법을 배운다.
어떤 사람들은 이야기하는 것에 재능이 있다. 그렇지 않은 사람들은 잘 할 수 있도록 노력해야 한다.
⑭ 설교자 자신만의 자연스러운 유머 감각을 기른다.
⑮ 연극적인 전달을 연습한다.
이러한 기술을 탁월한 배우에게서 배우는 것은 죄악이 아니다.
⑯ 통조림에 나온 것 같이 진부하고, 평범하며, 과도하게 많이 알려진 예화를 사용하지 않도록 노력한다.
당신이 이미 구입한 예화집을 버리는 것이 좋다. 이런 예화는 효과가 적다.
⑰ 단순히 사람들의 감정을 움직이기 위해 예화를 사용하지 않는다.
감정을 움직일 수 있지만, 인위적으로 조정하는 것은 바람직하지 않다. 사람들의 감정을 가지고 노는 것은 잘못된 의료 행위와 같다.
⑱ 설교 상황과 청중을 염두에 두라.
특정 교회 성도들에게 효과가 있는 예화가 다른 장소 (특히 다른 나라 또는 문화)에 적합하지 않을 수 있다.
⑲ 자기 자신 이외의 사람을 놀리는 것을 피한다.
다른 사람들을 우스꽝스럽게 하는 것은 심하게 표현하자면 자살 행위와 같다. 청중과의 신뢰를 파괴하게 될 것이다.
⑳ 다른 곳에서 가져온 예화는 출처를 알려 준다.
너무 많은 예화를 다른 사람들에게 빌려 오기에 이러한 이야기를 남발하는 것은 부끄럽게 느껴질 수 있다.

척 스윈돌(Chuck Swindoll)은 이 장의 핵심을 잘 포착하는 몇 가지 결론을 이렇게 제시한다.

당신이 만약 성경 연구를 통한 주해 정보만을 가지고 성경을 손에 들고 서서 의사소통을 잘 할 수 있다고 생각한다면, 당신은 깊이 착각한 것이다. 당신은 재미있는 일을 해야 한다. 재미없는 것은 설교하는 데 있어서 심각한 잘못이다. 무디고 재미없게 설교하는 것은 무덤과 같다. 청중과 연관되지 않는 것은 복음에 대한 불명예이다. 설교에 있어서 이러한 세 가지 범죄는 거의 처벌되고 있지 않고 있다. 설교자가 행하는 이러한 행동은 범죄와도 같다.[50]

설교자는 영적 범죄자로 유죄 판결을 받으면 안 된다. 설교가 지루하고 무디고 연결되지 않는 범죄로 유죄를 선고받으면 안 된다. 강력하고 예리한 예화는 당신의 설교에서 청중이 이탈되게 하는 실수에서 여러분을 구하여 줄 것이다.

---

[50] 다음의 자료에서 재인용됨. Rick Warren, "Flavoring Your Sermon's Impact," *Ministry Toolbox*, Issue #327 (9-5-07).

제15장

적용: 어떻게 적용할 것인가?

야고보는 야고보서 1:22에서 이렇게 썼다.

너희는 말씀을 행하는 자가 되고 듣기만 하여 자신을 속이는 자가 되지 말라"라고 한다. 왜 그러한가? "실천하는 자니 이 사람은 그 행하는 일에 복을 받으리라(약 1:25).

성경에 충실한 매력적인 강해설교(engaging exposition)는 본문 설명만 하는 것이 아니다. 성경적이고 신학적 필요에 따라 본문의 메시지를 현대 청중에게 적용(apply)해야 한다. 불행하게도, 이러한 영역에 있어서 약간의 혼란이 있다. 혼동된 적용으로 교회가 고통을 겪어 오고 있다.

한편으로는 주제설교와 체감하는 필요에 집중하는 설교는 적용에 매우 주의를 기울인다. 하지만 본문을 상세하게 설명하지 않는다. 또한, 적용을 위한 성경적이고 신학적 근거를 제공하는 데 빈약하다.

반면에 어떤 성경강해자들은 본문에 대한 체계적인 주석은 제공한다. 하지만 하나님의 말씀을 마음에 감동을 주고 동기 부여를 하며 의지를 움직이도록 청중에게 연관성 있게 전달하는 데는 소홀히 하고 있다.

하워드 헨드릭슨(Howard Hendricks)과 윌리엄 헨드릭스(William Hendricks)는 이렇게 말한다.

적용은 성경 연구에서 가장 소홀히 다루어지고, 아직 가장 필요한 단계이다. 해석으로 시작하고 거기에서 끝난다. 너무 많은 성경 공부가 잘못된 곳에서 시작되고 끝이 난다.[51]

그들은 또한 "본문 연구와 설명에 적용이 없는 것은 낙태이다"라는 충격적인 이미지로 우리의 성경해석학과 설교학의 연관성을 민감하게 알린다. 즉, 성경 본문을 관찰하고 해석하지만 적용하지 않을 때마다 성경의 목적으로부터 분리가 되는 것이다.

성경은 당신의 호기심을 충족시키기 위해 쓰인 것이 아니다. 성경은 당신의 삶을 변화시키도록 쓰였다.[52] 카이저는 또한 적용이 소홀히 될 수 있음을 이렇게 알린다.

대부분의 신학교와 성경 연구 훈련 과정에서 대부분의 설교자들이 매주 설교를 준비하면서 직면해야 하는 어려운 현실 사이에는 간격이 있다. 신학 교육의 전체 커리큘럼에는 학생들이 과거에 쓰였던 성경 내용을 이해하는 부분에 집중한다. 하지만 현재의 목회 현장에서 성경과 연관성(relevance)을 찾는 부분에 대하여 체계적인 설명을 하는 부분이 없이 큰 틈이 벌어져 있다. 다시 말해 다리 양쪽의 끝은 서로 상당한 차이점을 보이고 있다.

① 본문의 역사적, 문학적, 문화적, 비평적 분석은 스펙트럼의 한쪽 끝을 형성한다.
② 한편 설교 개요 모음집에 반영된 실용적이고, 경건하고, 목회적인 신학(전달, 조직, 설득의 다양한 기법들)이 다른 끝을 형성한다.

---

51 Howard Hendricks and William Hendricks, *Living by the Book* (Chicago: Moody, 1991, 2007), 289. 두 저자는 충실한 성경 공부를 위한 간단한 세 단계를 제공하였다. (1) 관찰: 나는 무엇을 보는가? (2) 해석: 무엇을 의미하는가? (3) 적용: 어떻게 이러한 가르침이 삶 가운데 실천되는가?
52 Ibid.

그러나 누가 양쪽 끝이 따로 가도록 경로를 설정했는가?[53]

이 장에서는 본문 강해에서 적용에 이르기까지 다리를 가로지르는 전체적인 지도를 제공하려 한다. 한쪽에 치우치지 않고 건강하고 전체적인 안목에서 본질적 특성을 보여 줄 것이다. 이러한 연구의 시작점은 바람직하고 견고한 정의와 설명이다.

1. 본문이 이끄는 적용(text-driven application)이란 무엇인가?

강해 또는 본문이 이끄는 설교에서의 적용(application)은 이렇게 정의할 수 있다.

> 강해자가 본문의 성경 진리를 취하여 청중의 삶에 적용하고, 청중의 삶과 연관성이 있는 이유를 선포하고, 저자의 원래 의도와 일치하는 방식으로 삶의 필요한 변화를 열정적으로 청중에게 격려하는 과정이다.[54]

이러한 정의에 우리는 하나님 중심적이고, 그리스도 중심적 적용이어야 한다는 설명을 더할 것이다. "성경의 거시적인 이야기," 즉 "창조 → 타락 → 구속 → 완성"에 부합해야 한다.

이런 설교의 특징은 무엇인가?

첫째, 본문이 이끄는 적용은 성경 본문의 역사적, 문법적, 문학적, 신학적 분석을 통해 얻은 성경적 진리에 근거한다.

---

[53] Walter Kaiser Jr., *Toward an Exegetical Theology* (Grand Rapids: Baker, 1981), 18.
[54] Hershael York and Scott Blue, "Is Application Necessary in the Expository Sermon?" SBJT 3.2 (Summer 1999): 73–4. Scott Blue의 논문도 적용에 있어서 뛰어난 연구 자료이다. Scott Blue, "Application in the Expository Sermon: A Case for Its Necessary Inclusion" (Ph.D. diss., Southern Baptist Theological Seminary, 2001).

적용은 필수적으로 본문의 석의와 강해에서 나온다. 이러한 순서는 선택 사항이 아니라 필수이다. 실용적인 적용도 성경 본문 강해에 기초를 두어야 한다.

둘째, 본문이 이끄는 적용은 본문을 기록한 원저자의 의도(author's intended meaning)에 기초를 두어야 한다.

성경 저자의 의도는 적용을 결정하고 지시한다. 우리는 성경의 궁극적인 저자가 성령 하나님이라고 믿는다. 따라서 우리는 설교 중 적용할 때 선입견을 충족시키려고 성경의 명백한 의미와 배치되는 일을 감히 하지 않는다. 성경의 의미와 배치되는 적용을 하는 것은 목회적으로 바람직하지 않다. 이 행위는 잘못된 설교 실천이다.

셋째, 본문이 이끄는 적용은 현재 삶의 현장에서 청중에게 성경 진리와의 연관성과 실천적인 특성을 보여 주어야 한다.

성경과 청중을 억지로 연관시킬 필요가 없다. 성경은 계시된 진리이기에 영원성이 있다. 따라서 설교자는 청중과 성경의 연관성을 드러내고 명확하게 할 책임이 있다.

넷째, 제14장에서 보았듯이 본문이 이끄는 적용은 실제적인 예화, 실례 및 제안을 포함해야 한다.

청중은 성경 진리의 가르침을 받은 후에 자신이 어떻게 살 것인가를 선택하고 성경에서 제시된 가르침을 따라 할 수 있다. 그런데 이러한 시작을 하기 가장 좋은 곳은 바로 성경의 예이다.

특히, 구약에는 풍성한 예가 있다. 다음으로는 현시대의 예들이 좋다. 한 개인이 그 말씀을 가지고 살아가야 하는 특정한 상황을 신중하게 고려해야 한다. 이런 의미에서 좋은 설교를 위해서는 문화 간의 상황화의 영역을 무시해서는 안 된다. 특히, 점점 더 선교학적인 상황에서 자신을 발견할 때 그러하다. 데이비드 헤셀그레이브(David Hesselgrave)는 이러한 부분에서 매우 유용한 점을 주장한다.

> 상황화(contextualization)는 하나님의 계시에 충실한 방식으로, 특히 성경의 가르침에 제시된 대로 사람과 일과 말씀과 뜻을 소통하려는 시도로 정의될 수 있다. 성령의 가르침을 전달하려 한다. 하지만 말씀을 받는 수신자의 각각의 문화적, 현재 상황도 중요시한다.
> 상황화는 모두 구두 및 비언어적이며, 신학화, 성경 번역, 해석 및 적용, 풍성한 삶의 방식을 포함하며, 전도, 기독교 교육, 교회 개척 및 성장, 교회 조직, 예배와도 관련이 있다. 이러한 모든 활동은 실제로 지상위임명령(Great Commission)을 수행하는 활동과 연관되어 있다.[55]

다섯째, 본문이 이끄는 적용은 청중을 설득하고 성경의 진리에 순종하는 믿음으로 반응하도록 해야 한다.

요크와 블루 박사는 이렇게 말한다.

"설교는 청중에게 제시된 성경적 진리와 자신들의 삶을 일치시켜야 함을 설득해야 한다. 또한, 실패의 부정적인 결과에 대하여 경고해야 한다."[56] 제이 애덤스(Jay Adams)도 이렇게 말한다. 설교자들은,

> 자신들의 청중이 성경적 진리로 그들의 삶에 변화를 가져오는 방법으로 이해할 뿐만 아니라, 진리를 실천해야 하는 의무감을 느끼게 해야 한다. 또한 기꺼이 실천하고자 하는 열망을 느끼도록 해야 한다.[57]

---

[55] David Hesselgrave, "Contextualization that is Authentic and Relevant," *International Journal of Frontier Missions* 12 (July–August, 1995): 115. 그리고 선교적 관점에 상황화는 말씀을 받는 사람들의 상황과 성경 본문에 모두 충실할 것에 대한 연구이다. Stan Guthrie, *Missions in the Third Millennium: 21 Key Trends for the 21st Century*, rev. and exp. (UK and Waynesboro, GA: Paternoster, 2000), 129.

[56] York and Blue, "Is Application Necessary in the Expository Sermon?," 73.

[57] Jay Adams, *Truth Applied: Application in Preaching* (Ministry Resources Library, 1990), 17.

2. 본문이 이끄는 적용이 왜 필요한가?

설교에 있어서 적용은 우리가 하나님의 말씀에 기반을 둔 두 가지 중요한 질문에 답하도록 도와준다.

① 그래서 무엇인가?(so what?)
② 지금 무엇을 해야 하는가?(now what?)

다른 말로 표현하자면 이렇다.
성경은 오늘날 나에게 어떻게 말하는가, 그리고 나는 그것에 대해 무엇을 해야 하는가?
설교에서 이러한 두 가지 요소는 매우 중요하다. 현대 강해설교의 아버지인 존 브로더스(John Broadus)는 "설교에서의 적용은 단순히 전체 설교 내용 중 붙여진 부가적인 부분이 아니라 주된 것이다"라고 주장했다. 스펄전은 "적용이 시작될 때 설교가 시작된다"라고 말했다. 대니얼 웹스터(Daniel Webster)도 이렇게 말했다.

> 어떤 사람이 내게 설교할 때, 나는 그 설교자의 설교를 통해 '개인적인 문제에 관하여 어떻게 말하는가'를 듣기 원한다! 모든 사람이 원하든 원하지 않든 우리 설교자들이 따라야 하는 엄숙한 의무이다.[58]

본문이 이끄는 적용(text-driven application)은 청중에게 결정을 요구하기 때문에 필요하다. 더 나아가 잘 수행된 적용은 하나님의 성령께서 성경적 진리를 가져와서 우리가 누구인가를 알게 하신다. 또한 그리스도를 닮아 가도록 구체적인 행동 계획을 제시한다(롬 8:28-29). 적어도 다음의 다섯 가지

---

[58] John Broadus, *A Treatise on the Preparation and Delivery of Sermons* (New York: A. C. Armstrong and Son, 1894), 230.

이유로 본문이 이끄는 적용이 필요하다.

첫째, 적용은 하나님께서 계시하시는 주요 목적 중 하나이다.
하나님께서는 우리가 그분을 알기를 원하시고 그분을 사랑하기를 원하신다. 또한, 그분께 순종하기를 원하신다. 성경의 진리를 선포할 때 순종을 요구하지 않으면 불완전하다.

둘째, 적용은 설교의 정보적 요소와 균형을 이룬다.
진리를 이해하는 일은 필요하다 하지만 행동으로 옮겨져야 한다. 만약 이러한 행동이 따르지 않는다면 성경 주해가 의도한 목표를 달성하지 못하는 것이다.

셋째, 적용은 청중의 진정한 필요에 초점을 맞춘다.
죄는 이별, 슬픔, 고통과 죽음을 가져온다. 우리가 살고 있는 세상은 괴로운 세상이다. 적용은 이러한 요구 사항에 대하여 말한다. 또한 치료의 향유를 제공한다.

넷째, 적용은 성경의 원리를 실제 생활에서 구체화하도록 한다.
모든 사람에게 성경의 모든 진리를 소개하는 것은 균형 잡힌 좋은 적용이다.

다섯째, 성경의 세계와 우리가 살고 있는 세계 사이에 필요한 가교 역할을 한다.
적용은 궁극적으로 우리의 문제가 고대의 문제와 동일하다는 것을 보여 준다. 죄는 우리의 문제이며, 그리스도는 대답이다. 어떤 문제들은 수세기에 걸쳐 동일하게 문제시된다.

웨인 멕딜(Wayne McDill)은 본문이 이끄는 적용의 필요성과 "올바른 사용"에 대한 유용한 통찰력을 이렇게 제공한다.

> 적용은 설교의 진리를 청중에게 직접적이고 공격적으로 전달하는 것 이상이다. 적용은 현대 청중을 위하여 성경 진리의 함축적 의미도 제시한다. 적용은 성경의 원리를 우리 삶에 적용하기 위하여 행동을 촉구한다. 태도, 행동, 언어, 생활 방식, 개인의 정체성까지도 다룬다. 적용은 그리스도께 양심, 가치관, 신념도 헌신하도록 호소한다.[59]

위대한 종교개혁 신학자인 존 칼빈(John Calvin)은 또한 본문이 이끄는 설교의 필수적이고 필요한 본질을 보았다. 칼빈은 적용은 설교자가 회중을 보살피는 책임감에서 시작된다고 했다. 청중에게 어떻게 그리고 무엇을 가르치는가를 고민하는 것이다. 또한 이렇게 말했다.

> 만약 설교자가 청중 당신의 이익과 교회를 고려하지 않고, 자신의 설교 절반을 성경책만 설명한다면 무슨 유익이 있습니까?
> 우리는 설교하거나 가르칠 때 청중을 고려해야 한다. 이런 이유에서 우리가 청중에게 설교할 때 그들에게 선하고 유익하게 될 것이기 때문에 가르친다. 이런 가르치는 자의 의무는 다른 개인들에게 유익하도록 충실히 진행되어야 한다.[60]

3. 본문이 이끄는 적용은 어떻게 하는가?

티모시 워렌(Timothy Warren)은 확실히 옳았다.

---

[59] Wayne McDill, *The 12 Essential Skills for Great Preaching* (Nashville: B&H, 1994), 187.
[60] 재인용됨. Peter Adam, *Speaking God's Word* (Downers Grove: IVP, 1999), 132–33.

"[설교]는 하나님의 백성이 말씀을 듣고 다르게 생각하고 행동할 때까지는 완전하지 않다."[61]

본문이 이끄는 설교는 하나님의 말씀으로 도전한 결과 청중의 생각과 삶이 변화하는 공동체 형성을 목표로 한다. 청중의 변화된 삶보다 성실한 강해 설교자를 더욱 만족시킬 것은 없다. 릭 워렌은 이 점을 이렇게 잘 표현한다.

> 나는 이 부분을 반복해서 말할 것이다. 설교의 목적은 순종이다. 예수를 포함하여 신약의 모든 설교자들이 강조한 것은 변화된 행동과 순종이다. 참으로 당신은 순종하는 성경의 부분만을 믿는 것이다. 어떤 사람들은 "나는 십일조 하는 것을 믿습니다"라고 말한다.
> 그러나 그들은 십일조를 하는가?
> 아닌가?
> 그렇다면 그들은 그것을 믿지 않는다. 그래서 사람들이 말한 것에 따라 행동하도록 목표를 설정하고, 응답을 위해 항상 설교해야 한다. 요한은 요한일서 2:17에서 "이 세상도 그 정욕도 지나가되 오직 하나님의 뜻을 행하는 자는 영원히 거하느니라"고 말씀한다. 또한 요한일서 2:3에서도 "우리가 그의 계명을 지키면 이로써 우리가 그를 아는 줄로 알 것이요"라고 말씀한다.[62]

먼저 적용의 방법을 제시하기 전에 몇 가지 통찰력 있는 관찰을 나누기 원한다. 워렌 목사의 제안에 다시 집중하려 한다. 그는 다음의 아홉 가지를 기록했다.

① 모든 행동은 믿음에 근거한다.
② 모든 죄 뒤에는 거짓말이 있다고 믿는다.

---

[61] Timothy Warren, "A Paradigm for Preaching," *BibSac* (Oct–Dec 1991): 143.
[62] Rick Warren, "Preaching Tips That Will Change Lives," *Ministry Tool Box*, Issue #246 (2-15-06).

③ 변화는 항상 마음에서 시작된다.
④ 사람들의 변화를 돕기 위해 먼저 신념을 바꾸어야 한다.
⑤ 사람들의 믿음을 바꾸지 않고 사람들의 행동을 바꾸려고 하는 것은 시간 낭비이다.
⑥ "마음을 바꾸는" 것에 대한 성경 용어는 "회개"이다.
⑦ 설교자가 사람들의 마음을 바꿀 수 없다. 적용된 하나님의 말씀이 바꾼다.
⑧ 행동의 방식을 바꾸는 것이 회개의 열매이다.
⑨ 가장 깊은 설교는 회개를 위한 설교이다.[63]

충실한 강해설교자는 본문의 의미를 설명할 책임만 있는 것이 아니다. 청중의 삶의 변화가 목적이다. 우리는 말씀을 듣는 자뿐만 아니라 말씀을 행하는 자로 부름받았다. 그러므로 우리는 청중이 자신의 삶에 적용하도록 안내하고 격려해야 한다.

그렇다면 어떻게 청중의 일상의 삶에 말씀을 적용하게 할까?

첫째, 당신의 적용은 그리스도 중심적(Christocentric)이어야 한다.

아무도 데니스 존슨(Dennis Johnson)보다 이 부분에 대해 더 잘 설명할 수 없다.

> 설교는 그리스도 중심이어야 하며, 구속사적 역사 배경(redemptive-historic contexts)에서 성경 본문을 해석해야 한다. 변화를 목표로 해야 한다. 열정적인 설교와 개인적 적용에 있어서 종교개혁의 교리 중심(오직 은혜, 오직 믿음, 오직 그리스도, 하나님만 영광)을 선포해야 하며, 교회 문화에 속하지 않은 사람들과 연결되는 언어로 말하고, 기독교의 고정 관념을 깨우고, 죄인의 진정한 필요 즉, 느

---

[63] Ibid.

껴지든 느껴지지 않든 간에 그리스도와 얼굴을 마주 보게 할 필요가 있다.[64]

뉴욕에서 사역 중인 팀 켈러(Timothy Keller)의 통찰을 바탕으로, 존슨은 이렇게 덧붙인다.

> 믿지 않는 사람이나 신자도 설교에서 꼭 들어야 하는 것이 바로 복음이다. 특히 믿음의 사람들은 놀라운 은혜에 대한 확신에 찬 감사의 반응으로 사는 것이다….[65]

이러한 관찰은 중요하며 성경의 말씀을 선포할 때 모두 적용되어야 한다. 예수는 전체 성경의 영웅이다. 그분은 우리를 죄(칭의), 죄의 힘(성화), 궁극적으로는 죄의 존재(영화)의 형벌에서 구원해 주시는 구주시다. 본문이 이끄는 적용(text-driven application)은, 특히 성화에 관심이 있다. 하나님의 백성은 예수님에 의해 구원을 받았지만, 예수님을 통해 그리스도를 닮아 성숙하게 된다는 것을 이해하여야 한다.

시애틀에서 목회하는 마크 드리스콜(Mark Driscoll) 목사는 설교에서 "기독론적 질문"(Christological Question)에 관하여 예수를 영웅으로 강조한다.

> 예수는 어떻게 영웅이시고 구세주이신가?

그분은 이렇게 대답한다.

> "성경은 예수께서 영웅이라는 하나의 이야기라고 할 수 있다. 그러므로 성경을 올바르게 가르치고 전파하기 위해서는 예수를 영웅으로 계속해서 올려 드려야 한다. 초점이 예수 그리스도의 인격과 사역에 집중하지 않는 설교는 영적 권세와 힘이 부족하다. 성령께서 예수 이외의 어떤 영웅의 가르침도 축복

---

[64] Dennis Johnson, *Him We Proclaim: Preaching Christ from All the Scriptures* (Phillipsburg: P&R, 2007), 54.
[65] Ibid., 55.

하지 않으시기 때문이다. 설교의 목적이 잃어버린 사람을 회심시키는 데 중점을 두어야 하는지 아니면 구원 받은 자를 성숙시키는 데 초점을 맞추어야 하는지에 관한 지속적인 토론이 있다. 구도자를 위한 설교와 신자를 위한 설교 사이의 분명한 갈등은 두 대상 모두 죄에 대하여 회개하고 예수를 신뢰하여야 한다는 것이다. 또한, 성령의 능력으로 새 생명을 영원히 누려야 한다는 점을 지적함으로써 간단하게 해결된다."[66]

둘째, 설교 개요나 움직임을 설교자 자신의 적용으로 구성한다.

당신의 설교가 당신 설교의 적용점이 되도록 한다. 분명하고 간결한 현재 시제의 완전한 문장으로 작성하고 성경 본문의 평범한 의미와 조화를 이루어 전한다.

본문의 일부는 적용이 마음(신념)에 보다 쉽게 적용되기도 한다. 한편 다른 적용은 의지(행동)에 보다 쉽게 적용된다는 것을 알게 된다. 어떤 때는 실제로 두 부분 모두에 관한 적용도 있다. 적용의 핵심은 본문의 의미에 충실해야 한다는 것이다.

셋째, 사람들의 구체적인 행동(specific action) 변화를 목표로 한다.

분명하지 않은 생각은 성경 본문을 적용하는 데 있어서 치명적으로 좋지 않다. 만약 성경 이미지를 통해 설교한다면, 우리는 양들에게 설명하고 있다는 것을 기억하여야 한다(시 23편; 요 10장). 양들은 매우 구체적이고 실제적인 지침과 방향을 필요로 한다. 우리는 그들이 스스로 이해할 것이라고 가정해서는 안 된다. 이러한 것은 소위 "신설교학"(New Homiletic)의 치명적인 약점 중 하나이다. 우리는 사람들이 스스로 설교 적용의 "공란을 채울" 수 있기를 바랄 수 없다.

도전적이지만 하나님의 은혜와 그리스도의 능력으로 얻을 수 있는 실제적인 적용의 단계를 제시하는 것이 우리 목표이다. 우리가 "당위성"만을

---

[66] Mark Driscoll and Gerry Breshears, *Vintage Church* (Wheaton: Crossway, 2008), 101-2.

제공하고 "어떻게"를 제시하지 않는다면 청중의 생각을 굴복시킬 수 없다. 사람들에게 교회와 가정의 지도자가 되고, 경건한 남편과 아버지가 되도록 격려하면서, 어떻게 살아갈 수 있는지 보여 주어야 한다.

넷째, 예화에 적용을 연결하고 성경의 몇몇 실제 예를 제시한다.

본문이 이러한 협동의 역할을 주도해야 한다. 몇 가지 예는 이성에 호소하고 신학적으로 깊다. 다른 예는 사람들의 마음을 움직이고 실제적인 부분에 관심을 갖게 할 것이다. 릭 워렌은 이렇게 말한다.

> 만약 당신의 사람들이 다른 사람들과 그들의 신앙을 나누기를 원한다면, 당신의 교회에서 이미 그 일을 하고 있는 사람들에 관한 이야기를 전하면 된다. 사람들이 병자를 돌보고 싶다면, 병든 사람을 돌보는 교회의 사람들에 관한 이야기를 하면 된다. 만약 당신의 사람들이 방문자에게 친절하기를 원하면, 방문객에게 친절한 사람들에 관한 이야기를 하면 된다.[67]

다섯째, 당신의 적용을 보편적 원칙(universal principle)의 형태로 진술한다.

언제 어디서나 어떠한 상황에서도 진리인 것을 찾아 본다. 또한, 궁극적인 원칙을 기억한다. 어떤 문제에 대한 해결책은 바로 예수이다.

당신의 보편적 원리를 말할 때, 오늘날의 필요, 관심사, 질문, 문제와 같이해야 한다. 이러한 인식은 연관성의 열쇠이다. 아래 차트는 우리가 의미하는 것을 시각화한다.

---

[67] Rick Warren, "Put Application In Your Messages," *Ministry Tool Box*, Issue #317 (6-27-07).

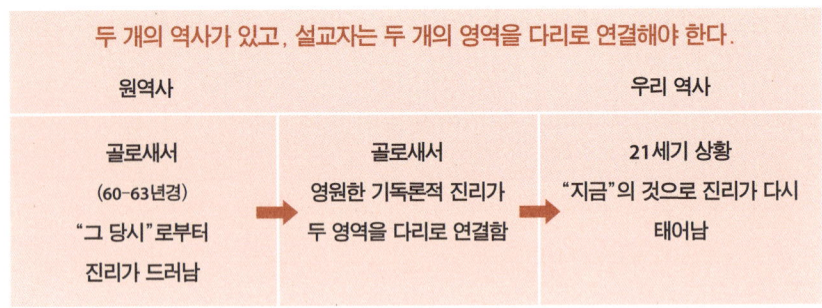

도표 15.1

당신의 원칙은 일반적으로 성경 전체와 조화를 이루어야 한다. "성경은 성경에 모순되지 않는다."

당신이 이러한 원리들을 말하면서 행동의 과정을 나타내도록 충분하고 구체적이어야 한다. 어떠한 성경 본문이라 할지라도 항상 다음의 13가지 질문을 해야 한다.

① 내가 따라야 할 모범이 있는가?
② 피하거나 고백할 죄가 있는가?
③ 요구해야 할 약속이 있는가?
④ 반복해야 할 기도가 있는가?
⑤ 복종해야 할 명령이 있는가?
⑥ 주님을 만나기 위한 조건이 있는가?
⑦ 암송할 구절이 있는가?
⑧ 피해야 할 오류가 있는가?
⑨ 마주칠 도전이 있는가?
⑩ 적용할 원칙이 있는가?
⑪ 시작하거나 중지해야 하는 습관이 있는가?
⑫ 올바른 태도가 있는가?
⑬ 믿을 만한 진리가 있는가?

여섯째, 당신이 마음속으로 삶의 많은 관계에 다양하게 연관시킨다.

교육, 사회생활, 사업, 교회, 가치관, 세계관, 결혼, 가족 및 성관계와 관련하여 본문을 검토한다. 자유롭게 달려가 마음을 놓고 본문이 말할 수 있는 다양한 관계를 탐색하며, 현실화한다. 추상적으로 생각하지 말고 구체적으로 생각한다. 당신은 목자의 눈으로 본문을 보기 위해 노력해야 한다. 한즈 핀젤(Hans Finzel)은 『성경을 풀기』(*Unlocking the Scriptures*)에서 적용을 위하여 구체적인 고려 사항으로 네 가지 범주를 강조한다.

A. 하나님의 관계에 있어서

　a. 이해해야 할 진리.
　b. 복종해야 할 명령.
　c. 표현해야 할 기도.
　d. 주의해야 할 도전.
　e. 요청해야 할 약속.
　f. 교제해야 할 기쁨.

B. 자신과의 관계에서

　a. 검토해야 할 생각이나 말.
　b. 실천해야 할 행동.
　c. 따라야 할 예.
　d. 피해야 할 오류.
　e. 변화시키거나 지켜야 하는 태도.
　f. 변경해야 할 우선순위.
　g. 추구해야 하는 목표.
　h. 지녀야 하는 개인적인 가치와 표준.
　i. 버려야 할 죄.

C. 남들과의 관계에서

    a. 나눠야만 하는 증거.
    b. 확장을 위한 격려.
    c. 해야 하는 섬김.
    d. 구하여야 하는 용서.
    e. 양육을 위한 친교.
    f. 나눠야 하는 권고.
    g. 부담해야 할 짐.
    h. 표현해야 할 친절함.
    i. 확대해야 하는 환대.
    j. 변화시키거나 지켜야 하는 태도.
    k. 버려야 할 죄.

D. 사탄과의 관계에서

    a. 저항해야 하는 사람.
    b. 인식해야 하는 악한 수단.
    c. 저항해야 하는 유혹.
    d. 회피하고 고백해야 하는 죄.
    e. 입을 수 있는 영적인 갑옷.[68]

일곱째, 본문의 의미는 항상 하나이지만, 적용은 많다는 것을 명심해야 한다. 제리 바인스(Jerry Vines)와 베이비드 알렌(David Allen)은 에릭 D. 허쉬(Eric.

---

[68] Hans Finzel, *Unlocking the Scriptures: Three Steps to Personal Bible Study* (Portland: Victor, 2003), 64. 이러한 분야에 또 다른 탁월한 자료는 다음과 같다. Daniel Overdorf, *Applying the Sermon: How to Balance Biblical Integrity and Cultural Relevance* (Grand Rapids: Kregel, 2009), 123–30.

D. Hirsch)의 의견에 따라 당연히 "의미"(meaning)와 "의의"(significance, 우리가 적용이라고 부르는 것)을 구별해야 한다고 주장했다. 이들은 이렇게 강조한다.

> 본문 주해를 할 때 본문에 확실한 의미가 있음을 전제로 진행한다. 주해의 임무는 해석을 통해 의미를 발견하는 것이다. 이렇게 함으로, 현대인에게 의미를 적용하는 추가 작업이 남는다.… 본문에는 하나의 의미가 있고 그 의미에 대한 다양한 의의, 즉 적용이 있다.[69]

여덟째, 의식적으로 본문 주해에서 수집한 적용을 실행한다.

당신이 배운 것을 적절하게 실천하기 전까지는 당신 자신이 본문을 적용하지 않았음을 결코 잊지 말아야 한다. 실제로 본문의 적용과 실행은 성경 진리에 대한 당신의 이해에 대한 해설이 될 것이다. 자신에게 먼저 적용하지 않은 것을 다른 사람에게 적용하기가 매우 어렵다. 아무도 성경의 모든 내용을 적용할 수는 없지만, 부지런히 의도적으로 뭔가를 적용해야 한다.

지금 당신은 하나님을 어떻게 믿고 있는가?

어떤 면에서 당신은 예수님을 찾고 그분의 은혜를 삶에 적용하고 있는가?

생각과 삶의 변화를 경험하기 위한 행동 계획은 무엇인가?

설교자는 청중에게 제시하기 전에 이러한 질문에 스스로 답해야 한다. 하워드 핸드릭스와 윌리엄 핸드릭스는 우리가 어디 있었고 있는지와 우리가 어디에 있고 움직이려 하는지에 대한 유용한 비교를 제공한다.[70]

---

[69] Jerry Vines and David Allen, "Hermeneutics, Exegesis and Proclamation," *CTR* 1.2 (Spring 1987): 315–6. Jerry Vines and David Allen은 본문의 온전한 의미를 찾는 과정을 부정하지 않는다. 이러한 과정에 대해 더욱 알기 원하는 경우 다음 자료를 참조할 수 있다. Douglas Moo, "The Problem of Sensus Plenior," in D. A. Carson and John Woodbridge, eds., *Hermeneutics, Authority, and Canon* (Grand Rapids: Baker, 1995), 179–211.

[70] Howard Hendricks and William Hendricks, *Living by the Book* (Chicago: Moody, 1991, 2007), 291–7.

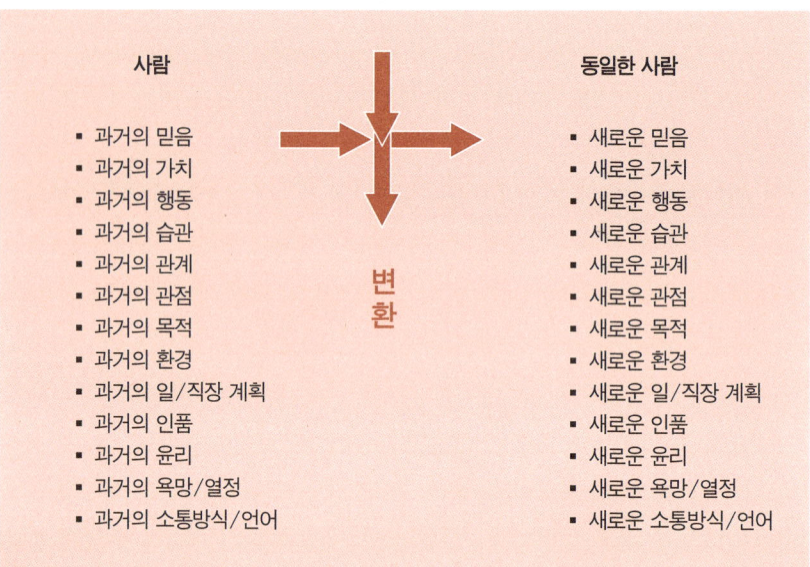

도표 15.2

아홉째, 성경 본문의 적용에 관련된 도전과 문제를 안다.

하워드 헨드릭스와 윌리엄 헨드릭스는 "적용을 위한 대체"(alternative for application)하려는 것에 대해 경고한다.[71] 아래 언급한 다섯 가지 내용에 대한 간략한 설명은 우리의 연구에 도움이 된다.

① 우리는 적용을 해석으로 대체한다.

변화보다는 지식에 머무르기가 쉽다. 이러한 중도 포기는 비극적이다. 헨드릭스는 "성경에 따르면 알기만 하고 행하지 않은 것은 전혀 알지 못하는 것이다"라고 말한다.[72] 예수님은 이렇게 말씀하셨다.

> 너희는 나를 불러 주여 주여 하면서도 어찌하여 내가 말하는 것을 행하지 아니하느냐(눅 6:46).

---

[71] Ibid., 292.
[72] Ibid. 나는 이들의 분석을 매우 가깝게 따르려 한다. 직접 인용을 통해 소개하려 한다.

여기서 의미는 분명하다. 나를 "주님"이라고 부르지 않거나 내가 하는 말을 실천하라는 것이다. 당신은 다른 하나 없이는 다른 것을 가질 수 없다. 야고보서 4:17은 "그러므로 사람이 선을 행할 줄 알고도 행하지 아니하면 죄니라"고 말한다.

② 우리는 삶의 실질적인 변화를 피상적 순종(superficial obedience)으로 대치하려 한다.

여기서 성경적 진리는 새로운 영역이 아니라 이미 적용하고 있는 영역에만 적용하려 한다. 그 결과 우리 삶에서 눈에 띄는 진정한 변화는 없다. 진실이 우리 삶에 변화를 통하여 영향을 미치지 못하게 하는 사각지대로 남아 있게 된다.

③ 우리는 회개의 자리를 합리화로 대신하려 한다.

헨드릭스는 이렇게 강조한다.

> 우리 중 대부분은 영적 변화에 대한 조기 경보 시스템을 내장하고 있다. 진실이 너무 가까워지고, 너무 확신을 가진 채 경종을 울리면, 우리는 스스로를 방어하기 시작한다. 우리가 가장 좋아하는 전략은 회개하는 대신 죄를 합리화하는 것이다.[73]

④ 우리는 의지적 결정을 위해 감정적 경험(emotional experience)을 대신하려 한다.

정서적으로 영적 진리에 응답하는 것은 잘못된 것이 아니다. 그러나 그 반응만이 유일한 것이라면 우리의 영성은 아무것도 없는 빈껍데기에 불과하다. 우리는 하나님의 진리에 대한 의지적인 반응을 목표로 하고 있다. 우리는 성경이 말한 것에 근거하여 실질적이고 삶을 변화시키는 결정을 목표로 삼고 있다.

⑤ 우리는 소통(communication)으로 변화(transformation)를 대체하려 한다.

---

[73] Ibid., 293.

"우리는 말을 한다. 그러나 걷지 않는다."[74]

우리는 성경의 한 부분에 대해 웅변적이고 설득력 있게 말할 수 있다면 우리는 스스로 안전하다고 생각할 수 있다. 그러나 하나님은 속지 않으시는 분이시다. 그분은 우리의 마음을 아신다. 그분은 우리의 행동을 알고 있으시다. 사무엘상 16:7은 이렇게 말한다.

> 여호와께서 사무엘에게 이르시되 그의 용모와 키를 보지 말라 내가 이미 그를 버렸노라 내가 보는 것은 사람과 같지 아니하니 사람은 외모를 보거니와 나 여호와는 중심을 보느니라 하시더라(삼상 6:7).

열째, "적용의 이단"을 경계하여야 한다.

사실 우리는 본문에서 나오지 않는 적용을 만들어내고 제시하게 된다. 해돈 로빈슨(Haddon Robinson)은 이런 종류의 적용을 "잘못된 방법으로 적용된 좋은 진실"이라고 부른다.[75] 강해와 적용은 우리 앞에 놓여 있는 본문에 충실해야 한다.

4. 결론

『공공 예배를 위한 웨스트민스터 안내서』(*Westminster Directory for Public Worship*)는 이렇게 안내한다.

> 설교자는 너무도 일반적인 교리에 안주하면 안 된다. 비록 모든 성경 진리가 모두 명확하게 이해할 수 있는 것이 아니라 할지라도 설교자는 자신의 청중

---

[74] Ibid., 295.
[75] Ed Rowell with Haddon Robinson, "The Hersey of Application," *Leadership* 18.4 (Fall 1997): 21. 이 글에는 이러한 이슈에 대한 자세하고 탁월한 설명이 있다.

이 집에서도 적용하고 진리를 사용할 수 있도록 해야 한다.[76]

이런 말씀 사역을 효과적으로 하기 위해 우리는 성경과 우리 청중의 문화, 성경의 세계, 그리고 우리 자신이 속한 세상을 알아야 한다. 에릭 알렉산더(Eric Alexander)는 또한 이렇게 말한다.

> 따라서 우리의 적용은 현대적이어야 한다. 그런 이유로 우리가 살고 있는 세상에서 우리는 세상과 세상의 사고방식을 아는 것이 중요하다. 또한 우리 설교는 청중이 사는 세상을 아는 것이 중요하다.
> 복음주의자들은 전통적으로 성경을 아는 데 있어서는 가장 강하였지만 세상을 아는 데 있어서 가장 약했다. 다른 사람들은 세상을 아는 데 있어서 가장 강했지만 성경을 아는 데 있어서 가장 약했다. 그러나 이 두 가지가 상호 배타적이어야 하는 이유는 없다.[77]

물론 이러한 말씀 사역을 잘 수행하기 위해서는 먼저 성령 하나님께 성경의 진리를 하나님의 사람의 마음에 적용하도록 요청해야 한다. 알렉산더의 말에 한 번 더 귀를 기울어야 한다.

> 이제 우리는 말씀을 진정으로 적용하게 하시는 분이 성령임을 인정해야 하는 것이다. 그것은 우리의 모든 생각을 위한 핵심이고 중대한 기초 진리이다. 성령께서는 하나님의 말씀을 받아들이고, 하나님의 말씀을 꿰뚫는 칼로 사용하셔서 영혼과 혼을 자르는 역할을 하신다. 그러나 이러한 사실은 설교자가 "나는 이 진리를 내 양심에 적용하고 이 백성들의 양심에 어떻게 적용해야 할까?"라고 묻는 데 있어서 변명을 하지 못하게 한다.[78]

위대한 청교도 설교자 존 오웬(John Owen)은 이렇게 덧붙였다.

---

[76] Eric Alexander, *What Is Biblical Preaching?* (Phillipsburg: P&R, 2008), 29.
[77] Ibid., 30.
[78] Ibid., 29.

다른 사람에게만 설교를 선포하는 사람이 있는데 자기 영혼에게도 선포해야 한다. 만약 말씀이 우리 안에 능력으로 거하지 않으면, 말씀은 우리로부터 권능으로 나가지 않을 것이다.[79]

우리 주님께서는 먼저 그분의 말씀을 당신의 마음에 적용시키신다. 그러면 그분이 여러분을 사용하여 다른 사람들에게도 같은 말씀을 적용할 수 있는 준비가 된 것이다.

---

[79] Ibid., 28.

제16장

서론: 어떻게 잘 시작할 것인가?

설교의 서론과 결론은 비행기의 이착륙과 비교될 수 있다. 이러한 비유는 적절하다. 비행기가 이륙하거나 착륙할 때 거의 모든 비행기 추락 사고가 발생한다. 대부분의 설교가 성공적으로 이루어지기 위해서는 보통 다음과 같은 것이 사실이다. 퀸틸리안(Quintilian)은 이렇게 말했다.

> 잘못된 서론(exordium)은 흉터가 있는 얼굴과 같다. 항구를 떠나는 배의 방향을 해변으로 움직이는 사람은 확실히 항해사로서 능력이 없는 것이다.[80]

또한, 이러한 퀸틸리안의 말을 인용하여 현대 설교자인 브라이언 채플(Bryan Chapell)은 "잘못된 서론은 상처받은 얼굴과 같다. 설교자는 처음으로 다시 돌아가고 싶게 된다"라고 했다.[81]

누구든 말할 때마다 필수적으로 말의 시작, 즉 서론이 있을 것이다. 그런데 서론이 잘되거나 빈약하게 진행될 수 있다. 우리는 설교가 시작되기 위해서는 명확하고 설득력 있는 서론이 있어야 한다고 생각한다. 위대한 설

---

[80] Quintilian, *Institutio Oratoria*, trans. H. E. Butler, Loeb Classical Library (Cambridge, MA: Harvard Univ. Press, 1920; repr. 1969).

[81] Bryan Chapell, *Christ-Centered Preaching: Redeeming the Expository Sermon*, 2nd ed. (Grand Rapids: Baker Academic, 2005), 239.

교자 존 브로더스는 좋은 서론의 중요성을 믿었다. 그는 "잘못된 시작은 설교를 완전히 망쳐 버리기 쉽다"라고 주장한다.[82] 우리는 이러한 부분에 매우 동의한다. 우리는 서론이 설교의 가장 중요한 부분일 수 있다고 생각한다.

특히, 우리가 설교하는 대상은 엔터테인먼트(예능)의 문화에 익숙하다. 기본적으로 사람들의 관심을 끌거나 관심을 잃는 데 5-7분이 걸린다. 채플은 이렇게 말한다.

> 오늘날의 커뮤니케이션 연구자들은 청중이 연설자가 말하는 내용에 관심을 가질 것인가의 여부를 일반적으로 처음 30초 이내에 결정한다고 한다. 이러한 현실에서 설교는 시작하는 순간에 주의를 얻는 것이 중요하다….[83]

설교자는 아마도 설교의 서론에서 다른 어느 곳보다 더 많이 어려움을 경험하게 될 것이다. 청중이 설교에서 순종하고 잘 따르기를 원하지만 출발하는 입구에서 비틀거리는 소리가 들리면, 당신의 목표를 달성하지 못할 가능성이 높다.

하나님은 확실히 이러한 시점에서 우리의 약점을 극복할 수 있는 능력이 있는 분이다. 하지만 설교 과정에서 설교자는 하나님을 위해서 최선을 다해야 한다.

그렇다면 우리는 좋은 서론을 만들기 위해서 무엇을 해야 하는가?

먼저 그 중요성을 분석함으로써 시작하겠다.

---

[82] John A. Broadus, *A Treatise on the Preparation and Delivery of Sermons*, 20th ed. (New York: A. C. Armstrong & Son, 1894), 250.

[83] Chapell, *Christ-Centered Preaching*, 239.

1. 서론의 중요성

서론의 중요성은 자명하다. 이러한 부분은 당신의 청중이 당신의 입에서 나오는 첫 단어를 듣는 것을 포함한다. 이러한 과정은 당신이 만드는 첫인상이다. 잘 준비되지 않고 시작하면 관심을 끌 수 없고 청중이 경청할 수도 없다. 존 스토트는 서론에 대하여 이렇게 설명한다.

> 훌륭한 서론은 두 가지 목적을 수행한다.
> 첫째, 관심을 불러일으키고, 호기심을 자극하며, 더 많은 것을 요구한다.
> 둘째, 진정으로 청중을 이끌어 주제를 소개한다.[84]

당신은 청중이 경청하려는 여건을 서론에서 만들어야 한다. 설교자는 자신의 말을 중요하게 생각하는 것이 중요하다. 물론, 우리는 우리가 말하는 것이 중요하다는 것을 알고 있다. 우리는 그것이 영원한 결과를 가지고 있으며 남녀의 영혼이 걸려 있다는 것을 안다. 그럼에도 불구하고, 우리는 우리의 말을 들으려는 사람들을 확신시켜야 한다. 우리는 그들이 확신을 가지고 온다고 짐작하지 않는다.

서론은 또한 설교의 감정적 어조를 설정한다. 설교의 어조는 주제와 일치해야 한다. 농담이나 재미있는 이야기로 시작하는 지옥의 교리와 영원한 심판에 관한 메시지는 처음부터 매우 잘못된 것이다. 당신의 서론이 당신의 메시지에 대한 신뢰성을 얻을 것인가 아니면 잃을 것인가의 여부를 결정할 것이다. 청중이 설교자에게 귀를 기울이고, 마음을 열고, 마음을 드러낼지 결정할 것이다.

---

[84] John R. W. Stott, *Between Two Worlds: The Art of Preaching in the Twentieth Century* (Grand Rapids: Eerdmans, 1982), 244.

마지막으로, 서론은 설교 본문의 서문이고 하나님의 말씀에 대한 설명이다. 좋은 서론은 지도와 같이 방향을 제시한다. 그것은 청중에게 설교에서 청중이 있는 위치와 앞으로 나갈 방향을 보여 준다. 그들을 잘 인도하기 위해서는 신중한 사고와 정확한 계획이 필요하다. 좋은 서론은 우연히 만들어지지 않는다.

2. 서론의 목적

캠벨 모건(G. Campbell Morgan)은 이렇게 말한다.

> 설교에서 서론은 시에 대한 서곡, 책 서문, 건물에 대한 안내와 법정에서의 성명서에 대한 전문으로 비유될 수 있다고 말한다. 서곡은 우리에게 시의 방법과 의미 또는 메시지를 소개한다. 책의 서문도 이와 같은 기능을 감당한다. 서론은 소개하는 역할을 한다.[85]

모건의 요점은 간단하고 직접적이며 정확하다. 서론이 있어야 한다. 사실 서론은 좋든 나쁘든 간에 소개하는 역할을 한다.

그렇다면 서론에서 달성하고자 하는 목표와 목적은 무엇일까?

우리는 신속하게 일곱 가지 목표를 검토할 것이다.

첫째, 좋은 서론은 청중의 관심을 끈다.

서론의 목적은 청중의 관심을 사로잡고 동시에, 설교자와 청중 사이에 선한 의도를 통한 공감대를 형성하는 것이다. 우리는 엔터테인먼트로 가득한 문화에 살고 있다. 미디어는 빠르고 강력하며 동적이며 시각적이다. 이러한 시대에서 말을 잘하기는 매우 어렵다. 따라서 우리는 말을 시작하는

---

[85] G. Campbell Morgan, *Preaching* (New York: Fleming H. Revell, 1937), 81.

방법이 중요하다. 말을 잘하기 위해서는 서론에서부터 실패를 허용해서는 안 된다.

설교자의 에토스는 매우 중요한 문제가 된다. 오늘날의 시대에 목회자와 성직자는 세상에서 의심을 받고 조롱받고 있다. 우리는 많은 사람이 더는 목회자와 성직자를 신뢰하거나 존중하지 않는 세상에 살고 있다. 목회자와 청중 사이의 선한 의도(good will)는 설교 강단에 서기 전에 이미 형성된다.

설교자는 삶을 변화시키는 하나님의 말씀을 전파하기 위해 나아간다. 그러나 설교자가 설교를 시작하는 방법 또는 이러한 상황을 이해하는 것이 중요하다. 목회자는 목자다. 목회자는 자신의 양을 돌보고 먹인다.

목회자는 자신의 양들을 보호하고 사역한다. 목회자는 양들의 유익을 위해 자신의 삶을 드러낸다. 자신이 양들의 편이라는 것을 알리고 하나님의 영광을 위해 뛰어가기를 원한다는 것이 알려져야 한다. 또한, 서론에서 격려하는 말은 청중의 관심과 선한 동기를 통한 공감대를 형성하는 데 좋다.

둘째, 좋은 서론은 설교의 본론에 대한 청중의 기대감을 만드는 데 도움이 된다.

서론을 통해 청중은 당신이 하려는 말이 무엇인지에 대해 듣고 싶어한다. 청중은 서론에서 제기된 문제가 설교에서 해결점을 찾을 것으로 예상한다. 중요한 관심을 가지고 설득력 있는 질문을 제기하는 경우, 당신의 청중은 그 질문에 대한 답을 듣고 그 답은 하나님의 말씀으로부터 올 것이라고 예상해야 한다.

"성경은 _____에 대해 무엇이라고 말하는가?" "하나님의 말씀을 연구하고 하나님의 _____에 대한 관점을 알아보도록 한다."

좋은 서론은 사람들이 관심을 갖고 있는 주제에 대해 질문하거나 언급한다. 또한, 성경이 그 문제에 답을 할 수 있도록 기반을 제공한다.

셋째, 좋은 서론은 성경이 설교 주제에 관해 말하는가를 강조하고 보여 준다.

사람들은 하나님의 말씀을 들을 필요가 있다. 청중은 하나님께서 생명과 영원(life and eternity)의 실제 문제에 관해 말씀하시는 것을 들어야 한다. 그러므로 서론에서 설교자가 하나님께서 설교의 주제에 대해 말씀하신 것을 분명히 설명한다.

설교 주제에 대한 설교자의 개인 의견은 그리 중요하지 않다. 인간 전문가의 사견을 가장 의지할 필요도 없다. 하나님의 말씀만이 절대적이고 틀림없이 권위 있고 충분하다. 청중은 설교 주제에 대하여 하나님의 생각을 알고 싶어 한다. 좋은 서론은 이러한 부분을 안내할 것이다.

넷째, 좋은 서론은 성경의 연관성(Bible's relevance)을 보여 준다.

이러한 부분은 모든 청중의 무언의 질문인 "왜 당신이 하는 말을 들어야 하는가?"에 대한 답이다. 다시 우리는 핵심 부분을 말하고자 한다. 성경을 청중과 억지로 관련성 있게 만들 필요가 없다. 성경은 지금도 영원히 청중과 관련이 있다. 그러나 설교자는 자신의 메시지의 시작에서 이러한 성경의 관련성을 증명해야 한다. 성경은 고대의 책이다.

당신의 교회에 있는 어떤 사람들은 그들이 겪고 있는 삶에 문제에 대하여 성경이 해결할 능력이 있다는 데 대하여 회의적일 수 있다. 좋은 서론은 고대와 현대 세계를 연결하는 데 도움이 될 것이다. 인간이 타락한 후, 구세주를 필요로 하는 죄인임을 입증할 것이다.

인간은 항상 하나님, 다른 사람들, 그리고 자신과의 화해를 필요로 하는 죄인들이다. 인간은 항상 하나님과의 관계를 필요로 하는 죄인이다. 설교자는 성경과 현대 세계 사람들이 공유하는 "공통점"을 발견하는 주의 깊은 관심과 노력이 필요하다고 생각해야 한다.

하나님께서는 성경 시대 사람들에게 말씀하셨다. 또한, 하나님은 시기와 상황이 다름에도 불구하고 우리에게도 똑같은 말씀을 하신다. 다시 말하지만 이러한 연관성을 입증하기 위해서는 몇 가지 어려운 생각이 필요하겠지만, 결실이 있을 것이다.

다섯째, 좋은 서론은 설교자가 의도한 과정이나 계획을 보여 주는 데 도움이 된다.

이러한 방법으로 청중은 설교가 진행되는 과정을 더 쉽게 따라갈 수 있다. 또한, 말씀을 듣는 여행에서 길을 잃지 않을 수 있다. 이 원리는 간단하다. 어디로 가고 있는지(비유 설교는 예외일지 모르지만) 말해 주는 것이다. 청중이 듣게 될 말씀의 경로를 보여 준다. 이러한 과정을 통해 설교자는 청중의 관심을 높인다. 이제 당신은 청중의 질문에 대답하고 청중의 우려를 어떻게 해결할 계획인지를 알도록 도와주어야 한다.

여섯째, 좋은 서론은 적절한 필요성을 제기한다.

우리는 적절한 필요가 청중의 진정한 필요라고 생각한다. 이러한 필요는 성경적으로 정의되고 일상생활에서 인정될 것이다.

일곱째, 좋은 서론은 청중을 본문의 메시지와 성경 본문 설명으로 자연스럽게 이동하게 한다.

여기서 좋은 전환 기술이 필수적이다. 명료성과 간결함은 이러한 전환 문장의 특성이 되어야 한다. 서론에서 본문 메시지로 전환하게 한다. 청중에게 어디로 가고 있는지 알려 주고 그들을 거기로 데려가야 한다.

3. 좋은 서론의 특징

견고하고 매력적인 서론(engaging introduction)에는 몇 가지 중요한 요소가 있다. 이 중 일부는 상당히 견고하고 구체적이다. 다른 요소들은 융통성 있게 할 수 있으며 설교에서 조금 조정될 수 있다. 우리는 신중히 고려해야 할 여덟 가지를 제시한다.

① 좋은 서론은 청중을 신속하게 참여시킨다.
이러한 특징은 청중과 연결하고 서로 높은 상호작용을 하도록 하는 데 가치가 있다. 청중을 메시지 속으로 끌어들이게 한다.

② 좋은 서론은 일반적으로 짧다.
이 원칙에 대하여 때때로 예외는 있을 수 있지만 길이는 5-7분이 적절하다. 많은 설교가 서론이 너무 길기 때문에 설교 앞에서부터 위태롭게 된다. 당신의 목표가 청중을 하나님의 말씀으로 인도하는 것임을 기억해야 한다. 청중은 여러분에게서가 아니라 하나님으로부터 메시지를 들을 필요가 있다. 우리가 알고 있는 일부 설교자는 성경 본문에서 바로 시작한다. 이러한 접근법은 시간 배분 측면에서 메시지 본문에 더욱 많이 할애할 수 있으므로 선호되는 방법이기도 하다.

③ 좋은 서론은 설교마다 다르다.
예측할 수 없게 된다. 매주 같은 방식으로 설교를 하는 것으로 틀에 박히지 말아야 한다.

④ 좋은 서론은 하나님께서 청중의 요구에 하나님의 약속의 말씀으로 답하심을 빠르게 알게 한다.
우리는 이 문제와 필요에 대해 "하나님의 관점"을 갖는 것이라고 사람들에게 알려야 한다.

⑤ 좋은 서론은 설교 내용, 청중 및 상황에 적절하다.
서론은 연구한 본문의 내용과 구체적인 설교의 상황을 고려한다. 우리는 특별한 성경 본문을 다루는 부분에 대하여 뒷장에서 다룰 것이다. 부적절한 서론을 쓰는 것은 설교에서 작은 칼을 밀어 넣는 것과 같이 위험하다고 할 수 있다.

⑥ 좋은 서론은 본문의 중심 아이디어(MIT)와 설교의 중심 아이디어(MIM)를 소개하지만 역순으로 하는 것이 가장 좋다.
물론 이 둘은 이전에 본 것처럼 밀접한 관련이 있고 연결되어 있다. 본문의 중심 아이디어(MIT)와 설교의 중심 아이디어(MIM)는 자연스럽고 명확하게 연결되어야 한다. 종종 이 둘은 메시지에 중요한 정보

와 방향을 제공하는 단일한 생각이다.
⑦ 훌륭한 서론은 당신이 본론에서 설명할 성경에 대하여 명확하고 자연스러운 전환을 제공한다.
당신이 기어를 바꾸고 설교를 새로운 방향으로 가져가고 있음을 청중이 알게 돕는다. 청중이 혼란 없이 일어나는 변화를 감지해야 한다.
⑧ 좋은 서론은 좋은 시작 문장과 좋은 마지막 문장을 가지고 있다.
눈이 아닌 귀에 설교함을 명심하여야 한다. 서론은 좋은 단어를 선정하여 적어 두는 것이 좋다. 서론에서 여는 문장과 닫는 문장을 최소한 원고로 작성해야 한다. 이렇게 설교를 준비하면 설교를 시작할 때 자신감이 생긴다. 그것은 또한 주의 깊게 설교의 중요한 구성 요소를 준비하도록 안내할 것이다.

4. 서론에서 피해야 하는 요소들

좋은 서론을 만들기 위해서 피해야 하는 요소들이 있다. 설교의 본론은 대단한 걸작일 수도 있지만, 약한 서론으로 인해 청중이 듣는 데 방해가 될 수 있다. 그러므로 다음에 제시하는 부분을 표시하고 어떤 희생을 치르더라도 피해야 한다.

① 설교의 초기 단계인 서론에서는 사소하고 필요 없는 행동으로 시간을 낭비하지 말아야 한다.
우물쭈물하고, 비틀거리거나, 두서없이 말하거나, 의미 없이 어슬렁거리면 안 된다. 당신은 하나님을 대표하고 말씀을 전파하기 위해 거기에 있는 것이다. 당신이 서 있는 그 위치에서 해야 하는 합당한 일을 계속해야 한다.
② 설교가 전달할 수 있는 것 이상을 약속하지 않는다.
"이 설교는 당신이 들은 설교들 중 가장 중요한 설교가 될 것입니다"

와 같은 절대적인 표현은 삼가해야 한다. 이러한 말은 어리석으며 설교자에 대한 신뢰를 해칠 것이다.

③ 사과하지 말아야 한다.

"나는 병이 들었다."

"바쁜 한 주간의 일로 준비할 시간이 없었다." (그들은 아마 이것을 곧 발견할 것이다.)

"나는 오늘 아침에 어쩔 수 없이 나와야 하는 부담이 있다" 또는 "나는 감기에 목이 아프다."

이러한 변명과 같은 표현들은 좋지 않다.

하지만 분명히 하나의 예외가 되는 예가 있다. 당신이 어떤 방법으로 죄를 지었고 성도들에게 잘못한 일이 있다면, 당신의 죄를 진정성 있게 고백하고 그들에게 용서를 구해야 한다. 이러한 때 청중은 기꺼이 들을 것이다.

④ 단지 웃기기 위한 유머를 사용하지 않는다.

웃음으로 메시지를 시작하기를 원하기 때문에 메시지에 전혀 관련이 없는 농담은 하지 않는다. 유머는 현명하고, 정당하며, 적절하게 사용하여야 한다. 설교와 관련이 있어야 한다.

⑤ 진부하거나 귀엽게 보이려 하지 않는다.

그것은 성실하지 않고 무심한 것처럼 보일 수 있다.

⑥ 서론에서 잘못된 방향으로 안내해서는 안 된다.

이 접근법은 설교자의 진정성(authenticity)과 인격(integrity)을 손상시킨다. 여러분과 청중 사이의 신뢰가 날아갈 것이다.

⑦ 지난 주 또는 그 이전에 했던 설교를 언급하지 않는다.

당신은 지금 여러분 앞에 있는 청중을 위해 서 있다. 이러한 표현을 어떤 때는 쓸 수 있지만, 정기적인 습관이 되어서는 안 된다. 이전 설교는 아주 드물게 언급하는 것이 좋다.

⑧ 당신이 똑같은 본문을 가지고 설교했던 이전 설교에 대하여 언급할 필요가 없다.

위의 ⑦번과 연결이 된 것이다.
⑨ 설교와 관련 없는 정보는 될 수 있으면 알리지 않는다.
하지만 설교의 사전 도입으로 30초에서 2분간 다음의 정보를 알릴 수 있다. 예를 들면 특정한 필요를 위한 기도, 전체 청중과 관련된 중요한 발표, 초청 강사의 인사 등이다.
⑩ 주저하거나 준비가 안 된 모습으로 설교할 장소에 절대로 가지 않는다. 설교자는 주님과 함께했기 때문에 설교자의 청중을 위해 하나님으로부터 한 말이 있음을 확신해야 한다. 흥분과 기대로 설교 강대상에 접근해야 한다. 당신의 청중은 당신이 그들에게 뭔가를 가지고 있다는 것을 느껴야만 한다. 그리고 그것을 공유하기를 기다릴 필요가 없다. 만약 설교자가 자신이 할 설교에 대하여 흥미가 없다면 청중이 흥미를 가지고 흥분할 이유가 없다.

5. 좋은 서론을 위한 자료

인터넷과 검색 엔진이 생겨나면서 서론과 결론을 발전시키고 예화를 찾기 위한 자료가 무제한이 되었다. 하지만 우리는 당신의 설교를 위한 자료를 수집할 때 좋은 자료의 범주와 분야를 소개하려 한다.

① 설교에서 다루게 될 현대 문제를 강조하는 통계 또는 수치와 자료.
② 설교의 중심 아이디어에 연관된 청중에게 익숙한 역사적 예화(간략하게 설명하지만 예화가 잘 전달이 될 수 있도록 충분한 정보를 제공한다).
③ 당신의 성격과 상황에 맞는 적절한 유머.
④ 설교와 관련된 현재 사건(사람들의 관심 분야의 신문 기사).
⑤ 설교가 나오는 성경 본문을 주의 깊고 창조적으로 읽음.
⑥ 실제 삶의 이야기.
⑦ 전기적 예화(우리는 특히 이러한 예화의 강력함을 발견한다).

⑧ 눈에 띄는 인용이나 진술.
⑨ 청중과 연결되는 수사학적이고 생각을 자극하는 질문.
⑩ 설교자의 개인적인 경험(현명하고 정직하게 사용).
⑪ 잘 알려진 책, 노래 또는 시에 대한 언급.
⑫ 성경의 해결책이 보여 주는 삶과 관련된 문제들.
⑬ 설교자가 나누는 성경적 가르침에 대한 질문이나 혼란.
⑭ 매우 흥미로운 개인적인 편지.
⑮ 적절한 기도.
⑯ 허구적 이야기들(이것은 허구적인 이야기라는 것을 분명히 밝혀야 한다).
⑰ 현대 시대에 대한 비유(당신이 이야기 전달에 능숙하다면 쓸 수 있다).
⑱ 본인 또는 다른 사람의 개인 증언(다른 사람의 허가가 필요할 수도 있다).
⑲ 메시지와 관련된 찬송가.
⑳ 가설적인 상황이나 설득력 있는 질문으로 청중에게 질문함.

6. 좋은 서론 준비하기

해돈 로빈슨은 이렇게 말한다.

> 나는 설교자가 설교할 때 자신의 서론을 명확하게 자신의 마음속으로 준비하고 서는 것이 절대적으로 중요하다고 생각한다. 설교의 다른 부분들은 개략적으로 설명될 수 있지만(우리는 여전히 완전한 설교 원고를 작성하는 것이 현명하다고 믿는다), 특히 서론은 완전한 문장으로 쓰여야 한다. 서론에서 설교자는 예배당 의자에 앉아 있는 사람들과 접촉한다.… 설교 중 마음이 공허해지는 때가 있다면, 그것은 설교 처음에 잘 접촉이 되지 않기 때문이다.[86]

---

[86] Haddon Robinson의 자료이지만 정확한 출처는 확실하지 않다. 하지만 그의 서론에 대한 설명은 매우 탁월하다. 『강해설교』(*Biblical Preaching*, CLC 刊)(Grand Rapids: Baker, 2001), 165–75.

우리가 따라 할 수 있는 신중하고 매력적인 서론을 위한 간단한 단계는 무엇인가?

우리는 다음의 단계를 제안한다.

① 서론을 위해 기도한다.

설교 발전의 측면을 하나님께 위탁하고 성령의 도움과 인도를 구한다. 충실한 말씀의 전파자로 본문과 장르, 주제에 관계없이 도입부에 하나님 중심적이고 그리스도 중심적인 구성 요소가 있어야 한다. 이렇게 될 때 하나님이 말씀하실 주제에 대해 말씀해 주시고, 그리스도는 그 결단의 열쇠가 될 것이다.

② 설교에서 가장 중요한 부분은 설교자의 마음의 눈(귀) 앞에 진리를 두어야 한다.

하나님께서는 이 시점에서 설교의 가치와 우수함을 요구하신다.

③ 서론은 모든 단어까지도 원고로 작성한다.

귀를 위한 원고를 작성한다. 그리고 "어떻게 소리가 나는가?"라는 질문을 던진다. 당신의 목표는 청중의 주의와 관심을 끌기 위한 것이다. 당신은 왜 청중이 당신이 해야 할 말을 듣고 싶어 하는지 보여 줄 수 있다. 앞으로 30-40분 동안 청중이 집중하여 들어야 하는 지혜가 있음을 서론에서 알리기를 바란다.

④ 일반적으로 설교 준비가 끝나고 마지막에 서론을 적는다.

당신의 본문의 해석과 설명이 당신의 서론을 형성하고 안내해야 한다. 반대가 아니다. 그러나 이 규칙에도 항상 예외가 있을 수 있다. 주님께서 당신의 마음에 맞는 서론을 주신다면, 그것을 적어 두고 즉시 그렇게 할 수 있다. 정상적인 패턴으로 순차적으로 나오지 않는 경우도 있기 때문에 그냥 지나치지 않는다.

⑤ 강력한 예화, 예리하고 구체적인 정보, 압도적인 질문의 가치와 영향력을 명심해야 한다.

기쁨은 종종 세부 사항에 있음을 명심해야 한다. 창의적이고 흥미로운 이야기꾼이 되도록 한다.
⑥ 서론을 간략하게 한다.

이 시점에서 너무 많은 설교가 너무 멀리 있다. 서론은 당신의 메시지 본론보다 길어서는 안 된다. 서론은 당신의 설교의 요점이나 움직임 중 어느 하나보다 길어서는 안 된다. 30분에서 40분 정도의 설교에서 5분에서 7분 정도의 서론이 적절하다.

⑦ 서론을 암기한다.

무엇을 말하고 어떻게 말하고 싶은지 정확히 알아야 한다. 서론을 잘 알고 있어야 자연스럽고 자유롭게 전달할 수 있다.

⑧ 서론에서 성경 본문과 설교 본문으로 부드럽고 논리적이게 전환한다. 전환 문장을 원고에 기록하는 것은 현명한 전략이다.

7. 결론

해돈 로빈슨은 설교에 관해서 러시아 지혜자의 말을 인용한다.

> "사람들이 당나귀를 빠르게 잡으면 누구든지 귀를 잘 잡아야한다!"라는 말이 있다. 이 속담이 옳다.[87] 우리가 "그리스도의 헤아릴 수 없는 풍성함"(엡 3:8)을 번역할 때, 처음부터 청중의 귀에 잘 들려지도록 하는 것이 필수적이다. 처음에 잘 시작하는 것이 중요하다.
>
> 잠언 25:11인 "경우에 합당한 말은 아로새긴 은쟁반에 금 사과니라"의 말씀은 우리에게 말의 중요성을 상기시킨다. 다른 말로 한다면 정확한 시기에 바른 방법으로 말하는 말은 아름답고 가치 있는 것이다. 우리는 이러한 역동성이 설교자들이 말을 할 때도 적용이 된다고 믿는다. 특히 하나님의 말씀을 들어야 하

---

[87] Robinson, *Biblical Preaching*, 166.

는 사람들과 연결을 하는 서론에서는 이러한 원리가 더욱 적용이 된다.[88]

---

[88] "당신은 다음의 사실을 명심해야 한다. 당신은 설교하기 전에 설교할 본문을 오랜 동안 심도 있게 연구했을 것이다. 그 주제에 대하여 여러 날 또는 여러 주, 길게는 여러 해를 공부했을 수도 있다. 하지만 당신의 청중은 이러한 부분에 생각할 시간이 없을 수도 있다. 심지어는 당신이 앞에서 이러한 주제로 말하기까지 생각을 하지 않았던 사람도 있다. 당신은 설교 후에 당신의 청중이 이 주제에 대하여 이해할 수 있도록 기도해야 한다. 청중과 성경과의 간격은 매우 크다. 서론에서 당신은 청중의 세계에 들어가야 한다. 당신은 그들을 설득하여 성경의 진리의 세계에 들어가도록 안내하여야 한다. 특히 설교가 전달하고자 하는 진리를 경험하게 하여야 한다." William L. Hogan, "It Is My Pleasure to Introduce…." *The Expositor* 1.3 (August 1987): 1.

제17장

결론: 어떻게 안전하게 착륙할 것인가?

이전 장에서 언급했듯이 많은 설교학 교수들은 결론을 비행기 착륙에 비유했다. 착륙은 계획, 비행 기술 및 타이밍이 필요하다. 이러한 비유를 사용하여 해돈 로빈슨은 이렇게 조언한다.

> 숙련된 조종사는 비행기가 착륙할 때 특별한 집중이 요구되는 것을 안다. 따라서 유능한 설교자는 결론에 대한 사려 깊은 준비가 필요하다는 것을 이해한다. 숙련된 조종사와 마찬가지로, 당신은 설교가 착륙할 곳을 알아야 한다.[89]

우리가 주장하는 요점은 명백하다. 비행기가 착륙 시 충돌하여 파괴될 수 있기 때문에 훌륭한 설교도 엉성한 결론으로 망가질 수 있다. 사실 스티븐(Steven)과 데이비드 올포드(David Olford)는 "많은 설교에서 잘못된 결론으로 설교가 망가졌다"라고 주장한다.[90] 우리의 경험과 관찰에 의하면 이러한 말이 종종 사실임이 밝혀졌다.

그러므로 설교에서 서론이 가장 중요한 부분이라면, 우리의 판단에는 결

---

[89] Haddon Robinson, *Biblical Preaching* (Grand Rapids: Baker, 2001), 175.
[90] Stephen and David Olford, *Anointed Expository Preaching* (Nashville: B&H, 1998), 78.

론도 매우 중요한 것이라 생각된다.[91] 좋은 설교자는 시간 제약, 피로함 또는 게으름 때문에 설교의 중요한 구성요소인 결론을 소홀히 하지 않는다. E. K. 베일리(E. K. Bailey)는 다음과 같은 현명한 결론을 강조한다.

"위대한 설교는 시작뿐 아니라 끝을 잘 마무리한다."[92]

또한, 결론의 한 측면은 초청이다. 결론은 초청으로 자연스럽게 인도되면 좋다. 초청의 중요성 때문에, 우리는 전체 장을 할애하여 이 책에서 앞으로 설명하게 될 것이다. 이 시점에서 우리는 결론의 다양한 측면에 대해 생각하고 하나님의 영광과 우리 청중의 유익을 위해 훌륭하게 설교를 마무리하는 방법에 대하여 생각해보도록 하겠다.

1. 결론의 중요성

설교의 결론은 설교를 만들거나 깨뜨릴 수 있다. 결론은 설교의 메시지를 집으로 가져오거나 광야에서 잃어버리게 할 수 있다. 결론은 당신의 청중 앞에서 무시할 수 없는 도전을 할 수 있게 한다. 만약 결론이 그 역할을 감당하지 못하면 청중은 그러한 상태로 영원히 남겨질 수 있고, 영적 감동을 받지 못하게 된다. 설교자가 무엇을 말하려 했는지 궁금해할 수 있다. 캠벨 모건(G. Campbell Morgan)은 좋은 결론에 대하여 이렇게 말한다.

---

[91] 흥미롭게 Walter Kaiser는 이렇게 주장한다. "교회 안과 밖의 모든 종류의 하나님 말씀의 사역과 교사들은 서론을 잘못하여 자신들의 영향력을 축소한다. 명확한 결론을 준비하는 데 시간과 에너지를 헌신해야 한다." *Toward an Exegetical Theology* (Grand Rapids: Baker, 1981), 103.

[92] E. K. Bailey, "Smoothing Out the Landing," *Leadership* (Fall 1997): 39. Tony Merida는 또한 이렇게 자신의 생각을 더한다. "결론은 일반적으로 주일 설교에서 가장 마지막에 준비가 되는 부분이다. 설교의 효과적인 아웃라인을 만드는 것과 설교 구성 요소 및 좋은 서론을 만드는 데 대부분의 시간을 보낸다. 반면에 결론은 준비 과정에서 종종 적게 고려가 된다. 하지만 결론은 매우 중요한 설교의 요소이다. 종종 설교에서 가장 기억에 남는 부분이 된다." *Faithful Preaching* (Nashville: B&H, 2009), 117.

"의지의 요새를 폭풍우에 빠뜨린다."[93]

결론은 청중의 마음을 움켜잡고, 마음으로 이해하게 한다. 또한, 의지적으로 행동하도록 도전하며, 결론은 청중이 결정의 시간으로 들어가게 한다. 우리는 실용적 관점에서 결론의 중요성에 대한 몇 가지 이유를 이렇게 제시할 수 있다.

첫째, 청중이 들을 수 있는 마지막 말이다.

결론이 잘 끝나면 청중은 마지막 말이 그들의 귀에 지속적으로 울릴 가능성이 높다. 그러나 제대로 전달되지 않으면 훌륭한 본문 설명을 기억하지 못할 수도 있다. 결국, 엉성한 결론은 청중에게 설교의 기억 상실을 초래할 수 있는 것이다.

둘째, 결론은 설교의 중심 아이디어를 집으로 가지고 가는 가장 좋은 것이다.

많은 설교 학생들이 "요약"(recapitulation)의 가치에 대해 토의하기도 한다. 이러한 요점은 성경 진리를 청중에게 간단하고 분명하게 회상하게 한다. 브라이언 채플은 결론을 "해머와 같이 때리는 역할"이라고 강조한다.[94] 설교자는 결론에서 청중이 가져가고 싶은 메시지를 집으로 가져가게 한다.

셋째, 결론은 청중이 하나님의 말씀에 응답하고 순종하도록 동기를 부여할 수 있는 마지막 기회이다.

사람에게 이야기(이야기의 강력한 가치가 있지만)를 통하여 호소할 수 있지만 결론에서 당신은 청중을 행동으로 옮길 수 있게 하는 마지막 기회를 가지게 되는 것이다. 브로더스는 이에 대하여 이렇게 말한다.

---

[93] G. Campbell Morgan, *Preaching* (New York: Fleming H. Revell, 1937), 89.
[94] Bryan Chapell, *Christ-Centered Preaching: Redeeming the Expository Sermon*, 2nd ed. (Grand Rapids: Baker Academic, 2005), 255.

설교를 통하여 청중의 마음에 남는 진리가 무엇이든 간에 실제적인 행동과 따뜻한 사랑의 마음으로 실제적인 결정을 가져오는 것을 목표로 하지 않으면 안 된다. 이것이 사실이라면 설교의 결론에서 들었던 많은 말은 부적절한 것이었다.[95]

2. 결론의 목적

결론은 기본적으로 설교의 클라이막스이다. 그것은 구속적인 드라마나 담론의 마지막 행동이다. 메시지의 모든 것이 진리의 순간인 신성한 결정의 순간으로 옮겨가는 것이다. 몇 가지 중요한 요소가 결론의 목적을 요약한다. 우리는 다음의 일곱 가지를 강조한다.

첫째, 결론은 적절한 분량과 적절한 방법으로 끝을 내고 전달해야 한다.
그냥 설교를 끝내면 안 된다. 신중함과 지혜로 설교를 마무리해야 한다. 당신은 운전 중에 갑자기 브레이크를 밟고 싶지 않을 것이다(때로는 갑작스럽고 놀라운 결말로 초청의 자리로 청중을 인도할 수도 있다). 당신은 또한 길고 늘어진 결론으로 청중을 고문하고 싶지 않을 것이다. 이것은 마치 결론이 끝나지 않는 것처럼 보일 수 있다. 이러한 극단적인 방법은 비생산적이며 메시지에 해를 끼친다.

둘째, 결론은 설교의 중심 아이디어와 주대지를 다시 말한다.
당신의 청중에게 말했던 것을 다시 말해주어야 하며 간단하고 간결해야 한다. 이 요약은 보통 1-2분 내에 완료할 수 있다.

---

[95] John Broadus, *A Treatise on the Preparation and Delivery of Sermons* (New York: A. C. Armstrong and Son, 1894), 280.

셋째, 결론은 사람들이 행동을 취하도록 최종적으로 호소하는 곳이다.

청중이 설교의 메시지에 반응을 할 수 있도록 권유해야 한다. 심지어 반응을 호소하는 것을 결론에서 특성화해야 한다. 이러한 응답을 호소하는 것은 사역자로서 우리 임무의 핵심이다(고후 5:18-21).

넷째, 결론은 마음을 자극하고 감정을 고양시킬 뿐만 아니라 의지를 자극한다.

당신은 행동을 요구하는 진리를 당신의 전인격적 영역에서 말해야 할 것이다. 설교의 모든 측면에서와 마찬가지로, 우리는 어떤 조작의 흔적도 피해야 한다. 우리의 말에 대한 우리의 동기가 중요하다. 우리는 진실을 제시함으로써 응답을 요구해야 한다. 그때에 성령께서 결과를 주관하실 것이다.

다섯째, 결론의 목적은 결정을 요구하는 것이다. 결론은 응답을 위한 것이다.

우리는 강의를 목표로 하지 않는다. 우리는 단순히 성경 공과를 가르치는 것이 아니다. 우리는 남자와 여자, 소년과 소녀들에게 하나님의 말씀으로 삶을 변화시키는 진리에 대면하게 하는 것이다. 성실한 강해자는 또한 충실한 전도자가 될 것이다(딤후 4:5).

당신은 주로 이성적으로 더 똑똑한 성도를 만드는 것에 관심이 있어서는 안 된다. 당신의 열정은 하나님을 사랑하고 순종하는 예수님의 제자들을 만드는 데 있다.

여섯째, 좋은 결론은 서론과 관련되어 있으며, "그래서 뭐?"라는 질문에 대답하는 데 도움이 된다.

여기에는 지금 청중의 삶에 대한 성경의 관련성과 적용 가능성이 설명되어 있다. 결론은 메시지가 실제 상황에서 오늘날 어떻게 그 문제를 해결하는지 보여 준다.

일곱째, 좋은 결론은 위로와 도전과 편안함과 인도를 의미한다.

당신의 메시지를 머리에 일목요연하게 정리함으로, 당신은 마음을 격려하고 의지에 도전하며, 영혼을 위로하고 마음을 안내하는 말을 할 수 있다. 전인격적으로 전한 메시지는 이제 생명과 진리의 말로 전달된다. 또한, 이러한 말씀은 영원한 약속과 연결되어 있고, 구세주 예수 안에서 해결점을 찾는 자리로 인도한다.

3. 좋은 결론의 특성

훌륭하고 잘 계획된 결론에는 여러 가지 특성이 있다. 영감과 교육은 이 열차가 역으로 가는 두 철길이 될 것이다. 조심스럽게 준비된 설교자는 자신이 어디로 가고 있는지 정확히 알고 청중을 어떻게 함께 데리고 가는지 알 것이다. 설교자는 그의 청중을 데려가는 데 실패하지 않을 것이다.

그렇다면 좋은 결론의 특징은 무엇인가?

① 크레센도(crescendo)에 도달하여 강하게 끝내기 위해 노력한다.
  감정적으로 약해져서는 안 된다. 결론은 설교의 절정이기 때문이다.
② 결론에는 연결성(cohesion)이 있다.
  설교의 모든 것을 정리할 때 함께 모이게 된다. 결론은 당신이 지금까지 말한 내용이고 더는 말할 필요가 없다는 것을 나타내는 결의이다.
③ 설교의 주대지와 중심 아이디어를 반영하고 다시 통합하여 반복하여 말한다.
  특정 핵심 단어나 구를 반복하여 설교를 요약하는 것이 매우 중요하다.[96]

---

[96] Tony Merida는 결론에 대하여 도움이 되는 몇몇 생각들을 나누었다. *Faithful Preaching*, 117-8. Vines와 Shaddix도 결론을 정리라는 표현으로 쓰기도 했다. 이들의 결론에 대한 좋은 논의가 다음의 책에 나와 있다. *Power in the Pulpit* (Chicago: Moody, 1999), 207-10.

④ 좋은 결론은 설교의 감정적 어조(tone)로 마무리한다.

메시지가 심판과 결단에 대한 것이라면, 어조는 심각해야 하며 심지어 어두울 수 있다. 반면에 그 설교가 격려에 관한 것이라면, 당신의 설교가 끝날 때 격려의 어조로 전달해야 한다.

⑤ 좋은 결론은 사고와 표현이 분명하고 투명하다.

청중이 설교가 도착한 위치와 도착 방법을 이해하게 한다. 또한, 청중은 결론에서 하나님의 말씀의 진리를 보고, 지금 그들이 무엇을 기대하고 있는지 이해하게 된다.

⑥ 좋은 서론처럼 좋은 결론은 간단해야 한다.

길이는 3-5분이 가장 좋다. 착륙을 위해 공항 위를 여러 번 돌지 않도록 해야 한다. 착륙을 하면 비행기가 지체 없이 게이트로 가도록 해야 한다.

⑦ 결론에서 놀라움(surprise)의 요소의 가치를 열어 둔다.

이러한 유형의 결말을 만들기 위해서는 경건한 지혜와 거룩한 상상력은 필수적이다.

⑧ 좋은 타이밍을 위해 노력한다.

결론을 위한 좋은 타이밍을 찾기 위한 공식은 없다. 단지 수년간의 설교 경험이 필요할 뿐이다. 당신은 설교를 마치는 타이밍을 정확히 알 필요가 있다. 당신은 그것을 놓치지 말아야 한다. 간결함, 명확함 및 분명한 목표는 당신이 좋은 타이밍을 가질 수 있도록 도울 것이다.

⑨ 개인적(personal) 적용을 한다.

설교자가 "우리"(we)라는 표현을 통하여 설교자와 청중을 포함시키고 설교자를 청중과 동일시하는 데 도움을 준다 할지라도 설교 중 "여러분"(you)이라는 표현은 가장 강력한 표현이다.

⑩ 제시하는 적용이 개인적이고 실제적이어서, 특정한 사람이 개인적으로 응답을 하도록 안내하여야 한다.

21세기 상황에 구체적인 적용이 되도록 생각한다.

⑪ 좋은 결론은 성경 본문의 분명한 가르침에 근거하여 본론에 자연스럽게 연결된다.

의문의 여지없이 영감된 성경에 직접적으로 연결된다.

⑫ 좋은 결론에는 준비가 되었다는 느낌이 있다.

이것은 우연한 것이 아니다. 사람들은 "결론은 우리 목사님이 우리 모두를 데려가려는 곳입니다"라고 인식한다. 브로더스는 이 시점에서 매우 직접적이었다.

"우리는 결론을 신중하게 준비하는 규칙을 세워야 한다."[97]

4. 결론에서 피해야 하는 요소들

좋은 서론처럼 결론을 준비하고 전달할 때 하지 말아야 하는 몇 가지의 "아니오"가 있다. 이러한 설교학적 올가미는 멋진 메시지가 나가는 것을 방해한다. 결론은 의도된 목표를 달성하는 데 쓸모없고 무력해질 수 있다.

① 당신의 설교에서 결론이라고 말하지 말라.

잘 계획되고 신중하게 만들어진 결론에 도달했을 때 청중은 그것을 알게 된다. 따라서 당신은 청중에게 말할 필요가 없다.

② 결론을 맺는다고 말하고 결론을 맺지 않으면 안 된다.

첫 번째가 실수라면, 후자는 치명적일 수 있다. 결론이라고 말하면 사람들은 심리적으로 설교 듣기의 마무리를 할 것이다. 결론이라고 말하고 설교를 마무리하지 않으면 사람들은 좌절하고 심지어 짜증을 낸다.

③ 당신의 결론에 새로운 자료를 소개하지 않는다.

결론에서는 새로운 것을 시작하지 말아야 한다.

---

[97] Broadus, *A Treatise*, 278.

④ 길게 하지 말라.

결론은 명확하고 선명하며 간결해야 한다. 결론은 설교의 본론이나 주요 내용보다 더 길어서는 안 된다.[98]

⑤ "나는 설교 시간이 늦어졌다" 또는 "나는 설교할 시간이 없다는 것을 알았다"와 같이 도움이 되지 않는 말을 하는 것을 피해야 한다.

강대상의 시계를 보지 말아야 한다. 꼭 봐야 하면 청중이 당신이 그것을 하고 있다는 것을 깨닫지 못하게 한다.

⑥ 끝내기 전에 멈추지 말아야 한다.

메시지를 잘 준비했다면 결론에서 "잘 맞는" 생각을 하고 마칠 때 청중에게 "좋은 느낌"을 가지게 할 것이다.

⑦ 매주 똑같은 스타일과 속도 및 동일한 어조로 설교를 마무리하는 방식과 같은 단조로움을 피한다.

다양성은 각 분야에서 중요하거나 심지어 필수적이다. 다시 말해서 다음과 같은 전통적인 방식을 사용하지 말아야 한다. 가령 세 가지 포인트를 요약하거나 시를 낭송하는 방법은 지양해야 한다. 창의력을 발휘하고 결론의 각 측면을 생각한다.

⑧ 결론에서 전략적으로 중요하게 다루지 않는 한 결론을 내리지 않는다.

결론이 마지막에 있는 이유가 있기 때문이다.

⑨ 설교가 끝날 때 에너지 낭비 또는 전력 손실을 피한다.

강력한 결론을 향해 준비한다. 이 부분은 흑인 설교자가 탁월하다. 이 시점에서 정서적으로 가라앉는 것은 설교에 재앙을 불러올 수 있다.

⑩ 여러 번 결론을 내리지 않는다.

우리는 이러한 잘못을 "설교의 용서받을 수 없는 죄"라고 부른다. 여러 결론들이 메시지를 죽일 것이다. 끝내야 할 때, 잘 끝내야 한다. 브

---

[98] Broadus는 이렇게 말했다. "결론의 길이는 서론의 길이와 같이 설교의 상황에 따라 달라질 수 있다. 어떤 규칙을 정할 수는 없다. 하지만 결론이 너무 긴 결론은 설교에서 위험하다." *A Treatise*, 286.

로더스는 적절한 결론에 이르는 방법을 요약하며 지혜와 상식의 말로 우리에게 이렇게 권고한다.

> 무엇이든지 간에 마지막 문장은 적절하고 인상적이어야 하지만 그 스타일은 정교하되 개인의 야심이 반영된 것이어서는 안 된다. 이 순간은 매우 엄숙한 순간이다. 설교자의 명예보다는 설교자의 책임과 청중의 구원에 대해 생각해야 한다.[99]

5. 좋은 결론을 위한 자료

결론을 위한 좋은 안내 자료를 찾는다면, 앞 장에서 제시한 서론을 위해 참고할 자료도 결론에서도 적용된다. 따라서 우리는 앞 장의 자료를 결론에서 사용할 수 있는 도움이 되는 자료 목록으로 안내하려 한다. 이 시점에서, 성경 자체가 여전히 최상의 자료이며, 특히 교훈적인 본문에서의 성경적 진리를 설명할 때 성경의 이야기를 사용할 수 있다. 또한, 시편이나 잠언도 결론에서 사용할 수 있다.

이 맥락에서 우리는 설교를 마무리하는 다양한 방법이 있음을 알리려 한다. 그중 일부는 이전에 언급한 것이다. 몇 가지 방법을 이렇게 소개하려 한다.

① 결론을 요약할 수 있다.
② 구체적이고 예리한 적용을 제시할 수 있다.
③ 사랑하고, 순종하고, 섬기고, 헌금하고, 기도하고, 증거하거나 열정적으로 예배하도록 진심 어리게 기도할 수 있다.

---

[99] Ibid., 288.

④ 당신의 주된 설교 내용과 반대되는 견해 또는 전망을 대조시키며 마무리한다.
⑤ 청중의 마음속에 있을 수 있는 메시지에 대한 잠재적 의문을 제기하고 답변한다. 이러한 방법으로 우리는 효과적인 결론을 세우고 전달할 수 있다.

6. 좋은 결론 준비하기

라메쉬 리차드는 "잘못된 결론은 불행하게도 청중을 낙담시킨다"라고 말한다.[100] 헤셀 욕(Hershael York)과 베르트 데커(Bert Decker)는 단호하게 자신들의 우려를 이렇게 표현한다.

"훌륭한 설교자들 중에도 가장 중대한 오류가 바로 결론에 있다."[101]

탁월한 설교자들은 결론에서 설교의 메시지를 안전하게 청중의 집으로 가져갈 수 있는 도움이 되는 것이 무엇인가를 고민하며 설교한다. 여기서 우리는 이전에 관찰한 내용 중 일부를 요약하여 다루려 한다.

① 설교의 모든 부분을 위해서 기도한다.
결론을 내릴 때 성령께서 여러분에게 지시하여 그리스도를 높이고 복음의 능력을 발휘하게 하기 위해서 단순한 도덕주의적 설교를 피하도록 주의한다.
② 당신의 설교의 본론이 당신의 결론을 지시 및 안내하여 만들도록 한다. 당신은 좋은 결론을 먼저 결정하고 설교의 메시지와 본문을 찾도록 하지 않는다. 결론은 하나님의 말씀이 분명하고 자연스럽게 흐르게 해야 한다. 당신의 주해 작업 후에 신중하게 결론을 계획하여야 한다.

---

[100] Ramesh Richard, *Preparing Expository Sermons* (Grand Rapids: Baker, 2001), 127.
[101] Hershael York and Bert Decker, *Preaching with Bold Assurance* (Nashville: B&H, 2003), 185.

③ 결론은 설교의 결정적 요소라는 것을 기억한다.
　서둘러 준비하거나 적은 관심과 노력이 있어서는 안 된다.
④ 결론이 설교 본론에서부터 그리스도 중심의 초청으로 어떻게 쉽게 옮겨갈 수 있는지 생각해본다.
⑤ 설교의 주요 대지들을 간략하게 요약한다.
⑥ 당신의 적용을 강조한다.
⑦ 결론을 간결하게 유지한다. 3-5분 정도를 현명한 시간으로 설정한다.
⑧ 강력하고 기억에 남게 하는 이야기의 가치를 기억한다.
⑨ 청중이 행동하고 결정하고 반응할 수 있도록 도전한다.
⑩ "내 청중이 오늘 말씀에서 자신들의 집에까지 가지고 가야하는 부분과 응답해야 하는 것이 무엇인가?"에 대해 질문하고 대답하도록 한다.
⑪ 설교의 본질을 포착하는 명확하고 간결한 설교 주제 문장을 작성한다.
⑫ 결론을 원고로 작성한다.
　최소한 메시지가 끝나는 구조를 유지해야 한다. 그러면 원하는 대로 메시지를 끝낼 수 있다.

우리의 동역자인 E. K. 베일리는 이제 주님과 함께 있다. 그러나 그는 설교를 잘 끝내야 할 필요성을 잘 이해했다. 그는 주저없이 다음의 열두 가지 원칙을 확인시켜 주었다. 그러나 그는 항상 성령의 음성에 귀를 기울이도록 격려한다.

　나는 설교를 끝마칠 때 청중을 보게 된다. 나는 여러 번 청중과 강대상에서 만났다. 그러나 나는 하나님께서 오늘 결론에서 청중에게 새로운 일을 하기를 원하시는 것을 안다. 그래서 나는 내 청중을 보면서 그들을 향한 성령의 뜻이 무엇인지를 알기를 원한다.
　아프리카계 미국인의 전통에서 설교자가 회중과 화음을 만들어 갈 때 청중은 구두(말)로 반응할 뿐만 아니라 청중의 신체 언어(행동 표현)도 바꾼다. 성령께서 나를 인도하여 생각을 변화시킬 수 있다. 왜냐하면, 성령께서 사람들의 마음을 다루시기 때문이다. 그러나 나는 결론에서 다른 때도 알게 되는데 그것은 바로 설교를 빨리 마쳐야 할 때이다.[102]

7. 결론

브로더스는 이렇게 주장한다.

"설교자는 설교의 서론을 준비하는 데 거의 게을리하지 않지만, 종종 결론을 무시한다. 하지만 후자는 전자보다 훨씬 중요하다."[103]

결론은 매우 중요하다. 결론은 당신의 마지막 단어를 포함하고, 마지막 단어는 지속적으로 기억이 되는 단어이다. 결론은 끝까지 청중에게 인상을 남기므로 목표를 달성하게 한다. 당신은 결론이 그 역할을 할 수 있도록 해야 한다.

배심원단의 남성과 여성처럼 청중은 최종 논쟁을 듣고 평결을 내려야 한다. 그들은 회피할 수 없다. 그들은 결정을 내려야만 한다.

우리는 이러한 영원한 무게와 중요성을 가진 중요한 순간에 무엇을 해야 하는가?

설교의 마지막에 초청은 이러한 순간에 자연스럽게 결정을 내릴 수 있도록 기회를 제공한다. 초청은 설교의 중요한 요소로 우리가 다음 장에서 다루려는 주제이다.

---

[102] Bailey, "Smoothing Out the Landing," 39.
[103] Broadus, *A Treatise*, 277.

제18장

공개 초청: 설교 강단에서 영혼을 구원하기

고린도후서 5:11, 20에서 바울은 이렇게 말한다.

> 우리는 주의 두려우심을 알므로 사람들을 권면하거니와…(고후 5:11).

> 그러므로 우리가 그리스도를 대신하여 사신이 되어 하나님이 우리를 통하여 너희를 권면하시는 것 같이 그리스도를 대신하여 간청하노니 너희는 하나님과 화목하라(고후 5:20).

고린도후서 6:1-2에서도 이렇게 권고한다.

> 우리가 하나님과 함께 일하는 자로서 너희를 권하노니 하나님의 은혜를 헛되이 받지 말라 이르시되 내가 은혜 베풀 때에 너에게 듣고 구원의 날에 너를 도왔다 하셨으니 보라 지금은 은혜받을 만한 때요 보라 지금은 구원의 날이로다(고후 6:1-2).

성경은 우리가 남자, 여자와 소년, 소녀들을 초대하여 죄를 회개하게 하고, 그리스도를 신뢰하고, 복음을 믿어, 하나님과 화목하게 할 수 있도록 해야 한다고 안내한다. 또한 사람들이 구원의 자유와 은혜로운 선물을 받는 것이 옳다고 성경은 알려 준다. 그러나 한 가지 질문에 대해 답변해야만 한다.

우리가 일반적으로 공개 초청(public invitation)이라고 부르는 것을 어떻게 번역할 수 있겠는가?[104]

많은 사람은 설교의 마지막 부분에 있는 이러한 "설교 전통"의 정당성에 문제를 제기하는 것을 비복음주의적이거나 아마도 이단적이라고 생각할 수 있다.[105] 반면에 어떤 사람들은 "강대상 앞으로 나오는 헌신," "헌신하며 통로로 걸어 나오기," 또는 "앞으로 나와 공개적으로 예수님 영접하기"에 크게 어려움을 느낄 수 있다.

저자도 이와 같이 초청하는 시스템은 성경적으로 타당성이 없고 때로는 교묘하며 구원에 대하여 잘못 인도하여 오해를 불러일으킬 여지가 있다고 생각한다. 그로 인하여 공개 초청은 지속적으로 많은 공격을 받아 왔다.[106]

---

[104] 공개 초청에 대한 역사적 연구에 대하여 다음의 자료를 참조할 수 있다. David Bennett, *The Altar Call: Its Origins and Present Usage* (Lanham: University Press of America, Inc., 2000).

[105] 공개 초청을 옹호하는 입장의 학자들의 자료는 다음과 같다. Roy Fish, *Giving a Good Invitation* (Nashville: Broadman, 1974); Leighton Ford, "How to Give an Honest Invitation," *Leadership* 5 (1984): 105–8; "The Place of Decision," *Choose Ye This Day* (Minneapolis: World Wide, 1989); William (Billy), Franklin Graham, *The Challenge* (Garden City: Doubleday, 1969); Ken Keathley, "Rescuing the Perishing: A Defense of Giving Invitations," *Journal for Baptist Theology and Ministry* (Spring 2003): 4–6; R. T. Kendall, *Stand Up and Be Counted: Calling for Public Confession of Faith* (Grand Rapids: Zondervan, 1984); Greg Laurie, "Whatever Happened to the Clear Invitation? How to Make the Call to Christ Compelling," *Leadership* 16 (1995): 52–6; R. Alan Street, *The Effective Invitation: A Practical Guide for the Pastor* (Grand Rapids: Kregel, 1984); Jerry Vines and Jim Shaddix, *Power in the Pulpit: How to Prepare and Deliver Expository Sermons* (Chicago: Moody, 1999); Faris Whitesell, *Sixty-Five Ways to Give Evangelistic Invitations*, 3rd ed. (Grand Rapids: Zondervan, 1945).

[106] 공개 초청에 대하여 회의적인 입장을 갖고 공개적으로 구원 초청을 하는 시스템을 반대하는 입장의 학자들의 자료는 다음과 같다. Jim Ehrhard, *The Danger of the Invitation System* (Parville, MO: Christian Communicators Worldwide, 1999); J. Elliff, "Closing with Christ," *Viewpoint* (Jan–Mar 1999): 11–3; David Engelsma, *Hyper-Calvinism and the Call of the Gospel* (Grand Rapids: Reformed Free Publishing Association, 1994); Erroll Hulse, *The Great Invitation: Examining the Use of the Invitation System in Evangelism* (Hertfordshire: Evangelical Press, 1986); D. Martin Lloyd-Jones, 『목사와 설교』(*Preaching and Preachers*, CLC 刊)(Grand Rapids: Zondervan, 1972); Iain

마브 크녹스(Marv Knox)는 흥미로운 질문을 한다.

> 설교가 끝나고 찬송가를 부르는 동안 예배당 통로를 따라 행해지는 전통적인 설교 초청은 마치 미국 장례식에서 조문객들이 앞으로 나오는 것과 같지 않은가?[107]

장례식 마지막 순서와 형태가 비슷해 보일 수도 있다. 또한, 이러한 사역 방법은 오용되고 조작될 가능성이 있다. 하지만 오용될 수 있는 가능성이 있다고 하여 이러한 방식을 완전히 거부하는 것은 옳지 않다. 따라서 더 나은 공개 초청을 위해서는 다음의 두 가지 중요한 질문이 필요하다.

첫째, 사람들이 공개적으로 복음에 응답하고 그리스도를 영접하는 것이 성경적 근거가 있는가?

둘째, 만약 성경적 정당성이 있다면, 우리는 공개 초청을 어떻게 설교자의 진실성/통전성(intergrity)을 가지고 수행할 수 있는가?

공개 초청의 현재 형태는 적어도 현대에 발명된 형태임을 인정해야 한다.[108] 그것은 18세기 뿌리를 두고 이후 서서히 발전되었으며, 19세기에 찰스 피니(Charles Finney)와 그의 "새로운 조치들"(new measures)에 의해 더욱 대중화되었다. 현시대에는 빌리 그레이엄(Billy Graham)이 공개 초청 접근에 가장 큰 영향력을 행사했다. 설교의 끝부분에 "앞으로 나오는" 초청을 하는 그의 모델은 복음 전도 집회와 지역교회 예배에서 수없이 반복되었다.

Murray, *The Invitation System* (London: The Banner of Truth Trust, 1967).

[107] Marv Knox, "Will Altar Call Go the Way of Funeral-Home Fans?" *Baptist Standard* 5-6-98): 15.

[108] 공개 초청에 대한 전체적인 발전 과정을 알기 위해서는 다음의 자료를 참조할 수 있다. Jason Rodgers, "The Development and Use of the Public Invitation System" (Th.M. thesis, The Southern Baptist Theological Seminary, 2002), 4-19.

사람들을 복음으로 초청하고 성경적 진리에 응답하도록 초청하는 방법은 성경적으로 근거를 두고 있고 성경적 논증을 제시할 수 있는가?

우리는 이러한 설교 방식을 교리와 같이 구속하지는 않는다 하더라도 적어도 원칙적으로 동의할 수 있다고 믿는다.

1. 공개 초청의 성경적 이해와 방어

우리는 구약과 신약 모두에서 선지자와 설교자가 청중에게 도전하여 주님을 위하여 공개적으로 분명한 결정을 내리도록 하게 하는 예를 발견한다. 구약의 다음 예는 다음과 같다.

- 모세가 백성들에게 우상숭배에 대하여 직면했을 때 모세는 "여호와의 편에 있는 자는 내게로 나아오라"(출 33:26)고 명령했다.
- 히브리 민족을 인도한 마지막 날 모세는 회중에게 이렇게 선택하도록 설교하면서 설교를 마쳤다.

  내가 오늘 하늘과 땅을 불러 너희에게 증거를 삼노라 내가 생명과 사망과 복과 저주를 네 앞에 두었은즉 너와 네 자손이 살기 위하여 생명을 택하고 (신 30:19).

- 여호수아는 이스라엘 백성에게 여호와와 우상 가운데 공개적으로 결정할 것을 요구했다.

  만일 여호와를 섬기는 것이 너희에게 좋지 않게 보이거든 너희 조상들이 강 저쪽에서 섬기던 신들이든지 또는 너희가 거주하는 땅에 있는 아모리 족속의 신들이든지 너희가 섬길 자를 오늘 택하라(수 24:15).

- 엘리야는 이스라엘 민족에게 바른 선택을 강조했다.

> 너희가 어느 때까지 둘 사이에서 머뭇 머뭇 하려느냐 여호와가 만일 하나님 이면 그를 따르고 바알이 만일 하나님이면 그를 따를 지니라(왕상 18:21).

케스리(Keathley)는 "예언적 메시지의 본질은 분명하고 공개적인 결정을 요구하는 것이다"라고 설명한다.[109] 신약성경에는 하나님의 말씀 선포에 공개적으로 반응하는 초청이 포함되어 있다.

- 세례(침례) 요한은 청중에게 "회개하고" 그에 합당한 열매를 맺을 것을 요구했다(마 3:2, 8).[110]
- 예수님은 그를 따르는 사람들에게 "수고하고 무거운 짐 진 자들아 다 내게로 오라 내가 너희를 쉬게 하리라"(마 11:28)고 말씀하셨다.
- 오순절 날에 베드로는 사람들에게 "너희가 회개하여 각각 예수 그리스도의 이름으로 세례(침례)를 받고 죄 사함을 받으라"(행 2:38)고 권면했다. 사도행전 2:40-41은 우리의 성경적 근거 연구에 있어서 더욱 중요하다. 왜냐하면, 베드로는 "또 여러 말로 확증하며 권하여… 이 패역한 세대에서 구원을 받으라 하니"라고 권면했다.
그 결과는 무엇인가?

> 그 말을 받은 사람들은 세례(침례)를 받으매 이 날에 신도의 수가 삼천이나 더 하더라(행 2:41).

---

[109] Keathley, "Rescuing the Perishing," 6. Keathley는 그의 탁월한 소논문에서 네 가지 예를 보여 주었다. 니느웨 사람들이 요나의 설교에 공개적으로 반응하는 부분에 주목할 필요가 있다(욘 3:5-9).

[110] 요한과 예수와 베드로는 그들의 공적인 설교 사역을 회개를 촉구하는 메시지로 시작했다(마 3:2; 4:17; 행 2:38). 진실한 복음 선포는 죄에 대한 회개의 명령을 담고 있어야 한다.

- 베드로의 설교에 대한 기대와 그에 따른 반응(즉각적 반응)이 있었다. 이 메시지에 대한 대중의 반응은 그들이 "물에 빠져" 세례(침례)를 받았다는 것이다. 공개 초청의 사용을 어떻게 이해하고 인정하든지에 관계없이 예수 그리스도에 대한 개인의 공개적인 신앙고백은 신약성경에서 항상 세례(침례)이다. 대중 앞에서 고백과 순종이 있어야 한다 (마 28:18-20).
- 고린도후서 5장에서 바울은 우리가 사람들을 설득한다고 말하며(11절), 그리스도의 대사들로서 하나님께서 우리를 통하여 말씀하시고 우리가 청중이 하나님과 화해하도록 간청한다고 했다(20절). 이러한 사역도 공개적 요소는 분명히 내포되어 있다.
- 성경의 마지막 책과 장은 말한다.

성령과 신부가 말씀하시기를 오라 하시는도다 듣는 자도 오라 할 것이요 목마른 자도 올 것이요 또 원하는 자는 값없이 생명수를 받으라 하시더라 (계 22:17).

우리는 성경이 설교 중 초청하는 것을 오늘날과 똑같은 형태로 묘사하지는 않는다 할지라도 신구약의 많은 예를 통해 청중이 부름받았고 심지어 공개적으로 하나님께 충성을 선언하는 것을 확인할 수 있다.

잃어버린 자가 죄를 회개하고 복음을 믿으며, 그리스도를 신뢰하고 공적으로 그분을 공언함으로써, 신자의 세례(침례)를 통하여 절정에 이르게 되는 것은 하나님의 말씀을 충실하게 선포하는 것으로 가능해지는 것이라 할 수 있다.

2. 현대 초청에서 문제점과 주의할 점

공개 초청은 다음과 같은 비판을 받아 왔다. 설교자의 강요로 "예배당 통로로 걷는 것"과 "강단 앞으로 나오는 것"과 같은 행동과 연관되어 있다. 공개 초청에 대하여 비판하는 짐 엘리프(Jim Eliff)는 이렇게 말한다.

"공개적으로 제단에 나오도록 요청하는 것은 성경적 선례나 명령에 없다." 그는 또한 다음과 같은 말로 추가적으로 설명한다.

> 나는 진지하게 그리스도께 **나오도록 하는** 초청이 모든 복음 설교에 꼭 있어야 한다고 지지한다. 그리스도께 나아오는 초대는 모든 복음 전파의 일부이다. 우리는 사람들이 그리스도께 나아오기를 강권해야 한다. 그럼에도 불구하고 건물 앞쪽에 있는 특정한 자리만이 거룩한 자리로 생각하게 해서는 안 된다.[111]

이처럼 엘리프는 계속해서 예수를 개인의 구주로 영접하는 "죄인의 기도"(the sinner's prayer)를 비판하지만, 그리스도를 자신의 삶에 초대하는 부분은 인정한다.

엘리프의 결론은 무엇인가?

"죄인의 기도"는 성경 어디서도 발견되지 않는다는 것이다. 그리고 "그리스도를 자신의 마음이나 삶으로 초대하는 것도 성경을 바로 적용하는 것이 아니다(요 1:12; 3:20을 본문의 문맥과 상관없이 사용한다)"[112]라고 주장한다.

케스리는 공개 초청에 대하여 보다 일반적인 반대에 대한 목록을 만들고 응답하는 훌륭한 연구를 했다. 그의 허락 하에, 우리는 이 시점에서 우리 자신의 생각을 덧붙여 그의 주장을 면밀히 따르며 설명하려 한다. 그의 주장은 역사적이고 신학적인 것이다.[113]

---

[111] Elliff, "Closing with Christ," 11.
[112] Ibid., 12.
[113] Keathley, "Rescue the Perishing," 7–5.

1) 역사적 논증

· **질문**: 설교 후 초청을 하는 관행은 찰스 피니(Charles Finney)가 발명(또는 적어도 대중화)하였다.

"엥겔스마(Engelsma)는 강단 초청을 "피니(Finney)의 최신 혁신"이라고 부른다."[114]

피니의 구원에 관한 견해는 초청 제도의 타당성에 대하여 의문을 제기한 것이다.

· **답변**: 이러한 예는 지방회(침례교 지역 협의회)에서 문제시되었고 공개 초청에 성경적 지지가 있는지 여부를 묻게 하였다.

케스리는 분리주의적 침례교회인 샌디크릭 전통(Sandy Creek)에서 피니(Finney)가 태어나기 30년 전에 이미 공개 초청이 있었다고 강조한다. 한 목격자는 1760년대에 캐롤라이나의 큰 부흥 운동에서 "재세례파(재침례파) 신자"가 예배한 모습을 이렇게 묘사했다.

> 설교가 끝날 때, 목사는 강단에서 내려올 것이고, 적절한 찬송가를 부르는 동안 형제들이 악수를 한다. 그리고 찬송가가 불릴 때 죄인이라고 죄책감을 느낀 사람들에게 초청을 할 것이다.

> 그들이 간절히 구원의 길을 찾는다면 앞자리에 가까이 와서 무릎을 꿇는다. 또는 그들이 선호한다면, 그들의 자리에서 무릎을 꿇을 수 있다. 마지막으로 그들의 회심을 위한 기도로 그들과 함께 하기를 권한다.[115]

---

[114] Engelsma, *Hyper-Calvinism and the Call*, 63.
[115] William L. Lumpkin, *Baptist Foundations in the South* (Nashville: Broadman, 1961), 56.

분리주의적 침례교도에게서 강단 초청을 하는 것은 중요했다. 18세기 중반 미국 대각성 운동(the Great Awakening) 기간 중 조지 휫필드(George Whitefield)가 설교하는 것을 듣고 많은 사람들이 회심을 경험했다. 또한 우리가 이미 보았듯이 사람들이 그리스도에 대한 신앙을 공개적으로 선언하는 초청에 대한 성경적 근거가 있다.

· **질문**: 역사적으로 공개 초청의 결과는 우울하고 많은 거짓 개종자를 낳았다. 초청의 반대자들은 복음 전도 집회와 교회 예배에 대한 실망스러운 결과를 종종 지적한다. 그들은 공개 초청이 혼란을 촉진시켰다고 주장한다.

· **답변**: 이러한 비판은 훨씬 심각한 문제점을 지적한 것이다. 비판 중 일부는 확실히 맞는 말이다.

그러나 많은 설교자가 초청을 했다는 것이 문제가 아니라 잘 준비되지 않고 불분명하게 설교를 했다는 점이다. 그뿐만 아니라 이러한 설교는 절망적인 인간의 죄성, 회개와 신앙의 필요성을 알리지 못하고 주 예수 그리스도의 속죄 사역(atoning work)에 대한 명확성도 부족했다.

결국, 구원을 경험했다는 많은 사람이 이전에 자신들이 앞으로 나아가고 통로를 걷고 설교자와 악수한 일을 구원으로 착각했다는 간증을 했다.[116] 초청의 관행은 잘못이 아니다. 그러나 그 빈곤한 신학과 빈약한 복음의 제시가 문제인 것이다.

회개와 믿음과 같은 성경의 단어를 "하나님과 연결되는 것"(getting connected with God)과 같은 말로 대체하는 것은 도움이 되지 않는다. 케스리는 "구원이 치유로 바뀌면 그 결과는 강대상 앞에 나오는 초청의 경험이 있든 없든 간에 거짓된 회심이 될 수 있다"라고 주장한다.[117] 또한, 복음이 명확

---

[116] 비극적인 현실은 신학교에 입학하는 신학생들의 절반에 가까운 숫자가 신학교에서 초청을 받고 다시 세례(침례)를 한 번 이상 받게 된다. 그 이유는 이전의 신앙고백이 진실하지 않았다는 이유 때문이다. 이러한 상황의 책임은 초청으로 잘못 인도된 목회자에게 있다.

[117] Keathley, "Rescue the Perishing," 7.

하지 않은 초청 이후의 일부 간증으로 인해 청중은 간증을 듣고 나서 더욱 혼란스럽게 된다.

의심의 여지없이 일부 설교자들이 사용하는 전도 방법은 부끄러울 정도로 문제가 있다. 복음 제시 방법이 엉성하고 잘못 전달이 되기도 한다. 케스리는 이렇게 말한다.

> 그리스도가 성령의 능력으로 전파될 때, 조작하는 방법은 필요하지 않다. 그러한 기술을 사용하는 사람들은 복음의 능력에 대한 자신감 부족을 드러내고 있는 것이다.[118]

2) 신학적 논증

· **질문**: 모든 사람에게 복음을 전해야 하는 "의무"가 없다.

데이비드 엥겔스마(David Engelsma)와 같은 고등 칼빈주의자들(Hyper-Calvinists)은 복음을 듣는 모든 이들에게 복음이 실제로 전달된다는 견해를 거부한다. 이러한 견해를 가진 사람은 하나님이 모든 사람을 사랑하고 그들의 구원을 원한다고 믿지 않는다. 그러므로 누구든지 그리스도께 나아가기 위한 공개 초청은 전체적으로 볼 때 신학적으로 오류가 있다고 주장한다. 엥겔스마는 바울이 이렇게 말한다고 한다.

> 모든 사람을 사랑하고, 모든 사람에게 은혜를 베풀고, 모든 사람의 구원을 원한다고 믿지도 않았고, 가르치거나 설교하지 않았다.… 바울은 모든 사람에게 하나님에 대한 보편적 사랑으로 모든 사람에게 구원의 기회를 제공하는 복음 설교를 인정하지 않았다.[119]

---

[118] Ibid.
[119] Engelsma, *Hyper-Calvinism and the Call*, 70.

· **답변**: 복음주의자들은 모든 사람에게 구원을 주시는 하나님의 구원이 실제임을 인정한다.

고린도전서 5:19은 "곧 하나님께서 그리스도 안에 계시사 세상을 자기와 화목하게 하시며"라고 가르치고 있다. 이 세상에서 설교자들은 사람들과 하나님과 화해하도록 호소하고 설득하는 대사가 되도록 부름 받았다. 요한복음 3:16은 모든 사람에게 복음이 필요하다는 것을 의미한다.

· **질문**: 사람들이 그리스도께 나아오는 것은 불명예스럽고 우상 숭배와 같다.

엥겔스마에 따르면, 설교자들은 복음을 선포하도록 부름받았지만, 사람들이 받아들이는 것을 설득하도록 부름받지 않았다고 한다. 엥겔스마는 사람들이 그리스도께 나아오라고 촉구하는 사람들을 바알 선지자에 비유한다. 엥겔스마는 초청하는 것이 주권적 은총보다는 죄인에 초점을 맞추었기 때문에 우상 숭배와 동등하다고 말한다.[120]

· **답변**: 사람들이 공격받는 것과 같은 느낌을 받을 수 있다는 것 외에는 위의 비판은 분명히 잘못되었다.

우리는 구원이 완전히 하나님의 사역이며 복음은 그리스도 중심의 교리라는 데 동의한다. 그러나 우리는 또한 하나님께서 그분의 일을 성취하기 위해 중개적 방법을 사용한다고 믿는다. 분명히 하나님은 사람을 구원으로 부르시는 분이시다. 또한, 하나님은 복음의 설교자를 부르셔서 복음제시를 통하여 사람들을 그분께로 초대하게 하신다(롬 10:14-17). 마음을 다하는 열정적인 설교를 통한 초청은 사람들로 그리스도께 나아갈 수 있도록 진실하고 경건한 소망을 자연스럽게 표현한 것이다. 하나님께서 잃어버린 사람들에게 관심을 가지신다는 동기에서 이러한 초청이 시작된다(욘 4장).

---

[120] Ibid., 87.

- **질문**: 특정 자리에 온다고 하여 사람들을 구원하지는 못한다.

- **답변**: 이러한 주장은 보잘 것 없이 평범하고 단순한 것이다.
어떠한 진실한 복음 설교자도 자신의 신앙을 표현하기 위해서 앞으로 나아가 통로를 걷는 행동으로 구원 받았다고 믿지 않는다. 케스리는 이렇게 말한다.

> 복음 설교자는 구원이 공개적인 행동이나 기도를 반복함으로 되지 않는다고 분명히 말해야 한다. 구원은 예수 그리스도 안에 있다. 우리는 청중에게 공개적으로 예수 그리스도 안에 오도록 초청한다.
> 초청하는 방법은 신성 모독을 하거나 목사가 자신의 위치를 유지하게 하는 방법이 되어서도 안 된다. 듣는 사람들에게 결정을 내리게 하고 하나님의 영이 그분의 일을 할 것을 기대하는 원리에서 진행되어야 한다.[121]

3. 좋은 초청의 특징

우리는 많은 종교적 의식과 마찬가지로 공개 초청도 남용되고 조작될 가능성이 있음을 인정한다. 그러나 이러한 문제의 해결책은 그것을 없애는 것이 아니라 공개 초청을 바르게 사용하는 것이다. 성경적이며 진실하고 그리스도를 공경하는 방식으로 실천해야 한다. 또한 모든 것을 하나님의 영광으로 연결시켜야 한다. 이러한 방식으로 실천하는 데 중심 원칙은 동기(*motivation*)와 정보(*information*)이다. 이러한 맥락에서, 우리는 진실하고 책임감 있는 초청을 위한 열 가지 구성 요소를 설명하고자 한다.

---

[121] Keathley, "Rescue the Perishing," 13.

① 좋은 초청은 전달자의 진실성/통전성(integrity)으로 진행된다.
조작을 피하는 열쇠는 당신의 동기를 시험하는 것이다.
왜 사람들에게 그리스도를 믿고 하나님을 믿도록 초청하고 있는가?
당신이 그들로 하여금 당신의 자존심을 위해서 그러는가?
숫자를 늘리기 위해서 시도하고 있지는 않은가, 아니면 청중이 복음을 듣고 믿어 하나님의 영이 그들의 마음에서 일하시도록 할 것을 믿고 있는가?

② 좋은 초청은 복음 중심적(gospel-centered)이다.
성경적 선포자들(biblical heralds)은 예수님이 누구신지를 알리고, 예수님께서 죄인과 하나님을 화해시킨 일에 대한 좋은 소식을 전달하는 선포자들이다. 그들은 성경을 충실히 선포하고 그리스도와 십자가를 아름답게 높인다. 그뿐 아니라 잃어버린 사람들이 구원을 얻기 위해 예수님만을 신뢰할 수 있도록 한다. 복음은 다양한 면이 있기에 우리의 초청도 다양해야 한다. 매번 똑같은 말과 방법으로 할 필요가 없다. 즉, 본문이 이끄는 초청이 되도록 해야 한다.

③ 좋은 초청은 청중에게 무엇을 요구하는지가 분명(clear)하다.
우리는 앞으로 나아오고, 손을 들어 표시하거나, 카드에 서명하는 것 자체가 구원을 얻지 못한다는 것을 분명히 알려야 한다. 우리가 그리스도를 의지하고 복음을 믿을 때 구원받는다. 그렇지만 죄를 시인하고 영접하는 기도나 앞으로 나와 결신하는 것은 마음속에 생긴 그리스도를 향한 자신의 결단을 강화시킬 수 있는 기회이다. 빌리 그레이엄은 군중에서 공개적으로 앞으로 나올 때 "'나는 그리스도를 영접합니다'라는 고백이 중요합니다. 이러한 고백을 당신의 마음에 두어야 합니다"라고 강조했다.[122]

---

[122] Graham, *The Challenge*, 33. 나는(Daniel) 흔히 초청에서 하는 죄인의 기도의 형식을 사용하지 않고 또한 앞에 결신하는 것이 구원과 동일하다고 말하지 않는다. 나는 10살 때 회심을 했다. 반면에 나는 네 명의 아이들이 예수님을 개인의 구주로 영접하는 기도를 집의 조용한 곳에서 개별적으로 했으며 네 명 모두 그 자신들이 예수님을 개인의 구주로 영접

④ 좋은 초청은 회중의 구성원에 대하여 민감하다.

충실한 목회자나 전도자는 설교 기술과 수단으로 민감한 사람들의 감정을 조작하지 않는다. 특히 아이들을 염두에 두고 이러한 부분을 말해야 한다.

⑤ 좋은 초청은 기독교 전문 용어(jargon)를 사용하는 것을 자제하여 용어의 의미를 명확하고 정확하게 설명하려 하는 것이다.

현대의 불신자들은 역사상 다른 어느 시기보다도 신학 지식이 부족하다. 심지어 교회에 출석하는 교인들조차도 성경적 어휘와 신학적 지식이 충분하지 않다. 우리의 목표는 항상 복음 안에 함축된 의미를 잘 전달하는 것이다. 만약 이러한 전달이 명확하지 않다면, 우리는 복음에 도달하려는 사람들을 혼란스럽게 할 뿐만 아니라 그들을 좌절시키고 멀어지게 할 것이다.

⑥ 좋은 초청은 그리스도 중심의 해석학(Christocentric hermeneutic)에 의해 인도되는 충실한 성경적 설교를 인정한다. 또한, 사람들에게 그리스도를 신뢰하고 따르는 부르심에 핵심 역할을 한다.

허버트 애로우스미스(Herbert Arrowsmith)는 이렇게 말한다.

"강해는 최고의 전도이다. 하나님의 영은 하나님의 말씀을 가지고 하나님의 자녀들을 만들기에 여전히 진실하다."[123]

⑦ 좋은 초청은 명확한 안내(instruction)와 설명(explanation)의 특징이 있다.

레이튼 포드(Leighton Ford)는 "사람들은 당신의 초청에 응답하는 것이 무엇을 의미하는지 알아야 한다"[124]라고 말한다. 사람들은 초청에 반응한다는 것이 누구에 반응하는 것인지, 무엇을 해야 하는지, 왜 해야 하는지를 잘 이해해야 한다.

또한, 사람들은 왜 구원의 부르심에 응답해야 하는가?

했다는 확신이 있다. 그러나 그들은 모두 어른이 되었다. 또한 나는 하나님의 복음의 사역자로 부르심이 있을 때 즉각적으로 앞으로 나와 헌신하는 초청을 한다.

[123] Herbert Arrowsmith, *One Race* (Henry and Mooneyham, n.d.), 15.
[124] Ford, "How to Give an Honest Invitation," 106.

세례(침례)는 무엇인가?
교회 회원(church membership)은 무엇인가?
자신의 직업으로 주님을 섬기는 것은 무엇을 의미하는가?
구별(consecration)된 삶은 무엇인가?
죄의 회개와 불순종의 패턴은 무엇인가?

⑧ 좋은 초청은 정확한 위치와 시간에서 제대로 복음을 제시하고 안내하는 능력을 갖춘 훈련된 상담자를 제공한다.

⑨ 좋은 초청은 따뜻하고 개인적이지만 긴급하고 직접적이다.
적절한 기회에 복음에 응답하도록 기회를 제공하기 위해서는 설교자에 대한 신뢰가 높아야 한다. 청중은 항상 설교자의 가장 큰 관심임을 스스로 믿도록 해야 한다.

⑩ 좋은 초청은 하나님의 약속에 근거한 기대감에 기초한다. 하나님의 말씀은 무효로 돌아가지 않고 자신이 원하는 것을 성취할 것이다.
로이 피쉬(Roy Fish)는 이러한 맥락에서 통찰력 있는 이야기를 한다.

위대한 설교자 스펄전에게 젊은 학생이 찾아와서 자신의 설교를 통하여 청중의 회심의 결과를 보지 못하고 있다고 불평했다. 그러자 스펄전은 그 청년에게 "설교할 때마다 반드시 회심을 기대하십니까?"라고 물었다. 그러자 청년은 "아니요, 저는 그렇지 않습니다"라고 대답을 했다. 그러자 스펄전은 "이것이 바로 설교 중 결신이 나타나지 않는 정확한 이유입니다"라고 답변을 했다.[125]

---

[125] Fish, *Giving a Great Invitation*, 221. Vines와 Shaddix는 좋은 초청의 일곱 가지 특징을 나열한다. *Power in the Pulpit*, 215-18. 이 중 몇 가지 예를 든다면 다음과 같다. 설교의 내용과 연관성이 있어야 하며, 간단하고 명확해야 한다.

4. 초청하는 다양한 방법

공개 초청은 사람들이 복음이 필요하다는 것을 상기시킨다. 복음은 청중이 자신이 하고 있는 일과 왜 하는지에 대하여 생각하게 하는 데 분명히 도움이 된다. 설교자와 상담자는 청중의 결정에 대해 이야기하고 질문에 대답할 수 있다.

이러한 기본 원칙을 가지고 초청하는 접근 방식은 무엇인가?

각각의 장점과 단점은 무엇인가?

우리는 여섯 가지 방법을 제시하려 한다.

첫째, 말로 호소함(verbal appeal): 그리스도를 신뢰하고 복음을 받아들이도록 명확하게 말을 통하여 초청한다.

· 장점
① 명확히 말로 설명하므로 초청 시 조작의 위험을 피할 수 있다.
② 청중에게 하나님과 관계 맺는 일을 알려주므로 개인적인 만남이 될 수 있도록 직접적으로 안내한다.

· 단점
① 설교자가 청중 앞에서 복음을 제시하는 중에 청중이 예수에 대한 자신의 신앙을 공개적이고 즉각적으로 인정할 수 있는 기회가 없을 수 있다.
② 즉각적인 답이 필요한 부분에 청중이 대답하지 않은 상태에서 그대로 방치할 수도 있다. 그러나 이 단점은 말로 분명히 설명하므로 극복될 수 있는 것이다.

둘째, 강대상 앞으로 나오도록 함: 설교 마지막에 성경적 메시지와 복음 호소에 대한 응답으로 초청한다.

- 장점
    ① 누군가와도 즉시 접촉하도록 하는 것이 쉬운 방법이다.
    ② 누군가와 일대일 (one-on-one)로 대화하는 것이 효과적인 방법이다.
    ③ 사람들도 초청에 응한 사람들을 위해서 기도하고 격려할 수 있다.
    ④ 공개적으로 신앙 결단을 축하할 수 있다.
    ⑤ 설교에 응답하는 사람에게 개인적으로 결단을 확인하고 격려할 수 있다.

- 단점
    ① 강압과 조작의 가능성이 있다.
    ② 내용이 제대로 전달된 경우에도 청중이 잘못 이해할 수 있다.
    ③ 강대상 앞에 나가는 행위와 참된 믿음을 동일시할 수 있다.

셋째, 상담실로 안내함: 추가 질문 및 상담을 위해 옆방이나 상담실로 나오도록 초청한다.

- 장점
    ① 공개되는 것에 대한 부담이 적다.
    ② 남용의 위험이 최소화된다.
    ③ 부끄러워하는 사람들을 도울 수 있다.
    ④ 대상자에게 산만하지 않은 사적인 일대일 상담 시간을 제공한다.

- 단점
    ① 교회는 구원의 즉각적인 축하 기회를 놓칠 수 있다.
    ② 모든 교회가 적절한 시설을 가지고 있는 것은 아니다.

넷째, 손을 들어 표시하게 함: 그리스도를 믿으면 손을 들게 한 후 초청함: 이 방법의 장단점은 위에 언급한 두 번째 방법과 비슷하다.

다섯째, 즉각적으로 믿고 이후 신앙을 안내함: 사람들에게 "지금 그리스도를 믿도록" 격려하고 이후에 성장의 방법에 대한 정보를 제공한다.

· 장점: 이러한 방법은 그리스도를 신뢰하고 앞으로 성장하도록 하는 부분을 분리하지 않고 함께 진행할 수 있다.

· 단점: 후속 조치가 어려울 수 있다.

여섯째, 헌신 카드 작성: 헌신 카드를 기입하게 하여 초청한다.

· 장점
① 후속 조치에 매우 좋다.
② 이 방법은 가장 위협적이지 않은 방법이다.
③ 신앙의 결단을 내린 모든 사람의 기록을 남기게 된다.
④ 다양한 환경에서 사용할 수 있다.

· 단점
① 오해 또는 복음에 대한 완전한 이해가 부족할 가능성이 있다.
② 설교자가 예배가 끝난 후 카드를 받아 보게 되는 경향이 있다.

위에서 제시한 방법들은 초청을 하는 데 있어서 전부가 아니다. 또한, 이러한 방법이 오류가 없는 것도 아니다. 바른 동기(motivation)와 진정성(integrity)을 유지하는 것이 중요하다. 또한, 설교자는 상황에 민감해야 한다. 어떤 방법을 통해 복음으로 초청을 하는 것보다 복음으로 초청을 하는 것

자체가 중요하다!¹²⁶

5. 결론

복음 전파를 정의하는 데 있어서 J. I. 패커(J. I. Packer)는 이렇게 말한다. "복음은 성경 정보의 나눔으로 시작되어 초청으로 마무리된다."¹²⁷

베이빗 라슨(David Larsen)은 "복음은 죄인들이 즉각적으로 초청에 응하는 것이다"라고 말한다.¹²⁸ 응답을 요구하는 방식은 다양할 수 있다. 우리가 이제까지 알고 있거나 앞으로 알게 될 가장 위대한 메시지에 응답하는 것은 피할 수 없는 것(imperative)이다.

초청은 하나님의 성령의 내적 사역을 외적으로 표현할 수 있는 기회를 제공한다. 복음 선포자들은 죄인들에게 하나님과 화해하도록 진실성을 바탕으로 선명하게 요청해야 한다. 선포자들은 공개적으로 반응하도록 그들에게 도전할 수 있다. 하나님의 약속 때문에 우리는 그들을 기대할 수 있고 믿을 수 있다.

---

[126] Vines와 Shaddix는 여섯 가지 가능한 초청의 방법을 제시한다. (1) 구두적 초청, (2) 위치를 바꾸는 초청, (3) 예배 후 다시 만나는 사역, (4) 초청 카드 작성, (5) 행동을 통한 제스처로 표시하는 방법, (6) 여러 가지 방법을 함께 사용하는 방법. *Power in the Pulpit*, 212–5.
[127] J. I. Packer, *Evangelism and the Sovereignty of God* (Downers Grove: IVP, 1961), 92.
[128] David L. Larsen, *The Evangelistic Mandate: Recovering the Centrality of Gospel Preaching* (Wheaton: Crossway, 1992), 102.

제19장

특별한 경우에 대한 설교

하나님의 말씀을 가르치고 전파하는 설교자들은 매주 진행되는 강해설교 일정과 관련이 적은 특별한 행사에서 설교하도록 권유를 받을 때가 있다. 이러한 행사는 결혼식, 장례식, 연회(리더십 이양, 주일학교/성경 교사 감사의 시간, 청지기 세미나, 표창식), 다양한 주제의 컨퍼런스(성경, 결혼 및 가족, 예언, 숭배, 교리), 부흥회 및 지역 사회 행사(지역 클럽, 입학, 졸업)가 이에 포함된다.

또한, 교회력의 특별한 날들도 설교를 할 때 관심을 가질 필요가 있다. 이러한 날들에는 크리스마스, 부활절, 어머니의 날(Mother's Day), 아버지의 날(Father's Day), 고난 주간 및 추수 감사절이 포함된다. 그뿐만 아니라 새해 첫날, 7월 4일(미국 독립기념일), 현충일 등도 특별한 메시지를 위한 날로 고려해야 할 것이다.[129]

충실한 설교자는 지혜와 신중함으로 매 주일마다 설교 일정을 잡고 실행해야 한다. 물론 설교자가 모든 특별한 행사와 상황을 설교에 모두 포함하기는 어려울 것이다. 또한, 만약 모든 행사를 설교 연간 스케줄에 넣으려 한다면 설교자는 자신의 설교 일정의 절반을 행사와 이벤트에 관한 설교로 해야 할 것이다.

---

[129] Stephen Rummage는 특별한 날에 설교를 계획하는 부분에 있어서 탁월한 관점을 제공한다. *In Planning Your Preaching* (Grand Rapids: Kregel, 2002), 117–36.

다른 한편으로 설교자가 이러한 행사를 설교 계획에서 모두 무시하는 것도 어리석은 것이다. 이러한 절기와 기회들은 불신자 가족과 믿음 없는 친구들을 교회에 초대하기에 좋은 시간이 될 수 있다.

사람들의 마음은 달력의 특별한 날들에 초점이 맞춰져 있으므로 설교자는 이 시간을 무시하지 말아야 한다. 이러한 기회를 사용하여 예수 그리스도의 복음을 선포하는 이점을 살려야 한다. 장소나 행사에 관계 없이 우리의 목표는 하나이다. 하나님의 말씀을 청중에게 전하고 구원받을 수 있도록 구세주를 소개하는 것이다.

1. 특별한 절기나 상황에 따라 설교할 때의 원칙

특별 절기를 위하여 제안할 몇 가지 기본 원칙이 있다. 먼저 설교자는 특정한 기독교 절기를 뛰어 넘는 최고의 영적 민감성이 있어야 한다. 성경 진리는 선택 사항이 아니다. 그리스도를 높이는 은혜와 선한 의도를 확장하기 위해 최선을 다하는 것이 핵심이다.

그렇다면 우리가 설교를 준비하고 전달할 때 무엇을 고려해야 하는가?

① 성경 강해(biblical exposition)는 어느 상황의 설교에서도 적절하다.
실제로 그것은 예외가 아니라 표준이어야 한다. 하나님의 말씀은 모든 경우와 상황에 적용이 가능하다. 이것은 진실이며 사람들은 그 진실을 원한다. 설교자는 설교하기로 미리 계획된 성경 본문이 특별 행사를 위한 합법적 적용을 이미 지니고 있음을 종종 발견할 수 있을 것이다.

② 짧은 본문이나 익숙한 성경 구절을 성경 본문으로 선택하는 것이 현명하다.
어떤 경우에는 아마도 설교자가 성경을 가진 유일한 사람이 되는 경우가 있다. 이러한 경우는 심지어 기독교학교에서 졸업식과 같은 행

사에 참여하는 것도 포함된다. 청중은 본문에 대한 설명을 따를 수 있는 성경을 그들 앞에 가지지 않을 것이다.

따라서 짧은 본문, 한 구절에서 세 구절 또는 인기 있는 본문(예를 들면, "선한 사마리아인")을 선택하는 것은 좋은 방법이 될 수 있다. 이러한 상황에 참여한 청중이 잘 듣고 소화하며 집에 가져갈 수 있는 본문과 메시지를 설교하는 것이 바람직하다.

③ 대부분의 상황에서 짧게 설교하는 것은 현명한 결정이다.

이렇게 한다면 당신은 곤경에 빠지지 않을 것이다. 이것은 청중에게 좋은 마음을 가질 수 있도록 할 뿐만 아니라 교회에 다시 돌아오도록 권유할 때 그들이 좋은 반응을 보일 가능성이 높다.

15분에서 20분 정도의 설교가 특별한 상황에서 적절하다. 그러나 어떤 경우에는 더 길어질 수 있고, 심지어 한 시간씩도 설교할 수 있다. 물론, 우리는(그리고 여러분도) 어떠한 상황에서도 흥미롭고 매력적으로 설교해야 한다. 성경을 지루하게 만드는 것은 죄라는 것을 기억하는 것이 중요하다!

④ 좋은 이야기나 강력한 예화는 매우 중요하다.

앞에서 언급했듯이 예화는 설교라는 집에 있는 창이라 할 수 있다. 청중이 집 안에 들어있는 것을 창을 통해 볼 수 있다. 우리 모두 알고 있듯이, 당신의 설교에서 예화가 가장 기억하기 쉬운 부분이다. 그러므로 특별한 경우에 이러한 예화를 당신의 설교에서 핵심 구성 요소(key component)로 삼아야 한다.

⑤ 예수님의 삶이나 성경 인물에 발견되는 원리를 설명하는 것은 일반적으로 훌륭한 설교 전략이다.

예를 들어 예수님, 바울, 다윗의 삶 또는 잠언에서 가져온 리더십 원칙은 매우 효과적일 수 있다. 또한, 부정적인 견해나 반대적 예로 강하게 호소할 수 있다. 예를 들어 가인, 입다, 사울 또는 유다의 잘못 사용된 특권에 대해 생각해 볼 수 있다.

당신의 설교가 특별 행사에도 적절하고 주 예수를 높이는 설교가 되도록 균형을 유지하기 위해 열심히 노력해야 한다. 이 일이 때로는 어려운 일일 수도 있다. 하지만 설교자는 사람들에게 예수님이 현재와 영원의 시간에도 중요한 분임을 보여 영적인 결실을 맺을 수 있도록 해야 한다.

⑥ 설교할 때 항상 설교의 적용에 초점을 맞추어야 한다.

특별한 경우에 설교할 때는 적용이 더욱 중요하다. 불신자들은 성경 진리의 힘과 일상생활과의 연관성을 볼 필요가 있다.

⑦ 적절한 경우 유머를 사용하면 청중에게 메시지를 전달하는 데 매우 유용하다.

물론 유머를 잘 사용해야 한다. 대부분의 사람은 자신의 개성에 따라 고유한 유머 감각을 가지고 있다. 따라서 설교자 자신의 스타일이 무엇인지를 알고 자신에게 맞는 방식으로 유머를 사용해야 한다.

⑧ 여러분을 초대한 사람들의 신뢰를 결코 저버리지 말아야 한다.

초대한 곳에서 제시한 시간과 상황에 대한 안내를 따라야 한다. 할당된 시간을 초과하는 것은 무례하고 무책임한 것으로써 죄와 같다. 당신이 설교에 관한 특별한 안내와 기대를 존중하지 않는 것은 부정직하고 오만한 것이다. 상황에 따라 설교자가 가지고 있는 신념을 모두 펼칠 수 없는 상황이 될 수도 있다. 또한, 설교 후 공개 초청을 할 수 없는 상황일 수도 있다. 그리고 설교자의 신뢰성/통전성(integrity)은 정직과 투명성을 요구한다. 때론 설교 후 과한 사례비에 대하여 "아니오"라고 답을 할 수도 있어야 한다. 올바른 방법으로 올바른 일을 하여야 한다. 그러면 하나님께서 여러분을 존중할 것이다.

⑨ 항상 예수님과 복음에 대해 말해야 한다.

설교자가 설교를 전달하는 데 있어서 상황에 민감하고 창조적일 필요가 있다. 하지만 당신은 복음의 선포자로서 복음을 선포해야 한다.

2. 결혼식과 장례식

가장 많이 설교를 하는 두 가지 특별한 경우는 결혼식과 장례식이다. 이러한 기회는 교회에 나오지 않고 성경을 읽지 않는 사람들에게 복음을 나눌 수 있는 신성한 순간이다. 특히 장례식은 사람들이 더욱 민감하고 복음에 열려 있을 때이다. 이러한 사람들은 삶과 죽음과 영원의 문제에 관한 상황 가운데 있다. 이러한 현실은 피할 수 없는 일로써 장례식의 중심을 이룬다. 다음은 중요한 행사를 인도하고 설교할 때의 구체적이고 실질적인 도움을 주는 안내이다. 앞서 언급한 아홉 가지 원칙이 여기에도 적용된다.

1) 결혼식

결혼식은 기쁨과 축하의 시간이다. 당신이 결혼식을 인도할 때 이러한 정신과 분위기를 반영해야 한다. 결혼식 전에 미래 신부와 신랑과 함께 결혼식의 여러 부분을 주의 깊게 검토하고 준비해야 한다. 주례자로서 예비 신랑 신부의 소원과 제안에 개방되어 있어야 하지만 모든 것에 대해 절대적 거부권을 가지고 있음을 알아야 한다. 그것은 신부의 옷차림, 참석자들에게 나와서 하는 말, 그리고 음악이 포함된다.

그리스도를 존중하고 무엇이든 그리스도인의 결혼 생활의 아름다움을 나타내는 것은 허용될 수 있다. 그러나 설교자는 허용되지 않는 것이 있음 또한 알게 한다. 설교자가 받는 압력에 상관없이 이러한 기준은 유지되어야 한다.

결혼식 예배는 어떻게 될 것인가?

앞에서 나눌 적절한 말은 무엇인가?

물론 위에서 언급한 지침이 존중된다면 다양성이 있을 수 있다. 우리는 예식을 위하여 말할 수 있는 문장뿐만 아니라 기본 윤곽을 제공하려 한다. 이런 아웃라인은 특별한 결혼식으로 발전되는 기초를 제공할 것이다.[130]

---

[130] 결혼식과 장례에 대한 가이드라인과 아웃라인을 여러 목회자 매뉴얼과 안내서에서 발견할 수 있다. 하지만 다음의 두 권의 책은 이러한 분야에 고전적 가치가 있다. W. A.

신랑 ○○○와 신부 ○○○의 결혼식

전주곡(촛불 점화/어머니 자리에 앉음)
이 시점에서 찬양을 부른다. 결혼식 중반부에 복음을 전하는 것도 좋지만 때로는 처음 시작할 때에 복음을 제시하는 것도 좋다.

결혼식 순서

결혼식 시작의 말/목회자 인사말

친애하는(사랑하는 가족과 친구들) 하객 여러분!
우리는 여기서 하나님과 믿음의 공동체 앞에서 신랑(이름)과 신부(이름)의 기독교 결혼식을 거행하기 위해서 함께 모였습니다. 기독교인의 결혼은 남자와 여자 사이에서 신앙과 신뢰의 신성한 언약으로써 주 예수 그리스도를 믿는 거룩한 믿음 안에서 성립됩니다.
이러한 결혼은 남녀가 삶과 생각을 공개적으로 나타내고, 의혹으로부터 자유로워질 뿐만 아니라 사랑 안에서 진리를 말하는 것을 의미합니다. 무엇보다도 그리스도가 머리가 되는 것을 의미하며 그리스도 안에서 자라는 것이 요구됩니다. 이러한 거룩한 언약식이 가볍게 다루어져서는 안 됩니다. 하나님을 두려워하면서 경건하며, 조심스럽고도 현명하게 진행되어야 합니다.
에베소서 5:21-33에서 하나님께서는 결혼에 대해 말씀하시면서 아내와 남편을 언급하십니다. 바울은 이렇게 말합니다.

> 그리스도를 경외함으로 피차 복종하라 아내들이여 자기 남편에게 복종하기를 주께 하듯 하라 이는 남편이 아내의 머리됨이 그리스도께서 교회의 머리됨과 같음이니 그가 바로 몸의 구주시니라 그러므로 교회가 그리스도에게 하듯 아내들도 범사에 자기 남편에게 복종할지니라 남편들아 아내 사랑하기를 그리스도께서 교회를 사랑하시고 그 교회를 위하여 자신을 주심 같이 하라 이는 곧 물로 씻어 말씀으로 깨끗하게 하사 거룩하게 하시고 자기 앞에 영광스러운 교회로 세우사 티나 주름 잡힌 것이나 이런 것들이 없이 거룩하고 흠이 없게 하려 하심이라 이와 같이 남편들도

Criswell, *Criswell's Guidebook for Pastors* (Nashville: Broadman Press, 1980) and J. R. Hobbs, *The Pastor's Manual* (Nashville: Broadman, 1962).

자기 아내 사랑하기를 자기 자신과 같이 할지니 자기 아내를 사랑하는 자는 자기를 사랑하는 것이라 누구든지 언제나 자기 육체를 미워하지 않고 오직 양육하여 보호하기를 그리스도께서 교회에게 함과 같이 하나니 우리는 그 몸의 지체임이라 그러므로 사람이 부모를 떠나 그의 아내와 합하여 그 둘이 한 육체가 될지니 이 비밀이 크도다 나는 그리스도와 교회에 대하여 말하노라 그러나 너희도 각각 자기의 아내 사랑하기를 자신같이 하고 아내도 자기 남편을 존경하라(엡 5:21-33, 개역개정).
(복음이 이 시점에서 공유될 수 있다)

기도
신부에게

목회자: 누가 여기 신부와 신랑을 결혼하게 하십니까?
(회중 찬송 / 듀엣 / 솔로로 부를 수도 있음)
결혼은 다른 이를 사랑하고, 크게 나누어 주고, 그에게 봉사하는 것에 관한 것입니다. 또한, 자신의 배우자를 자신보다 우선순위에 두는 것입니다. 이러한 것은 부드럽고 소중한 관계이며 그리스도의 마음을 갖는 것입니다. 바울은 빌립보서 2:1-5에서 이렇게 강조합니다. 이 중요한 말씀을 들으세요.

그러므로 그리스도 안에 무슨 권면이나 사랑의 무슨 위로나 성령의 무슨 교제나 긍휼이나 자비가 있거든 마음을 같이하여 같은 사랑을 가지고 뜻을 합하며 한마음을 품어 아무 일에든지 다툼이나 허영으로 하지 말고 오직 겸손한 마음으로 각각 자기보다 남을 낫게 여기고 각각 자기 일을 돌볼뿐더러 또한 각각 다른 사람들의 일을 돌보아 나의 기쁨을 충만하게 하라 너희 안에 이 마음을 품으라 곧 그리스도 예수의 마음이니(빌 2:1-5, 개역개정).

서로 서약함

목회자: (신랑의 이름)께서는 예수 그리스도 안에서 함께 생활하면서 하나님의 계획에 따라 믿음, 소망, 사랑의 언약으로 함께 살기 위해 (신부의 이름)을 아내로 받아들이겠습니까? 그리스도께서 교회를 사랑하고 교회를 위해 자신을 드렸듯이 신부를 희생적으로 사랑하십니까?
신랑은 신부의 내면의 생각을 경청하고, 신부를 돌보는 데 사려 깊고 부드럽게 대하고 둘이 함께 사는 동안 신부를 누구보다 우선순위에 두고 온전히 책임 있는 삶을 살겠습니까?

신랑: 그렇게 하겠습니다.

목회자: (신부의 이름)께서는 예수 그리스도 안에서 함께 생활하면서 하나님의 계획에 따라 믿음, 소망, 사랑의 언약 안에 함께 살기 위해 (신랑의 이름)을 신랑으로 받아들이겠습니까?
교회가 그리스도에게 복종하듯이 당신은 남편의 리더십을 따르고 순종할 것입니까?
신부는 남편의 생각을 경청하고, 그를 돌보는 데 사려 깊고 부드럽게 대할 뿐만 아니라 둘이 함께 사는 동안 남편을 누구보다 우선순위에 두고 온전히 책임 있는 삶을 살겠습니까?

신부: 그렇게 하겠습니다.

반지와 약속의 교환

목회자: 먼저 요한복음 4:8은 사랑은 하나님의 심령과 성품을 반영한다고 가르칩니다. 사랑은 또한 축복받고 즐거운 결혼 생활을 위해서 본질적으로 꼭 있어야 하는 것입니다. 하나님께서는 진정한 사랑이 어떻게 생겼는지에 관해서 단순히 인간의 상상력에 맡기지 않으셨습니다. 주님께서는 고린도전서 13장의 "사랑장"에서 사랑을 아름답게 묘사하도록 바울에게 영감을 주셨습니다.

> 내가 사람의 방언과 천사의 말을 할지라도 사랑이 없으면 소리 나는 구리와 울리는 꽹과리가 되고 내가 예언하는 능력이 있어 모든 비밀과 모든 지식을 알고 또 산을 옮길 만한 모든 믿음이 있을지라도 사랑이 없으면 내가 아무것도 아니요 내게 있는 모든 것으로 구제하고 또 내 몸을 불사르게 내줄지라도 사랑이 없으면 내게 아무 유익이 없느니라 사랑은 오래 참고 사랑은 온유하며 시기하지 아니하며 사랑은 자랑하지 아니하며 교만하지 아니하며 무례히 행하지 아니하며 자기의 유익을 구하지 아니하며 성내지 아니하며 악한 것을 생각하지 아니하며 불의를 기뻐하지 아니하며 진리와 함께 기뻐하고 모든 것을 참으며 모든 것을 믿으며 모든 것을 바라며 모든 것을 견디느니라 사랑은 언제까지나 떨어지지 아니하되 예언도 폐하고 방언도 그치고 지식도 폐하리라 우리는 부분적으로 알고 부분적으로 예언하니 온전한 것이 올 때에는 부분적으로 하던 것이 폐하리라 내가 어렸을 때에는 말하는 것이 어린 아이와 같고 깨닫는 것이 어린 아이와 같고 생각하는 것이 어린 아이와 같다가 장성한 사람이 되어서는 어린 아이의 일을 버렸노라 우리가 지금은 거울로 보는 것 같이 희미하나 그때에는 얼굴과 얼굴을 대하여 볼 것이요 지금은 내가 부분적으로 아나 그때에는 주께서 나를 아신 것 같이 내가 온전히 알리라 그런즉 믿음, 소망, 사랑, 이 세 가지는 항상 있을 것인데 그 중의 제일은 사랑이라(고전 13장, 개역개정).

목회자: 신랑께서는 신부에게 사랑과 애정을 맹세하는 거룩한 언약의 '표시'를 지니고 있습니까?

신랑: 예. 있습니다.
저(신랑 이름)는 신부(신부 이름)를 저의 아내로 맞이하여 동행하며 오늘부터 앞으로 부유하거나, 가난하거나, 좋은 상황이든지, 나쁜 상황이든지, 신부를 보호하고 함께 살기를 원합니다. 저는 이 반지로 저의 모든 사랑을 신부에게 주겠습니다. 세상에서 제가 가진 모든 것을 신부와 나누며 살겠습니다.

목회자: 신부께서는 신랑에게 사랑과 애정을 맹세하는 거룩한 언약의 '표시를' 지니고 있습니까?

신부: 예. 있습니다.
방금 받은 반지와 같이 사랑의 순수성과 신랑의 헌신의 귀중함을 나타내는 소중한 둥근 반지를 결혼의 표시로 손가락에 끼우고 그를 따라가겠습니다. 저는 신랑을 저의 남편으로 여기고 동행하며 오늘부터 앞으로 부유하거나, 가난하거나, 좋은 상황이든지, 나쁜 상황이든지, 신랑과 함께 하기를 원합니다. 저는 이 반지로 저의 모든 사랑을 남편에게 주겠습니다. 저의 세상의 모든 것을 남편과 나누며 살겠습니다.

기도
신랑 신부가 무릎 꿇고 기도함(옵션). 기도할 때 찬양을 부른다. 이러할 때 "주기도문"은 고전이며 이 순간을 위해 종종 선택된다.

연합의 촛불이 점화됨

공표
(신랑 이름)과 (신부 이름)이 그리스도인으로서 이 결혼식에서 서로에게 맹세했습니다. 하나님과 증인 앞에서 성실히 맹세하며 손을 잡고 반지를 주고받음으로 남편과 아내가 되었음을 선포합니다. 하나님께서 짝지어 주신 이 두 사람을 나누지 못하리라. 아멘.

끝나는 찬송가

♡ 결혼 언약의 성격

우리는 결혼의 신성함을 믿기 때문에 혼전 결혼 상담을 매우 중요하게 생각한다. 나(Daniel)는 결혼하는 부부가 결혼 전 상담하고 결혼 약정서에 서명하고 기독교 결혼의 영속성에 대한 언약에 서명할 것을 요구한다. 다음의 내용이 이러한 언약을 담고 있다.

♡ 결혼 전 언약

결혼은 일생에 두 번째로 중요한 결정이다. 첫 번째는 주님 되시는 예수 그리스도에게 개인적으로 삶을 헌신하는 결정이다. 이를 염두에 두고 우리는 하나님, 우리의 목회자, 그리고 서로에게 이렇게 약속한다.

① 그리스도인으로서 삶과 결혼 생활에 대하여 성경의 원리를 따라 가면서 하나님의 뜻을 구한다.
② 혼전 성행위나 다른 부적절한 성행위에 개입하지 않는다.
③ 최선을 다하여 그리스도인으로 결혼 생활과 가정을 만들도록 한다. 이는 예수 그리스도와의 개인적인 관계를 고백하고, 주님의 말씀에 순종함으로 삶의 전 과정에서 성장을 바란다는 것을 의미한다.
④ 목회자가 제공하는 혼전 결혼 교육에 대한 자료를 읽고 듣는다.
⑤ 결혼 생활 중 하나님 말씀인 성경을 믿고 따르는 교회에서 적극적으로 활동한다.
⑥ 윌러드 할리(Willard Harley)의 『그녀의 필요와 그의 욕구』(*His Needs, Her Needs*), 팀 라해이(Tim LaHaye)의 『결혼 행위』(*The Act of Marriage*), 데니 에이킨(Daniel Akin)의 『하나님에게 있어서 성』(*Sex on God*), 로버트슨 맥킬킨(Robertson McQuilkin)의 『간직한 약속』(*A Promise Kept*)을 읽는다.
⑦ 결혼식과 그 이후에도 목회자와 서로에게 열린 마음가짐을 가지고 상의한다.

⑧ 지금부터 결혼 전까지 결혼이 옳지 않다고 믿을 때 언제든지 결혼을 연기하거나 취소할 수 있다.
⑨ "이혼"이라는 단어가 우리 관계의 영역에 들어오지 못하게 한다. 우리는 삶을 함께 가야 한다. 이혼은 우리에게 선택 사항이 아니다.
⑩ 결혼 생활에 어려움이 있을 때 목회자에게 알리고 유능한 기독교 상담자를 찾는다.

위의 약속이 이루어지면 우리의 하나님이 존경받을 것이다. 또한 의미 있고 행복한 결혼에 대한 전망이 향상될 것이다. 우리는 삶의 모든 날들과 결혼 생활을 통해 하나님께 영광 돌리도록 노력할 것이다.

2) 장례식

장례식을 진행할 때는 민감성과 권위의 균형을 유지해야 한다. 가족과 장례식 책임자 모두와 함께하는 은혜로운 지도력은 필수이다. 요한 비사그루(John Bisagno)의 다음의 글은 매우 정확하다.

> 장례식에 대한 시간과 장소가 정해지면 장례식 담당자에게 연락하여 예배의 모든 세부 사항과 이후의 장례에 대해 동의하는지 확인하도록 한다. 미리 계획을 세우면 혼란과 당혹감을 줄일 수 있다.[131]

가족은 다양한 단계의 슬픔과 충격에 빠질 것이다. 부드럽지만 확고하게 하나님을 공경하도록 적절하게 예배 계획을 세워야 한다. 물론, 장례식에서 설교하기 위해 부름을 받았을 때, 장례 절차에 대하여 관여하지 않을 수도 있다. 하지만 장례의 과정 중 설교자는 친절하고 온정적이면서도 또한 강하게 위로해야 하며 무엇보다도 성경을 열고 복음을 전해야 한다.

---

[131] John Bisagno, *Letters to Timothy: A Handbook for Pastors* (Nashville: B&H, 2001), 98.

모든 장례식에서, 특히 잘 모르고 있거나 전혀 모르는 사람의 장례의 경우, 정직하지 못한 말이나 관례적으로 하는 말은 피해야 한다. 당신이 아는 것에 더욱 충실할 필요가 있는데, 그것은 바로 복음과 하나님의 말씀이다.

W. A. 크리스웰(W. A. Criswell)은 장례식장에서 목회자의 임무와 기회에 관해서 이렇게 말한다.

> 담임목사는 장례식 시간을 하나님의 열린 문으로 받아들여 생명, 죽음, 땅, 천국, 시간, 그리고 영원의 기본 진리에 관하여 청중에게 말해야 한다. 값싼 추도사와 공허한 노래로 시간을 낭비하는 것은 성령의 면전에서 죄를 짓는 것이다. 그는 하나님의 말씀을 전해야 한다.
>
> 그들이 장례식장에서 여러분 앞에 앉았을 때 청중 중에는 전에 결코 복음의 메시지를 듣지 못한 사람들도 있을 것이다. 이러한 때 반드시 복음을 전해야 한다.[132]

대부분의 경우 예배 순서는 기본적이고 간단해야 한다. 다음은 장례식에 대해 제안하는 개요이다.

장례 예배를 위한 패턴

유가족은 존중받으며 앉게 한다.
성경 읽기와 기도
찬양(독창 또는 회중)
추도사
기도
찬양(솔로 또는 회중)
목회자의 설교
복음 초청

축도

---

[132] Criswell, *Criswell's Guidebook for Pastors*, 297.

보통은 묘지에서는 짧은 예배를 드린다. 짧은 설명과 함께 성경을 읽은 다음 기도로 끝나는 것이 일반적으로 적절하다. 시편 23편, 요한복음 14:1-6, 고전 15:50-58, 살전 4:13-18은 하관을 진행할 때 읽을 수 있는 적절한 성경 본문이다.

† 장례식 예배를 위한 설교[133]

다음은 장례 메시지를 준비할 때 도움이 될 수 있는 몇 가지 제안된 본문과 개요이다. 장례에서 설교자는 성경을 가지고 있는 유일한 사람이 될 수 있음을 알아야 한다. 그러므로 본문을 선택하고 본문을 읽고 설명할 때 명료성과 간결함은 매우 중요하다는 사실을 명심해야 한다.

---

[133] Ibid., 301–8에는 장례를 위하여 고려하면 좋은 여러 설교문과 시와 찬양들이 있다.

설교 대지 1: 선한 목자(시 23편)
(1) 선한 목자는 우리에게 필요한 것을 제공한다(시 23:1-3).
(2) 선한 목자는 우리가 있는 곳에서 우리를 보호한다(시 23:4-5).
(3) 선한 목자는 우리에게 무엇이 주어질 것인지를 약속한다(시 23:6).

설교 대지 2: 위대한 하나님에 대한 값진 약속(롬 8:28-39)
(1) 우리에게는 그분의 권능에 대한 약속이 있다(롬 8:28).
(2) 우리에게는 그분의 목적에 대한 약속이 있다(롬 8:29-30).
(3) 우리에게는 그분의 제공하심에 대한 약속이 있다(롬 8:31-34).
(4) 우리에게는 그분의 임재에 대한 약속이 있다(롬 8:35-39).

설교 대지 3: 우리가 상처를 입을 때를 위한 하나님의 은혜(롬 8:28-39)
(1) 하나님은 우리에게 확신을 주신다(롬 8:28).
(2) 하나님이 우리를 변화시키신다(롬 8:29-30).
(3) 하나님은 우리를 지지하신다(롬 8:31-33).
(4) 하나님은 우리를 들으신다(롬 8:34; 8:26-27).
(5) 하나님은 우리를 사랑하신다(롬 8:35-39).

설교 대지 4: 하늘의 새로운 것들(계 21:1-8)
죽음을 경험한 하나님의 자녀들은 다음을 경험한다.
(1) 새 창조(계 21:1) 저주가 뒤집힌다. 창조가 복원된다. 피조물이 회복된다.
(2) 새로운 도시(계 21:2) 사람/장소
(3) 새로운 약속(계 21:3)
(4) 새로운 조건(계 21:4)
(5) 새로운 확신(계 21:5)
(6) 새 언약(21:6-7)

특별한 경우는 드물게 발생하는 기회이다. 이러한 순간을 놓치지 말고 예수님을 영화롭게 하고 불신자들을 섬길 수 있는 특권을 낭비하지 말아야 한다. 설교자는 상황에 맞게 복음을 전해야 한다.

제20장

성경적 설교 발전을 위한
20가지 공통된 질문과 답변

1. 설교 준비를 위해 얼마나 시간을 보내는가?

목회자들이 성경 연구에서 보다 효율적일 때 그들은 더 짧은 시간에 더 많은 것을 할 수 있음을 알게 될 것이다. 사역 초기에는 설교 준비에 더 많은 시간을 할애할 것이다. 하지만 설교자는 자신만의 방법을 개발하고 사용하는 도구에 더 익숙해질 것이다. 반복과 연습을 통해, 설교자는 더욱 세련된 방법으로 개선할 것이다.

내가(Daniel) 21세에 처음 설교를 시작했을 때, 나는 각 설교마다 준비하는 데 15시간에서 20시간 정도를 보냈다. 다행히 나는 한 주에 하나의 설교만을 준비했다. 그런데 30년 이상의 설교 사역 이후에 변화가 생겼다. 하나의 설교를 준비하는 데 예전에는 15-20시간이 필요했으나, 오늘날에는 7-10시간 만에 할 수 있게 되었다. 더욱 많은 시간을 설교를 준비하는 데 보낼 수도 있지만, 나는 절대로 최소 7시간에서 10시간의 설교 준비를 하지 않고는 강대상에 올라가지 않는다.

결론은 다음과 같다. 당신의 보살핌 속에 놓인 하나님의 양무리를 먹일 설교를 준비하는 데 필요한 시간을 가져야 한다는 것이다. 아드리안 로저스(Adrian Rogers)가 한 번은 나와 대화 중에 사역에 있어서 시간만큼 중요한 것이 없다고 말한 적이 있다. 로저스 목사는 학생들에게 목회자로의 역할을 잘 감당하기 위해서는 설교 작성을 잘 배우고 제한된 시간을 극대화할 수 있는 방법을 알아야 한다고 강조했다.

2. 얼마나 많은 주석을 설교 준비에 사용하는가, 그리고 어떤 주석을 주로 사용하는가?

절대로 5-7개 이하로 주석을 사용하지 않는 것이 좋다. 우리는 몇 년 전에 많은 사람이 2-3개 주석이 설교 준비에 적합하다고 믿는다는 것을 발견하고 깜짝 놀랐다. 우리는 설교자 중 주석을 거의 사용하지 않는 경우도 보면서 놀랐다. 우리는 우리 자신의 한계와 단점을 알고 있다. 나는 유한하고 죄가 있다. 따라서 우리는 하나님의 말씀에 계시된 놀라운 진리를 자주 놓칠 수 있다.

좋은 주석은 친구를 초대하여 성경에 관해 이야기를 나누는 것과 같다. 주석을 저술한 저자들을 통해 그들의 통찰력에 접근할 수 있다. 따라서 다양한 종류의 주석이 필수적이다. 우리 저자들은 항상 주해적이고 강해적이며 설교학적일 뿐만 아니라 경건한 주석을 사용한다. 우리는 특히 다음과 같은 주석집(*The Tyndale Series*[『틴데일 주석 시리즈』, CLC 刊], *The Expositor's Bible Commentaries, The New American Commentaries, The New International Commentaries on the Old and New Testament, The Pillar New Testament Commentaries, The NIV Application Commentaries*)을 추천한다. 우리는 또한 존 맥아더(John MacArthur)의 주석뿐만 아니라 켄트 휴즈(Kent Hughes)가 저술하고 편집한 『말씀 시리즈』(*Word Series*)도 설교에 많이 활용한다.

나(Daniel)는 워렌 위어스비의 주석과 설교집을 읽는 것을 좋아한다. 왜냐하면 일반 대중의 언어로 설교하기 때문이다. 하지만 이러한 모든 주석을 참조하는 작업이 히브리어, 헬라어 및 영어 본문으로 스스로 본문을 연구하는 것을 대신할 수 없다. 시간이 허락된다면 나는 각 설교를 준비할 적어도 7-10개의 주석을 통해 설교를 준비하려고 한다. 우리 저자들은 15-20

개까지의 주석을 참조하는 것을 선호하지만 시간이 제한되어 있다는 것이 목회의 현실이다.

3. 성경 봉독과 설교를 위해 영어 성경 번역본 중 어떤 것을 사용하는가?

우리는 설교 준비 과정에서 할 수 있다면 많은 번역본을 읽는다. 우리는 특히 다음의 영어 번역본(English Standard Version, New American Standard Version, New International Version, New King James Version, King James Version, Holman Christian Standard Bible, New Living Translation)을 읽는다. 유진 피터슨(Eugene Peterson)의 『메시지』(The Message)라는 의역을 읽어 보았지만, 결코 설교 본문으로 사용하지는 않는다.

우리는 설교 중 성경 본문으로 다음과 같은 영어 성경(King James Version, New King James Version, English Standard Version, New American Standard Version, Holman Christian Standard Bible)을 추천한다. 이들은 정확한 번역으로서 당신의 말씀 사역에서 읽고 공부할 수 있는 훌륭한 영어 성경이 될 것이다.

우리는 또한 다음과 같은 스터디 바이블(ESV Study Bible, NIV Study Bible, MacArthur Study Bible, Believer's Study Bible, HCSB Study Bible)을 선호한다. 또한, 스터디 바이블에 나와 있는 연구 노트는 귀중한 것이지만 오류가 없고 무오하다는 생각을 해서는 안 된다.

이 귀중한 성경 도구가 경건의 결과이지만 결점 있는 사람들의 결과라는 부분도 인정하여야 한다. 수년에 걸쳐 우리는 이러한 부분에 심각한 혼란이 있었다는 것을 안다.

4. 일반 세상의 영화 및 TV 영상을 설교 중 사용하는 것에 어떠한가?

이 질문은 설교 전달에서 영상 자료를 사용하는 모든 문제와 연관이 있다. 우리는 이러한 사항에 대하여 성경이 직접적으로 이야기하지 않는다는 것을 알아야 한다. 우리는 기술적으로 "성화된 사용"(sanctified use)이 있을 수 있다고 생각한다.

시각 자료는 청중이 자신의 가정에까지 성경 진리를 가지고 가는 데 매우 강력한 수단이다. 그러나 분별과 지혜가 절대적으로 필요하다. 우리는 이러한 자료를 사용하는 데 있어서 가장 좋은 원칙이 있다.

의심스럽다면 사용하지 않는 것이다!

우리는 성경의 진리로부터 멀어지거나 잠재적으로 모욕하는 위험이 있는 기술을 사용해서는 안 된다. 부적절한 영화나 텔레비전 영상을 사용하면 더 많은 피해를 청중에게 줄 수 있다.

5. 설교 노트를 얼마나 의지해야 하는가, 아니면 전적으로 의지하지 말아야 하는가?

이 질문은 뜨겁게 토론되는 것이다. 우리는 모두 설교 원고 없이 설교하라고 가르쳤다. 이 접근법은 순발력과 성령의 인도를 허용하기 때문에 훌륭한 방법이다. 하지만 로저스는 다른 관점에서 이렇게 말한다.

"가장 약한 잉크는 여전히 가장 날카로운 마음보다 강하다."

두 가지 관점 모두 옳다. 우리는 충실한 강해자가 가장 잘 설교할 방법을 따라야 한다고 믿는다. 어떤 사람들은 원고가 없는 설교에 뛰어나고, 어떤 사람은 그것을 사용할 때 주저한다. 다른 사람은 간략한 개요로 훨씬 효과적으로 설교하고, 어떤 설교자는 완성된 원고로 설교하는 것이 더 효과적이다. 물론 설교 원고 사용 시 위험이 발생할 수 있다. 설교자의 눈이 원고에 묶여 있으므로 성도들과 시선 접촉이 안 되고 성령의 인도하심에 민감하지 않을 수 있다. 따라서 특정 방법의 강점과 약점을 알고 설교자 각자에게 가장 적합한 방법을 찾아 실천하면 된다.

6. 내러티브 본문을 설교하는 데 있어서 중요한 점은 무엇인가?

이 질문은 우리가 여기서 줄 수 있는 것보다 신중하고 심층적인 대답을 요구하는 훌륭한 질문이다. 이전에 공유했던 것처럼, 성경 본문은 설교의 내용(substance)과 구조(structure)를 결정해야 한다. 내러티브 본문은 내러티브로 설교 되어야 한다. 성경의 거대 담론(grand redemptive story)의 넓은 이야기 줄거리에서 본문의 이야기를 설명해야 한다.

성경의 내러티브는 신학이 직접적이기보다는 암시적이라는 것을 알아야 한다. 그리고 내러티브에서 궁극적인 영웅은 인간이 아니라 주권을 가진 하나님이라는 것을 알아야 한다. 내러티브 본문을 올바로 선포할 때, 중심이 하나님이 되어야 한다. 인간 중심적이어서는 안 된다. 사람들이 쉽게 이야기를 떠올릴 수 있다는 것을 인식하고 이 특정 장르를 활용해야 한다.

성경신학이 당신의 해석과 설명을 위한 매개 변수(parameter)의 역할을 하도록 해야 한다. 거대한 구속 이야기의 진행은 당신의 특정한 내러티브 본문을 설명할 수 있는 우산을 제공하게 한다. 구약성경에서 메시아 예수(Messiah Jesus)의 궁극적인 해결책을 특정한 내러티브 본문이 어떻게 기대하는지 이해할 필요가 있다.

7. 어떻게 구속사적 거대 담론 이야기를 각각의 본문에 연결할 수 있는가?

성경의 구속사적 거대 담론 이야기(the grand redemptive story line of Scripture)는 "창조 → 타락 → 구속 → 완성"으로 펼쳐질 수 있다. 목회자들이 성경 본문을 설명할 때, 특정한 본문이 어떻게 이러한 범주 중 하나에 속하는지 검토해야 한다.

하나님이 처음에 의도하신 것(창조)이 무엇인지, 어떻게 타락이 영향을 미쳤는지, 그리스도가 어떻게 구속되는지, 그리고 우리가 새로운 창조에서 기대할 수 있는 것이 무엇인지를 결정해야 한다. 구속사적 거대 담론의 이야기 흐름은 우리가 성경 본문을 해석하고 선포하는 데 큰 방향을 제공한다.

이러한 접근은 건강한 성경적, 신학적 초점을 설교에 제공하여 하나님께서 일하시는 모습을 통해 역사 속에서 하나님의 경륜과 그 완성의 과정을 알 수 있도록 한다.

8. 적절한 설교의 길이는 얼마나 되어야 하는가?

이 대답은 설교자에 따라 다양하다. 우리는 최근에 이 분야에서 놀라운 변화를 관찰했다. 많은 설교학자가 현대와 포스트모던 문화의 청중이 "주의 집중"을 할 수 있는 시간의 변화를 설명한다. 그리고 설교가 20-25분의 범위에서 유지되어야 한다고 말한다. 그러나 새로운 강해설교자들은 한 시간 이상 설교한다.

가령 예를 든다면 매튜 챈들러(Matt Chandler), 마크 드리스콜(Mark Driscoll), 데이비드 플랫(David Platt)이다. 존 맥아더(John MacArthur)와 릭 워렌(Rick Warren)과 같은 설교자들은 확신 있게 한 시간씩 설교하고 있다는 것을 기억해야 한다. 우리는 하나님의 말씀 선포를 위해 최소한 35-40분을 부여해야 한다고 생각한다. 매주 20분간의 설교는 하나님의 무리에게 영적 양식을 공급하는 일을 거의 하지 않을 것이다.

물론 여기에서 핵심적인 문제는 청중과 의사소통하고 집중을 유지할 수 있는 능력이다. 목회자의 설교가 지루하고 재미없으면 20분 설교도 성도들에게 한 시간처럼 느껴질 수 있다. 반면에 어떤 목회자가 매력적인 강해설교자(engaging expositor)가 되는 기술을 개발하고 습득했다면 듣는 사람들에게 한 시간의 설교가 빨리 흘러갈 것이다.

한 번 더 다음의 말을 기억하도록 하자.

우리가 무엇을 말하는 것은 우리가 어떻게 말하는 방식보다 더 중요하다. 그러나 우리가 어떻게 말하는가는 매우 중요하다.

9. 설교를 계획할 때 청중의 관심과 필연적으로 일어날 필요(needs)에 대해 어떻게 균형을 유지하는가?

이런 부분은 많은 사람이 생각하는 것보다 대답하기 쉽다. 심각한 회중의 관심사와 필요가 생길 때 그 부분에 반응하면 된다. 가령 911과 같은 국가적 비극이 있다면, 목회자가 이러한 상황을 말하지 않는 본문 강해를 계속하는 것이 무책임해 보일 수 있다. 누구든지 충실한 강해설교자가 될 수 있으며 회중과 관련된 필요 사항과 문제를 해결하기 위해 특정 시기에 계획된 설교 스케줄에서 벗어나 특별한 메시지를 선포할 수 있다. 이러한 이탈은 충실한 강해설교자의 책임에 대한 배신이 아니다.

이전에 말했듯이, 우리는 당신이 청중의 특정한 관심사와 필요를 해결해야 할 때는 반드시 그렇게 해야 한다고 믿는다. 정직하게 오늘 청중의 필요에 대하여 답하는 본문을 찾아서 본문을 풀어 설명해 주어야 한다.

10. 자신을 강해설교자라고 하지만 실제로는 강해설교자가 아닐 수도 있는가?

비극적으로 대답은 "그렇다"이다. 많은 이들은 자신들이 강해설교자라고 믿지만 실제로 자신의 설교 실습은 반대로 한다. 그들은 성경을 열고, 본문을 읽은 다음, 성경에 대한 일부 의견을 말하면 성경적 강해자로 받아들일 수 있다고 믿는다. 그러나 어떻게 본문 내용(substance)과 구조(structure)를 다루는가의 문제이다.

설교자들이 성경 저자의 본문에서의 의도를 존중하지 않는다면 그들은 성경 본문에 충실한 것이 아니다. "이 본문은 원래의 청중에게 무엇을 의미하는가?"라는 질문을 항상 해야 한다. 충실한 강해설교자가 되려면 이런 관점에서 본문을 설명해야 한다. 이런 부분에서 실패한 사람들을 위해 우리는 그들을 격려하고 지도할 방법을 찾아야 한다.

11. 역사적 배경에 근거하지만, 매력적이고 연관성 있는 설교를 할 수 있는 가장 좋은 방법은 무엇일까?

핵심은 개인화(personalization) 및 세부적 상세함(details)을 사용하는 것이다. 이러한 맥락에서 개인적으로 접근하고자 최선을 다해야 한다. 화려하고 흥미로운 인물, 이벤트 및 장소를 찾아 당신의 청중에게 생생하게 전달할 수 있다.

더구나 우리가 성경의 시대와 수천 년 떨어져 있지만 우리는 여전히 매우 동일하다는 것을 보여 주는 평행선을 그리기 위해 열심히 노력해야 한다. 우리는 모두 구세주를 필요로 하는 죄인이다. 인간의 본성, 필요 및 행동에 관해서는 거의 변화가 없다. 현대 사람들이 고대 세계의 사람들과 같은 종류의 질문을 하고, 21세기 문맥에서 우리가 하는 것과 같은 종류의 문제를 다루는 것을 보도록 도와주어야 한다.

12. 바울의 갈라디아서 4:21-31의 예처럼 우리도 합법적으로 성경 본문을 우화적으로 해석할 수 있는가?

우리의 대답은 "아니오"이다. 우리는 해석학과 설교학을 우화적 방법(allegorize)으로 연결하면 안 된다고 생각한다. 바울은 갈라디아서 4장에서 그가 하는 일에 관해 우리에게 분명히 단서를 제공해 준다. 바울은 성령의 감동 아래 그렇게 했다.

  목회자들이 바울의 본을 따라간다면, 그들이 하는 일이 우화(allegory)라는 것을 분명히 하기 위해 많은 시간을 할애해야 할 것이다. 이러한 부분은 저자가 본문을 어떻게 이해할 것인지에 대한 의도가 아니다. 우리는 주로 예화의 목적으로 본문을 사용했다. 우리는 예표적 방법을 사용하는 것이 훨씬 더 안전한 근거가 있다고 확신한다.

  히브리서 저자는 이런 유형의 해석학을 발전시킨다. 예표적 방법(typology)은 대개 구약성경에 있지만, 신약성경에서도 찾아볼 수 있다. 우리가 사용하는 구속사적 거대 담론의 틀을 활용하면 이러한 종류의 해석 과정을 진행하는 데 유용한 가이드와 안전한 잣대를 받을 수 있다. 우리는 항상 각 본문에서 "이 본문이 그리스도를 가리키고 있는가?"라고 묻는다. 균형 잡힌 신중한 예표론은 종종 가치 있는 해석학의 도구가 될 것이다.

13. 만약 어떤 이가 설교 사역을 시작한다면 어떤 성경책부터 시작하는 것이 좋을까?

  우리는 마가복음 또는 빌립보서에서 시작하는 것이 좋은 선택이 될 것으로 생각한다. 또한 창세기, 시편, 요나와 같은 구약의 책들로 시작할 수 있다. 우리는 초보 설교자가 즉시 레위기, 에스더 또는 요한계시록 강해로 시작하지 않을 것을 권한다. 우리는 청중의 필요 사항을 고려할 것이다. 성경의 특정한 책은 몇 가지 특정한 문제를 다룰 수 있다.

  당신의 청중이 그들의 신앙에서 행동을 취할 필요가 있다면, 야고보서로 시작하면 좋다. 당신의 청중이 구원은 믿음을 통해서 은혜로 받는다는 교리를 이해하는 데 어려움을 겪고 있다면, 갈라디아서 강해는 훌륭한 선택이 될 것이다.

  우리는 청중이 계속해서 주 예수의 인격과 사역에 관해 듣기를 원하기 때문에 사복음서 중 하나를 통해 주기적으로 설교하려 할 것이다. 결론은 당신의 청중이 성경적 가르침의 관점에서 균형 잡힌 식단이 필요하다는 것이다.

14. 레위기나 신명기를 강해할 때 현대의 믿음의 공동체와 어떻게 연관성 있게 하는가?

분명한 것은 우리가 반복적으로 말하지만 모든 하나님의 말씀은 우리에게 적실하다. 레위기와 신명기와 같은 책은 여러 다른 맥락에서 중요한 이슈들을 다룬다. 그러나 우리가 본문의 올바른 질문을 한다면, 그 연관성이 나타날 것이다.

이 본문은 하나님에 관해 무엇을 가르쳐 주는가?
이 본문은 사람에 관해 나에게 무엇을 가르쳐 주는가?
우리는 어떤 장소, 언제 어디서나 적용 가능한 진리를 찾고 있다.
이 본문은 어떻게 그리스도를 가리키는가?

이 질문들은 성경 본문의 해석과 선포에서 우리를 인도한다. 이 질문을 하면 레위기, 신명기와 성경에 있는 다른 어려운 책에서 당신의 사람들과 연관성을 갖게 한다.

15. 설교의 아웃라인으로 설교를 하는가, 그리고 설교 아웃라인에서 일치성을 만드는 두운법(alliteration) 사용에 대해 어떻게 생각하는가?

우리는 본문의 아웃라인을 잡을 때 본문의 내용(substance)과 구조(structure)를 존중하는 방법으로 본문을 요약한다. 우리는 성경 본문에서 자연스럽게 일어나는 많은 점을 끌어내려고 노력한다. 성경 장르는 아웃라인을 만드는 데 많은 영향을 끼칠 것이다. 우리는 현재 시제로 적용을 위한 완전 문장으로 설교 아웃라인을 만드는 것을 선호한다.

우리는 때로는 적용이 지식에 중점을 두고 때로는 행동에 집중하고 때로는 두 가지 모두에 집중할 수 있음을 알게 된다.

핵심은 본문에 포함된 진실을 정확하게 끄집어 내는 것이다. 나는 또한 하나님 중심적인(theocentric) 것과 그리스도 중심적인(Christocentric) 개요를 만들도록 열심히 노력한다. 우리는 그리스도의 영광을 증거하는 본문에서 하나님의 비전을 발전시키고자 한다. 이것이 성경이 제시하는 하나님의 큰 비전이다. 두운법 사용에 하는 설교 아웃라인에 대하여 우리의 생각은 수년에 걸쳐 변화했다.

나(Daniel)는 각 설교에서 두운법을 사용하려고 열심히 노력했다. 하지만 이제 더는 그렇게 하지 않는다. 나는 자연스럽게 본문에서 나오고, 강제되지 않으며, 본문의 메시지를 명확하게 전달하는 포괄적인 설교 아웃라인을 발전시켜 사용한다. 강요된 두운법 또는 나쁜 두운법은 설교적인 자살이 될 수 있다.

어떤 사람이 이성적으로 설교 아웃라인에서 두운법을 쓰는 데 그다지 능숙하지 않다면 그것을 하지 말아야 한다. 다른 사람들은 이 도구를 아주 잘 사용하지만 모든 것을 이러한 두운법으로 몰고 가려는 열망에 이끌려서는 안 된다. 핵심은 사람들이 쉽게 이해하고 받아들일 수 있는 방식으로 성경의 진리를 개괄적으로 설명하는 것이다.

16. 가장 좋아하는 설교자가 누구인가?

내(Daniel)가 처음으로 가장 좋아했던 설교자는 나의 고향교회 목회자였다. 나에게 가장 많이 말씀을 들려주었던 설교자이다. 또한, 어린 소년으로서 빌리 그레이엄은 영웅이었다. 나는 20세가 되어 사역 준비를 시작하면서 갑자기 나의 세계가 크게 확장되었다.

나는 크리스웰(W. A. Criswell), 페이지 패터슨(Paige Patterson), 아드리안 로저스(Adrian Rogers), 제리 바인스(Jerry Vines), 스테펀 올포드(Stephen Olford),

존 맥아더(John MacArthur), 척 스윈돌(Chuck Swindol)의 설교 사역으로부터 많은 복을 누렸다.

최근 몇 년 동안 나는 데이비드 예레미야(David Jeremiah), 존 파이퍼(John Piper), 마크 데버(Mark Dever), 알리스터 베그(Alistair Begg), 데이비드 플랫(David Platt), 매튜 챈들러(Matt Chandler), 마크 드리스콜(Mark Driscoll)의 설교 사역에 크게 감사한다.

나는 두 명의 가장 친한 친구인 제임스 메리트(James Merritt)와 알 멀러(Al Mohler)의 설교를 듣고 언제나 감사한다. 이 사람들의 설교 스타일이 매우 다르다는 것을 즉시 알게 될 것이다. 그러나 각자 하나님의 말씀을 충실히 드러내는 설교자이다.

나는 그중 하나를 복사하려고 하지 않는다. 대신 나는 그들 모두에게서 배우려고 노력한다. 아드리안 로저스는 "나는 많은 소의 우유를 모은다. 그러나 나는 내 버터를 휘저어서 만든다"라고 말하곤 했다. 로저스의 말은 자신의 청중을 위한 설교를 준비할 때 많은 설교를 읽고 들었던 것을 의미한다. 그의 충고는 훌륭하다고 생각한다.

17. 다른 사역자 또는 회중의 설교 평가에 대하여 어떻게 생각하는가?

우리는 이러한 접근이 훌륭하다고 생각한다. 더 많은 목회자가 그렇게 하기를 바란다. 우리의 설교는 비평을 통해 향상될 수 있다. 이 시대는 오디오와 비디오 기능을 갖추고 있다. 따라서 이 시대의 목사는 하나님의 영광을 위해 탁월한 사람을 찾아 피드백 받고, 설교를 개선하도록 해야 한다. 우리는 우리가 하는 일에서 모두 나아질 수 있다.

우리 모두는 사각 지대를 가지고 있다. 성가신 습관이 생길 수 있다. 실제로 청중이 우리의 설교를 들을 때 마치 그들이 안개 속에 있는 것처럼 느끼지만 우리는 스스로 하나님의 말씀을 분명하게 전달한다고 생각할 수 있다.

이러한 때 비판이 필요하다. 또한, 비판을 받기 위해서는 설교자의 겸손과 개방성이 필요하다. 효과적인 성경 강해자가 되고자 하는 하나님의 사람에게 설교 평가보다 더 가치 있는 것은 없을 것이다.

18. 오디오/비디오 설교 평가와 피드백에 대해 어떻게 생각하는가?

이러한 과정이 고통스럽고 창피할 수 있다. 하지만 설교자는 정기적으로 자신의 설교를 듣고 시청해야 한다. 우리는 당신이 자기 연민의 왕이 아니라면 이러한 경험이 자존심을 없애는 여행이 될 것이라 약속한다.

당신은 가장 가혹한 비평가가 될 것이다. 당신은 여러분 자신의 설교를 듣고 자신을 당황하게 할 일들을 경험할 것이다.

하지만 괜찮다!

어떤 부분이 좋지 않다는 것을 알게 되면 빠르게 정정하면 된다.

19. 좋은 제목을 어떻게 개발하는가?

좋은 제목을 만든다는 것은 어떤 사람들이 다른 사람들보다 더 숙달된 기술이 있는 것으로 보이는 영역이다. 우리는 당신의 설교에 제목을 부여하는 것이 중요하다고 생각한다. 본문의 중심 아이디어(MIT)와 설교의 중심 아이디어(MIM)가 당신의 설교 제목에 새겨져 있어야 한다. 충실한 강해 설교자들이라면 귀엽게 보이고 지나치게 감각적인 제목을 피하는 것이 좋다. 설교 제목은 당신이 성경에서 가르치려는 것을 반영해야 한다.

나는 수년 전에 "엘비스 프레슬리가 왜 지옥에 갔는지에 관한 일곱 가지 이유"라는 제목의 설교를 한 독립침례교회 설교자를 지금까지 기억한다. 흥미로운 제목이다. 그러나 나는 그 제목이 성경 본문의 내용을 잘 반영하지 않았음을 발견했다. 제목은 본문에 충실해야 하고, 오늘날 청중의 삶에 어떻게 말할 것인지 반영되어야 한다.

20. 어떻게 좋은 전환 문장을 발전시킬 것인가?

즉각적인 대답은 연습이 좋은 전환 문장을 개발하는 데 도움이 된다는 것이다. 이 영역은 특히 젊은 설교자들이 종종 고심하는 영역이다. 잘못된 전환 문장은 설교에서 죽은 손톱(death nail)이 될 수 있다. 설교가 흩어지고 거칠며 에너지를 잃어버릴 수 있다. 이것은 8기통 차를 각각의 기통으로 운전하며 타는 것과 같다. 건너뛰고 뛰어오르며 사람들이 불안해할 수 있다.

우리는 사람들이 한 생각에서 다른 생각으로 옮겨가는 것에 도움이 되는 여러 쉬운 전환 문장을 개발할 것을 제안한다. 설교에서 이 분야의 중요성을 과소평가하지 말아야 한다. 전환 문장은 설교 전체를 볼 때 작은 부분 같아 보일 수 있다. 하지만 매력적이고 힘 있는 전달이라는 측면에서 본다면 전환문장은 설교의 효과를 더 하거나 흐름을 끊을 수도 있다.

제3부

스테판 러미지(Stephen Rummage)

제21장 설교 전달, 왜 그토록 중요한가?
제22장 우리는 어떻게 연설을 만들어내는가?
제23장 최고의 목소리로 말하기
제24장 몸을 사용하여 설교하기
제25장 지속되는 인상 만들기
제26장 설교 전달 체계
제27장 스타일이 차이를 만든다
제28장 당신의 앞에 있는 사람들에게 설교하기
제29장 시각적 호소력이 있는 설교
제30장 설교자의 개인적 삶과 공공 행동

제21장

설교 전달, 왜 그토록 중요한가?

금요일 오후다. 당신은 설교 본문의 언어를 연구하고 본문의 의미, 역사, 문법 및 신학에 대해 답을 찾으며 한 주간을 보냈다. 명확히 정의된 주제와 본문을 잘 드러내는 구조로 메인 아이디어(main idea)가 분명하게 전달되는 설교를 만들었다.

메시지는 흡입력 있는 서론, 잘 이해될 수 있는 설명, 주의 깊게 선택한 예화, 대상에 적합한 실제적 적용, 청중의 믿음과 순종을 이끌어 낼 결론을 갖추었다. 또한, 설교의 전체적 구조를 명확하게 볼 수 있도록 잘 준비된 설교문도 가지고 있다. 이제 당신이 전할 메시지가 준비된 것이다.

그러나 그렇지 않을 수 있다. 설교의 중대한 부분이 아직 남아 있다. 설교를 청중에게 전달하기 전까지는 그것은 계획이나 일련의 원고일지는 모르지만 진정한 설교는 아니다. 사실 당신이 주해와 해석을 잘했고, 그 모든 것을 뛰어나게 통합해서 메시지를 만들었을지라도, 당신의 설교는 결국 그것을 어떻게 전달했는가의 기준으로 평가될 것이다.

설교는 입과 귀에 관련된 일이다. 이런 의미에서 설교가 말해지고 들려질 때 비로소 완성된 것으로 볼 수 있다. 이것이 바로 전달의 차원이 설교에서 그토록 큰 비중을 차지하는 이유다.[1]

---

[1] 이 책의 저자 세 사람 모두 전달에 관해서 미국의 흑인교회 강단으로부터 많은 것을 배울

1. 두 설교자 이야기

정확히 똑같은 설교를 전하고 있는 두 설교자의 메시지를 듣고 있다고 상상해 보라.

두 사람이 전하는 모든 단어는 정확하게 동일하다. 유일한 차이는 그들의 전달 스타일이다.

A 설교자는 설교 강단 뒤에 서서 끝까지 눈을 내린 채 단조롭고 감정이 없는 목소리로 그의 메시지를 읽는다. 그는 움직이거나 어떤 제스처도 하지 않는다. 멍하게 바라보는 것 외에 그에게 어떤 표정도 없다. 그의 에너지 레벨은 낮다. 그는 계속 말을 더듬거리며 처음부터 끝까지 불안해 보인다. 비록 당신이 모든 메시지가 전해지는 동안 깨어 있었어도, 그것은 아마도 견디기 어려운 경험이 될 것이다.

이제 모든 단어까지 똑같은 설교를 하는 B 설교자를 상상해 보라.

그러나 그의 설교 전달은 확연히 다르다. 그는 힘 있게 확신하고 말한다. 그의 몸짓은 메시지의 포인트와 아이디어를 강조한다. 그의 표정은 메시지 내내 살아 움직인다. 그는 적용을 제시할 때 당신에게 더 가까이 다가간다. 그는 예화를 생생하게 전달한다. 그의 목소리는 부드러우면서도 표현에 뛰어나 적절한 음조와 음량으로 강조한다. 그는 내용에 따라 단어들을 말할 때 빠르게 또는 느리게 한다. 그는 종종 극적으로 멈춰서 그가 전하는 내용이 당신의 마음에 깊이 내려가도록 한다. 그의 눈은 청중을 바라보거나 그가 들고 있는 성경의 단어들을 보고 있다. 당신은 그가 바로 당신에게 말하고 있다고 느끼며, 그의 메시지를 경청하게 된다.

수 있다고 확신한다. 이 영역에서 깊이 존경받는 교수요, 전문가는 Robert Smith Jr.이다. 그의 저서 *Doctrine that Dances* (Nashville: B&H, 2008)는 설교학의 보석이다. 전달에 관해 그의 책에서 "The Preacher as a Doxological Dancer"란 장을 추천한다. 그 장은 당신이 정확히 기대하는 것에 대한 것이 아닐 수 있으나 많은 유익을 줄 것이라 확신한다. 우리는 다음의 자료도 살펴볼 것을 제안한다. E. K. Bailey and Warren Wiersbe, *Preaching in Black and White* (Grand Rapids: Zondervan, 2003).

비록 전달하는 내용이 정확히 같을지라도 A 설교자와 B 설교자는 메시지의 느낌에서 확연하게 차이를 보인다. A 설교자는 당신과 대부분 청중에게 낮은 점수를 받을 것이다. 반면 B 설교자는 극찬을 받을 것이다.

비록 이것이 만들어진 이야기이지만 근본적으로는 다음과 같은 본질적인 사실을 보여 준다. 당신이 준비한 내용이 아무리 충실해도 좋은 전달이 없으면 효과적으로 설교를 할 수 없다. 단지 몇 분의 조악한 전달이 많은 시간 동안 정교하게 준비한 설교를 망칠 수 있다.

모든 종류의 전달 스타일을 가지고 있지만, 내용은 빈약한 설교자가 있다면 분명 잘못된 것이다. 그들은 빈약한 내용을 그럴듯하게 들리게 할 줄 안다. 우리는 분명 그런 잘못이 벌어지지 않도록 막아야 한다. 그러나 또 하나의 실수가 있다. 사실 이것이 더욱 빈번히 일어나고 더 해로운 현상이다. 바로 설교 내용은 탁월하지만, 비효율적인 전달 스타일 때문에 메시지가 전혀 전달되지 않는 것이다. 설교가 깊이 스며드는 주해가 되길 원한다면 내용과 전달이 온전히 하나가 되어 강력한 메시지를 전달할 수 있어야 한다.

2. 전달의 차원 조망하기

설교의 전달 차원은 인간의 목소리가 어떻게 작용하고, 그것을 어떻게 기술적이고 성공적으로 사용할 수 있는지를 이해하는 것으로 시작된다. 우리는 이 주제에 대해 세밀하게 살펴볼 것이다. 우리는 먼저 아이 컨택, 제스처, 표정, 몸짓, 움직임과 같은 비언어적이고(nonverbal) 신체적인 요소를 살펴볼 것이다. 설교를 할 때 완전한 원고를 선택할 것인지 요약 형태의 원고를 사용할 것인지, 아니면 아예 원고를 사용하지 않을 것인지에 대해서도 논의해 볼 것이다.

당신의 커뮤니케이션 스타일은 당신의 청중이 메시지를 받아들이는 방식을 결정하는 것에 도움을 준다. 이런 이유로 우리는 효과적인 설교 스타일의 요소들과 당신의 청중을 분석하고 이해하는 방법들에 대해서도 살펴

볼 것이다. 지금 우리는 증대된 시각 문화를 향해 설교하고 있기 때문에 설교에 비디오, 컴퓨터 그래픽, 드라마, 소품을 사용하는 것에 대해 토의해 볼 것이다. 마지막으로 하나님과 동행하는 설교자의 개인적 삶과 그의 공적인 활동의 연관성에 대해서도 살펴볼 것이다.

이 책의 전달 부분을 시작하면서 여러분에게 미리 주의를 당부하고 싶다. 때때로 당신은 제3부를 읽으면서 자신이 지금 설교와 관련 없는 것을 보고 있다고 느낄 수 있다. 목소리가 어떻게 작동하는지, 제스처가 어떻게 설교자에게 도움이 되는지에 대한 토론, 그리고 청중 분석과 적응(adaptation)에 관한 내용은 아마도 대중 연설이나 커뮤니케이션 책에 더 어울리는 것처럼 보일 수 있다. 그러나 제3부에서 제시되는 원칙들은 하나님의 말씀을 당신의 청중에게 전하는 데 있어서 매우 중요한 것들이다. 여기에서 우리는 일반적 커뮤니케이션의 내용들과 강해설교에서의 구체적인 적용 간의 연결점을 제시할 것이다.

3. 설교와 커뮤니케이션 과정

설교의 목표는 청중의 마음과 삶을 바꾸길 원하시는 성령님과 협력하여 하나님의 메시지를 전달하는 것이다. 만약 설교가 단순히 인간의 노력이라면 이 목표를 달성하는 것 자체가 불가능하다.

무엇보다, 어떻게 우리의 말과 노력으로 다른 사람들의 마음을 바꿀 수 있단 말인가?

만약 설교가 청중을 변화시키려는 의도로 하나님께서 말씀을 전하라고 명령하지 않으셨다면, 우리가 설교하는 그 자체 또한 어리석은 것이다. 바울은 디모데에게 명했다.

> 너는 말씀을 전파하라 때를 얻든지 못 얻든지 항상 힘쓰라 범사에 오래 참음과 가르침으로 경책하며 경계하며 권하라(딤후4:2).

"말씀을 전파하라"는 명령에 설교의 네 가지 변화의 의도가 나타나 있는 것에 주목하라.

① 깨닫게 함(헬라어 *elenchon*): 잘못되었음을 보여 주고, 죄를 자각하게 하는.
② 꾸짖음(*epitimao*): 죄를 경고하는.
③ 권함(*parakaleo*): 위로하거나 격려하는.
④ 가르침(*didache*): 인내의 가르침으로 변화시키는. 마지막 변화의 의도인 '가르침'은 "범사에 오래 참음과 가르침"이라는 구절이 나타내고 있는 것처럼 다른 세 가지 의도를 위한 수단이다.

성경은 설교자들이 충실하게 하나님의 말씀을 전할 때 우리의 노력이 성공을 거둘 것이라고 말한다. 하나님은 다음과 같은 약속을 주신다.

> 비와 눈이 하늘에서 내려와 거기로 되돌아가지 아니하고 땅을 적셔서 움이 돋게 하며 싹이 나게 하여 그것이 씨 뿌리는 자에게 씨를 주고 먹는 자에게 빵을 주게 하는 것 같이 내 입에서 나가는 내 말도 그러하여 그것이 헛되이 내게로 되돌아오지 아니하고 내가 기뻐하는 것을 이루며 내가 그 말을 보내어 이루게 하려는 일에서 형통하리니 (사 55:10-11).

설교자의 임무는 하나님의 말씀을 전하는 것이다. 우리가 그분의 메시지를 전할 때 공적 커뮤니케이션 영역에 서게 된다. 이런 이유에서 설교자들이 해석학과 설교 구성의 원칙들을 이해함으로써 유익을 얻는 것처럼, 어떻게 소통이 이루어지는지에 관한 지식을 가지는 것으로부터도 유익을 얻을 수 있다.

인간의 소통(communication)은 필연적이며 지속적인 과정이다. 오래된 불변의 원칙은 사람은 소통하지 않을 수 없다는 것이다. 한 사람이 다른 사람과 있기 마련이고, 모두가 단 한 마디도 말하지 않더라도, 그들은 불가피하게 서로 소통한다.

생각해 보라.

당신과 사랑하는 사람이 화가 나서 서로 말을 하고 있지 않더라도 당신은 여전히 소통하고 있다. 그리고 심지어 혼자일 때도 우리 마음에서 끊임없이 진행되고 있는 내적 대화를 통해 스스로와 여전히 소통하고 있다.

소통 과정은 피할 수 없는 과정일 뿐만 아니라 기술 가능한 과정이다. 커뮤니케이션 학자들은 우리의 내적 대화를 '개인 내의 소통'(intrapersonal communication)으로, 두세 사람의 그룹 형태의 소통을 '대인 관계의 소통'(interpersonal communication)으로, 설교 전달과 같은 세팅에서의 소통을 '공적인 소통'(public communication)으로 부르고 있다. 다른 수준의 소통으로는 위원회나 이사회와 같은 두세 명 이상의 그룹 간에 이루어지는 '그룹 소통'(group communication)과 사업체나 학교의 부서 간 혹은 각 사역 영역과 교회 간에 이루어지는 '조직적 소통'(organizational communication)이 있다.

비록 소통은 종종 미묘하고 복잡하지만, 의사소통의 핵심 요소를 식별하고 설명할 수 있다. 다음은 소통 과정의 기본 다이어그램이다(도형 21.1).[2]

이 모델의 주요 구성 요소에 주목하라.

그들은 연설자(speaker), 메시지, 채널, 청중, 소음, 반응 및 경험의 분야이다. 우리가 의사소통 과정을 내러티브 방식으로 기술한다면, 다음과 같이 말할 수 있을 것이다.

> 소통에서 연설자는 채널을 통해 청중에게 메시지를 보내고, 그 결과로 청중은 연설자에게 피드백을 제공한다. 연설자와 청중 모두 자신의 고유한 경험 분야를 기반으로 소통한다. 그러나 소음은 소통의 과정을 방해할 수 있다.

소통에서 이 모델의 각 요소가 수행하고 있는 역할을 생각해 보라.

연설자(speaker)는 전달자로서의 기술들과 주제에 대한 지식 및 청중과의

---

[2] 이 다이어그램은 David Berlo가 *The Process of Communication: An Introduction to Theory and Practice* (New York: Holt, Rinehart, and Winston, 1960)에서 제시한 것과 매우 유사하다. 종종 이 모델은 소통의 Berlo 모델로 언급될 것이다.

관계를 통해 소통에 영향을 미친다. 설교에서는 설교자의 하나님과의 관계 및 정신적, 정서적 성숙 또한 소통 능력에 큰 영향을 미친다.

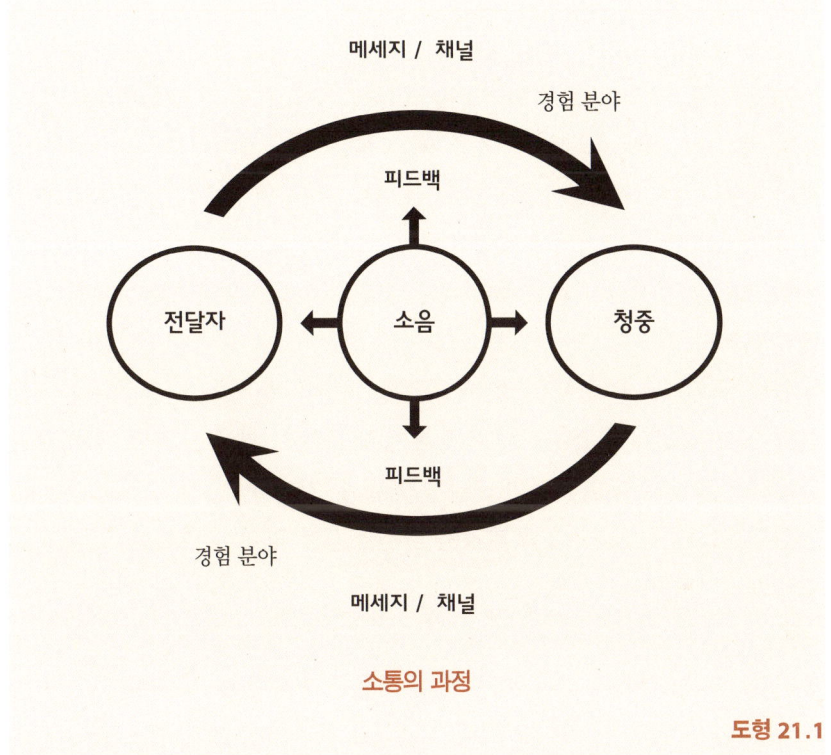

도형 21.1

청중(listener)은 연설자에게 영향을 주는 동일한 많은 요소를 통해 소통 과정에 영향을 미친다. 우리는 연령대를 통해 우리의 청중을 이해할 수 있다. 그들의 성별 분포, 교육 수준, 직업 및 사회경제적 수준, 태도, 가치 및 신념, 듣는 것에 대한 서로 다른 목표와 동기, 이 모든 요소는 청중의 **경험 분야**(field of experience)를 구성한다. 청중은 자신의 경험 분야의 모든 요소를 사용해 연설자가 보낸 메시지를 해석하거나 해독한다. 마찬가지로, 연설자는 자신의 메시지를 암호화하고 자신의 경험 분야에 따라 소통한다.

메시지(message)는 소통의 내용이다. 메시지는 우리가 전달하는 공적인 연설을 포함한다. 강해를 하는 설교자의 경우, 성경 본문에서 직접 생겨난 설교가 메시지의 중요한 부분이다. 그러나 메시지 또한 연설자가 목소리와 함께 보내는 비언어적 신호와 메시지를 전달하기 위해 신체를 사용하는 것으로 구성된다.

소통 **채널**(channel)은 연설자가 청중에게 메시지를 보내는 데 도움이 되는 모든 것을 포함한다. 우리가 사용하는 말들은 소통 경로의 일부이며 제스처, 움직임, 표정, 음성 톤, 소품 또는 사물, 프리젠테이션 소프트웨어로 보여 주는 이미지들, 양방향 노트 작성 페이지 및 메시지를 전달하는 데 사용되는 모든 항목이 여기에 포함된다.

설교와 같은 공적인 연설에서 여러 채널을 통해 소통이 이루어지고 있음을 주목하라.

연설자의 태도와 품행 또한 채널을 형성한다. 연설자가 청중과 관계를 맺고 있고 활발하게 소통하며 청중에게 다가가기 위해 노력할 때 청중과 소통하기 위한 보다 효과적인 채널을 만들 수 있다.

한편, **소음**(Noise)은 소통 과정을 혼란스럽게 하거나 방해한다. 설교할 때 소음을 만들어내는 요소는 큰 난방 장치 및 공기 장치, 강당에 울고 있는 아기, 혹은 오작동하는 사운드 시스템과 같은 문자 그대로의 소음이 포함된다. 또한, 조명이 좋지 않거나, 실내 온도가 너무 높거나 낮거나, 준비가 되지 않은 스피커, 비디오 장비가 제대로 작동하지 않거나 또는 늦게 시작하거나 끝나는 경우와 같은 산만한 요소들도 소음을 발생시킬 수 있다. 그러므로 목회자는 예배 중에 이런 소음을 줄여야 할 큰 책임을 지고 있다.

피드백(feedback)은 청중이 어떻게 메시지를 받아들여 반응할지를 연설자가 결정하는 통신의 메커니즘이다. 현명한 설교자는 피드백을 받기 위해 다양한 범위의 기회를 얻는다. 피드백을 얻는 방법에는 다음과 같은 것이 있다.

① 메시지를 전할 때 신체 언어, 수용력, 청중의 언어적 반응 같은 즉각적인 피드백에 주의를 기울이기.
② 이메일, 토론 그룹, 또는 기타 방법으로 질문과 답변 기회 제공하기.
③ 청중의 필요와 반응을 결정하기 위한 코멘트와 질문 카드 제공하기.

④ 믿을 수 있는 친구 및 가족에게 연설자로서의 당신의 효율성에 대해 물어보기.
⑤ 정기적으로 자신이 설교한 것을 듣거나 보기. 이 마지막 방법은 너무도 중요함.

이 장에서 우리는 당신이 정기적으로 자신의 설교를 듣거나 보는 것을 전제로 한다. 이것은 이전 세대의 설교자에게는 없었던 이점이다. 이전 장에서 언급한 것처럼 자신의 설교를 듣거나 보는 것은 종종 고통스럽긴 하지만 좋은 기회가 될 수 있다.

4. 소명과 기술로서의 설교

설교는 소통 과정의 한 형태이기 때문에 설교의 능력을 향상하는 기술을 만들어낼 수 있다. 우리는 종종 사람들이 악의 없이 다음과 같이 말하는 것을 듣곤 한다.

"당신은 설교하도록 어떤 사람을 가르칠 수 없다. 그는 설교의 능력을 갖추고 있거나 가지고 있지 않다."

이런 사고방식은 진리의 병균이다. 물론 어떤 설교학 교수나 설교학 교재도 한 사람을 설교자로 바꿀 수는 없다. 설교는 무엇보다 하나님으로부터 오는 부르심과 은사이기 때문이다. 그러나 어떤 사람이 완전히 발전된 상태와 자연스러운 설교 기술을 가지고 태어나지 않았다고 해서 결코 더 나은 설교자가 될 수 없다고 생각해서는 안 된다.

사실 어떤 사람들은 강한 목소리, 민첩한 마음, 주목할 만한 성품, 자연스럽게 받아들이게 하는 신체적 전달 스타일과 같은 타고난 재능을 가지고 있다. 반면 어떤 이들에게는 그러한 것들이 빠져 있다. 그러나 하나님께서 참으로 한 사람을 설교하도록 부르셨다면 하나님은 그 사람을 말씀의 더 강력한 전달자로 성장시킬 것이다. 그리고 하나님은 다른 설교자의 예와 대학 및 신학교의 설교학 수업들, 또한 부름받은 설교자들의 설교 수준이 향상되도록 쓰인 이 책과 같은 설교학 교과서들을 사용하신다.

따라서 좋은 설교자는 만들어지는 것이 아니라 태어난다는 생각을 거부해야 한다. 하나님은 당신을 더 나은 설교자로 만드실 수 있다. 동시에 당신이 좋은 설교 전달을 쉽게 습득할 수 있다는 생각도 거부해야 한다. 거의 모든 분야의 전문 트레이너는 어떤 기술을 습득하는 데 있어 4단계가 있음에 동의한다.

첫 번째 단계는 무의식적 무능(unconscious incompetence)이다.

이 단계는 어떤 사람이 무엇인가를 할 때 엉망 수준이지만 자신이 얼마나 형편없는지 모르는 상태다. 아메리칸 아이돌(American Idol)의 초기 오디션 쇼를 하루 저녁만 봐도 이 단계를 보여 주는 많은 사람을 볼 것이다. 우리는 이 현상을 설교를 처음 하는 설교자들에게서 종종 보았다. 그들의 마음속에는 개선에 대한 생각이 없으므로 자신을 향상하기 위해서가 아니라 단지 자신들이 얼마나 잘 하고 있는지 확인하기 위해 설교학 수업을 듣는다. 일반적으로 자신에게 정직한 사람은 이 단계를 빨리 뛰어넘어 움직인다.

두 번째 단계는 의식적 무능력(conscious incompetence)이다.

이 단계는 어떤 사람이 특정한 기술에서 자신의 잘못과 약점을 이해하기 시작할 때 일어난다. 그는 개선을 위한 원칙들을 배우고 있을지 모르나, 그러한 원칙을 자신의 성과에 어떻게 접목하는지 배우지 못했다. 대부분의 초보 설교자들은 이 단계에서 스스로 답을 찾는다. 그들은 해야 할 것과 하지 말아야 할 것을 알고 있지만, 스스로 아는 것을 적용하는 데는 어려움을 겪는다. 이 단계는 실망스러울 수 있으며, 이 단계를 지나가기 위해 시간과 고통이 필요하다.

세 번째 단계는 의식적 능력(conscious competence)으로 넘어간다.

의식적 능력이란 어떤 사람이 특정 기술을 성공적으로 수행할 수 있지만, 그것을 하기 위해 집중과 노력이 요구되는 경우다. 설교학 수업이 끝날 무렵 대부분 학생은 자신이 어떤 형태로든 이 단계에 있는 것을 발견한다. 그들은 더 탁월한 기술로 설교할 수 있지만 그렇게 하기 위해서는 많은 집중이 필요하다.

네 번째 단계는 무의식적 능력(unconscious competence)이다.[3]

이것은 뛰어난 기술을 자연스럽고 심지어는 힘들지 않은 방식으로 수행할 수 있는 때이다. 이 단계에서 대중 연설은 실제로 매우 즐거운 것이 되고, 설교자의 경우 자신의 메시지를 전달할 뿐만 아니라 청중의 반응에 보다 주의를 기울이며, 자신의 전달을 향상하기 위해 계획하지 않았던 적용까지도 할 수 있다.

우리는 어떤 설교자가 무의식적 능력의 단계에 완전히 도달했다고 확신할 수는 없다. 이 책의 저자들을 포함하여 대부분 설교자는 설교를 효과적으로 만드는 기본 기술을 정기적으로 다시 되새겨야 한다. 다음의 두 가지 요소는 최종 단계에 이르는 여행을 가능하게 한다.

첫째, 설교 전달을 위한 올바른 원리들을 배우는 것이다. 이것이 이 섹션의 목적이기도 하다.

둘째, 강단에서 시간을 보내는 것이다. 당신이 더 많은 시간을 사람들 앞에서 말하고, 하나님의 말씀을 최선을 다해 전하며 그분께 의지할수록, 당신은 설교를 전달할 때 스스로를 잊고 보다 편안해질 것이다.

---

[3] D. Martin Lloyd-Jones는 이 단계를 영적인 문맥에서 이렇게 말했다. "자연스럽게 하라. 당신 자신을 잊으라. 당신이 하고 있는 것에 몰입하고, 하나님의 임재를 느끼라. 당신이 설교하고 있는 진리의 영광과 위대함 속에서 당신을 완전히 잊으라. 자아(self)는 설교자의 가장 큰 적이며, 사회의 다른 어떤 사람보다 설교자의 가장 큰 적이다. 그리고 자아를 다루는 유일한 방법은 당신이 하고 있는 일의 영광에 너무도 집중하고 완전히 황홀감에 빠져 당신 자신을 전적으로 잊는 것이다." 『목사와 설교』(*Preaching and Preachers*, CLC 刊)(Grand Rapids: Zondervan. 1971), 264.

바울은 데살로니가 신자들에게 이렇게 말했다.

> 너희를 부르시는 이는 미쁘시니 그가 또한 이루시리라(살전 5:24).

우리는 이 말씀의 맥락을 통해 삶의 모든 영역에서 그리스도인들을 거룩하게 하시는 하나님의 신실하심을 언급하고 있음을 안다. 동일한 영적 원리가 하나님의 말씀을 전파하도록 부름받은 사람들에게 적용될 수 있다. 우리를 설교하도록 부르신 하나님은 우리가 그분의 말씀의 효과적인 전달자가 되는 데 필요한 것들을 신실하게 채워 주실 것이다.

기회가 있을 때마다 설교하라.

실수를 통해서도 유익을 얻어라.

좋은 본보기를 따르라.

전달의 기본 원리를 배우라.

평생 동안 효과적인 소통을 배우는 학생으로 헌신하라.

왜냐하면, 하나님은 누구나 전할 수 있는 가장 훌륭한 메시지를 당신에게 맡기셨기 때문이다![4]

---

[4] 런던의 위대한 침례교 설교자인 Charles Spurgeon은 이 점에 대해 이렇게 잘 말했다. "내가 선한 사람들의 설교를 생각할 때, 회중이 적지 않고 너무도 많았기에 놀랐다. 그들에게 귀 기울이는 사람들은 인내의 미덕에서 탁월해야 했다. 왜냐하면, 그들은 그것을 연습할 귀한 기회를 얻고 있기 때문이다. 어떤 설교들과 기도들은 뇌는 살아가는 데 필수적인 것이 아니라는 것을 말하는 윌리엄 하몬드(William Hammond) 박사의 이론을 지지해 준다. 여러분 중 누구도 사소한 작은 선물과 어리석은 매너리즘에 집착적으로 탐욕을 부리지 않을 것이다. 왜냐하면 그것들은 당신의 의지적인 노력 없이도 얻을 수 있기 때문이다.… 생명력이 없는 기계적인 방법이 아니라 당신 사역의 거룩한 목적들을 위해 효과적이게 할 새로움과 힘으로 당신의 사역을 하라." *All-Around Ministry* (Edinburgh: Banner of Truth, 1960), 316-17.

제22장

우리는 어떻게 연설을 만들어내는가?

목소리는 당신의 가장 독특하고 식별 가능한 것 중 하나다. 사실 당신의 음성은 당신의 지문만큼이나 독특하고 특별하다. 당신이 친구에게 전화하면 단지 목소리로 당신이 누구인지 안다. 심지어는 발신자 번호 없이도 안다. 당신의 말하는 방식은 당신의 배경, 교육, 성장, 성격 등에 대해 많은 것을 드러낸다. 그뿐 아니라 더 많은 이유로 당신의 목소리는 효과적인 설교를 위한 필수 요소다. 당신의 목소리는 당신의 메시지에 대해 사람들이 때론 부정적으로 때론 긍정적으로 반응하도록 한다.

이 장에서 우리는 어떻게 연설이 만들어지는지에 대한 메커니즘을 논의할 것이다. 설교자와 같이 연설을 직업으로 가진 사람들은 사이클 선수가 기어, 브레이크 시스템 및 기타 장비가 작동하는 것을 알아야 하는 것처럼 어떻게 목소리가 작동되는지 확실하게 알아야 한다. 우리는 이 장에서 쌓게 될 기반을 바탕으로 설교단에서 연설을 어떻게 향상시킬 것인지 다음 장에서 집중적으로 살펴볼 것이다.[5]

목소리가 작동하는 방식을 이해하려면 반드시 연설과 관련된 네 가지 물

---

[5] 목소리에 대한 짧지만 좋은 논의는 다음을 참고하라. Bert Decker and Hershael York, *Speaking with Bold Assurance* (Nashville: B&H, 2001), 82–85. 광범위하면서도 도움이 되는 자료는 다음을 참고하라. Vines and Shaddix, *Power in the Pulpit* (Chicago: Moody, 1999), 263–90. Jerry Vines은 이 분야에 독보적인 연구를 제시했다.

리적 과정을 검토해야 한다. 각 과정은 중요한 기능을 수행한다.

① 호흡(respiration)은 연설을 위한 '힘'을 제공한다.
② 발성(phonation)은 '소리'를 제공한다.
③ 공명(resonation)은 '음량'과 '음질'을 제공한다.
④ 조음(articulation)은 '의미'와 '명확성'을 제공한다.

이런 모든 기능은 중첩된 기능이라고 할 수 있다. 각 단계는 연설을 만들어내는 것 이상의 생물학적 목적이 있다. 예를 들어 호흡은 생명을 유지한다. 발성과 공명이 사용된 당신의 몸은 숨 쉬는 것 또한 돕는다. 발음하기 위해 사용된 당신의 입 일부분은 주로 음식을 씹고 소화하는 것을 돕기 위해 생긴 것이다. 비록 연설을 만들어내는 것이 생물학적으로 중첩되고 이차적인 것임에도 불구하고, 인간의 소통에 있어서 그것은 통합적이고 중요한 역할을 감당하고 있다.

1. 연설을 위한 힘: 호흡

호흡(Respiration)은 산소가 당신의 몸에 전달되는 수단이다. 이 과정은 공기를 들이마시고 내뱉는 물리적 행위를 통해 이루어진다. 호흡의 생물학적 기능은 세포적 단계에서 일어나는 화학적 활동으로 아주 복잡하지만, 연설을 만들어내는 과정에서는 비교적 간단하게 이루어진다.

호흡은 주로 **횡경막**(diaphragm)에 의해 조절되는 근육 활동이다. 횡경막은 상반신을 복부에서 분리해서 볼 때, 뒤집혀진 그릇 모양의 근육이다. 횡격막이 이완되면, '보울'(bowl)은 폐를 향해 위로 올라간다. 반면 수축되면 횡경막이 아래로, 그리고 앞으로 밀려난다. 이 위치에서 횡경막은 복부 전면에 압력을 가함으로써, 폐가 포함된 흉부의 공간을 넓게 해준다.

흡입(Inhalation)은 횡격막에 의해 만들어진 진공 상태의 공간에 공기가 채

위지면서 발생하는데, 입과 코를 통해 폐로 들어간다.

방출(Exhalation)은 횡격막이 이완되면서 횡경막 윗 부분에 위치한 폐로부터 입과 코를 통해 공기가 빠져나가며 발생된다.

호흡을 이해하기 위한 간단한 방법은 등을 바닥에 대고 눕는 것이다.

머리가 똑바로 되어 있고, 어깨가 바닥에 딱 붙어 있는지 확인하라.

이 자세는 적절히 호흡할 수 있도록 당신의 머리와 가슴을 정렬시켜 준다.

한 손을 가슴 위에 올리고, 다른 손은 복부의 위 방향에 올려 두라.

위를 손으로 누르면서 가능한 한 천천히 숨을 들이 마시라.

횡격막을 수축시킬 때, 신기하게도 당신의 위가 올라가는 것이 느껴지고 복부의 측면이 살짝 불룩해질 것이다.

일단 당신의 폐가 완전히 부풀어졌으면 천천히 숨을 내뱉으라.

이제 횡격막이 위로 올라가고, 위와 복부 측면은 내려가는 것을 느낄 것이다.

숨을 들이 마시는 동안 당신의 위가 위쪽으로 내뱉고 아래쪽으로 움직일 때, 당신의 가슴이 같은 위치에 있는지를 확인하라.

그것이 전혀 움직이지 않거나 약간 움직일 것이다. 이 단계를 천천히 여덟 번 혹은 열 번 반복하는 것으로 당신의 횡격막을 운동시켜 줄 수 있다. 이것을 끝내고 나면 복부에 약간의 피곤함을 느끼게 될 것이다.

잠시 시간을 내서 지금까지 설명한 것을 연습해 보라.

이제 이런 종류의 호흡이 당신의 설교로 옮겨질 수 있는지 생각해 보라. 설교를 전달할 때 이와 같은 횡격막 호흡을 목표로 해야 한다. 당신이 숨을 들이 마셨을 때 위는 밖으로 나와야 하고, 숨을 내뱉을 때는 안쪽으로 들어와야 한다. 어깨와 가슴은 숨을 들이 마시고 내뱉을 때 고정되어 있어야 한다.

2. 연설을 위한 소리: 발성

발성(Phonation)은 '소리를 만드는 것'을 의미한다. 연설에서 발성은 일반적으로 "음성 상자"(voice box)로 알려진 **후두**(larynx)의 기능이다. 후두는 실제로 연골로 만들어진 매우 복잡한 상자 모양의 구조이며, 기관(trachea)의 바로 위에 자리잡고 있다. 사람이 말할 때, 빠져가는 공기가 후두의 양쪽에 있는 한 쌍의 섬유성 시트인 성대를 통과한다. 발성할 동안 성대가 서로 가깝게 움직여 공기의 움직임에 저항하며 진동한다.

이 진동이 소리를 만들어내며, 이는 오보에의 두 개의 갈대가 공기가 통과할 때 소리를 내기 위해 진동하는 것과 유사하다. 또한, 입술을 모아 바람을 불어 입술을 떨리게 해 소리를 만드는 것과도 비슷하다. 발음의 영향에 따라 나타나는 목소리의 양상은 **음조**(pitch), **음역**(range), **억양**(inflection)이다.

음조(Vocal pitch)는 음계(musical scale)에서 당신의 목소리가 가장 정상적으로 작동하는 상태를 말한다. 대부분의 경우 한 사람의 목소리는 해부학적 요인에 따라 다르다. 사람이 말할 때 성대의 길이 및 두께가 음조를 만들어낸다. 길고 두꺼운 현을 가지고 있는 전기 베이스 기타가 짧고 가는 현을 가진 바이올린보다 낮은 음표의 소리를 내는 것처럼, 길고 두꺼운 성대를 가진 사람이 짧고 얇은 성대를 가진 사람들보다 더 깊은 소리를 낸다. 음조가 신체적인 요소에 따라 영향을 받지만, 동시에 습관과 개인적 행동에 의해서도 영향을 받는다.

음역(range)은 당신이 사용하는 음조의 다양함과 폭을 나타낸다. 음역은 노래에서 가장 두드러지게 나타나며, 다양한 음역 범위에 따라 특정 이름을 가지고 있다. 여성의 목소리는 일반적으로 소프라노, 메조소프라노 및 콘트랄토의 세 그룹으로 나누어져 있다. 남성의 목소리는 테너, 바리톤 및 베이스로 분류된다. 가장 높은 소프라노부터 가장 낮은 베이스까지의 모든 음조를 분류해 보면 인간의 목소리는 일반적으로 약 2옥타브의 범위를 가지고 있다. 대부분의 사람은 거의 동일한 음역을 가지며, 약간의 차이는 음역이 시작되고 끝날 때 나타난다. 연설자는 가수만큼 넓은 음역을 사용하지는 않지만 다양한 음역의 목소리를 사용한다.

억양은 음조에서 나타나는 일반적인 다양성과 유사하지만, 문장과 단어에서 특별한 변화를 지칭하는 것이다. 설교자는 억양을 사용하면서 음조를 높이거나 낮춤으로 문장 안에서 단어를 강조할 수 있다. 혹은 문장의 마지막에서 음조를 올림으로 질문하고 있음을 나타낼 수도 있다.

억양은 연설자의 말의 의미를 형성하는 데 결정적일 수 있다. 서구 문화에서 억양을 낮추는 것은 확언을 의미하며, 반면 억양을 올리는 것은 질문을 나타낸다. 굴절(circumflex) 억양의 경우 의문이나 풍자의 표현일 수 있다. 수평 억양은 실망이나 혐오를 나타낸다.[6]

다음과 같은 간단한 문장을 실례로 생각해 보자.

"나는 화나지 않았어."

단지 억양의 사용만으로도 이 문장의 의미가 극적으로 만들어질 수 있다. 만약 설교자가 높은 억양으로 첫 번째 단어를 강조하면, 다른 사람이 그런지 몰라도 자신은 화가 나 있지 않다는 것을 나타낸다.

"**나는** 화나지 않았어."

반면 이번에는 억양을 사용해 "않았어"라는 단어를 강조한다면 설교자는 아마 비록 그는 화났다는 사실을 부정하고 있지만 실제로는 화가 난 것을 의미하고 있을 수 있다.

"나는 화나지 **않았어**!"

마지막으로 음조를 올리면서 끝에 있는 단어를 강조한다면, 설교자는 그가 질문하고 있음을 나타내고 있다.

"나는 화나지 **않았어**?"

3. 연설을 위한 음량과 음질: 공명

공명(Resonation)은 소리의 반향으로 정의할 수 있다. 후두에서 발생한 목소리의 초기 소리는 매우 약하고 듣기 좋은 음질은 아니다. 성대의 구조가

---

[6] Duane Litfin은 이렇게 말한다. "다양한 어조와 억양은 당신의 단어에 색, 질감, 의미를 준다." *Public Speaking*, 2nd ed. (Grand Rapids: Baker, 1992), 325.

목소리에 어떤 영향을 미치지만 가장 중요한 요소는 공명이다. 연설자의 몸에 있는 공명 기관이 음량을 증폭하고 목소리의 음조를 수정시켜 준다. 당신의 몸의 공명 기관은 피아노의 음향 보드에 비유될 수 있을 것이다. 단단히 당겨진 상태로 공간에 매달려 있는 피아노의 현을 치면 작은 소음만 나고 단지 작은 금속 소리로 들린다. 그러나 피아노 현들의 밑에 있는 얇은 목재 판인 사운드보드를 설치하고 현을 치면 공명하면서 크고 좋은 소리가 난다.

스피넷(spinet), 스튜디오 업라이트(studio upright), 베이비 그랜드(baby grand), 그랜드 피아노(grand piano)의 음질은 부분적으로 약간 다른데, 사운드보드 및 기타 공명기의 차이 때문이다. 같은 방식으로 당신의 목소리는 몸의 다양한 공명 기관에 의해 조정되고 증폭되어 당신만의 독특한 목소리를 내는 것이다.

당신의 몸에서 공명을 담당하는 일곱 영역이 있다. 몸의 위쪽에서 아래쪽으로 움직이며 살펴 보면 공명 기관은 부비강(sinuses), 비강(nasal cavity), 구강(oral cavity), 인두(pharynx), 후두(larynx), 호흡관(trachea), 가슴(chest)이다. 부비강, 호흡관, 가슴, 후두 같은 공명 기관은 크기 및 모양이 다소 고정되어 있으므로 소리를 만드는 데 약간의 기여를 하지만, 이것은 연설자가 조절할 수 있는 것들이 아니다.

가장 중요한 공명 기관은 인두 또는 위 목구멍인데 크기와 위치 및 정도를 조절할 수 있기 때문이다. 어느 정도 조정이 가능해 두 번째로 효과적인 공명 기관은 구강이다. 그 다음으로 비강은 고정된 크기이지만 목소리의 음량과 음질 모두에 영향을 미친다.

목소리의 음량(volume) 또는 크기는 연설자가 청중에게 전달하기 위해 사용한 힘의 양을 말한다. 사람의 목소리는 놀라운 정도의 음량을 만들어 낼 수 있다. 교회 역사의 대부분 경우 설교자들은 음향 시스템을 가지고 있지 않았지만, 큰 규모의 청중이 들을 수 있도록 설교할 수 있었다.

예를 들어보면, 조지 휫필드(George Whitefield)가 1700년대 중반 필라델피아에서 야외 설교를 했을 때 벤자민 프랭클린은 그의 크고 깨끗한 목소리에 깊은 인상을 받았다. 프랭클린은 휫필드의 목소리가 어디까지 들리는지 궁금해 설교자 반대 방향으로 움직였는데 갈 수 있는 만큼 최대한 갔을 때도 휫필드의 목소리를 여전히 분명하게 들을 수 있었다. 프랭클린은 자신의 결론을 이렇게 썼다.

> 그 뒤 내가 서 있는 곳까지의 거리를 반지름으로 해서 반원형을 상상하고, 거기 사람들이 가득 차 있고 한 사람당 0.2평방미터의 면적을 차지하고 있다고 가정하니, 그의 목소리가 3만 명 이상의 사람들에게 들리고 있다는 계산이 나왔다.[7]

인간의 목소리가 얼마나 힘이 있는지 생각해보라.
열린 공간에서 수천 명의 사람이 들을 수 있을 정도다!
오늘날 설교자들이 자신의 목소리를 사용하는 법을 배운다면 청중이 잘 들을 수 있게 하는 데 아무 문제가 없을 것이다. 목소리만 적절하게 잘 사용할 수 있다면 어떤 통증이나 피해 없이, 하루에도 여러 번 충분한 음성으로 청중에게 설교할 수 있다.

4. 연설의 의미: 발음[8]

후두에 의해 생성되어 공명 기관에 의해 증폭되고 수정된 소리는 발음(articulation)을 통해 의미 있는 표현으로 변화된다. 발음 기관에는 혀, 치아, 잇몸, 잇몸 능선(gum ridges), 경구개(hard palate), 입술, 연구개(soft palate), 성문(glottis)이 포함된다. 이러한 몸의 기관들을 사용함으로써 당신은 목소리 표

---

[7] Benjamin Franklin, *Autobiography*, chapter 10, earlyamerica.com/lives/franklin/chapt10 (accessed November 5, 2009).

[8] Vines and Shaddix, *Power in the Pulpit*, 275–79. 이 책의 저자들은 우리가 지금 토의하고 있는 내용에 대해 도움이 되는 방법들을 제시한다.

현의 가장 작은 단위인 **음소**(phonemes)를 만들어낸다. 음소들이 합쳐지면서 당신이 말하는 단어들이 된다. 자음뿐 아니라 모음도 음소이지만, 발음 기관은 주로 자음 소리를 만들어낸다.

발음 기관이 만들어낼 수 있는 자음 소리에는 여섯 가지 범주가 있다. **멈춤**(Stops) 또는 **파열음**(plosives)은 잠깐 동안 목소리의 흐름을 멈추게 하는 소리다. 발음 기관 사이에 압력이 생긴 후 소리를 만들기 위해 갑작스럽게 숨의 방출과 함께 "터진다." 비음은 비강 통로에 공명이 생기도록 경구개가 낮아지면서 생성된다. 마찰음은 발음 기관의 마찰에 의해 생기는 소리다. **파찰음**(affricative)은 멈춤과 마찰음과의 조합이다. **경과음**(glide)은 음이 만들어질 때 발음 기관이 만들어질 때 생성된다.

마지막으로 "I"소리는 측면 자음인데 공기가 혀 주변에서 빠져 나올 때 혀의 끝부분을 잇몸 능선에서 둘 때 생겨난다. "I"소리 이외의 모든 자음 소리는 유성(voiced) 혹은 무성(unvoiced)이 될 수 있다. 유성 모음은 일종의 유성 음화(vocalization)가 필요하다. 무성 자음은 유성 음화 없는 발음된 호흡이다.

예를 들어 "P"소리와 "b"소리는 입술로 공기의 흐름을 막은 후 공기를 내보내는 것과 같은 방식으로 만들어진다. "P"소리는 무성음이다. 만약 당신이 "puh-puh-puh"소리를 낸다면 당신은 유성음을 내는 것이 아니라 단순히 입술을 통해 공기를 내보내는 것을 알 것이다. "b"소리는 유성음이다. 만약 당신이 "buh-buh-buh" 소리를 낸다면 당신의 입술이 모음을 만들어 낼 뿐만 아니라 당신의 목소리를 사용하고 있다. 아래 차트는 영어에서 사용되는 모든 자음소리와 그것들이 어떻게 발음되어야 하는지를 보여 준다.[9]

---

[9] 자음에 대한 논의는 다음 자료에서도 발견된다. G. Robert Jacks, *Getting the Word Across: Speech Communication for Pastors and Lay Leaders* (Grand Rapids: Eerdmans, 1995), 181–86. Jacks는 자음 차트도 제시한다(185). 다음 자료를 함께 참고하라. *Getting the Word Across is entitled Just Say the Word: Writing for the Ear* (Grand Rapids: Eerdmans, 1996).

자음의 종류			
유 형	소 리	단어의 예	발음 기관
유성 정지음	"b"	"Bethlehem"	양 입술
	"d"	"Damascus"	혀끝, 잇몸 능선
	"g"	"Gabriel"	혀 뒤, 연구개
무성 정지음	"p"	"Peace"	양 입술
	"t"	"Tower"	혀끝, 잇몸 능선
	"k"	"Caleb"	혀 뒤, 연구개
유성 마찰음	"v"	"Vine"	윗니, 입술 바닥
	"Th"	"This"	혀끝, 윗니
	"z"	"Zoar"	혀끝, 잇몸 능선
	"zh"	"Vision"	혀옆, 잇몸 능선
	"h"	"Heaven"	성문
무성 마찰음	"f"	"Fullness"	윗니, 입술 바닥
	"th"	"Thanksgiving"	혀끝, 윗니
	"s"	"See"	혀끝, 잇몸 능선
	"sh"	"Shield"	혀옆, 잇몸 능선
유성 파찰음	"dj"	"Joy"	혀끝, 잇몸 능선
	"dz"	"Beds"	혀끝, 잇몸 능선
무성 파찰음	"ch"	"Chains"	혀끝, 잇몸 능선
	"ts"	"Pizza"	혀끝, 잇몸 능선
비성음 (모든 유성)	"m"	"Man"	양 입술
	"n"	"New"	혀끝, 잇몸 능선
	"ng"	"Sing"	혀 뒤, 연구개
측음	"l"	"Last"	혀끝, 잇몸 능선
유성 경과음	"hw"	"Why"	둥근 입술
	"y"	"Yes"	혀옆, 연구개
	"r"	"Redeem"	둥근 입술. 혀끝, 잇몸 능선
무성 경과음	"w"	"Wine"	둥근 입술

발음이 주로 자음 소리와 관련이 있지만, 이제 발음 기관들이 구별되는 모음 소리를 만들기 위해 입의 모양을 바꾼다는 사실도 주목하라.

이 과정에서 혀는 중요한 역할을 한다. 턱의 위치와 입술 또한 중요하다. 예를 들어, 당신의 입이 "파더"(father)에서 "아"(ah) 소리를 내고 있다고 생각해 보자.

치아의 아래 줄과 위치한 혀와 혀의 뒷부분이 낮아지면서 입과 목구멍이 최대로 벌어진다. 당신이 "피트"(feet)라는 단어에서 "이"(ee)라는 소리를 낼 때 혀 뒷부분은 올라가고 목의 공동이 좁은 모양이 된다. "푸드"(food)에서 "우"(oo)소리를 낼 때 혀는 뒷 부분에서 살짝 내려가고 입술이 둥그렇게 된다.

연설의 다른 측면은 발음의 속도와 긴밀히 연결되어 있다. 연설의 속도는 말을 얼마나 빠르게 혹은 느리게 하느냐이다. 대중 연설에서 연설의 속도가 평균 1분에 150-200단어일 때 가장 자연스럽고 지적으로 들린다.[10]

당신의 속도를 결정하는 제일 간단한 방법은 당신의 설교를 녹음하는 것이다.

당신의 설교에서 1분짜리 부분을 선택하고 당신이 말한 단어의 숫자를 세어보라.

종종 설교자들은 1분에 200단어 이상 말하며 장황한 말을 쏟아 놓는다. 빠르게 말함으로써 당신이 말하는 주제를 긴급하고 열정적으로 소통할 수 있으나, 청중은 당신의 발음이 정확할지라도 끊임없이 뜨거운 불처럼 전해지는 연설에 집중하기 매우 어렵다.

5. 하나로 모으기

이 장에서 논의한 것에 기초하여 말하는 과정에서 공기가 어떻게 움직이는지에 대해 잠시 생각함으로써, 연설이 이루어지는 과정을 이렇게 종합할 수 있다.

첫째, 공기가 호흡에 의해 몸 안으로 흡입된다.
둘째, 그 공기는 조심스럽고 통제된 방식으로 방출되고, 횡격막에 의해 조절되며, 발성을 위한 음성 메커니즘을 향해 움직인다.

---

[10] 적절한 연설의 속도는 저자마다 다른 견해를 보인다. 예를 들어, Litfin은 1분에 120에서 160 단어 정도여야 한다고 말한다. Litfin, *Public Speaking*, 326

셋째, 공기는 성대를 떨리게 하면서 소리를 만들어낸다.

넷째, 소리는 공기가 비강과 구강 및 다른 공명 기관을 통해 울려 퍼지면서 수정되고 증폭된다.

다섯째, 공기는 혀와 입술 그리고 입의 다른 부분들에 의해 뜻을 가진 발음이 되며, 그 후 의미를 가진 연설로 전해진다.

설교자가 메시지를 전달할 때 이런 과정이 수백 번, 수천 번 반복된다.

그렇다면 당신은 소리가 어떻게 만들어지는지 이해해야 할 뿐만 아니라, 어떻게 가장 목소리를 잘 사용하고, 어떻게 목소리 사용의 실수를 피할 수 있는지를 배워야 한다. 우리는 다음 장에서 어떻게 최고의 목소리로 말할 수 있는지 살펴볼 것이다.[11]

---

[11] 여성의 관점으로 이 장에서 논의한 것에 대해 유익한 통찰을 주는 자료는 다음과 같다. Carol Kent, *Speak Up with Confidence* (Colorado Springs: NavPress, 1997), 115–19.

제23장

최고의 목소리로 말하기

당신이 좋아하는 설교자들에 대해서 잠시 생각해 보라.

당신이 그들의 설교를 들었을 때와 그들이 말했던 것들을 떠올려 보라. 그들을 생각해보면 아마 당신의 마음속에서 그들의 목소리가 생생하게 들릴 것이다. 그들이 강조했던 단어들, 어디서 크게 혹은 작게 말했는지, 그들의 설교 음조와 억양은 어땠는지, 그들의 목소리가 가볍고 밝았는지 혹은 낮게 울렸는지 기억할 수 있을 것이다. 인간의 목소리는 놀라우리만큼 표현력이 뛰어나고 독특한 악기여서 설교가 끝난 후에도 오랫동안 청중의 마음에 깊은 인상을 남긴다.[12]

이 장에서 우리는 최고의 목소리로 말하기에 대해 논의할 것이다. 먼저 기억해야 할 것이 있다. 당신은 **당신 자신의 목소리**로 말해야 한다는 점이다. 몇몇 설교자들이 하는 것처럼 다른 설교자들의 음성 스타일이나 버릇

---

[12] Aristotle은 *Rhetoric* 3.15-35에서 이렇게 말했다. "우리가 무엇을 말해야하는지를 아는 것으로 충분하지 않다. 우리는 우리가 당연히 해야 할 방식으로 말해야 한다. 연설 중 올바른 인상이 생길 수 있게 도움이 되는 것… 이것은 필연 다양한 감정을 표현하기 위한 목소리의 적절한 관리이다. 즉, 크게 혹은 부드럽게 혹은 그 중간으로 말하고, 높고 낮게 혹은 중간의 음조로 말하며, 다양한 주제에 적합한 다양한 리듬으로 말하기이다. 연설자가 기억해야 할 세 요소는 소리의 크기, 음조와 리듬의 조절이다." 다음에서 재인용했다. David W. Fetzer, *"Now, Deliver the Goods!,"* in The Moody Handbook of Preaching, ed. John Koessler (Chicago: Moody, 2008), 367.

을 흉내내는 실수를 범하면 안된다. 당신이 그렇게 한다면, 당신 자신과 청중에게 당신만의 방식으로 말할 때 줄 수 있는 기쁨을 박탈하는 것이다.

하나님께서 당신을 만드셨다. 그리고 그분은 당신의 목소리를 주셨다. 그분이 각 사람을 부르실 때, 그가 설교자들의 설교를 모방하라고 부르지 않으시고 자신의 목소리로 설교하도록 부르셨다. 동시에 당신은 당신의 최고의 목소리로 설교해야 한다. 당신의 개성과 은사라는 맥락 안에서, 말하는 법을 향상시키는 10가지 스텝을 취할 수 있다.

당신의 목소리를 강화하기 위한 다음 10가지 원칙을 고려하고, 설교할 때 그것들을 적용하도록 애쓰라.

1. 당신의 호흡을 지탱하라

대중 연설에 수반되는 스트레스와 긴장은 종종 설교자가 잘못된 방식으로 호흡하기 때문이다. 그들은 횡격막으로 그들의 호흡을 지탱하기보다, 어깨와 쇄골 및 가슴을 올려서 심호흡을 하려 한다. 이런 종류의 호흡을 **쇄골 호흡**(clavicular breaching)이라고 한다. 에너지의 중심은 어깨의 앞에 있는 뼈인 쇄골에 있다. 쇄골 호흡은 일반적으로 얕고 긴장된 것이기에, 연설을 위해 필요한 힘을 만족스럽게 제공하지 못한다.

종종 호흡법을 제대로 배우지 못한 설교자의 말씨는 끊어진 듯 들린다. 예를 들면, "하나님이 세상을 이처럼 사랑하사 독생자를 주셨으니 이는 그를 믿는 자마다 멸망하지 않고 영생을 얻게 하려 하심이라"(요 3:16)고 말하는 대신에 "하나님이 세상을 이처럼 사랑하사(**호흡**) 독생자를(**호흡**) 주셨으니 이는 그를 믿는 자마다(**호흡**) 멸망하지(**호흡**) 않고 영생을 얻게 하려(**호흡**) 하심이라"(요 3:16)고 말한다.

남아 있는 불필요한 호흡 모두를 사용해 위의 형식으로 요한복음 3:16을 크게 읽으라.

짧은 시간에 너무도 자주 호흡을 해서 숨이 차고 바람이 부는 느낌이 든다는 것을 알 수 있을 것이다. 이렇게 숨이 차는 이유는 당신이 연설을 유지하기 위한 충분한 호흡을 확보하지 않았기 때문이다. 또한, 이 구절을 이해하기가 어렵고, 권위와 확신을 전달하기에 자신이 부족하다고 생각하기 때문이다.

이번에는 요한복음 3:16을 한 번의 호흡으로 읽으라.

좋은 자세로 서는 것부터 시작하라.

횡격막을 사용해서 심호흡을 하라.

이제 구절이 끝날 때까지 음량과 힘이 유지되도록 집중하라.

처음에 숨을 위한 정지가 필요하다면 "독생자를 주셨으니" 후에 한 번 숨을 쉬되, 계속 연습해 한 번에 이 구절을 말할 수 있도록 하라.

당신이 이 구절의 끝에 도달할 때까지 숨이 떨어지지 않도록 주의하라. 단어들을 서둘러 말하지 않도록 주의하라.

이 구절을 정상 속도로 처음부터 마지막까지 큰 음량과 적절한 억양으로, 그리고 확신과 권위를 가지고 말할 수 있을 때까지 지속적으로 연습해야 한다. 이 간단한 연습의 예가 호흡이 의미를 전달하는 데 얼마나 중요한지를 잘 보여 준다.

2. 만족스러운 목소리를 목표로 삼으라

모든 사람의 목소리의 음조와 공명은 독특하며, 그 사람의 개성과 성격의 일부를 형성한다. 모든 설교자가 갖기 위해 목표로 삼을 만한 표준 "설교자 목소리"는 없다. 사실, "스테인드글라스"라고 불리는 음조로 말하는 것이 인위적이고 인공적인 소리로 들릴 수 있다.

설교단에 섰을 때 우리의 목소리답지 않은 것보다는 하나님이 우리에게 주신 자연스러운 목소리를 사용하는 것이 최선이다. 그렇지만 어떤 음질은 대부분 사람이 좋아하는 것이기도 하고, 반대로 보편적으로 안 좋게 받아들여지는 것이기도 하다. 우리의 음질이 좋지 않을 때, 사람들은 우리가 무엇을 말하고 있는가보다 어떻게 말하고 있는가에 관심을 갖는 경향을 보인다. 대부분 사람은 권위가 있고, 듣기 쉬우면서, 다양하고 유쾌한 음조를 좋아한다.[13] 이런 종류의 목소리는 적절한 호흡으로 당신의 목소리를 지탱하고, 상체와 어깨 및 목과 복부 근육을 이완시키며, 발성 기관을 완전히 열고 유지시킬 때 가능하다.

설교자들은 다양한 목소리의 문제를 해결해야 한다. 작은 음량이면서 **쉰**(harsh) 목소리로 더 강해지면 불쾌하게 들리는 거칠고 강한 목소리는, 연설자가 동정심 없고, 심한 스트레스를 받고 있으며, 신경질적이고, 심지어는 화난 것처럼 보이게 한다. 거친 소리는 목의 수축 혹은 목소리 기관의 긴장이나 손상으로 생긴다.

숨 같은 목소리(breathy voice)는 얇고 약한 소리를 낸다. 이런 목소리는 종종 아이 혹은 여자 소리 같아서 권위와 힘이 부족하게 들린다. 숨소리가 섞인 목소리는 부적절한 호흡의 공급이나 발음되지 않는 많은 양의 공기가 성대를 빠져나갈 때 생겨난다. **비성**(nasal) 혹은 **비비성**(denasal) 음조는 공기가 적절하지 않은 방식으로 코를 통과할 때 일어난다.

비성(nasal) 음조는 너무 많은 공기가 코를 통과할 때 생기는 울림 소리다. **비비성**(denasal) 음조는 충분치 않은 공기가 코를 통과할 때 생기는 짜내는 듯한 두꺼운 소리를 말한다. 종종 이런 목소리의 문제들은 해부학적 요인들 때문에 발생하기에 바로잡기 위해 특정 수술 혹은 치료가 필요하다. 그러나 대부분 경우 설교자들은 자신 스스로 점검해 보고, 자신의 설교를 녹음해 들어 보면서 지속적인 음성 연습을 통해 자신의 목소리를 개선할 수 있다.

---

[13] Fetzer는 다음처럼 말했다. "오늘날 청중은 자연스럽고, 자발적이며, 대화적인 전달을 좋아한다.… 이런 열린 방식의 화법은 솔직, 성실, 신뢰, 투명함을 가지고 소통한다.… 개인적인 터치로 당신의 전달을 살려내라. 단지 그들에게가 아니라(not at them), 사람들에게, 사람들과 이야기하라(talk to and with people)." *Now, Deliver*, 367.

3. 불필요한 단어와 소리를 없애라

초보자와 긴장한 연설자의 특징 중 하나가 말의 정지가 너무 많다는 것이다. 즉 "음," "어," "어," "오케이?," "예," "그러니까," "그렇지," "등등" "다른 말로 하며," "무엇이든 간에," "어쨌든," "좋죠?"와 같은 불필요한 삽입 언어를 사용하는 것을 말한다. 설교자의 경우 "아멘," "사랑하는," "사랑하는 여러분들"이 이에 해당이 된다.

우리가 의미 없는 이런 말들을 많이 사용할 때, "우리가 죄에 빠졌을 때, 예수님께서 우리의 죗값을 지불하기 위해 우리 대신에 십자가에서 죽으셨습니다"와 같은 분명한 내용이 다음처럼 산만하게 된다.

"그렇습니다. 우리가 죄에 빠졌을 때, 그렇죠, 예수님께서 우리의 죗값을 지불하기 위해, 어… 우리 대신에, 음… 십자가에서 죽으셨습니다. 아멘?"

당신은 이 문장을 읽고 아무도 실제로는 이렇게 말하지 않을 것으로 생각할 수 있다.

그러나 우리는 어처구니없고 더 나쁜 예들을 들어왔다. 말의 정지로 가득 찬 연설은 불분명할 뿐만 아니라 연설자가 잘 준비되지 않았고 권위와 확신이 부족한 것처럼 들리게 한다. 이런 정지들 때문에 선포적 설교가 힘을 잃기도 한다.

입을 쩝쩝거리는 소리, 혀의 소리, 목 다듬는 소리, 킁킁거리기, 심지어 모든 문장 뒤에 킥킥거리는 웃음 또한 연설자가 만들어내는 이상한 소리이다. 신기하게도 연설자들은 자신들의 연설에 나타난 말의 중지들을 알고 나면 깜짝 놀란다. 한 연설 수업에서 어떤 학생은 10분 연설에서 75번 이상 "OK?"라고 말했다.

그의 연설이 끝난 후 교수가 물었다.

"프랭크, 연설하는 동안에 당신이 'OK?'라고 계속 말한 것 알아요?"

프랭크는 당황스럽게 대답했다.

"제가 한 번이라도 그런 말을 한 적이 있다고는 생각 못했습니다."

정기적으로 당신의 메시지를 녹음해서 듣고 피드백을 줄 수 있는 신뢰할 수 있는 친구를 갖는 것은 말하는 중에 중지가 일어나는 것을 식별하는 데 도움이 된다. 당신이 내는 습관적인 단어나 소리를 인식하게 되면 말하는 동안에 그것을 더 많이 알게 되고, 그것을 없애는 법을 배우게 된다. 아마도 말의 중지를 고치기 위한 최선의 치료법은 당신이 연설할 때 실제로 멈추어야 할 상황에 익숙해지는 것이다. 뛰어난 연설자는 목소리로 모든 침묵을 채울 필요가 없다는 것을 안다.[14]

4. 습관적인 음조와 음량 패턴을 방지하라

우리가 자연스럽게 말하면 음조와 음량은 일반적으로 우리가 전달하는 내용과 잘 맞게 된다. 우리는 소리를 크게 하거나 부드럽게 함으로, 또는 높고 낮은 음조로 중요한 단어들을 강조한다. 연설에서의 음조와 음량은 노래하는 방식으로 개발하기 쉽다. 그 패턴은 특히 우리가 무언가를 읽거나 낭송할 때 또는 우리가 말하는 단어의 의미에 주의를 기울이지 않을 때 생기기 쉽다.

심지어 설교자들은 종종 "설교처럼 들리는" 음조와 음량의 패턴을 자기 것으로 삼는다. 종종 이 패턴은 처음 문장을 높은 음량으로 시작해서 마지막에는 점점 음조와 음량을 낮추는 것을 포함한다.

이 패턴을 설명하기 위해 다음 세 문장을 큰 소리로 읽어라.

처음에는 높고 크게 시작한 다음 각 문장의 끝에서 점점 낮고 조용하게 마치라.

여러분들 중 많은 사람이 위대한 질문을 가지고 이곳에 왔습니다.
당신은 예수님이 당신을 과연 구원하실 것인지에 대해 궁금해 하실 것입니다.

---

[14] Decker와 York는 이와 관련해서 좋은 논의를 제공한다. 이들은 특별히 '멈춤의 중요성'을 강조한다. *Speaking with Bold Assurance* (Nashville: B&H, 2001), 86–91.

저는 예수님의 이름을 부르는 모든 사람을 그분께서 확실히 구원할 것이라고 말씀드릴 수 있습니다.

우리가 위에서 말한 방식으로 위의 문장을 읽었을 때, 당신의 목소리는 진부한 "설교자의 목소리"처럼 들릴 것이다.

이제 동일한 문장을 당신의 음조와 음량으로 중요한 단어를 강조하면서 보통 연설하는 방식으로 읽으라.

우리가 설교할 때 우리의 목소리 강도가 높아지고 드라마틱해지기도 하지만 여전히 우리의 연설은 정상처럼 들려야 한다. 증폭되어야 하지만, 우리의 말은 여전히 정상적으로 들려야 한다. 습관적인 음조와 음량 패턴을 사용하면 설교가 인위적으로 보이고 회중의 눈꺼풀이 처지는 일이 발생할 수 있다.[15]

5. 명확하게 발음하라

만약 당신이 친구에게 대충 "지트옛?"(Jeetyet?)이라고 물으면, 그는 당신이 "아직 안 먹었어?"(Did you eat yet?)로 이해할 것이다. 설교 강단에서의 분명치 않고 흐릿한 발음은 의사소통을 방해하고 설교자의 신뢰성을 감소시킬 수 있다. 19세기 유명한 전도자였던 무디는 "예루살렘"을 2음절 단어로 미숙하게 발음했다고 한다. 그 이야기가 사실일지도 모르지만, Moody의 뛰어난 설교는 분명 그의 미숙한 발음 때문은 아니었다.

설교자에게 분명하고 정확한 발음은 중요하다. 명확한 발음은 설교자가 더듬지 않고, 부적절하게 단어를 붙여 발음하지 않고, 음절이나 기타 소리

---

[15] 애틀랜타 조지아의 목회자요 전 남침례교단 총회장이었던 James Merritt는 설교자가 설교를 시작할 때 조금 낮은 음조로 조금 느리게 시작해야 한다고 했다. 만약 너무 높게 시작하면 더 높이 가기 위해 긴장할 것이다. 만약 너무 빠르게 시작하면 더 빠르게 하려고 기름을 다 써버릴 것이다!

를 빼먹지 않는 것을 의미한다. 예를 들어 "thinking"(띵킹)을 "thinkin"(띵인)으로 "g"를 빼서 "ing"를 불완전한 발음으로 만들지 않는 것이다.

"hundred"(헌드레드)를 "hunnerd"(헌너드) 혹은 "government"(가번먼트) "goverment"(가버먼트)로 발음하지 말라.

당신이 사용하는 단어의 각 부분을 발음할 때 혀, 이, 입술을 주의 깊게 사용하고, 명확한 발음은 꾸미거나, 가장하거나, 과장하는 것이 아님을 기억하라.

절대 축약하거나, 자음을 지나치게 강조하거나, "marked"와 같은 단어를 2음절로 발음하지 말라.

또한, 자신을 돋보이거나 유식하게 보이려고 말했지만 실제로는 연설자가 아마추어적이고 거만하며 바보처럼 보이게 만드는 것들을 절대 사용하지 말라.

"the"(더)를 "thuh"(더흐) 혹은 "often"(오픈)을 "offten"(오프텐)으로 발음하지 말라.

분명하고 자연스러운 연설을 목표로 하라.

6. 청중이 들을 수 있는 속도로 말하라

계속 빠른 속도로 설교를 하면 청중이 메시지에 집중하기 어려워질 수 있다. 당신이 청중에게 익숙한 내용에 대해 이야기하고 있거나, 말의 속도를 잘 이용한다면, 빠른 속도의 전달이 메시지에 대한 흥분이나 열정을 전하기 위해 적절한 것이 될 수 있다. 그러나 설교의 중요한 요점인 본문의 개념이나 중요한 사상 또는 적용을 제시할 때는 약간 느린 전달 속도가 필요하다.

당신이 말하는 속도는 정지(pause)의 사용과 긴밀히 연결되어 있다. 때때로 설교자들이 다음 내용을 전하는 것에 너무 몰두한 나머지, 자신이 방금 전한 내용이 청중에게 충분히 영향을 미치도록 하는 데 실패하곤 한다.

중요한 진술을 한 전후에 당신의 말의 무게가 청중의 생각에 충분히 잠길 수 있도록 정지하라.

기억해야 할 대략적인 원칙은 다음과 같다. 간단한 정지는 한 아이디어에 대한 강조를 위한 것이고, 긴 정지는 집중을 얻기 위한 것이며, 중간 정도의 정지는 전환을 위한 것이다.

수년간 우리는 설교를 가르치면서 한 번도 어떤 학생에게 정지를 줄이고 더 빨리 전달하라고 가르치지 않았다. 오히려 어떤 경우 더 천천히 혹은 정지를 사용하라고 가르쳤다.

메시지 전달에서 속도 조절과 타이밍의 힘을 과소평가하지 말라.[16]

7. 적절한 음량으로 설교하라

설교는 아주 큰소리로 해야 한다는 고정 관념이 있다. 설교를 큰소리로 해야 한다고 생각하는 이런 경향은 음향 시설이 없던 시절 설교자들이 큰 공간에서 목소리가 들리도록 소리를 높였던 시대의 유산에서 기인된 듯하다. 그러나 오늘날 대부분 설교자는 과거처럼 큰 소리로 말할 필요가 없다. 우리에게 도움이 되는 마이크와 스피커가 있다. 대신 당신의 목소리는 그것들을 사용했을 때 청중이 있는 장소에서 분명히 들릴 만큼 커야 한다.

도움이 되는 대략적인 원칙은 당신의 목소리가 당신이 있는 공간의 벽에 부딪혀 살짝 울릴 정도로 커야 한다는 것이다.

당신의 목소리로 공간을 채운다고 생각하라.

어떤 음향 도구들은 깨끗하게 잘 들리기 때문에 좀 부드럽게 말해야 한다. 음량은 당신이 말하고 있는 공간의 크기와 청중의 크기에 따라 결정된

---

[16] 다음을 참고하라. Hershael York and Bert Decker, *Preaching with Bold Assurance* (Nashville: B&H, 2003), 248–49. "정지는 당신의 다이내믹한 소통의 도구 중 하나다.… 중지하는 것과 관련된 우리 대부분의 문제는 그것을 우리가 시도하지 않는 것이다"(248).

다. 작은 공간에서 최적의 음량은 잘 들리되 너무 크지 않은 것이다. 넓은 공간에서 최적의 음량은 대화처럼 들리지 않고 외치는 것처럼 들려, 당신이 피하고 싶을 수도 있는 평소보다 좀 큰 소리일 것이다.[17]

8. 적극적으로 표현하라

음조, 속도, 음량을 절대 변화시키지 않는 설교자들은 지루하고, 풍부하지 못하며, 문자 그대로 단조로운 경우가 많다. 그런 설교는 청중이 쉽게 관심을 잃어버리게 하고, 설교자가 선포하는 중요한 메시지를 청중이 듣지 못하도록 막을 수 있다.

설교할 때 전하는 내용에 목소리를 맞추라.

무엇인가 기념하는 설교 내용은 빠르고 큰 목소리와 높은 소리로 말하는 것이 좋다. 반면 슬프거나 꾸짖는 메시지는 음성 기관의 깊은 부분을 사용해 느리고 조용히 말해야 한다. 가장 중요한 요점은 청중의 관심을 유지하고, 설교 내용을 활기차게 하려고 다양한 목소리를 사용하는 것이다.

9. 최적의 음조를 발견하고 사용하라

당신의 최적 음조는 당신의 목소리가 제일 잘 기능하는 음조이다. 많은 설교자가 자신의 최적 음조와는 전혀 다른 습관적인 음조를 사용하고 있다. 우리는 자신의 최적 음조보다 약간 높은 목소리로 말하는 몇몇 설교자를 알고 있다. 그들의 목소리는 이상하게 높거나 얇게 들린다. 반면 다른 설교

---

[17] 이와 관련된 좋은 자료는 다음을 참고하라. Steven and Susan Beebe, *Public Speaking: An Audience-Centered Approach*, 3rd ed. (Needham Heights, MA: Allyn and Bacon, 1997), 290-94. 저자들은 "마이크 사용에 대한" 간략한 논의를 제공하고 있다. (294)

자들은 자신의 목소리를 인위적으로 낮추어 깊고 중대한 느낌의 소리를 내려 하거나, 자신이 존경하는 다른 설교자를 의도적으로 모방하려고 한다. 설교자들은 열정과 에너지를 발산하며 설교하기 때문에 습관적으로 너무 높은 음조를 계속 사용하는 현상을 보인다. 그들은 특정 음조에 도달해서는 설교 내내 그 음조를 유지한다.

최적의 음조와 완전히 다른 습관적인 음조를 사용할 때 다양한 문제가 나타난다. 목소리의 건강 관점에서 볼 때, 습관적 음조의 연습은 성대에 불필요한 스트레스를 가해 음성 메커니즘에 장기적 손상을 줄 수 있다. 한편 보컬 퍼포먼스 관점에서 볼 때, 최적 음조보다 훨씬 높거나 낮은 음조는 당신의 목소리로 자신을 표현하는 능력을 제한한다. 개인적 관점에서 볼 때, 인위적인 음조를 사용해야 한다고 주장하는 설교자는 자신이 누구이며 하나님이 어떻게 자신들을 만드셨는가에 대한 확신과 자신감이 부족한 것이다.

우리는 단어를 강조하고 감정을 전달하기 위해 음조를 사용한다. 예를 들어, 흥분과 열정은 일반적으로 높은 음조로 전달하지만, 실망이나 슬픔은 음조를 낮추어 표현한다. 그러나 설교자가 계속 최고 높은 음조의 지점에서 말하면, 뭔가 강조가 필요한 순간 더 이상 올라갈 곳이 없다. 마찬가지로 권위 있는 소리를 내기 위해 부자연스럽게 깊은 목소리를 사용하는 설교자는 그의 목소리의 융통성(vocal flexibility)이 심각하게 제한될 것이다. 설교자가 그의 사역 초기에 할 수 있는 가장 좋은 일 중 하나가 자신의 최적 음조가 무엇인지를 배우고, 그 음조에 가깝게 설교할 수 있도록 목소리를 훈련하는 것이다.

설교할 때 당신의 최적 음조를 찾는 것은 간단한 과정이다. 그것을 위한 여러 방법이 있다. 어떤 보컬 코치는 최적의 음조를 찾기 위해 "생일 축하합니다!"(Happy Birthday!)와 같이 친숙한 노래를 조용히 허밍으로 부르게 한다. 당신의 목소리가 자연스럽게 끌어내는 음조가 아마도 당신의 최적의 음조일 것이다.

또 다른 방법은 누워서 긴장을 풀고 '아' 소리를 한숨처럼 내는 것이다. 이 소리가 최적의 음조에 가까운 것이다. 우리가 발견한 가장 도움이 되는 방법은 피아노에 가서 편안하게 노래할 수 있는 가장 낮은 음표에 도달할 때까지 음계를 노래하기 시작하는 것이다. 그리고 다섯 개의 음의 키를 올려라. 가장 편안한 음표보다 5음이 높은 음표가 당신의 최적 음조다.

일단 최적의 음조를 발견하면, 가끔 설교할 때 그 음조에 가깝게 말할 수 있는지 확인하라.

자신의 녹음을 듣고 당신이 최적의 피치보다 위 또는 아래에 있는지 확인하라.

최적의 음조를 사용한다는 것이 항상 같은 음계에 머물러 있는 것을 뜻하지 않는다. 그것은 많은 시간 동안 그 음조를 사용하는 것을 말한다. 최적의 음조로 설교하면 목소리의 긴장과 쉰 목소리를 막을 수 있다. 또한, 당신의 목소리 범위 안에서 탁월한 표현을 할 수 있도록 해 줄 것이다.

10. 단어를 정확히 말하라

발음(pronunciation)은 명 발음(enunciation, 명확하게 발음하는 것)과는 다른데 명 발음이 단어를 명확하게 말하는 것을 의미한다면, 발음은 단어를 적절하게 말하는 것과 관련이 있다. 우리의 발음은 특정 지역의 억양에 영향을 받는다. 예를 들어, 뉴잉글랜드 출신의 사람이 "파하킹 더 카"(pahking the cah: parking the car의 사투리식 발음)라고 말하거나, 미국 남부의 사람이 누군가에게 "룩 오부타유"(look ovuh thayuh: look over there의 사투리식 발음)라고 말할 수 있다.

보통 청중이 어떤 지역에 대해 강한 반감이 없다면 사투리가 섞인 연설자의 억양을 이해해 줄 것이다. 사실 약간의 지역 억양은 청중에게 호소력이 있고 또 매력적일 수 있다. 하지만 당신이 사투리를 사용해 "워시"(wash)를 왈시(warsh)로 혹은 "액스"(ax)를 애스크(ask)라고 발음한다면 청중이 메시지를 이해하지 못할 것이다. 독특한 지역 악센트의 범위 내에서도 연설자는 단어를 적절하게 발음하기 위해 노력해야 한다.

좋지 않은 발음은 명료성과 신뢰성 모두에 해를 끼친다. 우리가 부적절하게 어떤 단어를 말할 때, 우리의 청중은 우리가 하는 말을 이해하지 못하게 된다. 또한 청중은 우리의 잘못된 발음을 우리가 잘못된 정보를 알고 있거나 교육받지 못한 신호로 받아들인다. 우리는 대개 소리를 생략하거나, 소리를 추가하거나, 소리의 순서를 변경하거나, 한 소리를 다른 소리로 대체하거나, 단어의 잘못된 음절에 악센트를 배치하여 단어를 잘못 발음한다.

단어를 제대로 발음하려면 사전을 사용하여 익숙하지 않거나 확실하지 않은 단어를 찾아라.

대부분의 사전 발음에 대한 안내는 당신이 제대로 말을 하는 데 도움이 된다. 성경의 이름과 용어의 경우 성경 사전이 올바른 발음에 큰 도움이 된다.

아래는 일반적인 영어 발음의 오류들이다. 영어 사용자라면 목록을 살펴보고 이런 실수를 하고 있지 않나 점검해 보라.

일반적 발음 오류들

단어	정확한 발음	부정확한 발음
ACROSS	a CROSS	a CROST
ADULT	a DULT	AD ult
CAVALRY	CAV al ry	CAL va ry
COMPARABLE	COM per able	com PARE able
COMPULSORY	com PUL sory	com PUL so rary
CREEK	CREEK	CRICK
DROWNED	DROWN'D	DROWN ded
ERR	UR	AIR
ESCAPE	es CAPE	ex CAPE
FEBRUARY	FEB ru ary	FEB u rary
GET	GET	Git
JUST	JUST	JIST

일반적 발음 오류들		
단어	정확한 발음	부정확한 발음
LIBRARY	LI brary	LI berry
MISCHIEVOUS	MIS che vous	MIS CHEE vee us
NUCLEAR	NU clee ar	NU cyou lar
PERSPIRATION	PER spir a tion	PRESS pir a tion
PICTURE	PIC ture	PIT chur
RECOGNIZE	REG og nize	REK a nize
RELEVANT	REL e vant	REV e lant
STRICT	STRICT	STRICK
SURPPISE	sur PRISE	sup PRISE
THEATER	THEE a ter	thee A ter

이 10가지 원칙은 목소리를 강화하고 그 결과 설교를 강화하는 데 도움을 주려는 단계로 제시된 것이다. 존 코넬(John Connell)이 이렇게 잘 말하였다.

> 그 모든 것이 목소리에서 나온다. 기쁨, 긴장, 기대, 권위, 지루함. 목소리는 청중에게 당신에 대한 첫 번째 실마리를 제공한다. 하지만 그 목소리는 종종 무시된다.[18]

그분의 말씀을 전하도록 하나님이 당신에게 주신 도구를 무시하지 마라. 이 10가지 원칙을 적용하고 최고의 목소리를 사용하여 성도들을 세우고 하나님께 영광을 돌리라.

---

[18] 다음에서 인용됨. Ron Huff, *I Can See You Naked*, rev. ed. (Kansas City: Andrews and McMeel, 1992), 122.

제24장

몸을 사용하여 설교하기

크리스토퍼 렌 경(Sir Christopher Wren)이 디자인한 런던의 세인트 폴 대성당(St. Paul's Cathedral)은 그 도시의 건축 랜드마크다. 대성당은 오랫동안 세계에서 가장 유명한 교회 건물 중 하나로 칭찬받았다. 대부분 역사에서 그곳을 방문한 군중들이 폴 대성당의 건축에 감탄했지만, 설교를 듣기 위해 온 경우는 거의 없었다.

그러나 1800년 중반에 헨리 패리 리든(Henry Parry Linddon)이 그곳에서 설교를 시작했을 때 모든 것이 바뀌었다. 훌륭한 정신과 열정적인 마음, 풍부하고 유연한 목소리를 지닌 헨리 리든으로 인해 많은 사람이 세인트 폴 대성당에 모여들었다. 그는 열정에 넘쳐 자신의 메시지를 전하기 위해 몸 전체를 사용했다. 1868년 리든의 설교를 들었던 한 사람이 그를 이렇게 묘사했다.

> 그의 눈은 빛나고 반짝이며, 얼굴의 모든 주름은 감정으로 떨린다. 그의 몸짓은 너무나 자유롭고, 표현력이 뛰어나며, 내용을 잘 드러내서 그의 몸이 생각하고 있다고 말할 수 있을 정도다. 그는 설교단에서 멀리 떨어져서 마치 청중을 축복하는 것처럼 자신의 몸을 펼친다.[19]

---

[19] Clyde E. Fant and William Pinson, *A Treasury of Great Preaching: An Encyclopedia of Preaching*, Volume 5 (Dallas: Word, 2000), 101.

우리가 강단에서 눈, 손, 발, 얼굴을 사용하는 방식이 청중에게 큰 영향을 줄 수 있다. 다음 두 장에서 우리는 설교 전달의 신체적 측면에 대해 논의할 것이다. 이 장에서는 아이 컨택(eye contact)과 제스처(gestures)를 다룰 것인데, 둘 다 몸 전체를 사용해 설교하는 데 필수적인 것들이다. 다음 장에서는 강단에서의 외모, 움직임, 태도에 따른 전반적인 인상(impression)에 대해 이야기할 것이다.

1. 아이 컨택[20]

당신은 사람들이 이렇게 이야기하는 것을 들었을 것이다.
"내가 당신과 이야기할 때 내 눈을 보라."
"그녀의 눈은 항상 웃고 있다."
"나는 그의 눈에 나타난 뭔가를 믿지 않는다."
혹은 이런 격언도 들었을 것이다.
"눈은 영혼의 창이다."

눈이 그토록 중요한 이유를 심리학적으로 분명하게 설명하는 것이 쉽지 않지만, 우리의 눈이 비언어적 지표(non-verbal indicator)로 매우 중요하다는 사실은 틀림없다.

고대 수사학자 키케로(Cicero, 기원전 106-43)는 연설자의 목소리 다음으로 눈의 사용이 그를 효과적으로 만드는 두 번째 요소라고 말했다. 그의 말에 따르면 다음과 같다.

"인간 눈의 표현력은 너무 커서 어떤 면에서는 전체 표정의 모습을 결정한다."[21]

---

[20] 이 주제에 대해 잘 다루고 있는 다음의 책을 참고하라. Decker and York, *Speaking with Bold Assurance* (Nashville: B&H, 2001), 65–69.
[21] Cicero의 말로 다음 책에서 인용되었다. Charles Koller, *How to Preach without Notes* (Grand Rapids: Baker, 2007), 35.

당신은 눈이 표현하는 모든 것을 통제할 수는 없다. 당신의 눈을 인위적으로 기쁨으로 반짝거리게 하거나, 뜨거운 열정으로 타오르게 하거나, 슬픔에 녹아내리게 할 수 없다. 그러나 당신이 청중을 보도록 조절할 수는 있다.

1) 아이 컨택이 성취하는 것들

아이 컨택은 매우 다양한 것들을 청중에게 전달한다.[22] 아이 컨택은 당신이 준비가 되어 있고, 자신감이 있으며, 정직하고, 당신의 주제와 청중에게 관심이 있음을 보여 준다. 청중과 아이 컨택을 하지 않으면 당신이 비우호적이고, 긴장하고, 준비되어 있지 않고, 성실하지 못하다는 것으로 보인다.

당신이 설교할 때 아이 컨택이 성취하는 것들을 생각해 보라.

① 당신과 청중 사이의 관계를 만든다.
② 청중이 당신의 집중 대상이라는 것을 보여 준다.
③ 당신의 믿음을 강화시킨다.
④ 청중의 반응을 살펴 보는 데 도움이 된다.
⑤ 청중과의 책임을 만들어낸다.
⑥ 당신에게 더 큰 자신감을 준다.

당신이 계속 청중을 주시하면 그들이 당신을 주시하고, 당신의 메시지에 더 주의를 기울일 것이다. 당신이 청중의 반응과 주의를 측정하면 메시지를 적절히 바꾸면서 전달할 수 있다. 또한, 아이 컨택은 청중에게 침착함과 확신을 전달할 뿐만 아니라 전달자의 자신감을 높여 준다. 그들의 긍정적인 비언어적 피드백은 당신에게 더 높은 수준의 편안함과 담대함을 줄 것이다.

---

[22] Huff는 이렇게 말한다. "당신이 연설을 할 때 당신의 눈을 사용하지 않는다면 당신은 Federal Express에 당신의 메시지를 보내는 것이 낫다…." *I Can See You Naked* (Kansas City: Andrews and McMeel, 1992), 117.

2) 아이 컨택 발전시키기

본질적으로 눈을 마주치는 것은 연설자가 해야 할 가장 어려운 일 중 하나다. 초보 연설자뿐 아니라 오랫동안 연설을 해 온 사람들도 청중을 계속 주시하는 데 어려움을 겪을 수 있다. 청중을 보는 단순한 행동이 연설자를 겁나고 두렵게 할 수 있다. 그래서 신경질적인 연설자는 아이 컨택을 하지 않곤 한다. 그들은 메시지를 전하는 내내 자신의 원고에만 집중한다. 또는 바닥의 4피트 앞의 지점 혹은 천장이나 벽만 계속 본다. 그 결과 그들은 비인격적이고 무관심하게 보인다.

더 나쁜 것은 일부 연설자가 자신이 아이 컨택을 하는 모습처럼 보이게 하는 잘못된 기술들을 사용하는 것이다. 그들은 청중의 머리 위를 본다. 그들은 채워진 자리가 아닌 빈 자리를 향해 이야기한다(일반적으로 이 기술은 더 많은 수의 빈 좌석이 생기게 할 것이다!). 또는 일정한 사람을 쳐다보지 않고 이리저리 훑어보는데, 이는 연설자가 정직하지 못하거나 불안해 보이게 만든다. 이런 "요령"은 결코 효과가 없다.

청중은 당신이 정말로 그들을 보고 있는지 아닌지를 항상 알 수 있다. 당신이 아이 컨택을 하고 있다고 느끼게 하는 유일한 방법은 당신이 청중의 눈을 보는 것이다. 다음은 효과적인 아이 컨택을 위한 몇 가지 지침이다.

첫째, 메시지의 시작 부분에서 아이 컨택을 하라.

원고를 사용한다고 해도 설교의 처음 몇 분 동안 고개를 들고 청중을 보는 것을 잊지 말라.

첫 단어들을 신중하게 계획하고 그것을 기억해 두어서, 청중에 대한 당신의 깊은 관심을 보이며 메시지를 시작하라.

이렇게 하면 청중에게 당신의 준비됨과 에너지를 전달할 수 있다.

둘째, 메시지를 전하는 내내 청중과의 강한 아이 컨택을 유지하라.

아이 컨택으로 75-90퍼센트의 시간을 청중에게 집중하는 것을 목표로 삼아라.

원고를 사용하는 경우, 그것을 가지고 충분히 연습해서 전달할 때 자주 아래를 내려다볼 필요가 없도록 하라.

성경을 읽을 때만 잠시 청중을 보지 않는 것을 목표로 해야 한다.

셋째, 청중의 눈을 보라.

청중이 이상하고 불편하게 느끼도록 만드는 응시는 피해야 하지만, 당신은 청중의 눈을 통해 소통하고 싶어 해야 한다.

청중의 눈을 볼 때, 2-3초 동안 시선을 고정하라(생각보다 긴 시간이다). 100명에서 150명까지의 청중의 경우 설교가 진행되는 동안 공간에 있는 모든 사람의 눈을 의미 있게 바라볼 수 있다. 더 많은 청중일 경우 각 섹션에 있는 개인들을 살펴 보면 해당 섹션의 사람들이 설교자와 자신이 소통하고 있음을 느낄 수 있다. 카메라와 대형 화면을 사용하는 매우 큰 장소의 경우, 당신이 카메라를 계속 바라보면서 설교하면 청중은 화면을 통해 당신이 자신들을 보고 있다고 느낄 것이다.

넷째, 같은 사람이나 장소를 반복적으로 보거나 피하지 말라.

청중에 있는 어떤 사람들은 다른 사람들보다 보기가 더 쉽다. 설교할 때 당신을 향해 미소 짓는 얼굴을 볼 때 기분이 좋다. 찌푸리는 얼굴은 시선을 돌리고 싶다.

그럼에도 불구하고 모든 청중을 공평하게 보려고 노력하라.

한 사람을 계속 쳐다보지 않도록 주의하라.

설교자들이 종종 마치 동의를 구하려는 듯, 청중 중에 그들이 중요하게 여기는 사람들과 지속적으로 눈을 마주치는 경향을 보인다. 이것은 매우 눈에 띄는 행동이고 설교의 효과를 떨어트린다.

가끔 자신의 녹화된 설교를 확인해 보면, 자신이 얼마나 오랫동안 아이컨택을 지속하는지, 전체를 보기보다 어떤 특정 부분의 사람들만 쳐다보는 않는지 점검할 수 있다. 요크(York)와 데커(Decker)는 "당신은 다른 어떤 의사소통 수단보다 아이 컨택을 통해 메시지의 힘을 전달한다. 따라서 그것에 모든 노력과 연습을 쏟을 가치가 있다"라고 말했다.[23] 목소리를 제외하면 눈보다 더 효과적인 의사소통을 할 수 있는 것은 거의 없다.[24]

2. 제스처

효과적인 제스처 사용은 청중을 연결하고 관심을 유지하는 데 매우 중요하다. 생각해 보라.

우리가 만약 강사 선정을 부탁받았다면 다음 중 누구를 선택할 것인가?

팔짱을 끼고 가만히 자기 자리에 서있는 사람인가, 아니면 말하는 동안 자유롭게 제스처를 사용하는 사람인가?

우리 중 대부분은 적극적인 설교자에게 표를 줄 것이다.

제스처는 손, 팔, 심지어 당신이 말하는 것을 강조하거나 강화하는 머리의 움직임으로 정의될 수 있다. 보통의 대화에서 우리는 본능적이고 자발적으로 제스처를 사용한다. 커피숍에서 친구와 이야기를 나누거나 저녁 식탁 주위의 가족에게 이야기를 할 때, 우리는 제스처의 타이밍, 다양성, 그 효과에 대해 지나치게 걱정하지는 않는다.

그러나 강단에 서면, 연설과 관련된 여러 요소가 우리가 일반적으로 주의를 기울이지 않았던 것들을 불편하게 느끼도록 한다. 우리는 청중 앞에 서서 갑자기 자신의 손과 팔에 대한 고민에 빠진다.

"이것들을 어떻게 움직여야 하나?"

이상하게 들릴지 모르지만 자연스럽고 쉽게 제스처를 하는 것을 배우길 원한다면 연습, 경험, 생각이 필요하다.

---

[23] Hershael York and Bert Decker, *Preaching with Bold Assurance* (Nashville: B&H, 2001), 229.
[24] 다음 자료의 저자들은 이렇게 말했다. "이 장에서 토의한 전달과 관련된 모든 것 중 가장 중요한 것이 아이 컨택이다." Steven and Susan Beebe, *Public Speaking: An Audience-Centered Approach*, 3rd ed. (Needham Heights, MA: Allyn and Bacon, 1997), 289.

1) 제스처의 목적

연설에서 제스처는 책이나 잡지의 형식인 크기, 밑줄, 강조와 거의 같은 방식으로 작동한다. 연설에서 제스처를 통해 달성할 수 있는 몇 가지 목적을 생각해 보면 다음과 같다.

첫째, 반복할 수 있다.
반복적인 제스처는 당신의 말과 직접 일치하는 문자적 의미가 있다. 손가락 세 개를 들어 세 가지 포인트에 관해 이야기할 때, 당신의 제스처는 시각적으로 당신의 언어적 내용을 되풀이한다.

둘째, 모순될 수 있다.
"아니요"라고 대답하면서 긍정적으로 고개를 끄덕이는 것은 당신의 제스처와 말 사이에 불일치를 만들어낸다. 눈을 굴리면서 "그가 정확히 옳다고 생각해요"라고 말하는 것은 그가 전혀 믿지 않는다는 것을 보여 준다. 이러한 유형의 모순은 메시지에서 유머의 효과를 내기 위해 사용할 수 있다. 당신이 말하는 것과 비언어적으로 신호를 보내는 것 사이에 모순이 있을 때, 청중은 비언어적 메시지가 의도한 의미로 인식하는 경향이 있다.

셋째, 대신할 수 있다.
당신이 12인치 간격으로 손을 벌리고 "그는 이 정도 긴 물고기를 잡았어요"라고 말하면, 당신은 제스처를 통해 말을 대신하는 것이다. 종종 우리는 단어를 대체하기 위해 제스처를 사용하는데, 이것은 누군가가 라디오 또는 인터넷 방송과 같은 오디오 전용 형식으로 우리의 설교를 들을 때 문제가 발생한다.

넷째, 보완할 수 있다.
단어를 대체하기 위해 제스처를 사용하는 것보다 바람직한 대안은 시각적으로 메시지를 강화하는 보완적 제스처이다. 예를 들어, 이 기법을 사용하면 설교자는 "그가 1피트 정도 길이의 물고기를 잡았다"라고 말하며 12인치 간격으로 손을 벌릴 수 있다.

다섯째, 강조할 수 있다.

제스처는 당신이 말하는 것의 중요성이나 감정을 강조할 수 있다. 설교자는 분노나 열정을 나타내기 위해 주먹을 들어 올릴 수 있다. 또는 찬양과 기쁨을 표현하기 위해 양손을 들어 올릴 수도 있다. 아마도 강조의 제스처는 대화와 대중 연설에서 사용되는 가장 일반적인 제스처일 것이다. 문자적 의미는 없지만 보통 청중은 그것이 가진 감정적 내용을 이해한다.

여섯째, 통제할 수 있다.

당신은 제스처를 사용해 청중에게 의사소통을 관리하고 안내할 수 있다. 청중을 향해 펼친 손바닥은 당신이 진술한 것에 관해 판단을 멈추거나 보류하라고 요구하고 있음을 나타낸다. 손을 위로 향하게 하면 솔직함과 유머 감각을 표현할 수 있다. 가벼운 손의 물결은 메시지의 한 부분에서 다음 부분으로 이동할 때 생각의 전환을 나타낼 수 있다.[25]

2) 효과적인 제스처를 위한 가이드라인

첫째, 불필요한 제스처를 제거하라.

우리가 이 지침을 제일 먼저 제시하는 것은 이것이 가장 중요하고 도움이 되기 때문이다. 정기적으로 녹화된 것을 통해 자신을 점검해 보거나, 신뢰할 수 있는 청중에게 당신이 단조롭고 반복적인 몸짓을 사용하고 있지

---

25 다음의 자료를 수용했다. Wayne V. McDill, *The Moment of Truth: A Guide to Effective Sermon Delivery* (Nashville: B&H, 1999), 97-98. 다음의 자료도 보라. Beebe and Beebe, *Public Speaking*, 284-87; Decker and York, *Speaking with Bold Assurance*, 70-73; Huff, *I Can See You Naked*, 83-86.

않은지 묻는다면 제스처 사용 능력을 향상하는 데 크게 도움이 된다.

열정적인 설교자는 무의식적으로 제스처를 사용해 거의 모든 단어나 음절을 강조하고, 계속 검지로 공기를 찌르며, 손을 격렬하게 내려치거나, 주먹을 끊임없이 흔들곤 한다. 이런 제스처들은 가끔 사용할 경우, 적절한 것이 될 수 있다. 그러나 지나치게 사용하는 것은 유인물의 모든 단어를 강조하기 위해 이탤릭체로 넣거나, 말할 때마다 소리 지르는 것과 비슷한 결과를 만들어낸다. 제스처를 지나치게 많이 쓰면 효과가 사라진다.

둘째, 신경질적인 제스처를 발견하라.

어떤 제스처는 이상해서 주의를 산만하게 한다. 한 설교자는 마치 도로시(Dorothy)가 캔자스(Kansas)로 돌아가려고 애쓰는 것처럼, 중요한 점을 말한 후 발가락을 들어 올리고 발뒤꿈치로 소리를 내는 이상한 습관을 지니고 있었다. 아내의 충고의 말 덕분에 그는 자신의 습관을 고쳤다.

모든 설교자는 때때로 나타나는 신경질적인 제스처를 가지고 있다. 강단을 손가락 마디로 잡거나, 판단하려는 바리새인처럼 팔짱을 끼거나, 소매를 잡아당기거나, 코트의 단추를 채우고 풀거나, 안경을 만지작거리거나, 주머니에 손을 넣거나, 열쇠를 가지고 놀거나, 이외에 신경질적으로 반복하는 것들이 있다. 경험 많은 연설자조차도 규칙적인 모니터링과 피드백이 없으면 쉽게 나쁜 습관에 빠지게 될 것이다.

셋째, 제스처를 연출하지 마라.

놀랍게도 많은 설교학 책이 제스처를 미리 계획하고 설교를 준비하면서 연습을 해야 한다고 한다.[26] 계획되고 연출된 제스처를 사용하는 많은 설교자 및 연설자(보통 초보자들)를 본다. 이런 제스처는 딱딱하고 어색한 경향이 있으며, 종종 의도하지 않은 코미디 효과를 낸다. 존 브로더스(John Broa-

---

[26] Roy Debrand, "The Visual in Preaching," in *Handbook of Contemporary Preaching*, ed. M. Duduit (Nashville: Broadman, 1992), 401–3.

dus)는 오늘날에도 여전히 도움이 되는 다음과 같은 조언을 했다.

"제스처를 미리 계획해서 하지 말라. 제스처는 현재 감정의 자발적인 산물이어야 한다. 그렇지 않으면 부자연스러운 것이 된다."[27]

가장 좋은 제스처는 메시지의 내용에 관련되어 거의 무의식적으로 일어난 반응이다.

넷째, 팔꿈치가 아니라 어깨로부터 이루어지게 하라.

연설자가 의식적이고 편하지 않은 경우 몸을 뻣뻣하게 하고 팔을 몸통에 붙이는 경향이 있다. 이런 자세가 되면 제스처가 어깨보다는 팔꿈치에서 나오게 된다. 이렇게 하면 제스처가 너무 억제되어 보이고 많은 신체적 긴장과 불안을 유발한다. 놀랍게도 제스처를 할 때 팔과 어깨를 움직여야 한다는 것을 기억하는 것만으로도 그것을 더 자유롭고 표현력 있게 만들 수 있다.

다섯째, 연설 상황과 내용에 제스처를 맞추라.

큰 장소에서 크게 말하는 것처럼, 큰 장소에서 말할 때 더 큰 제스처가 필요하다. 공간이 작아 친밀함이 느껴지는 환경이라면 작은 제스처가 더 적합하다. 마찬가지로 설교의 내용도 당신의 제스처를 결정하는 데 도움이 된다. 유머러스한 이야기를 하고 있다면, 크게 흉내내는 제스처가 좋은 선택이 될 수 있다. 적용 제시와 같이 개인적인 내용이라면 약간의 손과 팔 동작으로 단어를 강조하는 것이 효과적이다.

처음 대중 연설을 할 때 당신의 제스처가 실제 청중에게 보이는 것보다 항상 더 커 보인다는 것을 기억하는 것도 중요하다. 요크와 데커는 다음과 같이 말한다.

기본적으로 당신의 성격이 내향적이고 제스처를 사용하는 것에 익숙하지 않

---

[27] John A. Broadus, *A Treatise on the Preparation and Delivery of Sermons*, 23rd ed., ed. E. C. Dargan (New York: A. C. Armstrong and Son, 1898), 506.

다면, 당신의 작은 손 움직임이 마치 팔로 풍차를 돌리는 것처럼 느낄 수 있다. 하지만 비디오에서 자신을 지켜 보면 당신의 움직임이 전혀 과장되지 않다는 것을 알게 될 것이다.[28]

여섯째, 적절한 제스처의 시기를 정하라.

제스처는 강조하려는 단어 바로 앞에 말하거나 혹은 함께 말할 때 가장 적절하게 효과를 낸다. 어떤 설교자들은 너무 늦게 제스처를 한다. 예를 들어, 얼마 전 과거의 저명한 설교자 중 한 명은 거의 항상 그가 말한 후에 제스처를 했다.

"그건 넓고 넓은 사막이었어."

그러고는 30초 뒤에 두 팔을 활짝 벌렸다. 그 후 많은 사람이 그의 설교에서 눈에 띄는 그 스타일을 따라했다.[29] 우리에게 가장 좋은 방법은 우리의 말과 제스처 사용에 적절한 시기를 정하는 것이다. 비비(Beebe)는 이 주제에 대해 유용한 결론을 다음처럼 제시한다.

> 당신에게 가장 잘 맞는 제스처를 사용하라. 당신이 아닌 다른 사람이 되려고 하지 마라.… 당신의 제스처는 당신의 성격에 꼭 맞아야 한다. 우리는 다른 사람의 제스처를 그대로 따라하는 것보다는 아무런 제스처도 하지 않는 것이 더 낫다고 믿는다. 비언어적 전달(nonverbal message)은 당신의 메시지로부터 흘러나와야 한다.[30]

---

[28] York and Decker, *Preaching with Bold Assurance*, 231.
[29] Steve Brown, Hadden Robinson, and William Willimon, *A Voice in the Wilderness: Clear Preaching in a Complicated World* (Sisters, OR: Multnomah Books, 1993), 31.
[30] Beebe and Beebe, *Public Speaking*, 287.

제25장

지속적인 인상 만들기

위대한 설교자이자 존경받는 설교학자였던 해돈 로빈슨은 이렇게 세 가지 부류의 설교자가 있음을 발견했다.

① 당신이 들을 수 없는 설교자.
② 당신이 들을 수 있는 설교자.
③ 당신이 들어야 하는 설교자.

청중은 설교의 처음 몇 분 동안 당신이 어떤 유형의 설교자인지를 결정한다.[31]
"당신은 첫 인상을 만들 수 있는 두 번의 기회를 갖지 못한다."
윌 로저스(Will Rogers)에 의해 생겨난 이 오래된 말은 여전히 진실로 입증되고 있다. 전달자의 초반 호소력은 전달과 관련된 그의 비언어적 요소와 관련이 있다. 심리학자 앨버트 메라비언(Albert Mehrabian)의 인간 커뮤니케이션 연구에 따르면, 연설자의 메시지는 말을 통해 불과 7퍼센트만 전해지는 반면, 목소리를 통해서는 78퍼센트, 표정을 통해서는 55퍼센트가 전달

---

[31] Haddon Robinson, *Biblical Preaching: The Development and Delivery of Expository Messages*, 2nd ed. (Grand Rapids: Baker, 2001), 75.

된다.[32] 설교할 때 능숙한 비언어적 의사소통은 당신의 긍정적인 첫인상을 만드는 데 도움을 준다. 반면 당신의 태도와 행동은 청중에게 장기적인 인상을 준다. 이 지속되는 인상은 청중이 당신을 인식하는 방식과 더 나아가 당신의 메시지에 영향을 미친다. 이 장에서 우리는 성공적인 설교 전달에 영향을 미칠 수 있는 표정, 자세, 움직임에 대해 살펴볼 것이다.

1. 당신의 표정

표정은 수많은 얼굴 근육의 복잡한 움직임을 통해 생겨난다. 이런 움직임은 청중에게 감정을 전달하는 데 매우 중요하다. 많은 감정이 사람의 얼굴에 나타나는 표정을 기반으로 감지되는데, 이 표정에 대한 해석이 문화를 뛰어넘어 보편적으로 받아들여지고 있다.

예를 들어, 순수한 미소는 문화와 관계없이 세계 거의 모든 사람에게 행복을 나타낸다. 반면 주름진 이마와 아래로 처진 입은 대개 분노를 나타낸다. 눈썹을 치켜세우고 입을 벌리는 것은 놀라움을 나타내며, 즐거운 표정은 만족감을 나타낸다. 혐오와 두려움과 같은 표정은 서로 구별하기 어려울 수 있다.

표정이 감정과 밀접하게 연관되어 있기 때문에 종종 무의식적으로 나타난다. 내면의 감정이 자동으로 얼굴에 나타나는 것이다. 대부분의 사람들은 그들의 얼굴에서 감정을 억누르는 것이 어렵다. 긴장하고, 행복하고, 짜증나고, 슬프고, 흥분하고, 불편하고, 역겹고, 편안하고, 스트레스를 받는 등의 어떤 감정을 느끼든 당신의 얼굴은 거의 항상 그것을 전달한다. 감정을 감추려고 할 때조차 당신을 가장 잘 아는 사람들은 여전히 당신의 표정을 읽을 수 있다.

설교자가 전하려고 하는 많은 내용이 감정적인 요소를 가지고 있다. 청

---

[32] Ibid., 203.

중은 우리가 전달하는 감정을 파악하기 위해 우리 얼굴을 볼 것이고, 그들은 우리 얼굴이 전하는 것을 전적으로 믿게 된다. 설교 내용의 완전한 의미 전달을 위해 설교자들은 자연스러운 표정을 통해 감정적인 내용을 청중에게 전달해야 한다. 다음의 지침은 표정을 통해 강한 인상을 남기는 데 도움이 되는 것들이다.

첫째, 무표정을 피하라.
여러 해 설교 수업을 가르친 후, 우리는 설교하는 대부분의 학생들이 그들 자신이 생각하는 만큼 표현력을 가지고 있지 않다는 것을 알았다. 이러한 사실은 음성 표현에서는 물론이고 표정에 대해서는 더 분명하게 확인된다. 대부분의 사람들의 표정에는 감정이 거의 없다.

이를 확인하려면, 교회 회중 사이에 앉아 있는 사람이나, 도시에서 인도를 걷고 있는 사람들의 얼굴을 보라.

그들 대부분은 웃지 않고 무표정하다. 설교자가 설교 강단에서 말할 때 초조함, 메시지에 집중하는 것, 감정을 드러내지 않으려는 경향들이 맞물려 무표정한 모습을 만들어낸다.

설교할 때 당신의 얼굴이 소통한다는 것을 인식하면서, 당신의 표정을 활기차고 생생하게 만들기 위해 노력하라.

둘째, 당신의 표정과 설교 내용이 일치하게 하라.
비언어적 메시지와 언어적 메시지 사이에 불일치가 느껴지면, 청중은 거의 비언어적 의사소통을 의도된 의미로 받아들인다는 것을 기억하라.

"하나님이 당신을 사랑하십니다"라고 찌푸린 얼굴로 말하거나, "죄가 당신을 지옥으로 데려갈 겁니다"라고 경고하며 활짝 웃는다고 생각해 보라.

두 경우 모두 말과 표현이 일치하지 않는다. 결과는 우스꽝스럽거나 진실하지 못한 것처럼 보이는 것이다.

당신이 전하는 말과 얼굴에 나타나는 표정이 서로 일치하는지 확인하라.

셋째, 표정을 연습하라.

많은 설교학 책들이 표정을 연습할 수 있는 좋은 방법들을 제시한다. 좋은 방법 중 하나는 손거울을 들고 연습하는 것이다.

거울을 보지 말고 행복한 표정을 지어 보라.

그리고 이제 거울을 통해 당신의 얼굴을 보라.

당신이 생각했던 것만큼 행복해 보이는가?

대부분의 사람들은 자신의 표정이 생각했던 것만큼 활기차 보이지 않는 것에 놀랄 것이다.

같은 방식으로 혼란, 분노, 놀라움, 혐오, 슬픔의 표정을 거울을 통해 확인해 보라.

이제부터 거울을 앞에 두고, 당신의 얼굴이 전달하고자 하는 것이 잘 나타날 때까지 표정을 연습하라.

넷째, 약간 과장되게 표현하라.

우리는 자신이 생각하는 것보다 표현력이 있다고 생각하는 경향이 있다. 설교 자체가 어느 정도 확장이 필요한 공개 커뮤니케이션이기 때문에, 표정을 어느 정도 과장하는 것이 종종 청중과의 연결에 도움이 된다. 우리는 강단에서 어떤 것을 표현할 때 그것을 지나치게 표현하거나, 최상으로 표현하는 것이 거의 불가능하다는 것을 발견했다.

한 설교 세미나에서 학생들이 성경을 낭독하며 성대와 표정을 사용해 우스꽝스럽거나 터무니없는 것처럼 보이면 상을 주겠다고 했다. 학생들 모두 자신을 과도하게 표현하기 위해 최선을 다했지만, 동급생들의 투표 결과 아무도 상을 받을 만큼의 수준에 이르지 못한 것으로 드러났다. 대신 세미나 참가자들은 표정을 과장되게 하려고 노력했을 때 성경 낭독이 지속적으로 발전되었다는 점에 동의했다.

다섯째, 많이 웃으라.

대부분의 설교자들은 강단에서 단지 많이 웃는 것만으로도 호의적인 인상을 줄 수 있다. 부름받은 사역자들은 하나님과 가족, 사역에서 만나는 사람들에게 늘 밝은 모습을 보여야한다. 많은 사람들이 처음에는 말하면서 웃는 것이 어렵다고 생각하지만, 그것은 분명 배우고 향상시킬 수 있는 능력이다.

데커와 요크는 어린 아이들이 예수님 곁에 있고 싶어 했던 이유 중 하나가 예수님이 미소를 지었기 때문일지도 모른다고 생각한다. 데커와 요크는 아이들이 자연스럽게 미소 짓는 얼굴에 끌린다고 주장한다.

> 매우 일찍부터 그들은 웃는 사람들이 그들을 위로하고, 돌보고, 받아 준다는 것을 알게 된다. 웃지 않는 사람들은 그들을 무시하고, 꾸짖고, 심지어는 상처 입히는 경향이 있다. 평생 동안 우리는 웃는 사람들에게 끌린다.[33]

특별한 이유 없이도 당신이 대부분의 시간을 웃어야 할 이유가 있다면, 그것은 당신이 영원의 시간을 천국에서 보낼 것이라는 사실 때문이다.

여섯째, 메시지의 감정적 내용을 느끼라.

오해하지 말라.

설교할 때 억지로 만들어진 미소와 인위적인 슬픈 표정, 거짓된 표정으로 설교하라는 것이 아니다. 청중은 우리의 표정이 진실된 것이 아닐 때 그것을 금방 알아차린다. 바로 이런 이유 때문에 설교자들은 설교하는 메시지의 내용을 느끼는 법을 배워야한다. 당신이 메시지에 담긴 감정을 경험할수록, 설교하는 동안 그 감정을 얼굴로 전달할 가능성이 더 커진다. 당신이 선포하는 진리에 대한 당신의 반응이 당신의 얼굴에 나타나고, 그 결과 청중은 당신의 메시지와 더 깊이 연결될 것이다.

---

[33] Bert Decker and Hershael York, *Speaking with Bold Assurance: How to Become a Persuasive Communicator* (Nashville: B&H, 2001), 73.

2. 설교자의 움직임과 자세

연설에서 청중에게 긍정적이고 장기적인 영향을 미치는 두 가지 요소는 자신감 있는 자세와 강단에서의 활기차고 적절한 움직임이다. '자세'란 당신이 자신을 어떻게 유지하는지에 대한 것을 말한다. '움직임'이란 강단에서 장소를 바꾸어 이동하는 것을 말한다.

말을 시작하기도 전에 자세와 움직임은 당신의 에너지 수준과 설교에 대한 태도와 관련된 단서를 청중에게 준다. 처진 어깨와 무겁고 느린 발걸음으로 강단으로 갈 때 그것은 다음과 같은 것을 말하는 것과 같다.

"나는 여기 있고 싶지 않고, 내가 해야 할 말에 관심도 없으며, 당신에 대해서도 별로 관심이 없어."

반대로 좋은 자세와 활기찬 발걸음은 열정과 활력을 나타낸다. 메시지가 계속될 때 움직임은 청중의 주의를 끌 수 있으며, 올바른 자세는 적절한 호흡과 힘찬 음성을 확보해 준다. 앞선 장에서 우리는 손과 머리를 주로 포함하는 특수한 형태의 동작인 제스처에 대해 살펴 보았다. 지금부터는 좋은 자세와 강단에서의 효과적인 이동을 위한 몇 가지 지침을 제공하고자 한다.

첫째, 자신 있고 활기찬 자세로 서라.

커뮤니케이션 전문가 데일 레더스(Dale Leathers)는 편안하고 개방적이며 유연한 자세를 가진 전달자가 더 힘 있고 청중으로부터 신뢰를 얻을 수 있다고 말한다. 또한 그에 따르면 연설할 때 몸을 앞으로 기울인 전달자가 청중과 높은 관계를 형성한다. 반면 경직되고 팔을 꼬고 긴장한 모습은 에너지와 확신이 부족하다는 것을 나타낸다.[34]

활기찬 자세는 당신이 확신이 있고, 자신의 주제를 알고 있으며, 청중과 이야기하게 되어 기쁘다는 것을 알리는 데 도움이 된다. 이런 자세는 청중에게 에너지와 활력을 전달할 것이다. 이런 자세는 당신이 말할 때 만족할

---

[34] Dale Leathers, *Successful Nonverbal Communication* (New York: Macmillan, 1986), 162.

만한 목소리를 만들어내며 좋은 호흡을 하는 데 도움을 준다. 또한 강단에서 자유롭고 유연한 움직임을 할 수 있도록 준비시켜 준다.

자세의 문제를 바로잡는 간단한 방법은 발뒤꿈치, 엉덩이, 어깨, 그리고 머리 뒤가 벽에 닿도록 기대는 것이다. 그 후에 벽에서 떨어져 같은 자세와 몸의 정렬을 유지해야 한다.

처음에는 이 자세가 이상하게 느껴질지 모르지만, 그것이 유지해야 할 가장 좋은 자세다. 일정 기간 연습을 하면 뻣뻣하고 부자연스러운 느낌 없이 당신 스스로 이 자세를 유지할 수 있다.

좋은 자세를 위한 체크 리스트

- 머리라는 왕관이 몸의 가장 높은 부분이다.
- 턱은 바닥과 평행하게 하며 들어 올리거나 가슴 쪽으로 넣지 않는다.
- 어깨를 들어올리거나 꽉 조이지 말고 자연스럽게 내려서 몸을 지지한다.
- 가슴이 약간 밖으로 나오게 하며, 움푹 들어가거나 부풀어 오르지 않게 한다.
- 척추를 너무 직선으로 펴거나 부자연스럽게 구부리지 말고 자연스런 곡선을 유지한다.
- 팔은 자연스럽게 몸 옆에 위치시킨다.
- 엉덩이는 어깨와 정렬시킨다.
- 다리를 약간 구부려 무릎이 굴곡 형태가 되고 몸의 무게는 발 앞 부분에 실리게 한다.
- 발은 6-8인치 간격으로 벌린다.
- 한 발은 다른 발 앞에 몇 인치 앞에 두어 발의 무게 이동이 좌우 이동 대신 앞뒤로 이동이 되게 한다.

둘째, 제스처를 하지 않을 때는 팔을 몸 옆에 위치시키라.

앞에서도 보았듯이 우리의 팔과 손은 대중 연설의 상황에서 어떻게 움직여야 할지 모르는 이상한 것이 될 수 있다. 갑자기 팔과 손이 부자연스럽게 느껴지고 그것들로 무엇을 해야 할지 모르게 된다. 일반적으로 제스처를 하지 않을 때 팔을 몸 옆에 편히 두는 것이 가장 좋다.

이렇게 하는 것이 처음에는 불편하고 자연스럽지 않을 수도 있다. 하지만 이런 식으로 팔을 두는 숙련된 전달자를 관찰해 보면 매우 자연스럽고 편안해 보인다는 것을 알게 될 것이다.

제스처를 할 때 팔을 자유롭게 움직이고 그 후 몸 옆으로 가져와라.

설교 강단에서 말하고 있다면, 다른 대안은 강단 위에 손을 가볍게 얹는 것이다.

그러나 팔을 받치거나, 강단을 단단히 쥐거나, 강단에 기대지 않도록 조심하라.

피해야 할 자세

- **주머니 만지작거리기**: 메시지를 전하는 동안 손을 양쪽 주머니(또는 한 쪽 주머니)에 둔다. 설교자는 열쇠를 짤랑거리거나 약간 변화를 줘서 주머니에 있는 다른 것을 만지작거린다. 주머니에서 완전히 손을 빼는 법을 배워라. 몇 주 동안 일요일에 주머니 입구를 핀으로 막아 두는 것으로 이런 습관을 고칠 수 있다.
- **열중 쉬어 자세**: 명령 중에 있는 선원이나 군인처럼 손을 등 뒤에서 움켜잡는다. 오랫동안 이 자리에 손이 머물러 있다. 이런 자세는 손을 사라지게 만들고 설교자를 사무적이고 거칠게 보이게 한다.
- **배에 손 모으기 자세**: 열중 쉬어 자세와 정확히 반대인 배에 손 모으기 자세(fig leaf pose)는 허리 라인 바로 아래에서 손을 잡고 유지시키는 모습이다. 여러 가지 이유로 전혀 좋지 않은 자세다.
- **나는 지금 얼었어요**(팔을 꼬는 자세): 팔을 꼬는 것은 자연스럽고 편안해 보일지 모르지만, 대개는 청중에게 답답함, 불편함, 심지어 당신의 판단적 기질을 나타낸다. 또한 팔을 꼬면 자연스러운 가슴 라인이 망가지고 만족스러운 소리를 만들어내는 것도 어렵게 된다.
- **상처 입은 전사**: 이 자세는 팔짱을 끼는 것의 변형으로 한쪽 팔을 가로질러 다른 팔꿈치를 움켜쥐는 것이다. 다른 쪽 팔은 내린다. 전반적인 효과는 한쪽 팔이 생명이 없이 매달려 있는 팔의 지혈대로 사용되는 효과이다. 마찬가지로 호흡은 제한되고 당신은 엄청나게 부자연스러워 보인다.
- **슈퍼맨**: 두 팔은 팔꿈치에 구부러져 있고 두 손은 벨트에 놓여 있어 고전적인 "강력한 남자"(Man of Steel)의 포즈를 만들어낸다. 이것과 유사한 자세는 "부러진 날개"(the broken wing)는 팔꿈치에서 구부러진 한 손을 사용하는 것이다. 두 자세 모두 전달자가 거북하게 보이도록 한다.
- **손 탑 쌓기**: 이것은 손바닥을 함께 놓거나 기도하는 것 같이 손을 겹쳐 가슴 쪽에 두는 것이다. 이 자세의 다른 변형으로는 손가락 끝을 함께 누르는 "거울에 거미"(the spider on a mirror), 두 손을 합쳐서 큰 주먹 모양을 만드는 "큰 감자"(the big potato), 그리고 수술을 위해 손을 들어 문질러 닦는 것처럼 기본적인 손 탑 모양에 움직임을 추가하는 "손 세척기"(the hand washer)가 있다. 이 모든 자세는 설교자가 긴장하고, 잘난 척하고, 자의적으로 경건한 것처럼 보이게 하는 경향이 있다.

셋째, 강단의 중심을 기본 지점으로 사용하라.

무대에서 가장 강력한 장소는 앞과 가운데이다.[35]

메시지를 전하는 처음 몇 분 동안 중앙 위치에 머물면서 그곳을 연설하는 동안 가장 기본이 되는 지점으로 만들며, 메시지의 내용이 움직임을 요구할 때, 중앙 지점을 떠났다가 적절한 시기에 돌아오라.

앞과 중앙 지점에 서 있는 동안에도 청중의 주의를 끌기 원한다면 다른 방향으로 두세 걸음을 내딛을 수 있다.

넷째, 메시지를 강조하기 위해 의도적으로 움직이라.

당신이 어떤 예화를 말하는 동안 이야기의 일부분을 연기하기 위해 움직일 수 있다. 또는 개인적 적용을 제시할 때 좀 더 개인적 느낌을 주기 위해 옆으로 이동하거나 또는 몇 걸음 더 청중에게 다가갈 수 있다. 강단에서의 움직임은 청중이 당신이 논의하고 있는 아이디어를 시각화하는 데 도움을 줄 수도 있다.

예를 들어, 플랫폼의 오른쪽으로 이동하여 과거에 대해 이야기하고, 중간에 가서 현재에 대해 이야기한 다음, 플랫폼의 왼쪽으로 이동하여 미래에 대해 이야기할 수 있다. 그 결과, 나머지 메시지를 전하는 동안 오른쪽으로의 움직임(또는 제스처)은 청중에게 과거를 나타낼 것이며, 무대 왼쪽으로의 움직임으로 미래에 대해 생각하게 되고. 중간에 가면 현재를 상기시킨다.

강단에서의 움직임은 절대 임의적인 행동이 되어서는 안 된다. 그것은 항상 당신의 메시지를 전달하는 데 도움이 되는 목적을 가지고 있어야 한다.

또한 이동할 때 두 걸음 혹은 그 이상 움직이도록 하라.

한 걸음을 내딛는 것은 연설자가 망설이거나 주저하는 것처럼 보이게 만든다.

---

[35] Wayne McDill, *The Moment of Truth: A Guide to Effective Sermon Delivery* (Nashville: B&H, 1999), 96.

ᄋᄋᄋᄋ
　다섯째, 자유로운 움직임에 방해가 되는 것을 제거하라.
　가능하면 강단에서 자유롭게 움직이는 데 방해되는 모든 것을 제거해야 한다. 강단은 앞뒤뿐만 아니라 좌우로 움직일 수 있도록 되어 있어야 한다. 종종 설교자들에게 가장 큰 장애가 되는 것이 설교 강단이다. 강단은 예배에서 하나님의 말씀의 중심성을 보여 준다.
　그러나 만약 설교 강단이 너무 크고 거대한 가구와 같아서 설교자를 가리고, 그가 말할 때 움직이는 것을 막는다면 그것은 효과적인 소통에 방해거리가 될 수 있다. 이런 이유로 가능한 가장 작고 시각적으로 방해가 안 되는 강단을 사용할 것을 권한다.
　강단을 사용한다면 그것이 당신의 키와 조화되는지 확인하라.
　너무 짧은 강단은 설교자가 마치 그 위에 구부러져 있는 것처럼 보이게 한다. 큰 강단은 청중이 설교자의 목과 얼굴을 제외한 모든 것을 보지 못하게 한다.

ᄋᄋᄋ
　여섯째, 청중의 시선을 고려하라.
　청중이 당신을 보지 못하도록 하는 방식으로 움직이지 않도록 주의하라. 강단(platform)에서 바닥으로 내려오는 것은 청중과 근접성과 친밀감을 형성하는 데 효과적인 방법이 될 수 있다. 그러나 많은 사람들이 당신을 바닥에서 잘 볼 수 없다면 강단에 머무르는 것이 좋다. 마찬가지로 강단의 한쪽으로 너무 멀리 이동하면 사람들이 당신을 볼 수 없게 될 수도 있다.
　일반적으로 강당(auditorium)은 앞면과 중앙 지점, 그 지점의 반경 5피트 이내의 지점에 가장 좋은 시야를 제공하도록 설계되어 있다. 강당 전체의 다양한 좌석에 앉아 청중이 당신을 보는 것이 어려운 강단의 장소를 판별 후에 강단에 경계를 표시할 수도 있다.

ᄋᄋᄋ
　일곱째, 계속 움직이지만 서성거리는 건 피하라.
　강단에서의 움직임은 거의 항상 청중에 의해 긍정적으로 인식되지만, 서성거리는 것은 연설자가 긴장하고, 준비가 부족하거나, 초보자라는 인상을 준다. 효과적인 움직임과 서성거리는 것의 차이점을 발견하는 것은 아주 쉬운 일이다.

연설자가 효과적으로 움직일 때 그는 몇 걸음 걸은 후 잠시 멈추어 선다. 그리고 강단의 다른 장소로 이동하고 다시 멈추어 선다. 움직임은 연설자가 메시지의 어떤 아이디어 혹은 섹션이 다음으로 넘어갈 때 생겨나며 동작이 일시 중시되는 것과 동반된다. 서성거리는 설교자는 결코 걸음을 멈추지 않는다. 그는 끊임없이 걷고 말을 하지만 그의 움직임에는 중요한 의미가 없다. 그는 초조함의 기운을 발로 표현하고 있을 뿐이다.

제26장

설교 전달 체계

오랫동안 애즈베리신학교에서 설교를 가르쳤던 랄프 루이스(Ralph Lewis)는 미시건 리조트 타운에서 지역 사회 예배에 초대되어 설교했던 때를 회상하며 이야기했다. 호수 근처 아름다운 야외 무대에 약 600명가량이 모였는데 설교가 시작하자마자, 호수로부터 잔잔한 바람이 불더니 그의 노트를 때렸고, 그것들은 청중 속으로 흩어져 버렸다. 그는 금새 얼굴이 홍당무가 되어서 황급히 흩어진 노트를 도로 모으고 있는데 그를 초청한 목사님이 선한 의도로 이렇게 소리쳤다.

"괜찮아, 젖소들은 그걸 먹지 않아!"[36]

많은 노트로 설교하는 것, 짧은 노트만 보고 설교하는 것, 노트를 거의 보지 않고 설교하는 것 중 무엇이 최선일까?

이것은 설교자가 오랫동안 받아온 질문이다. 한 세기에 걸쳐 많은 사람들에 의해 미국 설교학의 아버지로 여겨졌던 존 브로더스는 자신의 의견을 이렇게 썼다.

많은 논의에도 불구하고 이 질문은 계속적으로 발생하고 있는데, 단지 매년

---

[36] Ralph Lewis, "Preaching With and Without Notes," in *Handbook of Contemporary Preaching*, ed. Michael Duduit (Nashville, TN: Broadman, 1992). 409.

앞으로 나가는 젊은 설교자들뿐만 아니라 가장 지혜로운 과정을 추구하는, 만족이라는 것을 모르는 베테랑 설교자들에게서도 발생된다. 이 질문은 단지 한 설교자의 전달 방법뿐만 아니라, 그의 전체적인 준비 방법과 생각하고 표현하는 그의 모든 습관에 영향을 주는 질문이다.[37]

이번 장에서 우리는 당신이 가지고 있는 전달 시스템 혹은 당신의 청중에게 메시지를 전달할 때 사용하는 도구에 대해 살펴볼 것이다. 여기서 우리는 설교 전달에 가장 많이 쓰이는 방법과 설교의 역사에서 그 방법들이 어떻게 사용되어졌는지 잠깐 살펴볼 것이며, 당신 자신만의 전달 시스템을 강화시킬 수 있는 몇 가지 실제적 제안을 제시할 것이다.

1. 설교 전달 방법

설교를 전달하는 데 유용한 네 가지 주요 방법들이 있는데, 단지 두 가지만이 모든 설교자들에게 실행 가능한 것들이다. 하지만 우리는 논의와 완벽함을 추구하기 위해 각각의 방법들을 다 살펴볼 것이다.

첫째, 즉각적인 전달이다.

이 방법은 아무런 노트나 형식적인 준비가 사전에 전혀 이뤄지지 않은 상태로 서서 전달하는 방법이다. 목사나 설교자로서 당신은 때때로 이런 방식으로 설교해야만 할 때가 있다. 사람들은 대체적으로 설교자들은 항상 말할 거리를 가지고 있어야 한다고 생각하는 경향이 있기 때문에 (혹은 그런 설교자들은 항상 무엇인가를 말하기 원한다), 때때로 그들은 당신이 와서 강단에서 몇 단어라도 나눠 주기를 바랄 것이다.

---

[37] John A. Broadus, *A Treatise on the Preparation and Delivery of Sermons*, 23rd ed., ed. Edwin Charles Dargan (New York: A. C. Armstrong and Son, 1898), 431.

즉석에서 설교해 줄 것을 요청받았을 때 무엇을 해야 할까?

변명은 하지 말아야 한다. 당신이 곤경에 처해 있다는 사실은 그곳에 있는 모든 사람들이 다 인지하고 있다. 그렇기에 그 사실을 인정할 필요는 없다.

짧은 메시지는 결코 나쁠 수 없다는 사실을 기억하면서, 관계성이 있는 메시지를 간단하게 유지하라.

큰 것에서 작은 것으로 이동하는 패턴을 사용한다거나 선과 악을 대조하면서, 또는 원인과 결과를 이야기한다거나, 과거에서 현재나 미래로 이동하는 방법을 염두에 두라.

이러한 예들은 당신이 빠르게 윤곽을 잡도록 도와줄 것이다.

즉석의 전달 내용인 경우, 그날의 묵상이나 경험을 설교하라.

하나의 단어나 널리 알려진 성경적 이야기를 설명하는 것도 좋다. 당신이 많은 경험을 쌓은 후에는 아마도 준비 없이 말할 수 있는 짧은 형식으로 된, 당신이 좋아하는 몇 개의 설교 메시지를 갖게 될 것이다.

당신이 즉석 설교를 어쩔 수 없이 해야 할지라도, 그것은 설교하기 위한 최선의 방법은 결코 아니다. 제프리 아더스(Jeffrey Arthurs)는 "IV는 우선순위를 매기는 데 필요하지만 그것이 균형적인 다이어트를 대체할 수는 없다"(An IV is necessary during triage, but it shouldn't replace a balanced diet.)라고 말하면서, 즉석 메시지는 때때로 질문에 답하거나 중대 국면을 다룰 필요가 있다고 말했다.[38]

둘째, 암기한 전달이다.

필립 브룩스(Phillips Brooks)는 암송된 설교를 "몇몇이 연습하는 하나의 방법이나 그 누구도 추천하지 않는 방법"이라고 표현했다.[39] 이 방법을 사용할 때, 설교자는 그것을 기억하기 위해 원고에 그대로 적고 그 설교를 강단

---

[38] Jeffrey Arthurs, "No Notes, Lots of Notes, Brief Notes," *The Art and Craft of Biblical Preaching: A Comprehensive resource for Today's Communicators,* ed. Haddon Robinson and Craig Brian Larson (Grand Rapids: Zondervan, 2005), 600-601.

[39] Phillips Brooks, *The Joy of Preaching*, reprint, originally published as Lectures on Preaching (London: H. R. Allenson, 1895; Grand Rapids: Kregel Publications, 1989), 129.

에서 암송한다.

 암기하고 암송하는 것은 과거에 매우 성공한 설교가들 몇몇이 사용해 오던 방식이었다. 그러나 이 방법은 대부분의 설교자들에게 추천할 만한 것은 아니다. 암기의 명백한 위험성은 당신이 무엇을 기억했는지 잊어버릴 수 있다는 데에 있다. 대부분의 숙련된 배우들은 30분간 쭉 이어지는 독백을 암기하고 암송하는 데 어려움을 겪는다.

 당신이 성공적으로 모든 설교를 기억한다 할지라도, 암송된 설교는 보통 한편의 그저 그런 암송된 설교처럼 들릴 뿐이다. 그 메시지는 설교자가 마치 그의 마음 한구석에서 그것을 읽고 있는 것처럼 평범하고 케케묵은 것처럼 들릴 것이다.

 가장 뛰어난 기술을 갖고 있는 암기를 잘하는 설교자라도 더 의도적으로 그들의 청중과 의사소통하기보다 그냥 쓰여진 대로 인위적으로 소리내어 읽는 경향이 있다는 것을 알았다. 이러한 이유들 때문에 우리는 몇 년에 걸쳐 수많은 설교하는 학생들에게 이렇게 경고해 왔다.

 "암기는 죽었다. 절대로 그렇게 하지 말라!"

 셋째, 설교문, 노트 필기를 통한 전달이다.

 이 방법은 설교 원고나 상세한 노트 필기를 해 둔 후, 그것을 강단에서 표현이 풍부하게 읽는 것을 포함한다. 이 방법을 사용하는 몇몇 설교자들은 그들이 설교에서 말하고자 하는 모든 것을 포함한 한편의 완벽한 설교 원고를 만든다. 이 방법을 쓰는 다른 설교자들은 설교에 대한 완전한 설교 원고는 없지만, 대신 전환이나 약간의 다른 요소들을 제외한 그들이 말하고자 하는 거의 모든 것을 포함하는 노트 필기를 사용한다.

 상세한 노트 필기나 설교 원고를 사용하는 것은 상황을 잘 조절하고 메시지를 전할 때 사용해야 할 단어를 계획하게 해 준다. 이 방법은 목사들이 논란의 여지가 있는 주제로 설교할 때나 문구를 확신하고 그들이 말한 것을 녹음할 필요가 있을 때 도움을 줄 수 있다.

 나쁜 면을 보자면, 강단에서의 광범위한 읽기는 일반적으로 자연스러운 연설만큼이나 표현력이 있거나 열정적이지 못하다. 설교자가 자신의 메모나 원고를 읽고 있을 때, 청중과 눈을 마주치는 것은 급격히 빈도수가 낮아지게 되고 설교자의 움직임 또한 심각하게 제한된다. 설교를 잘 읽을 수 있는 설교자라면 누구나 자기가 잘 할 수 있다고 생각한다.

설교 원고나 상세한 노트 필기(설명) 사용하기

장점
- 완벽한 설교 원고나 노트(설명)는 설교자에게 확신을 제공한다.
- 설교자는 메시지의 타이밍을 더 잘 통제한다.
- 설명과 그림의 세부 사항은 정확도가 높아진다.
- 단어 선택은 더 문학적이고 다양하며 정확해진다.
- 설교자는 덜 횡설수설하게 되고 불필요한 자료들을 추가할 가능성이 적어진다.

단점
- 청중과 눈을 마주치는 빈도가 급격히 줄어든다.
- 읽는 것은 말하는 것에 비해서 훨씬 표현력이 적고 덜 활기차다.
- 언어는 듣기보다는 읽기를 위해 고안되었다(Language may be designed to be read more than to be heard).
- 설교 전달이 엉망이 되거나 인위적인 것이 될 수 있다.
- 설교자는 특정 설교 행사의 요구에 맞게 메시지를 조정하기가 어렵다는 것을 알게 된다.

넷째, 즉흥적인 전달이다.

이 종류의 전달은 때때로 '즉흥적으로 이루어지는 설교'라고 표현되어지는데 라틴어의 이 뜻은 "순간적으로"라는 뜻이다. 'extemporaneous'라는 단어가 'impromptu'라는 단어와 동의어가 될 수 있지만, 설교 및 대중 연설의 전문 용어에 있어서 즉흥적인 연설은 메시지의 기본 흐름, 구조 및 내용을 신중하게 계획하는 전달을 의미한다. 반면, 메시지의 정확한 표현은 연설 자체를 전달하는 동안 구성된다. 즉흥적인 전달은 간단한 메모 또는 노트를 전혀 사용하지 않고 이뤄질 수가 있다. 브로더스는 이러한 종류의 연설에 대해 이렇게 훌륭하게 묘사했다.

즉흥적인 말하기라는 문구는 생각의 준비가 이뤄진 경우에 적용이 된다. 전체적이긴 하지만, 그러나 언어는 그 순간에 제시된 상태로 남겨진다. 더 자세히 말해서, 준비에 도움이 되는 노트가 완성되었을 때, 설교의 계획이 종이에 그려질 때, 모든 주요한 점들이 명시되거나 제안될 때 우리는 그것을 원고 없이 하는 연설이라고 부른다. 왜냐하면 이 모든 것이 단지 생각을 정리하고 기억하는 수단으로만 간주되며 언어는 즉석에서 나오기 때문이다.[40]

원고 없이 하는 전달은 다른 모든 전달 체계의 최고의 장점을 제공하며 단점이 적다. 이 방법으로 그의 메시지를 전달하는 설교자는 자신이 말하는 것과 똑같은 원고를 작성하는 데 필요한 집중적인 시간을 갖지 않고도 전체 노트를 개발하면서 그의 설교를 광범위하게 준비할 것이다.

그는 그 메모들을, 그의 메시지의 일반적인 방향을 위한 "로드맵"을 제공하는 하나 또는 몇 개의 짧은 페이지들로 줄일 것이다. 그는 그때 그가 설교하는 단어들을 선택해 가면서, 자신이 줄인 노트를 가지고 강단에서 설교하거나 아예 노트 없이 설교할 것이다. 이때 설교자는 청중과 눈을 맞추는 것을 최대화하게 되는데, 이 방법을 씀으로 설교자는 강단에서 자유롭게 움직일 수 있다. 또한, 준비성 있고 뜻깊은 메시지의 전달이 이뤄지는 동안 설교에 그의 성격이 더 자연스럽게 드러날 수 있게 된다.

덧붙여서 말하자면 즉흥적인 설교가 즉석에서 낭송되어 듣는 사람들에게, 혹은 몇몇 설교자들에게 혼란을 주기도 한다. 이 혼란은 즉흥적인 설교자가 흐름에 맞춰 메시지를 구상한다는 인식 때문이거나 그의 앞에 메모가 거의 없기 때문에 아마도 저 설교자는 그가 말하는 모든 것을 암기했을 것이라는 인식에서 비롯된 것일 수 있다. 사실, 즉흥적으로 하는 설교는 이러한 방법들과는 전혀 다르다. 즉흥적인 설교는 설교에 대한 훨씬 더 대화적인 접근 방식으로, 그가 연구하며 빠져 들었던 성경으로부터 얻은 생각에 대하여 그의 마음으로부터 우러나오는 말인 것이다.

---

[40] Broadus, *A Treatise*, 457.

즉흥적인 설교

장점
- 설교자의 연구와 준비 시간을 효율적으로 활용한다.
- 청중과 눈을 마주치고 청중과 친밀감을 강화한다.
- 설교자가 자신의 자연적 성격에 따라 의사소통하도록 해 준다.
- 더욱 대화 중심의 설교 스타일을 생산한다.
- 자연스럽고 제한이 없는 플랫폼 이동을 가능하게 한다.
- 필요하다면 설교의 재료를 쉽게 변경할 수 있다.
- 단순하고 더 암기하기 쉬운 설교 구조를 만들도록 돕는다.
- 잘했을 경우, 보편적으로 긍정적인 청중의 반응을 만들어낸다.

단점
- 준비 부족의 이유가 될 수 있다.
- 설교자가 중요한 설교 재료를 쉽게 버릴 수 있는 원인이 될 수 있다.
- 설교자가 정확한 표현을 개발하기보다 구절을 반복적으로 사용하는 것에 의존할 수 있다.
- 메시지가 길게 늘어진다거나 초점을 잃을 수 있다.
- 몇몇 설교자에게는 큰 스트레스가 될 수 있다.

2. 설교 역사 속에서 살펴 보는 서로 다른 전달 방법들

설교를 전달하는 이 네 가지 방법 중에 하나가 교회 역사에서 유일하게 하나님의 복을 받았는가?

그 질문에 대한 대답은 어조가 강한 "아니요"이다. 사실, 즉흥적인 방법과 암송 방법을 포함하여 모든 방법이 설교의 역사 속에서 효과적으로 사용되었다는 주장이 제기될 수 있다.

성경은 확실하게 한 가지의 전달법만을 요구하지 않는다. 그러나 즉석 또는 즉석에서 메모 없이 하는 설교 전달법이 성경에서 가장 많이 사용된 것으로 볼 수 있다. 우리는 예수님께서 산상수훈을 설교하실 때 설교문을 사용하셨다고 결코 상상할 수 없고 베드로가 성령 강림에 대해 설교할 때 자신의 설교문을 넘기는 장면을 결코 상상할 수 없으며 바울이 아레오바고에 서서 말할 때 설교 카드를 들고 설교했다고도 상상할 수 없다.

우리는 성경에 등장하는 설교자들이 하나님으로부터 새로운 말씀을 받아 그의 백성들에게 전해주는 방식의 계시적인 설교를 했다는 사실을 인식해야 한다. 반면 오늘날의 설교자는 이미 계시된 성경의 본문을 받아서 그것을 우리의 청중에게 가져다 주며 설명하는 방식을 취한다. 따라서, 성경에서 행해진 설교는 그 자체만으로도 수업에 속하며, 사용된 전달 방법까지도 확장되는 독특한 특성을 가지고 있다.

그러나 위대한 작가였던 바울과 같은 사람들마저도, 원고를 읽는 형식이 아니라 자유롭게 설교했으며, 이렇게 성경에서 행해진 설교는 매우 교훈적이었다. 정경을 볼 수 없던 초기 기독교의 몇 세기 동안 행해진 설교들은 성경의 사도들이 행했던 설교와 매우 비슷하게 행해졌는데, 그 내용과 형식 등 모든 부분에서 비슷했다.

4세기에 이르러 기독교 설교는 그리스와 로마의 수사학에 의해 더욱 영향을 받게 되었다. 안디옥의 요한(John of Antioch)이나 어거스틴(Agustine) 같은 설교자들은 수사학적 연구를 훈련받았고, 그들의 메시지는 사도 시대의 단순 구조에서 더욱 형식을 갖춘 모델로 변화되었다.

그렇다 하더라도, 고전 수사학의 표준 중의 하나가 기억이었기에, 더 복잡한 메시지들조차도 광범위한 메모 없이 기억으로부터 전달되었다고 가정할 수 있다.[41] 실로, 필사된 어거스틴의 고대 강론들 중 일부를 보면, 강론의 구조가 본문에 크게 의존하고 있음을 알 수 있으며, 즉시로 설교된 것임을 알 수 있다. 6-7세기를 보면, 설교자들이 강단에서 전체 원고를 사용하는 일이 빈번하게 일어났다. 사실, 영국의 교회에서 즉흥적인 설교는 수치스러운 독립주의자들, 청교도들과 너무나도 동일시되었다. 그래서 영국의 한 설교자는 설교를 하는 동안 자신의 원고에서 눈을 들어 회중을 봤다가 제명되기도 했다.

하지만, 원고는 더 넓은 범위의 사람들에게 호의를 얻었다. 조나단 에드

---

[41] Adapted from Ralph Lewis, "Preaching With and Without Notes," in *Handbook of Contemporary Preaching*, 409-16.

워즈(Jonathan Edwards)는 그의 유명한 설교, "분노하신 하나님 손에 놓여 있는 죄인들"(Sinners in the Hands of an Angry God)을 설교하면서 청중이 그의 판단에 대한 생동감 있는 묘사 때문에 괴로워서 몸을 비틀고 있을 때, 청중을 거의 보지 않고 그의 얼굴을 원고 가까이에 대고 전달했다.

그러나 사역 막바지에 에드워즈는 즉석 설교의 옹호자가 되었다. 19세기 말, 20세기 초의 위대한 주석가인 캠벨 모건(Campbell Morgan)과 알렉산더 맥클라렌(Alexander Maclaren)은 노트나 원고 설교는 청중과 눈을 마주치는 것을 방해한다 하여, 아주 적은 분량의 메모 혹은 아예 메모 없이 강단에 올랐다.[42]

위대한 침례교 연설가, 로버트 G. 리(Robert. G. Lee)는 그의 메시지 한 단어 한 단어를 다 암송하고 기억했다. 만일 당신이 1940년대에 녹음된 그의 유명한 설교, "월급날, 언젠가"(Payday, Someday)를 듣게 된다면, 그리고 1970년대에 녹음된 그 메시지의 다른 버전을 비교해 본다면, 당신은 그가 아무런 노트도 보지 않았음에도 그 메시지의 대부분이 완전히 동일하다는 것을 발견할 것이다. 테네시 멤피스의 벨뷰침례교회 로버트 G. 리의 실질적 후계자인 아드리안 로저스는 광범위한 메모를 매우 기술적으로 사용하였고 엄청난 힘으로 설교를 했다.

텍사스 달라스의 제일침례교회의 유명한 목사인 W. A. 크리스웰(Wallie Amos Criswell)은 즉흥적으로 설교했고 거의 메모를 보지 않았다.[43] 만일 당신이 현존하는 설교자들을 조사해 보면, 광범위한 메모를 사용하는 사람들, 약간의 메모를 사용하는 사람들, 전혀 메모를 사용하지 않는 사람들을 발견할 것이다.

---

[42] Ibid.
[43] 남침례교 설교 전통의 다른 사람들을 포함하여, 이 설교자들의 전달 방식에 대한 더 많은 정보를 얻으려면 다음 책을 참고하라. Al Fasol, *With a Bible in Their Hands* (Nashville, B&H, 1994).

3. 당신만의 체계를 고르기

자 이제, 우리는 이 장을 처음 시작할 때 물었던 그 질문으로 다시 돌아왔다.

무엇이 최선인가?

많은 메모를 가지고, 적은 메모를 가지고, 메모 없이 설교하는 것 중에 무엇이 최선인가?

우리는 즉흥 설교와 암기 설교의 규칙을 배제할 수 있기 때문에 우리에게는 두 가지 생동감 있는 선택권이 있다. 꽉 찬 메모(설명)를 사용하는 것과 즉석으로 설교하는 것이 그것이다. 이전에 우리가 논의한 장점에 근거하여, 우리는 최선의 방법으로 즉석에서의 전달을 옹호한다. 그렇다 해도 설교자가 강단에서 사용하는 메모의 양은 여러 요인에 따라 이렇게 다르다.

첫째, 당신 자신만의 편안한 수준.

어떤 설교자들은 '그물 없이 날아다니고' 아무런 메모도 없이 설교를 한다면 결코 편하지 않을 것이다. 당신의 생각을 자극하고 신경을 진정시키기 위한 몇 가지 메모를 가지고 강단에 선다면, 당신은 강단에서 더 큰 자유를 느낄 수 있을 것이다.

둘째, 당신의 사적인 고상함.

고상한 사람은 말이 많고 수다스러운 사람이다. 어떤 설교자들은 자연스럽게 수다를 떨기도 한다. 그들은 결코 말이 부족하지 않으며 항상 그들의 의견과 감정으로 벨을 울릴 준비가 되어 있다. 그럼에도 이런 설교자는 조용하고 준비된 사람보다 메모가 더 필요할 수 있다. '갭을 매울 수 있는 선물'을 가진 사람들은 준비가 아직 덜 되었다는 구실처럼, 연설의 용이성을 사용하거나 그들을 안내해 주는 몇 가지 메모 없이 한 포인트에 머무르기를 힘들어 한다.

셋째, 특정한 설교 행사의 필요.

이 본문의 세 저자인 우리는 때때로 설교하는 상황에 따라 아예 메모 없이, 간략한 메모를 가지고, 또는 광범위한 메모를 사용한다. 가장 많은 시간과 관심을 가지고 준비되어지는 주일 아침의 메시지를 살펴 본다면, 이 설교는 또한 인터넷으로 방송될 가능성이 더 높은데, 우리는 가능하면 주일 아침 메시지 노트를 최대한으로 줄인다. 일요일 저녁이나 주중 예배를 할 때에는 메시지를 원하는 만큼 내면화할 시간이 없거나, 우리 앞에 윤곽을 그리는 보완이 필요하기 때문에 메모를 더 많이 사용한다. 결혼식, 장례식, 학술 행사와 같은 공식 행사에서는 우리가 말을 잘 하고 있는지 확신하기 위해 더 광범위한 메모를 사용할 수 있다.

즉흥적으로 설교하는 법을 배우기 위해, 우리는 안전한 환경에서는 전혀 메모 없이 설교하는 것으로 시작하는 것이 좋다.

수요일 밤 기도회를 위해 연설하든, 교실에서 설교 실습을 하든, 아니면 다른 위험이 낮은 상황에서 하든, 메모 없이 설교하는 대담한 단계를 밟으라.

처음의 긴장이 지나간 후에는 성령의 인도하심을 따라 설교를 인도받고, 당신의 생각을 떠올려주는 성경 말씀을 사용하며, 앞에 놓인 메모의 페이지에 방해받지 않고 메시지의 열정을 표현하면서 청중과 상호 작용하는 자유와 기쁨을 경험하게 될 것이다. 시간이 지남에 따라 필요에 따라 노트를 추가할 수 있다. 하지만, 당신은 아마도 당신이 생각했던 것만큼 많은 노트가 필요하지 않다는 것을 발견할 것이다.

4. 몇 가지 실제적인 제안들

당신이 즉각적으로 설교할 때 메모를 가지고 하든 안하든, 다음의 제안들은 당신이 메시지를 효과적으로 전하도록 도와줄 것이다.

첫째, 당신의 구조를 간단하게 하라.

당신의 설교가 문화적이지 않고 복잡하지 않게 디자인하라.

언제든지 할 수만 있다면 중요도가 떨어지는 포인트들을 제거하라.

설교에서 중요도가 떨어지는 포인트, 극소로 작은 분류들로 이루어진 복잡한 구조의 가장 큰 문제점은 그것이 소리를 낼 때 보다, 메모를 종이 위에서 전달할 때 훨씬 더 잘 보인다. 청중은 무엇이 중심 대지이며, 무엇이 소대지이고, 무엇이 그 하부의 더 작은 소대지인지 구별하는 데 어려움을 겪는다. 또한 설교자와 청중은 구조가 간단하다면 메시지의 중심 생각을 더 쉽게 기억해 낼 것이다.

말씀 본문을 따라가라.

당신의 문장 구조를 간단하게 유지하는 최고의 방법은 당신이 설교하고 있는 본문의 페이지 안에서 발견되는 생각들을 따라가는 것이다. 당신의 앞에 아무런 메모가 없다고 해도 당신에게는 여전히 성경이 있다. 메시지의 내용이 본문의 내용을 반영할 때, 성경 본문은 실로 당신이 설교에서 다음에 무슨 말을 해야 할지 즉각 알려 준다.

당신이 말하고자 하는 중요한 단어나 구에 밑줄이나 동그라미를 하라.

당신이 성경에 중요한 점을 짚을 때, 노트를 보는 것보다 성경을 언급하는 것은 실로 당신의 청중이 당신의 메시지를 지각하는 데 있어서 메시지의 권위를 더해 줄 것이다.

둘째, 당신의 메모를 응축하라.

비록 당신은 설교를 준비하는 과정에서 광범위한 메모나 한편의 완성된 설교 본문을 준비할 수 있겠지만, 한 페이지나 두 페이지에 당신의 메모를 응축하는 것이 가장 최선이다. 이런 간단한 메모를 설교단에서 가지고 할 수도 있고, 혹은 설교 직전에 살펴볼 수도 있다. 우리는 한 장에 설교를 응집하는 것이 메시지를 내면화하는 데 매우 도움이 된다는 사실을 발견했다.

셋째, 특별한 것들을 준비하라.

만일 당신이 설교에서 인용하고자 하는 말이나 통계가 있다면, 그 정보가 적혀있는 메모 카드를 준비하라.

혹은 더 광범위한 특별한 재료들을 당신의 성경 페이지에 붙여라.

더 광범위한 특별한 재료들은 종이의 절반에 해당하는 작은 메모지에 적어놓을 수 있다. 당신은 더 전문적이고 준비되어짐을 보여 줄 수 있다. 만약 당신이 특별한 재료들을 깔끔하게 정리하면, 당신이 설교하는 동안에 접근하도록 쉽게 해 준다.

넷째, 당신의 중심 사상과 중요한 대지들을 기억하라.

이러한 문장들은 당신의 메시지가 포함하는 중요한 부분을 의사소통하는 데 필수적이다. 본문의 중심 아이디어(MIT)와 당신 설교의 중심 아이디어(MIM)는 메시지가 나가는 동안 사람들이 기억하기를 원하는 바로 그것이다. 이러한 이유로, 당신은 그것을 명확하게 알아야 한다. 아래의 메모를 보지 않고 강단에서 중요 포인트들을 말할 수 있는 것은 또한 중요하다. 당신은 이러한 문장을 성경의 빈칸에 쓰기 원하거나 스티커 메모지에 붙이기 원할 것이다. 하지만 비록 그렇다 할지라도, 당신은 이러한 중요한 개념들을 기억할 필요가 있다.

다섯째, 메시지를 내면화하라.

전체 메시지를 암기하는 것은 바람직하지만, 당신이 설교하기 직전 몇 시간을 당신의 메시지를 내면화하며 투자하는 것은 매우 도움이 된다.

당신의 메시지를 한 단어 한 단어 반복하려고 노력하지는 마라.

대신, 당신의 설교의 주요한 흐름을 따라 말하라.

마음속에 잠겨 있는 생각의 순서를 잡아라.

각 포인트마다 당신이 무엇을 설명할 것인지, 어떻게 당신이 각각의 대지에서 예시를 들 것인지, 그리고 어떤 적용을 만들 것인지를 확인하라.

어떻게 당신이 메시지를 시작할 것인지와 어떻게 메시지를 끝낼 것인지 생각하라.

당신이 메시지를 내면화하면, 당신은 그 설교를 점점 의식하지 않아도 된다. 결국 설교자가 설교문을 내면화하는 것은 당신이 청중과 의사소통할 준비가 되어 있는 하나의 매개체가 되는 것이다.

여섯째, 전환에 주의하라.

즉석으로 설교하는 설교자들은 메시지의 하나의 섹션에서 다음으로 넘어가는 동안 생각의 연속성을 잃어버리기가 쉽다. 이러한 이유 때문에 설교의 도입부에서 메인으로 넘어가는 것, 포인트에서 포인트로 넘어가는 것, 내용 전개에서 결론으로, 그리고 초청으로 연결되는 부분을 구체적으로 생각하는 것이 중요하다.

또한 설교의 서로 나눠지는 부분에서, 설명에서 예시와 적용으로 전환되는 부분에 세밀하게 집중하라.

일곱째, 내용보다는 의도를 생각하라.

설교에서 당신의 임무는 당신의 메시지를 통과시키는 것이 아니다. 당신의 임무는 당신의 청중에게 전달하는 것이다. 이처럼 메시지를 통해 성취하고자 하는 것을 생각하는 것은 자신이 하려는 말이 무엇인지 기억하는 데 집중하는 것보다 더 많은 것을 얻을 수 있다. 동기를 부여해주는 개요는 다음과 같다.

① 주의 끌기.
② 흥미를 깨우기.
③ 필요를 보여 주기.
④ 필요를 충족하기.
⑤ 행동을 요구하기.

당신의 의도에 대해 생각하는 것은 당신의 메시지에 열정과 목적을 가져다 줄 것이다. 그것은 당신이 메시지를 듣는 청중에게 그리스도의 놀라운 풍요로움을 전하는 것처럼, 당신의 설교 전달을 더욱 강화시킬 것이다.

제27장

스타일이 차이를 만든다

고대 로마인은 '스타일러스'(*stylus*)라고 불리는 기구를 사용하여 밀랍 공책에 기록을 했다. 라틴어로 스타일러스는 결국 사람의 필체를 묘사하기 위해, 더 나아가서 작가가 자신의 생각을 표현한 방식을 나타내기 위해 고용된 것이다. 후에 같은 용어가 사람의 말하기 방식과 관련하여 사용되기 시작했다. 오늘날, 우리는 스타일이라는 단어를 미술, 드레스와 패션, 그리고 다른 독특한 방식을 언급할 때 사용한다. 설교에 있어서, 한 사람이 갖고 있는 스타일은 "그의 생각을 표현하는 그 사람만의 개성적인 방식"이다.[44]

당신이 독특한 손글씨 스타일을 갖고 있는 것처럼, 당신 또한 자신만의 개인적인 소통 스타일을 갖고 있다. 이 장에서 우리의 목적은 두 가지다.

첫째, 우리는 효과적인 설교 스타일을 만들어내는 요소들에 대해 논의할 것이다.

둘째, 당신의 설교 스타일을 더 강화하고 개선할 수 있는 제안을 제공하려 한다.[45]

---

[44] John A. Broadus, *A Treatise on the Preparation and Delivery of Sermons*, 23rd ed., ed. Edwin Charles Dargan (New York: A. C. Armstrong and Son, 1898), 339-40.

[45] 이 이슈를 고전적인 수사학의 측면에서 바라보는 빼어난 연구를 위해서는 Paige Patterson의 다음 책을 참조하라. "Ancient Rhetoric: A Model for Text-Driven Preachers," in

1. 효과적인 스타일 요소들

『설교단과 교구에서의 의사소통』(Communication in Pulpit and Parish)이라는 책에서 메릴 아베이(Merrill R. Abbey)는 이상적인 의사소통 스타일을 형성하기 위해 함께 작용하는 여섯 가지의 자질에 대해서 묘사한다.

① 순수성.
② 정밀도.
③ 명료성.
④ 에너지.
⑤ 아름다움.
⑥ 자연스러움.[46]

이 자질들을 하나씩 살펴 보면서 우리는 효과적인 설교 스타일이 무엇을 포함하는지에 대한 더 큰 이해를 얻을 수 있을 것이다.

1) 순수성

설교자들은 적절한 문법의 기초에 부합하는 언어를 목표로 해야 한다. 우리가 적절하게 말하기에 실패했을 때 많은 청중은 우리의 교육 수준이나 지식의 정도에 대해 의문을 품을 것이다. 설교자가 만약 계속해서 동사의 시제를 틀리거나 동사와 주어의 시제를 다르게 말한다면, 청중은 과연 저

Text-Driven Preaching, ed. Daniel Akin, David Allen, and Ned Matthews (Nashville:B&H, 2010), 11-35. Paige Patterson은 조심스럽게 경전의 에토스, 로고스, 파토스에 대해 연구했다. 또한 다음을 보라. R. Kent Hughes, "The Anatomy of Exposition: Logos, Ethos, and Pathos," SBJT 3.2 (1999):44-58.

[46] Merrill R. Abbey, *Communication in Pulpit and Parish* (Philadelphia: Westminster Press, 1973), 194-95.

설교자가 성경 본문이 말씀하는 진리와 신학적 뉘앙스를 정말로 이해하고 있는지에 대해 의문을 품게 될 것이다.

만일 당신이 영어를 모국어로 사용하지 않는 사람에게 물어 보면, 우리 언어가 얼마나 악명 높게 어려운지 알게 될 것이다. 거의 모든 영어 문법이 예외들을 가진다. 동사형은 과거에서 현재와 미래로 변함에 따라 변하고, 명사 역시 단수에서 복수로 변함에 따라 불규칙적이고 비논리적으로 변화한다. 따라서 설교자가 범할 수 있는 잠재적인 문법적 실수를 나열한다는 것은 아마도 불가능할 것이다. 다음의 목록들이 대다수가 문법적으로 범할 수 있는 대표적인 실수들이다.

첫째, 주어-동사의 불일치.

주어와 동사는 수에서 일치해야 한다. 주어가 단수면 동사는 역시 단수여야 한다. 만약 주어가 복수면, 동사는 반드시 그것을 따라야 한다. 설교자는 'a boy runs'나 'boys run'이라고 써야지 'a boy run'이나 'boys runs'와 같이 반대로 쓰면 안 된다. 주어와 동사 사이에 여러 개의 절이나 구를 덧붙인다면 공식적인 발언을 할 때 동의를 얻기 힘들다. 설교자는 이렇게 말할 수 있다.

"바울의 서신서들은(복수), 짧은 시간에 다 쓰여졌지만, 다양한 문제의 주제들을 반영(reflects)하고 있다."

지면상에 표현되면 문제를 발견하기가 더 쉽다. reflects는 reflect로 바뀌어야 한다. 그러나 우리가 말할 때는 그런 오류를 발견하기가 더 어렵다. 당신의 문장을 간결하게 유지하고 주어와 동사 사이를 가깝게 함으로 이러한 실수로부터 벗어나야 한다.

둘째, 대명사-명사의 불일치.

대명사와 명사의 언급은 수에서 일치해야 한다. 우리는 종종 사람들에게 일반적인 감각을 언급할 때 이런 실수를 한다. 이렇게 말할 수 있다.

"죄인은 그들의 죄악들을 용서받을 수 있다."

여기서 죄인은 단수이고 그들은 복수이다. 이 문제는 두 가지 방법으로 고쳐진다. 설교자가 이렇게 말할 수 있다.

"죄인은 그나 그녀의 죄악들을 용서받을 수 있다."

그러나, 더 자연스런 표현은 다음과 같다.

"죄인들은 자신들의 죄악을 용서받을 수 있다."

셋째, 잘못된 동사 형태.

우리가 주의가 부족하면, 이렇게 실수할 수 있다.

"지난밤 늦게 그가 집에 온다(come)."

우리가 의도하는 것은 이렇다,

"지난밤 늦게 그가 집에 왔다(came)."

어떤 이는 "나는 식탁에 정리한다(set)"라고 실수한다. 사실 의미는 "나는 식탁에 앉았다(sat)"이다. "I saw"라는 표현보다 "I seen"이라고 많이 쓰기도 하고 "그는 어제 그것을 나에게 주었다(gave)"를 "그는 어제 그것을 나에게 준다(give)"로 잘못 쓰기도 한다.

넷째, 형용사와 부사의 혼동.

영어를 쓰는 사람들은 대게 'well'이라는 말을 써야할 곳에 'good'이라는 말을 쓴다.

'good'은 형용사이고 'well'은 부사임을 명심하라.

"He preaches good."은 틀렸다. "She was not having a well day"라고 말하는 것도 틀렸다. 형용사와 부사를 혼동하는 것은 매우 어렵다. "우리는 더 깊은 곳으로 파내려갔다"를 표현할 때 "deeper"가 아니라 "more deeply"로 써야 한다. 여기서 규칙은 매우 간단하다. 형용사는 명사를 수식하고 부사는 동사, 형용사, 부사를 수식한다.

다섯째, 대명사의 잘못된 사용.

대명사는 두 가지 상황에서 사용된다. 주격과 목적격이다. 대명사가 문장에서 주어가 될 경우 혹은 술어 명사가 될 경우, 그것은 주격이 되는 경우이다. 대명사가 직접 목적어, 간접 목적어 혹은 전치사의 목적어가 되는 경우를 목적격 대명사라고 말한다. 주격은 "I, we, he, she, they"이다. 목적격 대명사는 "me, us, him, her, them"이다. "you"는 주격과 목적격 이 같다.

하지만 "예수님께서 십자가에서 죽으시고 당신과 나를 위하여 죽으셨다"라고 표현할 때는 "you and I"가 아니라 "you and me"라고 표현해야 한다. "나는 너와 그녀와 함께 상점에 갈 거야"에서 "you and she"가 아니라 "you and her"로 표기해야 한다. 대명사를 잘못 쓰는 것은 많은 설교자가 하는 실수이다. 왜냐하면 잘못된 형태가 고쳐진 형태보다 우리 귀에 더 익숙하기 때문이다.

2) 정밀성

우리가 사용하는 그 단어는 청중에게 우리가 의도한 그것을 정확하게 전달하는 것이기 때문에, 우리의 설교 스타일은 자세하고 정확성을 유지해야 한다. 정확하게 말하기 위해서는 우리는 반드시 추상적인 단어를 쓰기보다 구체적인 단어를 써야 한다. 그래서 우리가 묘사하는 세부 사항이 정확하게 전달되도록 해야 한다.

구체적인 언어는 세부적이고 정확한 반면, 추상적인 언어는 일반적이다. 우리가 구체적인 언어 사용에 실패했을 때, 우리의 청중은 우리가 말하려고 하는 것을 손으로 잡고 눈으로 그려보는 것에 어려움을 겪는다. 이러한 이해의 부족은 우리가 그림을 말할 때 특히 사실로 드러난다.

이 커다란 차이를 유념해라.

예를 들어, "그 농부는 매우 작다"라고 말할 수도 있고 이렇게 말할 수도 있다.

"맥길리스가 그의 이름을 따온 유일한 방법은 베시라는 저지 소가 말라붙은 것에서 따온 것인데, 베시는 매일 먹을 풀 한 덩이를 찾아 헤매며 황량한 목초지에 서 있었다."

두 번째 묘사는 너무 정교하고 기발하다. 그러나, 이런 과함은 잘못됐다고 할 수 없다. 이렇게 묘사하는 것은 첫 번째 묘사에서 실패한 그림을 정밀하고 생생한 그림으로 청중의 마음속에 그리게 해 준다. 정밀한 언어는 상상력을 이끌어 준다.

정밀성은 또한 우리가 사실적으로 곧게 묘사하는 것을 필요로 한다.

당신이 만약 운동장에서 잘못된 방향으로 볼을 가지고 달려가는 풋볼 선수에 대한 그림을 사용하기 원한다면 세부 사항들을 모아라.

빠르게 인터넷을 찾아보면 그 선수가 로이 리겔스임을 알게 될 것인데, 그의 팀은 캘리포니아대학교의 버클리라는 풋볼 팀으로 1929년 로스볼에서 조지아텍과 경기를 했으며, 그가 30야드 앞에서 돌연 반대 방향으로 돌더니 65야드를 달려갔고, 자신의 같은 팀 선수 베니 롬에게 태클을 당했으며, 조지아텍은 2-0리드를 하게 되었고, 리겔스는 후반전 경기에 복귀하기 위해 말을 해야 했다.

이러한 종류의 자세한 사항들은 청중의 주의를 사로잡고 그들이 당신의 메시지에 흥미를 느끼게 해 준다. 우리가 제시하는 성경 소프트웨어 프로그램이나 다른 종류의 검색 프로그램을 가지고 정밀한 세부 사항을 찾고, 그것들을 잘 활용할 수 있다.

3) 명료성

스타일이 명료하다는 것은 설교에서 전달하고자 하는 의미를 평범하고 심플하게 한다는 의미이다. 명료한 말하기는 "잘못 이해하는 독자나 청중이 없이 말하는 것"을 포함한다.[47]

명료성은 논리적인 방식으로 설득력 있는 아이디어를 제시하는 것에 달

---

[47] John A. Broadus, *On the Preparation and Delivery of Sermons,* 4th ed., ed. Vernon L. Stanfield (New York: Harper and Rowe, 1979), 210.

려 있다.⁴⁸ 명료한 메시지에는 틀림없는 중심 사상, 따라가며 확인하기 쉬운 여러 가지의 포인트들을 가지고 있다. 메시지가 명확하면 모든 듣는 사람들이 지금 설교자가 그의 메시지 안에서 그가 어디로 향하고 있는지, 말씀과 청중을 이어 주는 주제가 무엇인지 명확히 알게 될 것이다. 당신의 메시지의 개요가 확실하다는 것은 명료성이라는 목표를 달성하는 데 중요하다. 하지만 설교할 때 개요를 명백하게 전달하는 것 또한 중요하다. 좋은 변화는 당신의 청중이 메시지를 명확하게 듣는 것을 돕는다.

당신이 이 대지에서 다음 대지로 이동할 때 이야기를 하라.

당신의 대지들을 열거해서 청중이 그게 얼마나 많은지 알게 하라.

한 포인트에서 다음 대지로 전환하는 곳마다 중심 사상을 남겨 두라.

이러한 간단한 과정은 당신의 청중이 논리와 당신의 메시지의 흐름을 잘 따라갈 수 있도록 돕는다.

명확한 메시지는 또한 평범한 언어로 표현된다.

가능한 설명되지 않은 신학적 용어, 영적인 전문 용어, 어려운 단어들을 지워라.

만약 간단한 단어와 모호한 단어 사이에 선택해야 하는데, 두 단어가 본질적으로 같은 의미를 갖는다면 항상 간단한 단어를 선택하라.

조 스프라그(Jo Sprague), 더글라스 스튜어트(Douglas Stuart), 그리고 데이비드 보다리(David Bodary)에 따르면, "명확하게 표현하는 설교자는 목표를 조심스럽게 조준하고 모든 단어를 계산하는 날카로운 사수와 비슷하다"라고 말했다.⁴⁹ 가장 도움이 되고 사랑을 받는 설교자들은 청중이 명확하게 하나님의 말씀을 듣는 것에 집중한다. 만약 당신이 성경적인 개념을 간단하게 설명할 수 없다면, 당신은 아마도 그 개념을 완벽하게 당신의 것으로 이해하고 있지 못하는 것일 수 있다.

---

[48] William H. Kooienga, *Elements of Style for Preaching*, The Craft of Preaching Seires (Grand Rapids: Zondervan, 1989), 63.

[49] Jo Sprague, Douglas Stuart, and David Bodary, *The Speaker's Handbook* (Boston: Wadworth, 2010), 260.

4) 에너지

효과적인 설교자들은 힘 있게 말하는 법을 안다. 힘 있다는 것은 단순히 강단에서 크게 말하거나 또박또박 말하는 것을 의미하지 않는다. 대신에 힘 있게 말하는 것은 개인적이고 직선적이고 감각적인 언어로 청중과 소통한다는 의미이다.

개인적인 언어는 에너지를 만들어낸다. 제3자의 입장에서 하는 말은 청중에게 멀게 들릴 뿐이다. 예를 들어, "그리스도인들은 그를 따르는 사람들에게 사랑을 보여줘야 합니다"라는 표현은 다음 표현만큼이나 강력하지 못하다.

"당신이 만약 그리스도인이라면, 당신은 당신 주위의 사람들에게 사랑을 보여줄 것입니다."

'당신,' '우리'라는 단어를 사용하는 것은 설교 메시지를 더욱 즉각적이고 적용 가능한 것으로 만들어 준다. 윌리엄 쿠이엔가(William H. Kooienga)는 '당신'이라는 단어를 사용하는 것은 설교자와 청중의 거리를 줄여 준다고 말한다.[50]

주의를 주는 말을 할 때는 비난하는 방식으로 '당신'을 사용하지 않도록 주의하라.

제일 좋은 규칙은 당신의 의견이 청중을 격려하고 높일 때는 '당신'이라고 말하고, 당신의 메시지가 교정이나 책망을 포함할 때는 '우리'라고 말하는 것이다.

직설적이고 생동감있는 언어는 수동적인 언어보다 더욱 강력하다. 능동태로 쓰인 문장에서는 주어가 동사의 행동을 한다. 수동태로 쓰인 문장에서는 주어가 그 행동을 받는다. "그는 버스에 의해 쳐짐을 당했다"라는 문장은 수동태 안에 구두 문장을 가지고 있다. "버스가 그를 쳤다"라는 문장에서는 능동태 안에 동사를 가지고 있다. 일반적으로, 수동태로 이뤄진 문

---

[50] Kooienga, *Elements of Style for Preaching*, 102.

장은 능동태로 쓰인 문장보다 에너지가 훨씬 적다.

가능하면 설교할 때 능동태를 사용하도록 노력하라.

감각적인 언어는 감정을 깨우고 당신의 청중이 세부적인 것들을 상상하도록 그들을 초대한다.

당신의 청중이 보고, 느끼고, 맛보고, 듣고, 냄새 맡을 수 있도록 그들의 감각을 깨워 주는 언어를 사용하라.

감각적인 용어들을 사용함으로 당신은 청중을 계속 흥미롭게 하고, 그들이 메시지를 더 잘 기억할 수 있게 할 것이다.

5) 아름다움

아름다움은 귀에 들리는 메시지를 기쁘게 만들어 주는 요소이다. 비유적인 언어는 당신의 설교의 아름다움과 예술성을 높여 주는 강력한 도구가 될 수 있다. 다음에서 당신의 설교를 활기차게 만들어 줄 몇 가지를 소개한다.[51]

첫째, 직유(Simile)는 보통 -처럼, -같이 라는 단어를 사용해서 표현하는, 같아 보이지 않는 두 가지 사이에서 비교하게 만들어 준다. 이사야는 다음 구절을 말할 때 직유를 사용했다.

> 여호와께서 말씀하시되 오라 우리가 서로 변론하자 너희의 죄가 주홍 같을지라도 눈과 같이 희어질 것이요 진홍 같이 붉을지라도 양털 같이 희게 되리라 (사 1:18).

둘째, 은유(Metaphor)는 두 가지 서로 다른 것들을 같게 만드는 동등함을 창조한다.

---

[51] 여기서 제시한 요약은 해석학의 섹션1에서 이미 다뤘던 내용을 짧게 요약한 것이다.

그러므로 예수께서 다시 이르시되 내가 진실로 진실로 너희에게 말하노니 나는 양의 문이라(요 10:7).

셋째, 인격화(Personification)는 인간의 자질과 관련된 생각이나 주제를 자극한다. 잠언은 지혜를 여성으로 인격화한다.

지혜가 길거리에서 부르며 광장에서 소리를 높이며(잠 1:20).

넷째, 과장(Hyperbole)은 한 가지 측면을 강조하기 위해 덧붙여 기술하는 것이다.

낙타가 바늘귀로 나가는 것이 부자가 하나님의 나라에 들어가는 것보다 쉬우니라 하시니(마 10:25).

다섯째, 반복적인 언어(Repetitive language)는 청중으로 하여금 논리적인 결론에 이르기 위해 설교자가 눈싸움을 한다고 느끼게 한다.
시편 118편에서는 "그의 인자하심이 영원함이로다"라는 절이 여러 번 반복이 되는데 시편 기자는 소통하고 있다는 중심 생각으로 몰아가기 위해서 이런 표현을 반복적으로 사용하고 있는 것이다.

여섯째, 대조법(Antithesis)은 차이를 극적으로 나타내기 위해 두 가지 아이디어의 차이점들을 부각시키는 것을 말한다. 이러한 패턴은 예수님께서 산상수훈에서 많이 사용하셨다.

또 간음하지 말라 하였다는 것을 너희가 들었으나 나는 너희에게 이르노니 음욕을 품고 여자를 보는 자마다 마음에 이미 간음하였느니라 만일 네 오른 눈이 너로 실족하게 하거든 빼어 내버리라 네 백체 중 하나가 없어지고 온 몸이 지옥에 던져지지 않는 것이 유익하며(마 5:27-29).

'너는 들었으나'와 '그러나 내가 말하노니' 사이의 현저한 차이는 대조를 만들어 낸다.

당신의 설교가 예술성과 심미적인 호소력의 수준을 갖추게 하기 위하여 당신의 메시지를 아름답게 할 방법들을 찾아내라.

일정 기간 동안의 연습과 관심을 통해서 설교자는 즉석에서 설교할 때조차도 자연스럽게 연설의 인물을 사용하는 법을 배울 수 있다.

6) 자연스러움

자연스러운 설교 스타일은 뻣뻣하고 인위적이거나 인공적으로 울리는 것이 아닌, 보통의 말처럼 들리는 스타일을 말한다. 설교가 연기적인 측면이 있지만 설교를 전달한다는 것은 연기가 아니며 설교자도 공연을 하는 것이 아니다. 대신 우리가 강단에서 말하는 것들은 우리의 인격으로부터 자연스럽게 흘러 나와야 한다.

대화식 설교 스타일은 자연스러움을 강조한다. 웨인 맥딜(Wayne McDill)은 대화식 설교 스타일이 수다스럽거나, 가볍거나, 혹은 중요성이 덜하다는 것을 뜻하지 않는다고 말했다. 대신 자연스럽고 평범하게 청중과 대화하는 것에 강조점을 둔다고 했다. 그는 이렇게 설명한다.

> 대화식 설교 스타일은 설교자의 자연스러운 방식으로 단순하다. 이것은 설교자가 강단에서 평소처럼 말하는 방식을 사용하는 것으로 그의 청중에게 다가가기 쉽도록 하는 그의 과장된 표현이다.[52]

---

[52] Wayne McDill, *The Moment of Truth: A Guide to Effective Sermon Delivery* (Nashvill: B&H, 1999), 119.

대화식 설교는 높은 웅변술과 꽃이 만발하는 웅변보다는 정상적인 연설의 자연스러운 운율을 사용하는 것을 목표로 한다. 대화식 설교는 다양한 표현을 가능하게 하는데 우리의 수많은 감정들을 개인적인 대화 속에서 어떻게 표현하는지, 그리고 커다란 열정을 가지고 얼마나 자주 그런 대화를 할 수 있는지와 유사하다. 왜냐하면 이러한 설교 스타일은 대화식이기 때문에 설교 중 설교자와 청중 간의 상호 작용을 불러 일으키기 때문이다.[53]

대화식 설교 스타일을 옹호하는 브로더스와 스탠필드(Vernon L. Stanfield)는 "평범하지만 조심성 없는 설교 스타일이 아닌 표현"에 주의를 기울인다.[54] 한 사람이 다른 사람에게 말하는 것 같이 설교자는 그의 설교를 전달해야만 하는데, 왜냐하면 "거기에는 대화의 수준이 있다. 강단은 공원의 의자가 아니며 날씨의 주제가 아니기 때문"이다.[55]

2. 당신의 설교 스타일을 강화하기

몇 가지의 지침은 당신의 스타일을 개선하고, 우리가 설교에 대해서 이야기해 왔던 효과적인 스타일 요소를 통합하는 데 도움이 될 수 있다.

첫째, 메시지를 읽지 말고 들을 수 있도록 준비하라.

종종, 설교 원고나 메모들은 대화식의 문서보다는 기록된 문서처럼 준비된다. 구두 스타일은 반복을 사용해 청중에게 중요한 개념을 상기시키고 대화의 말과 소리를 가지고 있으며, 길고 복잡한 문장에 비해 짧고 간단한 문장을 선호한다. 당신의 메시지를 대화식으로 쓰는 것은 강단에서 당신이

---

[53] 우리는 이 설교 스타일이 최근 미국에서 유행하는 스타일로 본다. 우리는 또한 특정 설교 스타일의 인기가 시간이 지남에 따라 썰물처럼 흘러가고 있음을 주목한다.
[54] Broadus *On the Preparation and Delivery of Sermons*, 207.
[55] Ibid.

매우 자연스럽게 의사소통하도록 당신을 도울 것이다.[56]

둘째, 당신의 설교에 개인적인 발음을 종종 사용하라.
특별히 당신이 적용할 때 1인칭이나 2인칭을 사용하라.
그럼으로써 설교에 즉시성과 힘을 불어 넣을 수 있다.

셋째, 스타일의 좋은 모델을 개발하기 위해 폭넓게 읽고 들어라.
만일 당신이 많은 시간을 주석을 읽고 신학을 연구하며, 심지어 이런 교과서를 설교하는 데 사용한다면 언어가 오래되고 건조해질 수 있다. 동시대의 다른 설교자들이 어떻게 하나님의 진실을 자신의 메시지에 담아 표현하는지를 읽을 줄 알아야 한다.
타고난 의사전달자들에게 귀를 기울이라.
유행하는 잡지나 소설도 당신이 언어의 인물을 사용하고, 당신의 언어에 다양성과 색다른 맛을 첨가하는 것을 도울 수 있다.[57]
넷째, 당신의 청중에게 당신의 설교 스타일을 이식시킬 준비를 하라.
의사소통가로서의 기술은 당신이 말하고 있는 청중의 성격이 어떠하든 상관없이, 올바른 방법으로 적절하게 메시지를 전달할 수 있다는 것을 의미한다. 복음의 설교자로서 당신의 청중이나 말하는 상황을 배려하는 것

---

[56] Wilbur Ellsworth, *The Power of Speaking God's Word* (Ross-shire, Great Britain: Christian Focus Publications, 2000). Wilbur Ellsworth는 구두와 설교를 기술적인 측면으로 바라본다. 모든 부분에는 동의하기 힘들지만 당신은 그의 책을 통해 얻을 부분이 있을 것이다. G. Robert Jack의 *Just Say the Word: Writing for the Ear* (Grand Rapids: Eerdmans, 1996) 역시 이 주제에 관해 도움을 준다.

[57] 바로 이 문제를 다루는 연구가 바로 T. David Gordon의 *Why Johnny Can't Preach* (Phillipsburg: P&R, 2009)이다. T. David Gordon에 따르면 오늘날 사람들이 설교할 수 없는 이유는 두 가지다. 그들은 읽거나 쓰지 못한다. 많은 경우, 의사소통에서의 사회적인 변화는 이 문제에 크게 관여했지만 궁극적인 책임은 하나님의 말씀을 설교하는 설교자들에게 있다. T. David Gordon은 세 가지 해결책을 제시한다. (1) 당신의 설교에 대한 연례 검토를 교회가 하도록 준비하라. (2) 텍스트를 자세히 읽는 감각을 키우라. (3) 구성된 의사소통의 감성을 키우라. 즉, 글을 잘 쓰기(95-12)이다.

없이 오로지 "자기 자신이 되어라"는 것에 만족해서는 안 된다.

장례식, 졸업식 혹은 보다 공식적인 교회 예배와 같은 상황은 강단에서의 공식적인 접근을 요구한다. 수요일 저녁 대학 그룹에게 하는 설교는 더 긴장을 푼 설교를 요구한다. 여름 캠프에서 아이들을 다룰 때 필요한 것은 다른 단어와 구조를 선택하는 것이다. 당신은 이 모든 상황에서 당신의 스타일을 사용함으로 청중과 접속할 수 있다. 바울이 이것을 잘 표현하였다.

    때를 얻든지 못 얻든지 준비하라(딤후 4:2).

제28장

당신의 앞에 있는 사람들에게 설교하기

효과적인 설교자는 자신의 메시지를 앞에 앉아 있는 사람들에게 연결하는 사람이다. 그는 그곳에 있지 않은 사람들이나 그들이 원하는 사람들에게는 설교하지 않는다. 대신, 그는 실제로 듣고 있는 사람들에게 메시지를 전달해서 그들이 이해하고, 감사하고, 응답할 수 있도록 한다. 앞에 있는 사람들에게 설교를 하려면 다음과 같은 질문을 해야 한다.

누가 내 청중인가?

내 메시지에서 무엇을 찾고 있는가?

내가 하는 말을 어떻게 받아들이는가?

이 질문들은 간단하고 단순해 보이지만, 실제로는 답하기가 매우 까다롭다. 당신의 설교에 대한 청중의 반응이 어떠할 것인지에 대한 당신의 생각은 이 상황과 전혀 상관이 없을 수도 있다는 것을 배웠다.

어떤 한 설교자가 강단이 특이하게 배치된 작은 교회에서 처음으로 이야기하고 있다. 일반적인 좌석들은 강단 앞에 놓여 있고, 무대 양쪽에 두 개의 좌석이 놓여 있어 그 좌석에 앉아 있는 사람들이 설교자의 측면을 볼 수 있었다.

이 좌석에 다소 크고 근육질의 단 한 명의 남자를 제외하고는, 회중의 모든 사람들이 단상 앞 좌석에 앉아 있었다. 그는 한쪽 좌석에 혼자 앉아 팔짱을 끼고 이마를 찡그리며 입술을 반쯤 으르렁거리고 있었다. 그는 설교가 시작될 때 세상에서 가장 비열하고 화가 난 사람처럼 보였고, 메시지가 전해지면서 더욱 비열해 보였다.

한두 번이라도 설교를 했다면, 설교자의 머리에서 내적 대화가 계속된다는 것을 알 수 있다. 마음속에서 말없이 이루어지는 개인적 대화는 설교자가 다음에 무엇을 말할 것인지, 그가 사용하려는 단어가 최선인지에 대해 토론하고, 청중의 반응을 해석하는 것들이다. 그 메시지를 전하는 동안 설교자의 정신적 대화는 한 가지 주제뿐이다. 그것은 그에게서 불과 몇 피트 떨어진 곳에 앉아있는 사람이다. 다음은 내적 토론의 대략적인 기록이다.

이 남자는 누구야?
왜 그렇게 화가 난 것처럼 보이는 거지?
내가 말하는 걸 좋아하지 않을 거야.
어쩌면 그는 나를 개인적으로 좋아하지 않는지도 몰라.
우리가 만난 적도 없는데 어떻게 그럴 수 있지?
어린 시절에 경멸했던 사람을 생각나게 했을지도 몰라.
내가 뭘 할 수 있을까?
내가 재미있는 이야기를 하면… 아니, 그것도 효과가 없었을 거야.
난 여기서 죽어 가고 있어.
그를 보지 않으면 그가 거기 있다는 걸 잊을지도 몰라.
그를 계속 쳐다보지 않을 수가 없어!
사탄이 오늘밤에 내 설교를 들으러 온 걸 수도 있지 않을까?
주여, 저를 살려 주세요!

내적 대화는 이렇게 메시지가 전달되는 내내 일어났다. 설교자는 나머지 청중에게 집중하고, 그가 말하고 있는 성경의 내용에 집중하고, 자신의 요점을 기억하고, 성령의 일에 의존하고, 어떻게든 그의 주변 시야에 있는 화난 남자에게 정신이 팔리지 않도록 최선을 다했다.

예배가 끝난 후, 설교자는 작은 교회의 뒷문에 서서 자신이 이미 기억하고 있는 회중들과 악수를 나누었다. 그 대열의 뒤쪽에는 옆자리에 앉은 남자가 있었다. 목사의 손을 잡자 덩치 큰 남자는 거의 말을 할 수가 없었다. 대신 그는 얼굴을 타고 흘러내리는 눈물 사이로 훌쩍거렸다.

목사님!
그 메시지는 정말 제가 필요한 것이었어요.
오늘밤 내 인생에서 하나님께서 당신을 어떻게 사용하셨는지 당신은 절대 모를 겁니다.
고마워요, 목사님!
고맙습니다.

이 말을 하는 그 순간, 눈물이 그 남자를 더 이상 말할 수 없게 만들었다. 그는 설교자를 꼭 끌어 안고 교회에서 걸어 나가 뒷주머니에서 꺼낸 푸른 밴대나 스카프로 눈을 닦았다.

1. 당신의 청중을 분석하기

청중 사이에서 일어나는 일은 언제나 수수께끼와도 같다. 청중이 어떤 사람들인지, 그들의 배경이 그들의 사고와 태도에 어떻게 영향을 미쳤는지, 예수 그리스도와 영적으로 어떤 관계를 맺고 있는지, 당신이 그들에게 선포한 성경적 진리를 이해했는지. 메시지가 펼쳐지는 동안, 그들이 생각하고 느끼고 믿는 것을 모두 아는 것은 거의 불가능하다.

그러나 설교를 효과적으로 전달하려면 청중에 대해 가능한 많이 이해해야 한다. 그들이 메시지를 얻지 못한다면, 설교는 아무리 의도가 좋고 잘 준비되어 있더라도 씻겨 나간다. 설교자들은 청중을 분석하는 법을 배워야 한다. 청중 분석에는 크기, 인구 통계, 관심, 태도 및 영적 조건과 같은 기준이 포함된다.

1) 청중의 크기

청중의 크기가 다양해지면 의사소통 방식을 바꿔야 한다. 많은 청중에게 매우 잘 전달되는 설교 자료가 더 작은 청중에게 전달될 때 반대 효과를 가질 수 있음을 발견할 것이다.

예를 들어, 우리는 재미있는 이야기들이 더 큰 그룹, 더 많이 혼잡한 공간에서 항상 더 잘 작동한다는 것을 알아냈다. 왜냐하면, 웃음은 전염성이 있기 때문에, 더 큰 군중은 유머러스한 이야기에 대해 더 추진력을 가지는 것처럼 보이기 때문이다.

그래서 우리가 소규모 집단이나 반쯤 비어 있는 강당에서 설교를 한다면, 우리는 우리가 사용하는 유머가 더 큰 장소에서와 같은 효과를 낼 수 없다는 것을 알고 있다. 그런 맥락이 설교자가 그의 설교에서 유머러스한 모든 이야기를 버려야 한다는 것을 의미하지는 않는다. 그것은 단순히 그가 다른 종류의 반응을 준비해야 한다는 것을 의미하며, 상황에 따라 조정해야 한다는 것이다.

반대로, 청중의 크기가 감소함에 따라 설교자는 메시지에 대한 구체적인 피드백을 얻을 수 있다는 이점을 가지고 있다. 더 작은 집단을 통해 질문하고 답을 하면서, 청중의 주의를 더 정확하게 점검한 다음, 당신이 받은 피드백에 설교를 적용할 수 있다. 더 큰 집단에서는 모든 청중의 얼굴을 볼 수 없기 때문에 그들이 당신의 메시지를 이해하고 있는지 아닌지를 추측해야 한다.

2) 청중의 인구 통계학

인구 통계학은 특정 변수로 청중을 특성화하는 것을 포함한다. 특정 인구 통계학의 모든 사람들이 같은 생각을 하고, 같은 행동을 하고, 같은 방법으로 듣는다고 생각하는 것은 순진한 것이다. 설교자는 인구 통계학적 특성이 청중의 반응에 영향을 미칠 수 있음을 알아야 한다. 다음은 인구 통계에 관해 질문할 수 있는 네 가지 중요한 질문이다.

첫째, 내 청중의 연령 범위와 연령 분포는 무엇인가?

젊은 사람들은 더 이상주의적인 경향이 있다. 그들은 동료들의 가치에 크게 영향을 받는다. 일반적으로 더 빨리 진행되고 유동적으로 조직된 메시지와도 같다. 다양한 의사소통의 도구를 사용하는 것에 고마워한다. 나이든 청중은 보다 직선적 구조로 조직된 설교를 듣고, 더 느리고 생각이 깊은 방식의 설교를 더 좋아한다. 그들은 현 상태에 더 큰 지분을 가지고 있기 때문에 변화를 요구하는 것에 더 저항하는 경향이 있다.

둘째, 내 청중의 성별은 무엇인가?

일부 주제에 대해 점점 가까워지는 동안, 남성과 여성이 메시지를 받는 방식에서 약간 다른 접근 방식을 원할 수 있다. 남자들은 그들이 받는 메시지에서 설득력 있는 의도를 선호하는 경향이 있다. 여성들은 종종 설교자의 말을 들으면서 협상과 공유의 태도를 원한다.[58]

셋째, 청중의 교육적, 사회경제적 수준은 어떤가?

일반적으로 광범위한 교육과 다양한 사회적 경험을 가진 청중은 새로운 아이디어에 더 개방적일 것이다. 하지만 그들은 메시지에서 당신이 제시하는 점에 대해 침묵의 반대를 하면서 설교자와 정신적으로 논쟁을 벌일 것이다. 교육받지 못한 청중은 당신의 메시지에 반대할 가능성이 적지만, 그들은 이전부터 가졌던 생각에 집착할 가능성이 더 높다.

설득력 있는 관점에서 볼 때, 보다 전문적인 그룹에 비해 대부분의 블루칼라 청중을 다루는 것은 별도의 도전 과제이다. 청중의 교육적, 사회적 수준을 아는 것은 또한 성경의 텍스트에서 개념을 설명하는 방법, 설교에 가

---

[58] 이 주제에 관해 더 보기 위해서는 다음의 책을 보라. Alice Matthews, *Preaching that Speaks to Women* (Grand Rapids: Baker, 2003).

장 적합한 어휘 수준, 사용할 삽화 유형 및 메시지 응용 프로그램의 방향이 무엇인지 결정하는 데 도움이 된다.

넷째, 청중 내에서 민족적, 문화적 집단이 무엇이며 그 비율은 어느 정도인가? 21세기 교회에 대해 가장 고무적인 점 중 하나는 지역교회들이 인종적으로 점점 다양해지고 있다는 것이다. 청중 사이의 민족적, 문화적 차이는 설교가 성취해야 하는 것에 대한 이해와 의사소통에서 선호도의 차이를 불러일으킬 수 있다. 서로 다른 회중들의 문화는 설교가 어느 정도 길이어야 하는지, 메시지가 더 유익하고 감정적이어야 하는지, 설교가 어떻게 전달되어야 하는지에 대해 뚜렷한 선호도를 보여 준다.

3) 청중의 흥미

청중의 관심 수준은 메시지의 설교에 접근하는 방식에 영향을 미친다. 청중의 관심은 다음 범주로 분류할 수 있다.

첫째, 무관심한 청중(casual audience)은 그 주제에 대해 거의 통일된 관심이 있지 않다.

청소년 행사에 참여하는 십대들이나 거리 설교를 할 때, 길가는 통행인들이 무관심한 청중의 예이다. 그런 청중을 다루는 주요 과제는 그들의 관심을 끄는 것이다.

둘째, 수동적 청중(passive audience)은 주변 환경이 반드시 들어야 한다고 지시하기 때문에 설교를 듣고 있는 청중으로 구성된다.

장례식이나 결혼식, 부활절, 크리스마스 또는 어머니날과 같이 사회나 가족이 교회 출석을 원할 때 일반적으로 교회에 무관심한 사람들이 참석한다. 설교자는 자신의 주제에 대해 수동적인 청중의 관심을 얻어야 한다.

셋째, 선택된 청중(selected audience)은 그들에게 중요한 이유로 모인다.

그들은 무관심하고 수동적인 청중보다 의사소통이 더 잘되는 그룹으로, 메시지를 설교자로부터 받는 것에 더 큰 관심이 있다. 보통 주일 아침의 청중은 선택된 청중과 가장 비슷할 것이다. 설교자는 이 청중에게 인상을 주고 그들에게 동기를 부여해야 한다.

넷째, 공동 청중(concerted audience)에서 대다수 청중은 작업을 수행하는 데 관심이 있으며 설교하는 사람과 주제에 대한 열정을 가지고 있다.

집사 단체와 교회협의회는 공동 관객의 예가 된다. 여기서 설교자의 임무는 청중을 설득하고 계획을 세우는 것이다.

다섯째, 조직된 청중(organized audience)은 연사가 상당한 영향력을 행사하거나 심지어 어느 정도 통제력을 가진 그룹이다.

세상으로 치자면, 군대와 운동팀이 조직된 청중이다. 목사의 교역자들과 가장 동기부여가 강한 평신도 지도자들은 교회 조직에서 전형적인 조직된 청중일 것이다. 조직된 청중을 다룰 때 설교자의 임무는 주로 청중의 행동을 지시하는 것이다.

청중의 관심 수준을 이해하면 메시지에 포함할 자료의 종류, 사용할 의사소통 스타일 및 메시지를 구성하는 방법을 결정할 수 있다. 대부분의 경우, 우리는 전형적인 회중이 수동적인 청중과 공동의 청중 사이의 스펙트럼 어딘가에 속한다고 가정하는 것이 가장 좋다. 그것은 우리 청중의 대다수가 교회 안에서 하나님을 찬양하고 말씀이 선포되는 것을 듣고자 하는 동기를 가지고 있다는 것을 의미한다.

그러나, 우리가 다루는 특정 주제에 대한 관심 측면에서 다소 수동적일 수 있다. 그러므로 우리는 설교를 계획하여 청중의 관심을 얻고, 삶의 진정한 필요를 해결하며, 성경 본문의 메시지를 선포하고, 메시지의 중심 진리에 기초한 신앙과 순종을 청중에게 요청해야 한다.

4) 청중의 태도

청중의 태도는 당신과 당신의 메시지와 관련하여 세 가지 입장 중 하나에 속한다.

첫째, 많은 사람이 호의적일 것이다.
즉, 그들은 이미 당신이 말하는 것에 대부분 동의할 것이고 당신에 대해 좋은 감정을 가질 것이다. 그렇다면 당신의 목표는 그들의 긍정적인 태도를 강화하고, 그들이 이미 믿고 있는 진실에 대한 헌신과 이해를 깊게 하며, 그들이 그 헌신에 따라 행동하도록 격려하는 것이다.

둘째, 청중 중 다른 사람들은 무관심할 것이다.
그들은 당신의 메시지에 대해 마음을 정하지 않았을 것이다. 이런 태도는 대개 청중이 더 많은 정보와 지시가 필요하다는 것을 의미한다.

셋째, 일부 청중은 당신의 메시지에 반대한다.
그들은 당신이 말하는 것의 기본적인 부분에 동의하지 않을 것이다. 종종 그들은 당신의 메시지 내용과 상충하는 생활 방식을 가지고 있으므로 동의하지 않는다. 청중은 단지 연설자로서 당신에게 호의적이지 않기 때문에 반대할 수도 있다. 반대 청중을 다룰 때, 설교자는 가능한 공통의 근거를 찾고, 반대 의견을 제기하며, 자신을 선한 의도를 가진 사람으로 제시하는 것을 목표로 한다.

오늘날 청중의 태도는 종종 진실에 대한 포스트모던적 사고방식에 크게 영향을 받는다. 그레이엄 존스턴(Graham Johnston)은 포스트모던 시대 사람들의 특징 중 일부를 이렇게 묘사한다.

객관적인 진리의 거부, 권위에 대한 회의론과 의심, 자기 정체성에 대한 탐색, 모호한 도덕성과 편의성, 초월적인 것에 대한 열망, 미디어 포화, 공동체에 관한 탐구, 물질만능주의에 대한 끊임없는 노출.[59]

청중이 거의 모든 깨어 있는 시간에 접하고 있는 세계관은 성경의 메시지에 정반대의 것임을 설교자는 반드시 인식해야 한다. 청중의 의견을 얻고, 청중의 필요를 이해하고, 그들과 만나기 위해 그들의 태도가 무엇이고, 어떻게 성경적인 메시지로 그들과 의사소통할 수 있을지를 우리는 반드시 고민해야 한다.

5) 청중의 영적인 상태

이미 언급한 다른 기준에 의해 청중을 평가하는 것에 덧붙여서, 기독교 설교자들은 메시지를 전달받는 사람들의 영적 상태를 매우 신중하게 고려해야 한다. 청중이 우리가 설교하는 메시지를 받는 방식은 그들이 예수 그리스도와 관계가 있는지, 그리고 그 관계에서 성장하고 있는지에 크게 달려 있다.

가장 기본적인 수준에서는 세상에는 오직 두 부류의 사람만이 산다. 젤리 바인즈와 짐 쉐딕스는 이렇게 관찰한 것을 말한다.

> 성경의 많은 구절은 신자와 불신자들에게 똑같이 적용 가능한 문제를 다루지만, 대부분의 본문은 하나님의 백성 혹은 다시 회복되지 않는 인류들에 대해서 다룬다. 목사는 자신의 특정 텍스트가 누구를 위한 메시지인지, 최초 청중에 대해 매우 분명해야 한다.[60]

---

[59] Graham Johnston, *Preaching to a Postmodern World* (Grand Rapids: Baker, 2001), 26.
[60] Jerry Vines and Jim Shaddix, *Power in the Pulpit* (Chicago: Moody, 1999), 128.

앞에 있는 사람들에 대해 생각하면서, 어떤 설교 기회가 더 불신자들에게 뿌리를 두고 지향해야 하는지, 어떤 것이 기독교인들의 복음적 필요에 맞춰져야 하는지 생각해 보라.

비록 같은 장소에서 설교를 한다 할지라도, 기독교인과 비기독교인의 비율은 한 해의 계절과 주중 언제를 예배일로 잡느냐에 따라 변한다는 것을 기억하라.

청중의 회복 차원에서, 다른 사람들이 하나님으로부터 멀리 떨어져서 살고 있는 동안 하나님을 따르는 신자들이 있다. 어떤 이들은 영적 삶에서 정체를 느끼고, 또 어떤 이들은 성장하고 있다. 메시지에서 당신이 만든 적용점과 성경의 진리를 제시하는 방식은 어느 정도는 설교를 듣는 사람들의 영적 상태와 성숙도에 의해 결정되어야 한다.

그러나 다시 한번 기억해 두자.

복음은 신자와 불신자들의 가장 깊고 진정한 필요를 향해 말하고, 그 필요와 만나는 것이다. 데니스 존슨(Dennis Johnson)은 팀 켈러의 통찰력에 따라 이렇게 말한다.

> 믿지 않은 사람과 신자가 설교에서 들어야 할 것은 복음이다. 우리는 이 놀라운 은혜에 대한 반응으로써 살아온 삶에 들어있는 복음을 가지고, 자신 있는 태도로 이 복음을 들어야 한다.[61]

---

[61] Dennis Johnson, *Him We Proclaim: Preaching Christ from All the Scriptures* (Phillipsburg: P&R, 2007). 55. Keller의 설교는 sermons.redeemer.com/store의 "The Redeemer Sermon Store"를 통해 확인할 수 있다.

2. 우리 청중이 필요로 하는 것

조지아 애틀랜타에 있는 피치트리장로교회(Peachtree Presbyterian Church) 수석 목사로 27년간 봉사한 프랭크 해링턴(Frank Harrington)은 설교자와 청중에 대한 통찰력 있는 관찰을 제공했다. 그는 청중이 설교자들에게 큰 영향을 미친다고 말했다.

> 위대한 사람들은 위대한 설교에 힘을 불어 넣는다. 많은 사람은 설교자가 교회를 만든다고 말하지만, 그 반대가 사실이다. 교회가 설교자를 만든다. 나는 이 교회 회원들로부터 강단에 들어가 하나님이 내 마음에 주신 것을 설교하도록 대단한 격려를 받았다.[62]

당신의 회중이 갖고 있는 필요와 연결되도록 의사소통을 설계하면, 설교가 더 강하고, 더 생생하고, 더 적절해질 수 있다.

청중이 가진 세 가지 주요 요구 사항과 이러한 요구에 어떻게 대응할 수 있는지 생각해 보라.

첫째, 들음(Listening)이다.

청중은 듣고 싶어 한다. 그들은 자신의 질문에 대해 생각하고, 세상과 싸우는 성도들에게 확신을 주고, 의견을 고려하고, 자신의 감정에 주의를 기울여 주는 설교자가 필요하다.

플랫폼에서 나와 강단에서 나오면, 당신의 사람들이 누구인지, 그들이 생각하고 경험하는 것을 알 수 있는 방법을 찾으라.

설교자는 설교를 일방적인 의사소통으로 생각하고 싶은 유혹을 느낄 수 있지만, 청중은 대화형 개방성을 갈망한다. 메시지는 내부적으로 또한 명

---

[62] 다음에서 인용되었다. Michael Duduit, *Conversations on Preaching* (Franklin, TN: Preaching Press, 2004), 11.

백하게 응답을 끌어내도록 설계되어야 한다.

청중을 끌어들일 수 있도록 메시지 전달에 여러 요소들을 포함시키고, 비록 비언어적이라 할지라도 당신이 선포하는 진리와 함께 그들이 상호작용하도록 만들어라.

둘째, 기여(Contribution)이다.

많은 청중은 강당에서 자리를 차지하는 것에 그치길 원하지 않고, 하나님의 나라를 변화시키기 위한 진심 어린 갈망을 가지고 있다. 그들은 교회가 그들을 필요로 하고 교회는 그들에게 그들의 능력을 사용할 장소를 제공한다는 것을 이해해야 한다.

설교의 적용에 포함시킬 수 있는 '가져갈 수 있는 것'을 생각해 보라.

또한, 메시지를 설교하는 동안 청중을 위한 몸짓으로 하는 응답을 포함하라.

예를 들어, 어떤 설교자는 배고픈 사람들에게 먹을 것을 주는 것에 대해 이야기하고, 가난한 사람들을 위해 지역 음식 식료품을 사러 갈 수 있도록 일찍 회중을 해산시켰다. 또 다른 설교자는 그의 회중에게 신발을 벗어 노숙자를 위한 신발을 제공하기의 일환으로 교회에 남겨 두라고 요청했다. 이러한 단순한 기여 행위는 청중에게 지속적인 인상을 준다.

셋째, 희망(Hope)이다.

종종 청중은 낙담하고, 장래성이 없는 삶의 상황을 경험한다. 청중은 많은 사람의 이야기를 듣고 있고, 인정해 주고, 자신의 존재를 소중히 여기는 사람을 원한다. 그들은 가치 있는 메시지를 들을 자격이 있다. 신중하게 준비되고 능숙하고 열정적으로 전달되는 설교를 받을 자격이 있다.

더 나아가, 그들은 하나님에 대한 믿음이 자신과 다른 사람들의 삶을 어떻게 변화시켰는지 선포하는 설교를 들음으로써, 현재를 넘어서는 가능성을 보고 싶어 한다. 그들은 하나님께로부터 말씀을 원한다. 하나님의 사람으로서 당신은 반드시 그 말씀을 그들에게 충성되게 전해야 한다.

제29장

시각적 호소력이 있는 설교

설교 개요와 일치하지 않는 파워포인트 프리젠테이션, 오작동을 일으키는 비디오 클립, 배우들이 자신의 부분을 배운 적이 없는 진부한 드라마, 그리고 성경 구절의 의미보다 더 많은 설명이 필요한 구체적 실례… 이런 모든 지극히 평범한 일들이 바로 왜 우리가 이번 장을 벗어나도록, 그리고 그냥 당신의 설교를 하라고 권유하는 몇 가지 이유들이다.

비디오를 사용하지 마라, 드라마를 사용하지 마라, 컴퓨터 프리젠테이션을 사용하지 마라, 구체적 실례를 사용하지 마라, 성경을 손에 들고 서서 메시지를 전하라 등이다. 그러나 우리는 그 유혹에 저항했고, 이번 장을 두 가지 강력한 이유를 가지고 썼다.

① 오늘날 설교자들은 (저자를 포함해서) 그들의 메시지에 시각적 지원을 이용하고 그것을 잘 활용하기 위한 몇 가지 지침 원칙을 필요로 할 것이다.
② 피할 수 있는 주요 함정이 있지만, 메시지의 시각적 부분이 능숙하게 사용되어질 때, 설교의 내용을 향상시키고 풍성하게 할 수 있다.

설교자들이 시각적으로 소통해야 한다는 것은 피할 수 없는 사실이다. 특히, 미국에서 청중은 그들이 듣고 있는 언어적 컨텐츠를 시각적으로 보는 데 익숙하다. 텔레비전에서 뉴스를 볼 때, 영상은 구두 메시지와 함께 항상 영상이 동반된다. 또한 우리가 인터넷 검색을 할 때, 정보를 이해하는 데 도움이 되는 단어와 사진을 함께 보게 된다.

사람들은 우리가 필요로 하는 다양한 학습 스타일과 선호도를 가지고 있다. 그것이 우리가 설교를 전달할 때 고려해야 할 필요가 있는 것이다. 릭 블랙우드(Rick Blackwood)는 조사 연구를 개제했는데 8학년 때 학교를 중퇴한 1,500명의 성인들에 대한 것이었다. 연구 대상의 거의 100퍼센트가 "감각 우세적"(sensing-dominant)이었는데, 그들은 그들이 배우고 이해하는 데 도움을 줄 시각적이고 상호 작용을 필요로 했다.

교육의 다른 쪽 끝에서, 연구자들은 국가공로상 장학금 수상자의 83퍼센트가 시각에 의존하는 직관적인 유형의 학습자였음을 발견했다.[63] 우리 청중의 대부분은 그들이 우리의 메시지를 이해하고 기억하도록 돕기 위하여 눈으로 보는 이미지에 대해 아주 커다란 필요를 가지고 있다.

성경의 설교자들은 그들의 메시지를 강화시키기 위해 종종 시각적 이미지를 사용해 왔다. 예를 들어, 마태복음 18:2-4은 예수님이 말씀하신 사람들의 한가운데에 아이를 두셨다고 말씀하셨다.

> 너희는 돌이켜 어린아이들과 같이 되지 아니하면 결단코 천국에 들어가지 못하리라(마 18:2-3).

주님은 예레미야에게 줄과 멍에를 만들게 하고 이스라엘이 바빌론에 복종함을 통해 구원을 가져올 것이라고 설명하기 위해 목에 걸도록 지시했다. 예레미야는 여러 다른 왕에게 메시지를 선포하면서 이 시각적인 그림을 사용했다(참조, 렘 27:1-7).

설교자들이 메시지의 시각적 호소력을 높이기 위해 사용할 수 있는 다양

---

[63] Rick Blackwood, *The Power of Multi-sensory Preaching and Teaching* (Grand Rapids: Zondervan, 2008), 71. 이 자료는 이 절에서 언급된 모든 정보를 포함한다.

한 도구와 방법을 시도하기 전에, 시각적으로 의사소통한다는 것이 꼭 메시지의 외부 시각 보조 장치를 사용하는 것을 뜻하지 않는다는 점을 기억해야 한다.

여러 면에서 설교자 자신 자체가 여러 매개체이다.

설교를 하려고 사람들 앞에 단순히 서 있을 때, 당신이 사용하는 서로 다른 여러 가지의 모든 매개체를 생각해 보라.

당신은 지금 말하는 것처럼 소리를 사용하고 있다. 당신은 몸짓과 동작과 같은 시각적인 방법도 사용한다.

당신은 그들이 보고 있는 성경을 함께 읽게 함으로써 청중이 쓰여진 글을 보게 한다. 심지어는 드라마를 사용하여 성경적 서사의 일부를 연기하거나 당신 자신의 이야기를 전하기도 한다. 화면에 사진을 올리거나 동영상을 보여 주는 것이 효과적일 수 있지만, 분명하고 상상력이 풍부한 것을 묘사하거나 생생한 이미지와 감각적인 언어로 이야기를 전하는 것은 청중의 마음에 시각적 이미지를 만들어 줄 수 있다는 사실을 설교자들은 기억해야 한다.

사실, 청중이 당신이 해 준 묘사로 어떤 장면을 상상할 때, 그들이 그들 자신의 마음속에 이미지를 만들려고 노력하므로 당신의 묘사는 더 깊고 지속적인 충격을 그들에게 가져다 줄 수 있다.

1. 프리젠테이션 소프트웨어 사용하기

교회 강당에서 표준으로 쓰이는 장비가 있다. 교회 건물에는 거의 항상 플랫폼 가구, 좌석, 합창단 로프트 및 강단이 있다. 요즘 교회 강당은 앞서 언급한 항목을 가질 수도 있고 없을 수도 있다. 그러나 거의 모든 새로운 교회에는 비디오 스크린과 일종의 프로젝션 시스템이 갖추어질 것이다. 비디오 프로젝션은 우리의 예배 서비스에 매우 널리 사용되고 있으며 파워포인트, 키노트(Keynote, 프리젠테이션 소프트웨어 앱임-역주), 임프레스(Impress),

또는 기타 프리젠테이션 소프트웨어와 같은 프로그램에서 생성된 그래픽은 찬송가 및 좌석 성경보다 더 일반적으로 사용되었다.

프리젠테이션 소프트웨어는 현대 예배에 많은 긍정적인 기여를 했다. 우리의 추정에 따르면, 화면에 투영된 이미지와 단어는 다음과 같은 장점을 준다.

① 사람들이 찬송가를 따라 부르도록 하며, 사람들의 시선이 올라가고 목소리가 더 크고 즐겁게 퍼져 울리도록 함으로써 회중의 노래와 칭찬을 돕는다.
② 음악 리더는 더 이상 사람들에게 찬송가의 이 페이지에서 저 페이지로 전환하도록 알리거나, 인쇄된 가사 세트의 페이지를 통해 여러 곡으로 전환하지 않아도 되므로 음악적 요소 간의 전환을 보다 부드럽게 만든다.
③ 모든 사람이 같은 단어, 같은 버전의 성경에서 동시에 읽을 수 있기 때문에 성경을 읽는 동안 회중을 통일시킨다.
④ 설교자가 설교 내용에 대한 구두적인 지원만큼이나 시각적인 것을 보여줌으로, 설교자가 설교의 주요 아이디어와 요점을 명확하게 전달하도록 돕는다.
⑤ 설교자가 한 구절에서 다른 구절로 돌아가도록 힘들게 지시하지 않고도 할 수 있도록 교차 참조를 통하여 그것을 용이하게 한다.

프리젠테이션 프로그램의 이러한 유용한 측면과 함께 여러 가지 부정적인 특징과 잠재적 위험이 있다.

① 화면에 성경 구절을 사용하면 성도가 하나님의 말씀이 인쇄된 자신만의 성경을 가져오는 것에 용기를 잃어버릴 수 있다.
② 화면의 이미지는 청중이 설교자의 말을 듣지 못하게 할 수 있다.
③ 설교자의 확대된 이미지가 큰 화면에 투영되는 장소에서는 강단 근처

에 앉아 있는 성도조차도 설교자와 직접 상호 작용하기보다는 화면을 보는 경향이 있다.
④ 설교자의 모습이 비디오를 통해 투영되는 것은 목사의 중간적인 단계의 버전을 만들어내는 것이 되어 어느 정도 회중들과 분리하는 기능을 함으로, 설교자를 실제보다 더 크게 보이게 한다.
⑤ 잘못 디자인된 프리젠테이션은 목사의 의사소통을 돕기보다 메시지를 더 혼란스럽게 만들 수 있다.
⑥ 프리젠테이션이 원활하고 정확하게 발표되지 않으면 청중을 크게 혼란스럽게 할 수 있다.
⑦ 프리젠테이션 프로그램은 이미 교실과 비즈니스 환경에서 널리 사용되고 있기 때문에, 청중은 이것을 보는 데 지쳐서 관심을 기울이지 않을 수 있다.

오늘날 설교자들은 프리젠테이션 소프트웨어를 어느 정도는 거의 필연적으로 사용할 것이지만, 설교자들은 메시지의 소통 능력을 극대화하는 방식으로 파워포인트나 다른 유사한 소프트웨어 프로그램을 사용하는 방법을 이해해야 한다. 다음은 프리젠테이션 프로그램을 사용하는 지침이다.

프리젠테이션 프로그램을 잘 사용하는 방법

1. 설교를 먼저 디자인하고 개발하라.
화려한 그래픽, 애니메이션 및 창의적인 서체를 추가하는 것을 통하여, 불분명한 주요 아이디어와 개요를 더 이상 만들지 않을 수 있다. 설교자는 컴퓨터 프리젠테이션을 하기 전에 능숙하게 설교를 디자인하고 개발해야 한다.

2. 이미지를 이용해 의사소통하라.
컴퓨터 프리젠테이션 프로그램 때문에 설교자는 사진, 삽화 및 기타 이미지를 설교 전달에 쉽게 통합할 수 있다. 이러한 이미지들은 우리 청중의 가슴과 기억에 들어가는 경향을 만들어내는 매타포와 같은 것이다.

3. 인상보다는 단순함을 목표로 삼으라.
극적인 전환과 눈에 띄는 애니메이션은 매우 짧은 시간에 과도하게 사용된다. 단순하지만 분명한 프리젠테이션은 거의 항상 더 좋다. 읽기 쉽고 눈에 즐겁게 보이는 색 구성표와 서체를 선택하라.

> **4. 슬라이드 당 단어 제한 및 프리젠테이션 당 슬라이드 제한을 하라.**
> 25개의 단어는 한 슬라이드에 넣을 최대치에 해당한다. 더 많은 단어는 성도들에게는 너무 작아서 쉽게 읽을 수 없고 화면을 혼란스럽게 보이게 한다. 프로그램당 12~15개의 슬라이드를 표시하는 것도 최고의 방법이다. 그보다 더 길면 프리젠테이션은 나머지 설교 진행을 가리고 "쇼의 스타"가 될 수 있다.
>
> **5. 잘 하거나 아니면 아예 하지 말라.**
> 비디오 프리젠테이션이 효과적이기 위해서는 멋지게 설계되고 능숙하게 제시되어야 한다. 목사의 회중이나 그의 스텝은 대개 호소력 있고 효과적인 발표를 함께 하는 데 재능이 있는 사람들을 포함한다. 현명한 설교자가 이러한 개개인의 도움을 요청할 것이다. 설교 중 컴퓨터를 다루는 사람은 메시지를 주의 깊게 따르도록 교육 받아서, 그래픽이 적절한 시간에 화면에 나타나도록 해야 한다. 제대로 실행되지 않은 프리젠테이션은 프리젠테이션이 전혀 없는 것보다 훨씬 더 나쁘다.
>
> **6. 버팀목으로 사용하지 말라.**
> 설교자는 청중이 간단하게 들음으로 메시지의 논리를 따라오게 하기 위해, 메시지의 구조와 흐름을 구두로 전달하는 방법을 알아야 한다. 컴퓨터 프리젠테이션을 할 때에도 메시지의 주요 아이디어와 주요 포인트를 명확하게 전달할 수 있도록 주의해야 한다.
>
> **7. 무엇을 뺄지 생각해 보라.**
> 우리는 설교 중에 청중이 그 구절을 읽을 것이라는 것을 알고 프리젠테이션에서 성경 구절을 의도적으로 생략하는 설교자를 알고 있다. 그들은 그렇게 하면 청중이 자신의 성경을 가지고 다니는 습관을 유지할 것이라고 생각한다.[64]

프리젠테이션 프로그램을 사용하는 것에 대한 논의에서 벗어나기 전에, 오늘날 많은 설교자들이 저기술(low-tech) 프리젠테이션 형식과 컴퓨터로 생성된 그래픽을 결합하여 큰 효과를 내고 있음을 주목해야 한다. 칠판이나 화이트보드에 직접 쓰거나, 사람들에게 유인물을 나눠 주거나, 심지어 머리 위로 넘어가는 프로젝트(OHP)를 사용하여 투명 필름을 쓰면 청중이 익숙해진 매끄럽게 넘어가는 프리젠테이션과는 다른 신선함을 불러일으키는 복고풍의 수공예 느낌을 만들어낼 수 있다.

---

[64] 몇몇 자료들이 Kenton Anderson의 다음에서 채용되었다. "In the Eye of the Hearer," in *Art and Craft of Biblical Preaching: A Comprehensive Resource for Today's Communicators,* ed. Haddon W. Robinson and Craig B. Larson (Grand Rapids: Zondervan, 2005), 607-9.

2. 비디오 클립을 재생하기

프리젠테이션 소프트웨어에 사용되는 화면 및 프로젝션 시스템은 설교자가 자신의 메시지를 지원하기 위해 비디오를 사용할 수 있게 한다. 비디오는 예시 자료의 형태로 설교자가 설교에서 다른 클립을 선택하는 데 사용할 것과 동일한 지침을 사용하여 선택되어야 한다. 최고의 비디오 클립은 설교자가 의사소통하고자 하는 그 생각과 부합하는 것이다.

설교자이자 교수인 존 코슬러(John Koessler)는 설교에서 제시된 개념과 일치하지 않는 클립을 언급하면서 이렇게 말한다.

> 십대 소년의 헐렁한 청바지처럼, 그런 비디오 클립은 설교에 적합하지 않다. 우리는 점점 더 비디오 클립을 예시로 사용하고 있다. 어떤 것들은 매우 잘 작동하지만, 그것들은 보통 평범하다. 나는 때때로 저 목사가 왜 그 필름을 보고 있는지 의아해하기도 한다.[65]

일부 비디오 클립은 영화나 TV 프로그램에서부터 나올 수 있다. 그 외에 설교에서만 사용하기 위해 비디오 일러스트레이션을 만드는 회사에서 제작할 수 있다. 이러한 동영상은 인터넷을 통해 쉽게 다운로드할 수 있다. 설교자들은 또한 설교에서 사용할 자신의 비디오를 만들 수 있다. 가정, 선교지 또는 다른 장소에서 설교의 일부를 촬영하면 메시지를 신선하게 유지하고 설교에 흥분을 더할 수 있다.

한 설교자는 메시지 전체에 비디오 화면에 두 세트의 롤링 번호(번호가 움직이는 것)가 표시되도록 함으로써 비디오를 강력하게 사용했다. 한 숫자는 전 세계적으로 그리스도와 아무런 상관없이 죽어 가는 사람들의 숫자를 나타냈는데 초당 세 명이었다. 다른 숫자는 예수 그리스도 없이 미국에서 죽

---

[65] John Koessler, Lee Eclov에서 발췌함. "*Lessons from Preaching Today* Screeners," in *Art and Craft of Biblical Preaching*, 706.

어 가는 사람들을 집계했으며, 매 15초마다 한 명씩 사망했다. 메시지가 끝날 무렵, 비디오 스크린에는 미국에 예수 그리스도 없이 사망한 수백 명과 전 세계에서 사망한 수천 명이 표시되었다. 그 비디오는 설교자의 메시지를 강조하며 잃어버린 영혼의 끊임없는 예시로서 큰 역할을 했다. 다음은 메시지를 전할 때 동영상을 사용하는 지침이다.

비디오를 잘 사용하는 방법

1. **법을 준수하라.**
   소유자의 동의 없이 저작권이 있는 작업 동영상을 사용하지 말아야 한다. 그렇게 하는 것은 부정직하고 비윤리적이다. 저작권이 있는 비디오 자료를 사용할 계획인 경우, 사용 허가를 받고 필요한 비용을 지불해야 한다. 동의를 얻고 비디오 사용료를 지불하려는 계획이 없다면 비디오를 사용할 필요가 없다.
2. **짧은 동영상이 가장 좋다.**
   예를 들어 구두로 전달할 때처럼, 광범위한 설명이 필요하거나 너무 오래 지속되는 비디오는 메시지에서 사용하기에 가장 좋은 자료가 아니다. 약 2-3분 정도면 충분하다.
3. **동영상을 메시지에 부드럽게 통합하라.**
   설교자가 비디오를 보여 주려고 노력하면서 비디오 장비를 오작동 시키는 것보다 더 어색하거나 혼란스러운 것은 거의 없다. 컴퓨터 프리젠테이션과 마찬가지로 잘 할 수 있는 것이 아니라면, 비디오를 아예 보여 주지 않는 것이 더 낫다. 가장 좋은 규칙은 설교에서 이야기로 전환할 때처럼 메시지의 비디오 요소로 매끄럽게 빠져나갈 수 있어야 한다는 것이다.
4. **전적으로 보증할 수 없는 필름의 동영상은 보여 주지 말라.**
   영화 속의 동영상을 보여 주면, 당신은 그분의 백성들을 돌보는 일을 맡은 하나님의 사람으로서 모든 영화의 내용을 인정한다는 뜻을 포함하게 되는 것이다. 그것은 괴짜 같은 감정처럼 보일지 모르지만, 예수님이 당신이 보여 주는 영화를 보기 위해 당신과 함께 가기를 원하지 않는다면, 그의 교회에서 그것을 보여 주지 않아야 한다.
   우리는 욕설을 사용하거나, 성적인 주제를 다루거나, 지나치거나 그래픽적인 폭력을 특징으로 하는 영화의 클립을 사용하지 않는 것이 가장 좋다고 생각한다. 만약 당신이 클립에 대해 조금이라도 의심이 있다면, 그것을 전혀 보여 주지 않는 편이 더 낫다. 이 충고를 기억해야 한다. 의심이 들면 하지 말라!
5. **비디오를 과도하게 사용하는 것을 조심하라.**
   설교에서 비디오를 보라고 청중에게 지시할 때마다, 당신은 그들과 개인적으로 상호 작용할 소중한 시간을 잃고 있다. 우리는 관객이 비디오를 볼 때 "TV 모드"로 들어가는 경향이 있으며 실제로 메시지에 덜 관여할 수 있음을 발견했다. 메시지에서 여러 동영상을 보거나, 매주 비디오를 보는 것은 얼마 지나면 청중이 귀찮아 할 수 있다.[66]

---

[66] 몇몇 자료들은 Kenton Anderson으로부터 가져왔다, "In the Eye of the Hearer," in *Art and Craft of Biblical Preaching*, 607–9.

3. 소품과 도구로 설교하기

　소품과 도구들은 간단하지만, 청중과 시각적으로 의사소통하는 매우 효과적인 수단을 제공한다. 우리는 종종 실물 공과를 어린이 설교에만 적용하지만, 실제로는 어른을 위한 메시지에 더 적합하다. 아이들은 종종 사물과 교훈을 연결하는 데 어려움을 겪지만, 반면에 성인은 그렇게 정신적으로 연결점을 만드는 것을 즐긴다.
　소품은 실제로 유추적인 교훈을 가르치지 않을 수도 있지만, 청중이 설교자가 구두로 묘사하는 것을 시각화하는 것에 도움이 된다. 또한 그림이나 사진과 같은 작품은 청중의 관심을 얻고 메시지를 전달하는 것에 매우 강력할 수 있다. 다음은 소품 및 도구 사용을 위한 지침이다.

소품 및 도구에 대한 지침

1. **소품과 도구를 가끔 사용하라.**
　　설교자들이 매주 실물 공과를 사용할 때, 효과는 크게 감소한다. 그렇게 하면 청중이 이렇게 말하는 것을 듣게 될 것이다.
　　"이번에는 그가 상자에서 무엇을 꺼내 올지 궁금하군."
　　물건을 사용하는 것은 가끔 하는 편이 낫다.
2. **청중이 언제 소품들을 볼지 생각해 보라.**
　　때때로 설교자는 메시지 전체에 걸쳐 플랫폼에 설명되지 않은 물체를 가지고 호기심을 불러일으킨 다음, 마침내 청중에게 소품이 왜 거기에 있는지 알려 준다. 다른 때에는 설교에서 그것에 대해 이야기할 준비가 될 때까지 그 물건을 숨기는 것이 더 좋을 수 있다.
3. **청중이 그 물체를 볼 수 있도록 하라.**
　　특히, 큰 장소에서는 물체가 얼마나 커야 하는지, 모든 사람이 볼 수 있도록 물체를 어떻게 놓아야 하는지 고려하는 것이 중요하다.
4. **항상 점들을 연결하라.**
　　실물 공과는 비유다. 설교자는 청중이 자신이 제시하는 대상과 진실 사이의 관계성을 본다고 가정해서는 절대로 안 된다. 연결을 명확하게 해야 한다. '같은 방식으로'라는 단어는 이렇게 하는 데 있어서 항상 도움이 된다.

4. 예배 중에 드라마 사용하기

강대상에서의 라이브 드라마는 청중과 강력하게 의사소통할 수 있으며 설교자가 메시지에서 말하고자 하는 진리를 위한 무대를 마련하는 데 도움이 될 수 있다. 드라마를 위한 가장 좋은 시기는 일반적으로 설교가 시작되기 직전, 혹은 예배에서 비교적 앞쪽 순서이다.

목사 릭 블랙우드(Rick Blackwood)는 예배에서 효과적인 드라마의 특징을 이렇게 제공한다.

효과적인 드라마의 특성

1. 관련성.
드라마의 주제는 메시지에 연결되어야 한다.

2. 우수성.
잘 구성된 대본, 광범위한 리허설, 숙련된 배우들이 드라마를 효과적으로 만든다. 다른 시각적 요소와 마찬가지로, 드라마가 잘 공연되지 않는다면 절대로 공연되어서는 안 된다.

3. 공감성.
드라마가 잘 풀리지 않으면 지루하고 흩어질 수 있다. 아마추어적이거나 잘 준비되지 않은 드라마는 관객을 포함한 모든 사람들에게 당혹감을 준다.

4. 창조성.
드라마는 다양성과 신선함이 특징이다. 같은 종류의 드라마를 반복해서 사용하지 않도록 하라.

5. 매끄러움.
설교자, 배우 및 기타 예배 지도자들은 다른 예배 요소에서 드라마로 원활하게 전환할 준비가 되어 있어야 한다.[67]

---

[67] Blackwood, *The Power of Multi-sensory Preaching*, 136–41.

제30장

설교자의 개인적 삶과 공공 행동

 이 책 전체는 거의 설교 준비에 있어서 메시지를 준비하는 것에 초점을 맞추고 있다. 이 마지막 장에서 우리는 설교자가 설교할 준비를 하는 것 보다 더 중요한 것을 다루고 있다. 워렌 위어스비와 데이비드 위어스비는 이렇게 말한다.

 "그의 존재의 모든 부분에서(육체적, 정신적, 정서적, 영적) 설교자는 삶의 메시지를 담고, 그 다음에는 삶의 메시지를 공유할 준비된 그릇이어야 한다"[68]

 설교자의 사생활과 공공의 행동을 고려하면서, 우리는 그리스도와 함께 강력한 동행을 추구하고, 우리 자신과 타인을 향한 올바른 태도와 설교를 유지하는 것이 중요하다는 것을 논의할 것이다. 우리는 또한 전문적이고 효과적인 신체적 외모를 유지하고, 공공 예배에 참여하는 것의 중요성에 대해서도 논의할 것이다.

---

[68] Warren Wiersbe and David Wiersbe. *The Elements of Preaching: The Art of Biblical Preaching Clearly and Simply Presented* (Wheaton, IL: Tyndale House, 1986), 19–20.

1. 그리스도와의 동행을 강화하기[69]

효과적으로 설교하고 충실하게 살기 위해서는 설교자가 예수 그리스도와 끊임없이 성장하는 관계를 추구해야 한다. 그리스도와 함께 걷도록 하는 것을 강화하는 데 필수적인 요소 중 하나는 기도와 성경 연구이다. 바울은 신자들에게 이렇게 말했다.

> 그리스도의 말씀이 너희 속에 풍성히 거하여 모든 지혜로 피차 가르치며 (골 3: 16).

이 책에서 우리는 성경을 가르치는 방법론을 소개했는데, 이 방법론은 당신이 본문의 중심 의미에 도달할 수 있도록 도울 것이며, 이것으로 당신의 사람들에게 설교할 수 있을 것이다. 우리는 설교를 위한 우리의 연구가 메시지를 준비하도록 돕는 것뿐만 아니라, 영적으로 성장하도록 돕는 데에도 강력하다는 것을 발견했다.

위의 것과 더불어, 또한 성경을 경건하게 읽는 것을 추천한다. 그것은 설교 준비를 위한 당신의 연구와는 별도로 하는 것을 뜻한다. 1년 안에 성경을 읽고 있든, 여행하고 있든, 매일 성경을 읽는 경건한 가이드를 통해, 또는 하나님의 말씀을 체계적으로 먹이기 위한 다른 계획을 사용하여 자신의 영적 성장을 위해 성경을 읽는 데 시간을 할애해야 한다.

기도는 그리스도와 함께 동행하는 것에 필수적이다.

어느 날 오후, 한 목사가 기도와 성경 공부에 한 시간을 보낸 뒤 서재에 앉아 있었다. 그가 헌신을 결단하는 단계로 경건의 시간이 끝나갈 무렵, 그는 한 가지 질문에 충격을 받았다.

---

[69] Secret of Preaching with Power," in *Text-Driven Preaching,* ed. Daniel Akin, David Allen, and Ned Matthews (Nashville: B&H, 2010), and Ned Matthews, "The Disciplines of a Text-Driven Preacher," in *Text-Driven Preaching*, idem; Greg Heisler, *Spirit-Led Preaching* (Nashville: B&H, 2007); C. J. Mahaney, *Living the Cross-Centered Life* (Sisters, OR: Multnomah, 2006); David Platt, *Radical: Taking Back Your Faith from the American Dream* (Sisters, OR: Multnomah, 2010).

"내가 더 기도하고 다른 일들을 덜 하면 어떻게 될까?"

그는 그날의 다양한 활동에 대해 생각하기 시작했다.

그가 더 기도하고 신문이나 잡지, 리더십이나 신학에 관한 최신 책을 덜 읽으면 어떨까?

만약 그가 기도를 더 많이 하고 잠을 덜 자면 어떨까, 아니면 더 기도하고 텔레비전을 덜 본다면 어떻게 될까?

그 일련의 질문들이 그를 또 다른 큰 질문으로 이끌었다.

"내가 더 기도하면 내 인생의 어떤 영역이 고통을 받을까?

그는 자신의 삶을 조사하기 시작했다.

더 기도를 하면 목사와 교사로서 덜 효과적일까?

남편으로서 덜 사랑스럽거나, 아버지로서 덜 현명할까?

더 기도를 하면 더 적은 사람이 될까, 아니면 덜 효과적인 지도자일까?

물론 모든 질문에 대한 답은 '아니요'였다.

그는 우리가 아는 것처럼, 더 많은 기도의 결과로 그 누구의 삶의 어떤 영역도 고통받지 않을 것임을 인식했다. 그날은 그 목사가 기도를 통해 하나님을 찾는 길을 시작했기 때문에 삶을 변화시키는 날이었다.

기도는 기독교 생활 자체에 필수적이기 때문에 설교를 위해서도 빠질 수 없다. 성경은 예수님의 기도 생활을 이렇게 요약한다.

> 예수는 물러가사 한적한 곳에서 기도하시니라(눅 5:16).

예수님은 기도에 대한 그의 접근 방식에 있어서 계획성 없이 무작정 접근하지 않았다. 그는 신중하고 희생적으로 아버지와 함께 보낼 시간을 따로 마련했다. 마가는 예수님의 생애와 사역에 있어서 특별한 기도 시간을 기록한다.

> 새벽 아직도 밝기 전에… 기도하시더니(막 1:35).

예수님은 그분의 하루가 정신없이 시작하기 전에 기도하기로 결심했다. 예수님은 기도로 그의 삶을 살았고, 기도를 통해 그의 사역을 명령 받았으며, 기도에서 큰 힘을 발견했다. 그의 설교자들은 그보다 더 못해서는 안 된다. 해돈 로빈슨은 사역의 직업적 위험 중 일부에 대해 이렇게 말했다.

> 교회 행정적인 일의 과부하는 목사들에게 사라지지 않을 많은 세부 사항으로 가득 차게 한다. 사람들의 문제를 다루는 데서 오는 감정적인 피로는 창조적인 에너지를 소모한다. 그리고 매주 여러 번 설교하는 것은 당신이 삶 속에서 말씀대로 살게 하는 능력을 넘어서는 것이다.[70]

피로와 싸우고 하나님을 섬기는 사역에 신선함을 가져다 주는 방법은 지속적인 기도와 하나님의 말씀을 먹는 것이다. 하나님과 친밀하게 함께 걸어가는 것은 기름부음과 힘을 우리 삶에 가져다 주며, 우리의 설교 사역에 하나님의 복을 가져다 주는 것이다. 우리는 설교자와 하나님의 사람들로서 우리 자신에게 정기적으로 몇 가지 질문을 던져야 한다.

- 의도적으로 기도와 성경 공부를 할 시간을 내는가, 아니면 다른 일상적인 일들이 끝난 후에 남은 시간을 하나님에게 드리는가?
- 우리가 하나님에게 하루 중 가장 좋은 부분을 드리는가, 아니면 에너지와 그분에게 집중할 수 있는 신선한 마음을 가지고 있을 때인가, 아니면 지쳐서 고생하는 그 시간에 기도하고 공부하는가?
- 일정에 대한 모든 요구를 염두에 두고, 어떻게 의도적으로 하나님을 위해 시간을 낼 수 있을까?

---

[70] Haddon Robinson, "Busting Out of Sermon Block," in *Art and Craft of Biblical Preaching: A Comprehensive Resource for Today's Communicators* (Grand Rapids: Zondervan, 2005), 535.

이 엠 바운즈(E. M. Bounds)는 이러한 모든 질문을 상황에 맞게 이렇게 제시한다.

> 성경적인 설교자는 기도한다. 그는 성령으로 가득 차있고, 하나님의 말씀으로 가득 차있으며, 신앙으로 가득 차있다. 그는 하나님을 믿는다. 그는 하나님의 유일한 아들, 그의 개인적인 구원자에 대한 믿음을 가지고 있으며, 하나님의 말씀에 대한 절대적 믿음을 가지고 있다. 기도하는 것 외에는 할 수가 없다. 기도하는 사람 외에는 될 수가 없다. 그의 삶의 폭과 그의 심장의 맥박은 기도이다. 성경적 설교자는 기도로 살고, 기도로 사랑하며, 기도로 설교한다. 은밀한 중에 무릎 꿇고 하나님께 기도하는 설교자의 모습이 그가 어떤 종류의 설교자인지를 나타내 보여 주는 것이다.[71]

2. 올바른 태도를 유지하기

당신의 태도는 당신의 개인적인 삶이 당신의 공공 행동과 교차하는 장소이다. 비록 우리가 그것을 숨기려고 노력할지라도, 우리의 내면의 태도는 결국 우리가 말하는 단어, 우리가 행하는 일, 그리고 사람들과의 관계로 표현된다. 설교를 요청받은 사람들에게 그리스도와 같은 태도는 세 가지 방향으로 자신을 보여 줄 것이다.

첫째, 우리는 우리 자신에 대해 올바른 태도를 가져야 한다.
성경은 이렇게 말씀하신다.

---

[71] E. M. Bounds, "The Prayerlessness in the Pulpit," in *The Complete Works of E. M. Bounds on Prayer* (Grand Rapids: Baker, 1990), 414. 기도의 원칙에 관해서는 이 사람의 열정과 통찰력에 버금가는 사람이 거의 없다.

다 서로 겸손으로 허리를 동이라 하나님은 교만한 자를 대적하시되 겸손한 자들에게는 은혜를 주시느니라(벧전 5:5).[72]

설교자들은 진정한 겸손으로 자신을 바라보아야 한다. 하나님이 얼마나 신실하시고 우리가 얼마나 죄인인지를 이해할 때 겸손할 수 있다. 그것은 또한 관심을 나에게 두는 것이 아니라, 다른 사람에게 둘 때 할 수 있다.

확신 없음과 성경적 겸손 사이에는 차이가 있다. 자신감이 부족하거나 자신의 부적절한 행동에 집중할 때, 우리는 겸손함을 드러내지 않는다. 사실 우리는 우리 자신에 대해서 지나치게 생각하고 남이 포착하기 힘든 형태로 자부심을 드러낸다.

우리 삶에 겸손이 없다는 것은 오만하다는 것이다. 항상 그들 자신의 관심사만 돌보고, 다른 사람들을 중요하게 여기지 않으며, 강단에 서서 자신의 길을 고집하는 설교자는 자신의 태도를 통해 그리스도와 함께 걷고 있지 않다는 것을 보여 주는 것이다. 하나님의 뜻에 따르는 겸손은 우리 자신으로는 할 수 없는 것을 하나님께서 우리를 통해 하신다는 절대적 신뢰 속에서 가능하다.

스코틀랜드의 목사인 조지 모리슨(George Morrison)은 학생들에게 설교를 준비할 것을 상기시킨다.

> 선하고 진실하며 참을성 있게, 용감하게 하라.
> 하나님이 평가하시도록 당신의 유용성을 남겨 두라.
> 그분은 당신이 헛되이 살지 않음을 그것을 통해 볼 것이다.[73]

---

[72] 이 본문은 베드로가 그를 따르는 장로들에게 가르침을 주는 본문(벧전 5:1-4) 바로 다음에 왔음을 기억하라.
[73] Quoted by Warren Wiersbe, "The Patented Preacher," in *The Art and Craft of Biblical Preaching*, 77.

사도 바울은 이렇게 말했다.

> 우리는 자기를 칭찬하는 어떤 자와 더불어 감히 짝하며 비교할 수 없노라 그러나 그들이 자기로써 자기를 헤아리고 자기로써 자기를 비교하니 지혜가 없도다(고후 10:12).

설교자로서 비교에 대한 기초는 사역의 동료 형제들과 관련이 없다. 우리는 한 사람, 즉 우리 주 예수 그리스도에게 기쁨이 되도록 노력해야 한다. 자신을 다른 사람과 비교하고 일치하지 않으면 질투로 빛나고, 자신을 다른 사람과 비교하고 더 나은 사람이라고 느끼면 자부심으로 빛난다. 질투와 자부심은 더 많은 설교학 학생들의 마음을 그들이 인정하는 것보다 더 많이 채운다.

우리는 기술을 뽐내거나 기술 부족으로 인해 횡설수설하는 대신, 그 모든 것의 핵심에 도달하는 바울을 따라가자.

> 자랑하는 자는 주 안에서 자랑할지니라 옳다 인정함을 받는 자는 자기를 칭찬하는 자가 아니요 오직 주께서 칭찬하시는 자니라(고후 10:17-18).[74]

둘째, 우리는 설교를 듣는 청중에 대해 올바른 태도를 가져야 한다.

> 너희 안에 이 마음을 품으라 곧 그리스도 예수의 마음이니(빌 2:5)

이 바울의 충고는 신자들에게 다른 사람들의 이익을 그들 자신보다 우선시하도록 지시하는 맥락에서 주어졌다. 웨인 맥딜(Wayne McDill)은 청중에 대한 권고적인 자세를 갖는 것과 대립하는 자세를 갖는 것 사이에서 도움

---

[74] 이 어려운 항목을 훌륭하게 다루기 위해 다음을 보라. C. J. Mahaney, *Humility: True Greatness* (Sisters, OR: Multnomah, 2005).

을 주는 대조를 제공한다. 적대적인 태도를 가진 설교자는 청중을 비난하고 꾸짖으며 자신을 상대방의 적으로 설정한다. 반면에, 권고적인 자세를 가진 설교자는 도전이나 책망의 말을 가져올 때조차도 청중을 격려하려고 애를 쓴다. 맥딜은 이렇게 통찰력 있게 제시한다.

"이 입장은 그를 비난하고 훈계하고 책망하기 보다는 당신이 청중과 함께 가기를 바라는 입장이다."[75]

셋째, 우리는 설교에 대해 올바른 태도를 가져야 한다.

올바른 태도의 열쇠는 설교의 초점을 이해하는 것이다. 설교는 하나님, 예수 그리스도, 성경, 청중을 중심으로 이루어진다. 설교자는 이 관점을 전달하는 태도를 목표로 해야 한다. 이렇게 말이다.

> 나는 청중이 하나님에 대한 믿음을 가지도록 그들에게 하나님의 말씀을 전달한다. 나는 생명을 구하고 변화시키는 유일한 힘인 예수님을 설교하고 있다. 나는 내 자신의 생각이 아닌 성경의 본문을 설교하고 있으며, 청중과 그들의 필요에 대한 연민의 마음으로 설교하고 있다.

설교자는 이 모든 것에서 설교하는 행위가 결코 설교자에 관한 것이 아니라는 것을 기억해야 한다. 몇 가지 징후들이 설교자 중심의 설교임을 말해준다. 한 가지 징후는 통제할 수 없는 긴장감이다. 엷은 긴장은 설교에 자연스럽게 도움을 준다.

우리는 우주 전체에서 가장 중요한 주제에 대해 이야기하고 있기 때문에, 우리는 두려움과 떨림으로 강단에 들어가야 한다. 어느 정도의 긴장이 우리의 설교 전달을 활성화시키고 활력을 불어 넣을 것이다. 그러나 통제할 수 없는 긴장감은 언제 메시지를 잊으면 어쩌나 하는 두려움, 사람들이

---

[75] Wayne V. McDill, *The Moment of Truth: A Guide to Effective Sermon Delivery* (Nashville: B&H, 1999), 173.

우리를 어떻게 인식할지에 대한 두려움, 다른 사람들 앞에서 어리석어 보이면 어쩌나 하는 두려움을 가질 때 생겨난다.

이 모든 두려움은 자기 중심적이다. 당신이 지금 통제할 수 없는 무대 공포증과 싸우고 있다면 지금 당신의 믿음을 자기 자신에 두고 있는지, 아니면 성령님께 두고 있는지 잘 생각해 봐야 할 것이다.

자기 중심적인 설교의 또 다른 신호는 강단에서의 좌절이다. 이 경우 설교자가 설교를 하는 행위는 주님의 말을 전하는 것이 아니라, 자신의 감정을 호언장담하거나 터뜨리는 기회가 된다.

다른 징후로는 설교 시 얼마나 자신 있게 설교하고 나의 이미지가 어떻게 비춰질까에 대한 것, 복음을 위해 청중을 불쾌하게 하는 것에 대한 두려움, 강단에서의 자기 망각의 결핍 등이 있다. 설교자는 청중과 관련하여 섬기는 자, 자기 희생의 태도를 가져야 한다. 이런 태도는 설교자가 청중에게 적응하게 하고 하나님의 말씀을 청중에게 설교하기 위해, 조절이 가능하도록 설교자를 움직일 것이다.

3. 좋은 개인적 모습을 보여 주기

설교자가 말하기 위해 강단에 올라가기 전에도 청중은 이미 신체 상태, 의복 및 손질에 대해 어느 정도 평가하고 있다. 어떤 사람들은 자신의 외모를 판단하는 것이 매우 피상적이라고 주장할 수도 있지만, 실제로 우리가 보는 것은 우리가 누구인지 의사소통하는 방식, 어떻게 우리 자신에 대해서 생각하고 느끼는지의 방식, 그리고 우리가 청중을 생각하는 방식이다.

우리는 설교자가 강단에서 입어야 할 옷의 정확한 종류를 지시하는 것을 현명하게 삼가겠다. 이러한 기준은 회중마다, 문화마다 다르며 끊임없이 변화하고 있다. 만약 당신이 '패션'을 매혹적이지 않은 것으로 정의하는 사람이라면, 매년 옷을 반드시 바꿔야 한다. 한 세대에 표준 복장이 된 것은 한물간 구식으로 매우 빨리 변할 수 있다.

당신이 옷을 고르는 것을 처방하려는 시도는 하지 않겠지만, 설교자로서의 외모에 관한 다음의 몇 가지 기본적이고도 불변하는 질문이 도움을 줄 것이다.

첫째, 몸무게를 유지하며 몸무게를 관찰하는가?
우리는 이 주제가 민감한 것을 인식한다. 대부분의 성인들은 체중을 감당하기 위해 고군분투한다. 그러나 설교자-목사들에게는 체중을 지켜보고 유지하기 위해 운동 프로그램이 몇 가지 이유로 필수적이다.

① 우리의 체중은 우리의 건강에 극적으로 영향을 미친다. 오래되고 활기찬 사역을 보장하기 위해 설교자-목사들은 자신의 체중을 지켜야 한다.
② 사역은 과식하기에 좋은 장소이다. 대부분의 설교자-목사들은 그들이 끊임없이 음식을 제공받거나, 청중과의 상호 작용의 일환으로 저녁 식사에 초대받고 있다고 느낀다. 그들의 섭취를 주의 깊게 감시하지 않고 엄격하게 신체 운동을 추구하지 않으면 설교자-목사들은 원치 않는 체중을 얻게 될 것이다.
③ 비만은 강단에서 부정적인 모습으로 비춰질 수 있다. 또한 많은 경우에 죄가 있다. 신체 훈련이 부족하다는 것이 명백해지면, 청중이 다른 분야에서 훈련받도록 설득하는 데 어려움을 겪을 것이다. 우리 몸의 청지기다운 행동으로서, 우리는 규칙적으로 운동을 하고 현명하게 먹어야 한다.[76]

둘째, 머리는 보기 좋은 방법으로 정리되어 있나?
머리를 짧게 깎든, 윗부분에 뾰족하게 쎠우든, 옆으로 쪼개든, 다른 스타일로 하든 간에, 잘 다듬고 깔끔하게 빗어라.

---

[76] Jerry Vines and Jim Shaddix, *Power in the Pulpit* (Chicago: Moody, 1999), 78–81.

나이가 들수록 남성의 머리는 최소한 약간은 뒤로 물러난다. 어떤 남자들은 머리 위나 뒷면이 벗겨진다. 이런 변화는 새로운 헤어 스타일을 요구할 수도 있다. 대머리 부위를 가로질러 머리를 빗으면 거의 항상 나이가 들어 보이고 외모가 약간 어색해 보일 것이다.

더 좋은 선택은 머리를 짧게 자르고 벗겨진 부분을 보여 주는 것이다. 모든 설교자는 나이가 들수록 자신의 헤어 스타일을 평가해야만 나이가 들거나 부적절한 것으로 보이지 않는다. 하나님이 당신에게 천성적으로 주신 것은 언제나 최선의 선택이다.

당신이 가진 것으로 최선을 다하라.

셋째, 그날의 상황에 맞게 적절하게 옷을 입었나?

모든 교회는 일요일에 적절한 복장에 관한 약간 미묘한 회중 문화를 가지고 있다. 일부 교회는 매우 의도적으로 평범하다. 다른 사람들은 '일요일에 최선으로' 입는 전통을 이어 간다. 우리가 접촉하고 연결하려는 사람들은 우리의 옷 선택을 인도할 것이다. 목사는 설교하는 장소에 적합한 옷을 입도록 민감해야 한다.

그의 교회가 대부분 남자들이 양복과 넥타이를 착용하는 그룹이라면, 비록 설교자-목사가 교회 문화의 그 측면을 바꾸는 데 관심이 있다 할지라도 그 설교자-목사는 아마도 양복과 넥타이를 입을 것이다. 교회 성도들이 캐주얼한 옷을 입으면, 설교자는 양복을 입으면 안 될 것이라 생각할 것이다. 여러 사람 앞에서 말하는 교사는 연설자가 청중의 평균적인 사람보다 조금 더 공식적으로 옷을 입는다고 조언한다.

예를 들어, 티셔츠와 청바지를 입은 사람들에게 설교를 하는 경우, 골프 셔츠와 바지를 입는 것이 적절하지만 멋진 티셔츠와 청바지를 입는 것도 좋다. 정장을 입는 것은 그런 상황에서는 너무 형식적일 것이다. 그러나 근육이 드러나는 셔츠, 짧은 반바지, 고무 샌들을 착용하면 복장이 지나치게 간소화된다.

이 지침을 사용하여 '민감하고 적절하게' 의류를 선택하라.

넷째, 깔끔하고 질서정연한가?

옷과 머리 스타일이 무엇이든 간에 잘 차려입어라.

얼굴 털이 있다면 잘 다듬어라.

사람들이 당신의 표정이나 입을 가려 당신의 표현을 명확하게 보지 못하게 하는 얼굴 털을 잘 잘라야 한다.

머리를 빗고 머리가 지저분해 보이지 않도록 제품을 발라라.

주름이 잡힌 바지와 빛을 발하는 신발을 신은 경우 그에 따라 꼭 눌러 닦아라.

또한, 더 형식적일 뿐만 아니라 캐주얼한 상황에서도 깔끔함이 중요하다는 것을 기억하라.

캐주얼 복장의 잠재적인 문제는 옷차림이 엉성하게 변질될 수 있다는 것이다. 주름진 옷, 더러운 옷, 구멍이 있는 옷은 장소가 어디든 간에 의사소통을 해친다.

다섯째, 당신의 외모가 당신의 메시지를 산만하게 하거나 손상시키는가?

이 마지막 질문은 그 앞에 있는 모든 질문을 재촉할 만큼 중요하고, 실제로 옷과 외모의 기초를 불러오는 질문이다. 사람은 외모로 의사소통을 하기 때문에, 우리가 보이는 방식이 우리가 전달하고 있는 메시지를 방해하거나 손상시키는 데 아무런 영향을 미치지 않도록 확실히 해야 한다.

설교를 듣는 청중에게 그의 양복 색깔, 넥타이의 패턴, 청바지의 구멍 또는 셔츠의 패턴으로 인상을 주고 싶어 하는 설교자는 없다. 일반적으로 가장 좋은 육체적인 모습은 청중이 하나님의 말씀에서 설교하는 메시지에 가장 큰 관심을 기울일 수 있도록, 패션 그것 자체에는 가장 최소한의 관심을 끌게 하는 것이다.

4. 예배에 참여하기

설교자-목사의 리더십 역할의 일부는 회중 예배를 돕는 것이다. 설교자는 예배가 시작될 때 노래와 찬양의 시간이 메인 이벤트인 그의 설교를 위한 준비만을 제공한다는 태도가 청중에게 전달되는 것을 막아야 한다. 반대로 설교자-목사는 주님을 존중하고 자신의 영혼을 강화하고 백성에게 모범을 보이기 위해 열정적으로 경배해야 한다. 다음은 예배에 참여하기 위한 몇 가지 원칙이다.

첫째, 예배의 자리에 참석하고 예배에 빠져들어라.
우리는 회중의 찬사와 예배 시간의 대부분을 놓치고 늦게 예배에 오는 몇몇 설교자-목사들에 의해 방해받기도 한다. 똑같은 경고는 연주자들이 앉은 자리에 앉아서 자신이 마치 도서관 서재에 있는 것 마냥 설교 노트를 검토하며 찬양으로 청중과 함께 하기를 거부하는 설교자-목사들에게도 주어진다.

사람들은 예배가 드려지는 동안에도, 우리를 지켜보고 있다. 그들은 찬양과 경배팀이 노래하고 찬양 리더가 예배를 이끌어갈 때, 우리가 그것을 즐거워하고 있는지 아닌지를 보고 있다. 우리가 우리 교인들이 진정한 예배를 드리기 원한다면 우리 또한 진정으로 예배해야 한다. 더 자세히 말하자면, 경배와 찬양이 청중이 들을 수 있도록 준비시켜 주는 것처럼, 경배와 찬양에 참여하는 것은 설교자들이 하나님의 말씀을 설교하도록 돕는 역할을 한다.

둘째, 대표 기도를 잘 인도하라.
설교자들은 예배 가운데 그들이 의사소통하는 주된 메시지인 설교의 단어들에 초점을 맞추지만, 예배에 참석하는 많은 사람들은 그들의 설교자-목사가 의미 있게 열심히 그들을 위해 축복해 주는 것을 참으로 바란다.

기도문을 읽는 것은 보통 추천하지는 않지만, 우리는 정신적으로 미리 기도를 준비하고, 일요일 아침에 준비할 때 서재에서 기도를 드리며, 그 다음에는 성도들 앞에 서서 기도할 때 성령의 인도를 구하는 것이 좋다.

예배에서의 대표 기도	
기도의 형태	설명 및 목적
들어가는 기도	예배에서의 첫 번째 기도. 보통 짧은 기도이다. 목적은 예배자들이 하나님을 인정하기 위함이다.
담임목사 기도	네 부분으로 구성된 긴 기도. 인정하고 하나님을 경배하기, 죄를 고백하기, 세계와 나라와 지역사회의 필요를 구하는 기도, 예배자들을 대표하여 기도하는 것. 이 기도의 목적은 목사가 청중의 도움을 요청하는 데 있다.
헌금 기도	짧은 기도로서, 감사를 표하는 것이 목적이다. 하나님의 공급해 주심에 감사하고, 하나님 나라의 일을 위해 주어진 십일조와 예물에 대한 하나님의 복을 구하는 것이 목적이다.
구원에 대한 기도	설교 직전에 하는 기도로서, 그 목적은 성령께서 예배자들의 마음을 찾고 하나님 말씀의 진리를 그들의 삶에 적용하도록 요청하는 것이다.
마침 기도	설교가 끝날 때 한다. 그 목적은 청중이 들었던 메시지에 대한 대답을 이끌어 내는 것이다.
축복 기도	매우 짧은 기도로 그 목적은 예배자들이 자리를 떠날 때 그들 위에 하나님의 복을 내려 주기를 요청하기 위함이다.

셋째, 열의와 의미를 가지고 성경을 읽으라.

일부 교회에서는 성경 본문을 읽는 것이 설교와 분리되어 있다. 다른 사람들은 설교 자체에 성경을 읽는 것을 통합한다. 그 배치에 관계없이 성경 읽기는 예배에서 구두로 하는 의사소통의 가장 중요한 요소이며 설교자가 이 부분에 주의를 기울여야 한다.

규칙적인 행동 방침으로서, 우리는 다른 사람이 읽는 것이 아니라 담임목사가 읽을 것을 권한다. 성경을 대표로 읽는 것은 하나님의 말씀을 설교하는 설교자로서 그의 부름심의 일부이다.

예배에서 성경을 큰 소리로 읽을 때 다음 원칙을 명심하라.

① 읽을 준비를 하라.
　　준비하지 않으면 말을 더듬거나 해야 할 말을 강조하지 못하게 된다.
　　메시지를 준비하면서 성경을 큰 소리로 읽으라.
　　당신이 설교할 본문과 동일한 성경의 버전을 사용하라.
② 당신이 읽고 있는 성경의 장르를 생각해 보라.
　　언어는 다양한 유형의 성경 자료에서 다르게 작동한다. 서사에서 단어는 행동을 움직인다. 시에서는 단어가 감정을 표현한다. 교훈적인 자료에서 단어는 아이디어와 논리를 전달한다.
③ 의사소통을 위해 읽어라.
　　성경의 효과적인 구술 해석은 단순히 단어를 부르는 것에 있지 않다. 성경의 지적, 정서적, 미적 내용을 전달하기 위해 읽으라.
④ 자신감 있는 겸손함으로 읽어라.
　　설교자는 성경을 쓴 것처럼 읽는 것이 아니라, 읽은 것처럼 큰 소리로 읽어야 한다고 어떤 사람이 현명하게 말했다.
　　"하나님의 말씀에 대한 겸손과 순종의 마음이 당신이 읽는 동안 당신의 목소리와 태도에 나타날 것이다."[77]

넷째, 시간을 현명하게 사용하라.
워렌 위어스비는 이렇게 말했다.
"영원하지 않은 존재가 되기 위해 영원히 있을 필요는 없다."[78]
　　다른 교회나 모임의 초청 연사일 때, 항상 주최자에게 언제쯤 끝마쳐야 하는지 물어보라.
　　"그건 걱정하지 마"라고 말하면, 그가 언제 마음에 드는지 말할 때까지 다시 물어 보라.
　　그리고 예배에서 무슨 일이 일어나더라도, 시간 제한을 준수하라.

---

[77] 이 책의 제13장은 또한 어느 정도는 성경을 공개적으로 읽는 것을 다룬다.
[78] Warren Wiersbe and David Wiersbe, *The Elements of Preaching*, 42.

교회에서 설교를 할 때, 당신은 자신의 설교 시간을 지켜야 하는 책임을 져야 한다.

다른 예배 지도자들과 함께 모든 예배 요소에 충분한 시간이 주어지도록 노력하라.

일부 교회는 예배가 1시간 안에 끝나는 반면 다른 교회는 더 긴 시간이 필요하다고 말한다. 그럼에도 불구하고 모든 예배는 시간 제한을 두고 있기 때문에 시간 내에 메시지를 유지하는 법을 배워야 한다. 거의 모든 설교자는 설교할 시간이 더 많기를 원하지만, 목양적 민감함과 성실성은 우리가 좋은 판단을 하고 지혜롭게 행동할 것을 요구한다.

하지만 이것을 기억해라.

할 말이 있고 그것을 잘 말한다면, 사람들은 소란을 피우거나 불평하지 않을 것이다. 그들은 당신을 존경하고 축복하며 하나님의 말씀을 전하는 하나님의 사람이 하는 말을 듣기 위해 돌아오는 주일에 올 것이다.

우리가 더 이상 무엇을 요구할 수 있을까?

무엇을 바랄 수 있을까?

그러니 말씀을 전하라!

왜냐하면 하나님께서 그의 말씀이 "나에게 헛되이 돌아오지 않을 것이라" 약속하셨기 때문이다(사 55:11).

5. 결론

지금까지 살펴 본 장들은 건전한 해석학적 원리를 바탕으로 상황에 맞게 선택된 텍스트를 어떻게 해석하는지, 본문을 바탕으로 한 주석적인 설교를 어떻게 개발하고 성경의 커다란 구속사적 이야기를 어떻게 읽는지, 그리고 어떻게 매주 서서 하나님의 말씀을 백성들에게 전하는지를 보여 주었다. 남은 유일한 과제는 '말씀을 설교하는 것'(딤후 4:2)이다.

물론, 당신 앞에 놓인 그 과업은 쉽지 않을 것이다. 조지 바나(George Barna)는 "미국 성인의 4퍼센트만이 의사 결정의 기초로서 성경적 세계관을 갖고 있다"라고 말한다.[79] 그 관찰은 비록 매우 충격적이지는 않더라도, 그의 다음 발견은 실제로 하나님 말씀의 설교자로서 우리의 관심을 끈다.

"중생한 사람의 9% 만이 성경적 세계관을 기본적으로 가지고 있다."[80]

그가 의미한 성경적 세계관이란 무엇일까?

연구의 목적에서 성경적 세계관은 절대적인 도덕적 진리가 존재한다고 믿는 것으로 정의되었다. 그러한 진리는 성경에 의해 정의된다. 그리고 6가지 특정한 종교적인 견해에 대한 확고한 믿음이 있다.

그러한 견해들은 다음과 같다.

① 예수 그리스도는 죄 없는 삶을 살았다는 것이다.
② 하나님은 우주의 모든 힘을 가진 모든 것을 아는 창조주이며 오늘날에도 여전히 그것을 지배하고 계신다.
③ 구원은 하나님으로부터 온 선물이며 자신의 힘으로 획득할 수 없다.
④ 사탄은 진짜이다.
⑤ 그리스도인은 그리스도에 대한 신앙을 다른 사람들과 공유할 책임이 있다.
⑥ 성경은 모든 가르침에서 정확하다.[81]

어떻게 이런 일이 일어났을까?

어떻게 세계에서 가장 종교성이 강한 나라 중 하나가 성경과 신학적 문맹 국가가 되었을까?

잘못은 분명히 설교를 하고 있지만 "진실의 말씀을 올바르게 다루는"것을 버린 사람들의 어깨에 있다(딤후 2:15).

---

[79] "A Biblical Worldview Has a Radical Effect on a Person's Life," Barna Research Group, Ltd. (December 1, 2003), http://www.barna.org
[80] Ibid.
[81] Ibid.

"오늘 교회에서 가장 우울한 광경 중 하나는 힘이 부족하다는 점이다.… 이 문제의 핵심은 무력한 강단이다."[82]

이 힘의 부족은 하나님 말씀을 모두에게 선포하는 것을 간과한 결과이며, 하나님 말씀의 신학을 선포하는 것을 간과한 결과이다. 우리 민족 중 너무 많은 사람이 성경의 내용이나 교리를 알지 못한다. 그리스도의 십자가를 설교하고 그의 죽음과 부활로 성취된 피의 속죄를 선포하는 것은 평범한 것이 아닌 예외이다.

우리 시대에는 사람들이 성경보다 가장 최근의 흥행작에 더 익숙하게 반응한다. 이 책을 쓴 세 저자는 이 익숙하지 않은 것이 앞으로의 시대에 근본적으로 바뀔 것이라고 희망한다. 실제로 만약 우리가 하나님 나라의 복음을 받아들이고 활기차게 지상 대명령을 세워 나간다면, 우리는 반드시 변할 것이다. 이 책에 제시된 처방전은 그리스도 중심적이고, 본문 중심적이며, 성령이 인도하여 삶을 변화시키는 해설 중 하나이다.

하나님의 책에 대한 올바른 사랑이 없으면 하나님을 올바르게 사랑할 수 없다. 하나님의 영광과 교회의 잘됨을 위해 그것을 읽고, 공부하고, 설명하고, 순종하자.

우리는 이 책의 시작 부분에 서 있다.

"해설하는 것은 선택이 아니다. 그것은 그리스도의 건강한 몸을 위해 절대적으로 필요한 것이다."

그 핵심에서 기독교는 말씀의 종교이다. 우리는 반드시 이 사실을 잊어서는 안 된다. 우리는 절대 이 진실을 버리지 말아야 한다.

---

[82] Walter C. Kaiser Jr., *Toward an Exegetical Theology* (Grand Rapids: Baker, 1998), 235–36.

주제 색인

ㄱ

각운 122
갈등 90
갈등 인물 90
감사의 시편 97
개인 내의 소통 334
개인의 이데올로기 63
거대 구속사적 내러티브 18
거룩한 상상력 222
거시적 구속 이야기 181
건실한 해석 28
결론에서 피해야 하는 요소 275
결론의 목적 271
결혼식 304
경험 분야 335
묵시 문학 126
묵 문학의 분석 126
고등 칼빈주의자 290
고백 105
공개 초청 281, 282
공명 345
공적인 소통 334
교부 시대 36

구문론 48, 108
구성 요소 207
구속사적 거대 담론 319, 322
구조 강해 190
구조주의자 운동 47
규정하는 본문 71
그룹 소통 334
그리스도 중심적 182, 240, 324
그리스도 중심적 해석학 66, 294
기념과 증언의 시편 97
기능적 복종 165
기독론적 함의들 119
기술적 전문 용어 225
기술하는 본문 71
긴장 90

ㄷ

담론 분석 50, 108
대단원 90
대인 관계의 소통 334
대지 195
대화 105
대화식 설교 414
대화 중심의 설교 스타일 394
더 충만한 의미 66, 72, 73, 74, 75
독일 고등 비평 40, 45, 46
독자-반응적 접근 47, 56
두 번째 지평 51
두운법 197, 201, 223
두 지평을 이해하기 50

디오도러스 37

ㄹ

루돌프 불트만 46

ㅁ

마틴 루터 19, 38
마틴 하이데거 47
말씀 강해 203
맥락의 중요성 128
메인 아이디어 329
명료성 404, 408
목적의 다리 185
몸을 사용하여 설교하기 366
무오성의 교리 46
무율법주의 32
문학 장르 63, 83
문학 장치 172
문학적 요소 83
문화적 정황 130

ㅂ

반전의 순간 112
발성 342, 343, 350
발음 347, 350, 358, 359
보조 포인트 189
복음 중심적 293
본문 뒤에 45
본문 변이 35
본문 안에 45, 48
본문 앞에 45, 46
본문 언어학 50
본문 연구에서 설교로 다리 놓기 179

본문의 의미 28
본문의 의의 29
본문의 중심 아이디어 92,
　　　160, 164, 165,
　　　167, 176, 187,
　　　188, 260, 326, 400
본문의 중심 아이디어 확정
　　　하기 159
본문이 이끄는 방법 193
본문이 이끄는 설교 189,
　　　194
본문이 이끄는 적용 233,
　　　236, 241
본문 주해 205
부실한 해석의 위험 25
불타는 논리 190
비교 문화적 해석 173
비디오를 잘 사용하는 방법
　　　436
비디오 클립을 재생하기
　　　435
비유 87
비유적 언어 103, 122
비유적 언어의 확인 123
비탄 시 97, 98
빅 아이디어 175

ㅅ

사람 중심적 181
사상 단위 83
산문 86
산상설교 105
삼중적 의미 36
상호 성경적 해석학 69

상황화 235
새로운 조치들 283
서론 253
서론에서 피해야 하는 요소
　　　261
서론의 목적 256
서론의 중요성 255
서신서 문학 114
서신서 분석 114
선한 의도 257
설교 구성 요소 208
설교 구조 만들기 190
설교 스타일 414
설교 역사 394
설교와 커뮤니케이션 과정
　　　332
설교 원고 392
설교의 중심 아이디어 187,
　　　198, 217, 260,
　　　271, 326, 400
설교의 중심 아이디어 찾기
　　　185
설교의 중심 아이디어 만들
　　　기 171
설교자의 개인적 삶과 공공
　　　행동 439
설교자의 에토스 257
설교자의 움직임과 자세
　　　382
설교 전달 329
설교 전달 방법 389
설교 전달 체계 388
설교 전통 282
설교학 16, 35, 173, 321

성경의 구조화 192
성경의 권위 40
성경의 무오성에 관한 교리
　　　34
성경의 전체성 69
성경적 강해 15
성경적 선포자들 293
성경적/주해신학 204
성경적 해석학의 원리 58
성경 해석법 29
성경 해석학 173
성경 해석학의 기원 31
성경 해석학의 발전 35
성화 241
섹션의 문맥 79
소명과 기술로서의 설교
　　　337
소음 336
소통의 과정 335
소품과 도구로 설교하기
　　　437
소품 및 도구에 대한 지침
　　　437
수수께끼 104
순수성 404
스타일 403
시 96
시각적 주석 222
시각적 호소력이 있는 설교
　　　429
시의 분석 122
시의 형태와 패턴 122
시카고 선언 182
신뢰의 시편 97, 122

신설교학 47, 242
신실한 강해자 193
신앙의 규칙 41
신학적 정황 138, 153

ㅇ

아름다움 404, 411
아이러니 102
아이 컨택 367, 369
아포칼립시스 93
안디옥의 요한 37, 395
안디옥 학파 36, 37
알레고리적 방법 36
알레고리적 접근법 37
알렉산드리아 학파 36, 47
암기한 전달 390
얀 후스 38
언외적 내포 123
에너지 404, 410
에스카톤 93
역사적 내러티브 87, 88, 89, 90, 91, 92, 108, 109, 110, 111, 112, 132, 161
역사적 내러티브의 분석 108
역사적-문법적-신학적 연구 192
역사적-문법적-신학적 연구와 해석 16
역사적-문법적-신학적 해석 17
역사적 시편 97
역사적 정황 133

역설 101
연구 단계 142
연설 87, 341
연설 상황 375
연설을 위한 소리 343
연설을 위한 음량과 음질 345
연설을 위한 힘 342
영지주의 32
영화 241
예배에 참여하기 451
예표적 방법 322
예화 216
예화의 목적 219
예화의 중요성 217
오노마스티카 105
오리겐 36
오직 성경으로 38
올바른 태도를 유지하기 443
완전한 문학 단위 99
우화 105
운율 122
움직임 195
윌리엄 퍼킨스 40, 42
은유 100, 101
의미 49, 54
의미론 48, 108
의미론적 수준 143
의미론적 평행법 99
의미의 자리 발견하기 45
의의 49, 54
의인법 124
의인화 101

이야기를 위한 이야기 224
이야기의 구성 90
이야기의 배경 91
인간 중심적 설교 80
인물 130
인본주의적 181
임마누엘 칸트 45

ㅈ

자연스러움 404, 413
자의적 해석 62, 73
장례식 304, 310
장르에 어울리는 아웃라인 만들기 107
저자 130, 131
저자의 내용 발견하기 108
저자의 본문의 중심 아이디어 119, 122, 123, 127, 129, 133, 157, 158, 161
저자의 커뮤니케이션 방식 발견하기 96
적용: 어떻게 적용할 것인가 231
적용을 위한 대체 248
적용의 이단 250
전달자의 진실성/통전성 293
전환 119
절별 방식 38
점진적 계시의 뉘앙스 75
정경 31, 33, 34, 77
정경성 33
정경적 맥락 140

정경적 문맥 79
정신적인 그림 218
제스처 371
제스처의 목적 372
조직적 소통 334
존 브로더스 42
존 위클리프 38
존 칼빈 39, 238
종교개혁 38
종족해석학 173
좋은 개인적 모습을 보여 주기 447
좋은 결론을 위한 자료 277
좋은 결론의 특성 273
좋은 결론 준비하기 278
좋은 서론의 특징 259
좋은 서론 준비하기 264
좋은 초청의 특징 292
주요 플롯 요소 90
주인공 90
주제 설교 16, 63
주제적 구조 다이어그램 122
주제적 아웃라인 122
주해 44, 73, 86
주해의 조사 단계 128
중심 포인트 189
즉각적인 전달 389
즉석 설교 396
즉흥적인 설교 394
즉흥적인 전달 392
증거-본문 15
지로라모 사보나롤라 38
지혜 격언 104

지혜 문학 103
지혜 문학의 분석 125
지혜서 103
지혜의 시편 97
직유 100
직접적 문맥 79
질의 단계 129

ㅊ

찬송과 기도 105
찬양의 시편 97
채널 336
책의 문맥 79
첫 번째 지평 51
청중의 시선 386
청중의 인구 통계학 420
청중의 크기 420
청중의 흥미 422
청중이 성경 진리를 보고 행동하도록 돕기 216
체계적 해석학 46
초청, 공개 282
최고의 목소리로 말하기 352
추상적 구체성 67
충만한 의미 73, 74
칭의 241

ㅋ

코덱스 방식 32
크리소스톰 37, 38
큰 그림 172
클레멘트 36

ㅍ

포괄적인 그리스도 중심적 해석 18
표정 378
풍유적 해석 41
프리젠테이션 프로그램을 잘 사용하는 방법 433
플롯 110, 122
피드백 336

ㅎ

하나님 중심적 79, 324
한스 게오르크 가다머 47
함포 혹은 내포 67
해석의 의미 24
해석학 16, 23, 24, 35, 44, 45, 82, 86, 172, 173, 321
해석학의 기본 원리 58
해석학적 순환 47
핵심 단어 119
핵심 아이디어 55
핵심 포인트 189
현대 해석학 이론 40
호흡 342
효과적인 드라마의 특성 438
효과적인 스타일의 요소 404
효과적인 제스처를 위한 가이드라인 373